FARHANG MOASER

Dictionnaire de l'École

Français - Persan

L'Unité de Recherche
de Farhang Moaser

Mohammad-Réza Parsayar

Éditions Farhang Moaser
Téhéran 2005

Farhang Moaser
45 Khiaban Daneshgah
Tehran 13147, Iran.
Tel. (+ 9821) 6465530, 6465520
Fax: (+ 9821) 6417018
E-mail: farhangmo@neda.net
Website: www.farhangmoaser.com

La première édition 2005

- Rédaction à l'Unité de Recherche de Farhan Moaser.
- Composition par l'Unité Informatique de Farhang Moaser.

ناشر وظیفهٔ خود می‌داند از افرادی که در تألیف و تولید این اثر
همکاری داشته‌اند صمیمانه سپاسگزاری کند.

مؤلف:
محمدرضا پارسایار

بازخوانی
هرمز میلانیان

دستیار
فهیمه سیدمظلوم

حروف‌نگاری و اجرای کامپیوتری
سمیه خلیلی
معصومه شهنازی

Rédaction
Mohamad-Réza Parsayar

Lecture-Correction
Hormoz Milanian

Assistante de Rédaction
Fahimeh Seyed-Mazloum

Informatique éditoriale
Somayeh Khalili
Masoumeh Chahnazi

سخنی با بزرگترها

فرهنگ معاصر مدرسه (فرانسه ـ فارسی) برای پاسخگویی به نیازهای کودکان و نوجوانان ۹ تا ۱۴سالهٔ ایرانی که زبان فرانسه را فرامی‌گیرند، تهیه شده است. این فرهنگ دارای بیش از ۳۵۰۰ مدخل است که از فرهنگ‌های ویژهٔ کودکان فرانسوی برگزیده شده‌اند، اما سادگی متن و ساختار کتاب به گونه‌ای است که هر فرد علاقه‌مند به فراگیری این زبان در هر سنی می‌تواند از آن بهره گیرد.

در این فرهنگ برای نشان دادن تلفظ واژه‌های فرانسوی شیوهٔ تازه‌ای به کار گرفته شده است. در این شیوه، در بسیاری از موارد از حروف آشنای لاتین استفاده شده و برای مصوت‌ها یا نیمه‌مصوت‌هایی که تلفظشان بسیار به هم نزدیک است و تشخیص تفاوت آنها برای فارسی‌زبانان دشوار است یک علامت به کار رفته است. از آنجا که آشنایی با علائم آوانگاری بین‌المللی برای افراد مبتدی، به ویژه کودکان، بسیار دشوار می‌نماید، این شیوهٔ جدید برای مراجعه‌کنندگان کارآمدتر و سودمندتر است.

در معادل‌یابی واژه‌ها سعی بر آن بوده است تا کلمات ساده و پرکاربرد فارسی مورد استفاده قرار گیرد، اما هر جا که درک معنی کلمهٔ فارسی دشوار به نظر می‌رسید، مفهوم آن را شرح داده‌ایم. همچنین در بیشتر موارد برای هر معنی یک مثال ساده، کوتاه و روشن آمده است و هیچ کلمه یا معنایی در این فرهنگ نیست که در جای خود سرمدخل نشده باشد. برای کارآیی هرچه بیشتر فرهنگ و افزودن بر جنبهٔ آموزشی آن، برخی توضیحات کاربردی شامل نکات دستوری، معنایی، املایی و آوایی در حاشیهٔ فرهنگ آمده است.

در این فرهنگ، برخی از صورت‌های صرفی افعال که با صورت مصدری بسیار متفاوتند، و نیز اسامی مفعول که در ساخت زمان‌های مرکب به کار می‌روند، به صورت سرمدخل ضبط شده‌اند. برای آگاهی بیشتر، راهنمای صرف افعال زبان فرانسه در پایان کتاب آمده است.

کار تألیف فرهنگ‌های ویژه کودکان و نوجوانان از خردادماهِ ۱۳۷۸ در واحد پژوهش مؤسسهٔ فرهنگ معاصر آغاز گردید. فرهنگ مدرسهٔ انگلیسی ـ فارسی تألیف خانم نرگس انتخابی، نخستین فرهنگ از این مجموعه بود. از آن زمان تاکنون، با پیگیری و تلاش مداوم، آثار دیگری در این زمینه تدوین یافته و یا در دست تدوین است.

از دوست دانشمندم هرمز میلانیان که این فرهنگ را بازخوانی کردند و پیشنهادهای سودمندی را ارائه نمودند تشکر و تقدیر می‌نمایم. همچنین از خانم فهیمه سیدمظلوم که در اصلاح کار نقش اساسی داشتند بسیار سپاسگزارم.

امیدواریم با ارائهٔ این مجموعه بتوانیم در راه آموزش کودکان و نوجوانان این مرز و بوم گامی هر اندازه کوچک برداریم.

واحد پژوهش فرهنگ معاصر

محمدرضا پارسایار

دی ۱۳۸۲

چگونه کلمهٔ موردِ نظر خود را در فرهنگ پیدا کنیم؟

اگر ۲۶ حرف الفبای فرانسه را به ترتیب بدانیم، می‌توانیم به کمک فرهنگ معاصر مدرسه خیلی سریع کلمه‌ای را که می‌خواهیم پیدا کنیم، چون کلمات این فرهنگ به ترتیب حروف الفبا پشت سر هم آمده‌اند. این فرهنگ در ۲۶ بخش تنظیم شده و هر بخش شامل کلماتی است که با یکی از حروف الفبا شروع می‌شود. مثلاً در بخش اول کلماتی آمده که حرف اول آنها "a" است، در بخش بعد کلماتی که حرف اول آنها "b" است و بخش سوم کلماتی که حرف اول آنها "c" است و به همین ترتیب تا آخر. حالا با هم کلمهٔ "film" را پیدا می‌کنیم. ابتدا باید به بخشی برویم که همهٔ کلماتش با "f" شروع می‌شود. پس از حرف اول باید ترتیب الفبایی حروف بعدی را در نظر بگیریم. پس به سراغ حرف دوم کلمهٔ "film" یعنی "i" می‌رویم و فرهنگ را ورق می‌زنیم تا به کلمه‌ای برسیم که دو حرف اولش "-fi" است. بعد به حرف سوم یعنی "l" می‌رسیم و تا آنجا پیش می‌رویم که به کلماتی برسیم که حرف سوم آنها "l" است. سپس نوبتِ حرف چهارم یعنی "m" می‌رسد. در کلماتی که سه حرف اولشان "-fil" است، کلماتِ "filet" و "fille" را که حرف چهارمشان "m" نیست پشت سر می‌گذاریم تا به کلمهٔ موردِ نظر خود یعنی "film" برسیم.

برای پیدا کردن حروف دوم، سوم، چهارم و ...، کلمات راهنمای سمت چپ و سمت راستِ بالای هر صفحه کمک خوبی برایمان هستند. کلمه‌ای که بالای صفحات زوج آمده، اولین کلمهٔ هر صفحه است و در بالای صفحات فرد، آخرین کلمهٔ آن صفحه آمده است. مثلاً برای پیدا کردن کلمهٔ "film" همان‌طور که صفحه‌های بخش "f" را ورق می‌زنیم به کلمات راهنما نیز نگاه می‌کنیم. در صفحه‌های ۱۱۶ و ۱۱۷ به "figue-fleuriste" می‌رسیم و متوجه می‌شویم "-fil" بعد از "-fig" و قبل از "-fle" قرار دارد. به این ترتیب در صفحهٔ ۱۱۶ کلمهٔ "film" را می‌یابیم.

راهنمای تلفّظ

حروفِ بی‌صدا

نشانه	مثال	معادل تقریبی در فارسی
/p/	**p**ère, sou**p**e	صدای **پ** در **پدر**
/t/	**t**erre, vi**t**e	صدای **ت** در **تاب**
/k/	**c**ou, **k**ilo, **qu**i	صدای **ک** در **کار**
/b/	**b**on, ro**b**e	صدای **ب** در **بازی**
/d/	**d**ans, ai**d**e	صدای **د** در **دوست**
/g/	**g**are, ba**gu**e	صدای **گ** در **گوش**
/f/	**f**eu, neu**f**, **ph**oto	صدای **ف** در **فیل**
/s/	**s**ale, **c**elui, **ç**a, ta**ss**e, na**t**ion	صدای **س** در **سیب**
/ch/	**ch**at, ta**ch**e	صدای **ش** در **شیر**
/v/	**v**ous, rê**v**e	صدای **و** در **ورزش**
/z/	**z**éro, mai**s**on	صدای **ز** در **زبان**
/j/	**j**e, **g**este	صدای **ژ** در **ژله**
/l/	**l**ent, so**l**	صدای **ل** در **لاله**
/m/	**m**ain, fe**mm**e	صدای **م** در **مادر**
/n/	**n**ous, to**nn**e	صدای **ن** در **نان**
/y/	**y**eux, p**i**ed, fi**ll**e	صدای **ی** در **یخ**
/nʸ/	a**gn**eau, vi**gn**e	شبیه دو صدایِ **ن** و **ی** که بلافاصله پشت سرهم تلفظ شوند: **نْیْ**
/r/	**r**ue, veni**r**	صدای **غ** در عربی که از حلق تلفظ می‌شود، مثلاً در تلفظ عربیِ **غیر**

حروفِ صدادار

نشانه	مثال	معادل تقریبی در فارسی
/a/	pl**a**t, p**â**te	شبیه صدایِ اَ در **بد**
/é/	bl**é**, jou**er**, jou**et**, l**ai**t, m**e**rci	شبیه صدایِ اِ در **دل**
/o/	m**o**t, m**o**rt, d**ô**me, **eau**	شبیه صدایِ اُ در **پل**
/i/	**i**l, v**i**e, l**y**re	شبیه صدایِ **ای** در **بیل**
/e/	l**e**, pr**e**mier	شبیه صدایِ اُ با دهان نیمه‌بسته
/eu/	p**eu**, m**eu**ble	شبیه صدایِ اُ در تلفظ ترکی **گُزل**
/u/	gen**ou**, r**ou**e	شبیه صدایِ **او** در **کوچه**
/û/	**u**sine, r**u**e	شبیه صدایِ **او** در تلفظ ترکی **گول**
/uâ/	r**oi**, b**oi**s	شبیه دو صدایِ **او** و **آ** که پشت سر هم تلفظ شوند. مثلاً در تلفظ کلمهٔ **توالت**

حروفِ تودماغی

نشانه	مثال	معادل تقریبی در فارسی
/a^n^/	mat**in**, pl**ein**, p**ain**	شبیه صدایِ اَ وقتی هوا همزمان از بینی و دهان خارج شود
/â^n^/	s**an**s, v**en**t	شبیه صدایِ آ وقتی هوا همزمان از بینی و دهان خارج شود
/o^n^/	b**on**, **om**bre	شبیه صدایِ اُ وقتی هوا همزمان از بینی و دهان خارج شود

راهنمای استفاده از فرهنگِ معاصرِ مدرسه

فرهنگِ معاصرِ مدرسه چه اطّلاعاتی در اختیارِ ما قرار می‌دهد؟

۱. املای صحیحِ کلماتِ فرانسه را به ما نشان می‌دهد. مثلاً با مراجعه به فرهنگ متوجّه می‌شویم که کلمهٔ "difficulté" را با "c" می‌نویسند نه با "k":

difficulté /difikûlté/

۲. به ما کمک می‌کند تا کلماتِ فرانسه را صحیح تلفّظ کنیم. با توجّه به راهنمای تلفّظ که در مقدّمه آمده و به صورتِ مختصر در تمامِ صفحاتِ فرهنگ تکرار شده، نوشتهٔ داخلِ / / را می‌خوانیم. اما در بعضی کلمات، بخشی از تلفّظ در پرانتز قرار دارد و این نشان می‌دهد که خواندن آن بخش اختیاری است:

but /bû(t)/

۳. مذکر یا مؤنث بودن اسامی را به ما نشان می‌دهد. شما با دیدن حرف تعریف le برای اسامی مذکر و حرف تعریف la برای اسامی مؤنث که درست بعد از تلفّظ آمده، متوجّه می‌شوید که اسم مورد نظرتان مذکر است یا مؤنث. البته بعضی از اسامی هم مذکرند هم مؤنث:

lance /lâⁿs/ la
chat /cha/ le , **chatte** /chat/ la
libraire /librér/ le, la

۴. صورت مذکر و مؤنث صفات را نشان می‌دهد. در این موارد، واژهٔ اول صورت مذکر و واژهٔ دوم صورت مؤنث است:

âgé , âgée /ajé/

۵. معادلِ فارسیِ کلماتِ فرانسه را مشخّص می‌کند؛ یعنی می‌فهمیم که مثلاً در برابرِ کلمهٔ فرانسوی "neige" در زبانِ فارسی کلمهٔ «برف» به کار می‌رود. گاهی اوقات یک کلمه چند معادل دارد. معادل‌های شبیه به هم، یا آنهایی که تفاوت معنایی کمی دارند، با ویرگول و معادل‌های کاملاً متفاوت با شماره از هم جدا شده‌اند:

cadeau /kado/ le
[اسم] هدیه، کادو
fil /fil/ le
[اسم] ۱. نخ
۲. سیم

۶. نوع یا انواعِ دستوریِ کلمه را نشان می‌دهد:

quand /kâⁿ/
۱. [قید] چه وقت، کِی
۲. [حرف ربط] وقتی‌که، هنگامی‌که

مواردی که سرمدخل تنها به صورت جمع آمده و یا در یک معنی خاص تنها به صورت جمع به کار می‌رود، کلمهٔ «جمع» یا «به صورت جمع» داخل کروشه آمده است:

lunettes /lûnét/ la
[اسم، جمع] عینک
cabinet /kabiné/ le
[اسم] ۱. دفتر (کار)
۲. [به صورت جمع] توالت، دستشویی

۷. ما را با اصطلاحات، عبارات یا کلمات مرکبی که با سرمدخل ساخته می‌شوند، آشنا می‌کند:

citron /sitro^n/ le
[اسم] لیموترش
jus de citron آبلیمو

۸. کاربرد سرمدخل را در یک عبارت خاص به ما نشان می‌دهد. در چنین مواردی، سرمدخل به تنهایی معنی ندارد:

circonflexe /sirko^{n}fléks/ ,
accent circonflexe
آکسان سیرکُن‌فلکس

۹. در مواردی که سرمدخل بدون نوعِ دستوری و یا معادل آورده شده، برای کسب اطلاعات بیشتر در مورد نوعِ دستوری، معادل و سایر موارد باید به سرمدخل دیگر یا نکتهٔ کاربردی مشخص‌شده نگاه کنید:

folle /fol/ نگاه کنید به *fou, folle*.
maths /mat/
نگاه کنید به توضیحِ *mathématiques*.

۱۰. در مواردی به جای معادلِ سرمدخل، توضیحِ دستوری را نشان می‌دهد که با قلمی متفاوت از قلمِ معادل مشخص شده است:

de [1] /de/ [حرف اضافه] ۱. از
۲. علامتِ کسره

۱۱. با آوردن مثال‌هایی از زبانِ فرانسه، نحوهٔ کاربردِ کلمه را در جمله نشان می‌دهد:

livre [1] /livr/ le [اسم] کتاب
Jacques a perdu son livre.
ژاک کتابش را گم کرده.

البته اغلب، نمی‌توان جملات زبانِ فرانسه را کلمه به کلمه ترجمه کرد، چرا که در این صورت معنیِ جملهٔ روبرو می‌شود: «ویکتور در شلوارش یک پارگی دارد.» که این جمله در زبانِ فارسی به این شکل به کار نمی‌رود:

déchirure /déchirûr/ la
[اسم] پارگی
Victor a une déchirure à son pantalon. شلوار ویکتور پاره شده.

۱۲. با توضیحاتی که داخل پرانتز، قبل یا بعد از معادلِ فارسی، می‌آورد، در مواردی معنی یا کاربرد کلمهٔ فرانسه را محدود و در مواردی معنیِ معادل سرمدخل را کامل می‌کند:

boucher [1] /buché/
[فعل] ۱. (درِ چیزی را) بستن
۲. (سوراخ) گرفتن، پُر کردن
۳. (راه) بند آوردن

۱۳. زمانی که معنیِ معادلِ فارسیِ کلمهٔ فرانسوی دشوار یا مبهم باشد، آن را توضیح می‌دهد:

vigne /vin^y/ la
[اسم] مو (= درخت انگور)

۱۴. صورتِ دوضمیرهٔ افعال و معنی و کاربرد آن را به ما نشان می‌دهد. ضمیرِ "se" در صورتِ دوضمیرهٔ افعالی که سرمدخل شده‌اند بعد از فعل و داخل پرانتز آمده، درحالی‌که در جمله قبل از فعل قرار می‌گیرد. اما این ضمیر در صورتِ دوضمیرهٔ افعالی که زیرمدخل شده‌اند در جایِ اصلیِ خود (قبل از فعل) قرار دارد:

rhabiller (se) /rabiyé/
[فعل] دوباره لباس پوشیدن
appeler /aplé/ [فعل] صدا زدن
s'appeler نامیده شدن، نام داشتن

۱۵. تصاویر فرهنگ به روشنتر شدنِ معنیِ کلمه کمک می‌کند، و نیز به زیبایی و جذابیّت کتاب می‌افزاید:

aquarium /akuâryom/

aquarium

۱۶. نکاتِ دستوری، املایی، آوایی یا معنایی را شرح می‌دهد. این توضیحاتِ کاربردی در حاشیهٔ فرهنگ آمده‌اند:

کلمهٔ ***national*** در جمع ***nationaux*** می‌شود.

os در حالت مفرد /os/ و در حالت جمع /o/ تلفظ می‌شود: ***des os*** /dézo/

۱۷. برخی صورت‌هایِ صرفیِ افعال را که با صورتِ مصدری بسیار متفاوتند، و نیز اسامی مفعول را که در ساخت زمان‌های مرکب به کار می‌روند، مشخص می‌کند:

es /é/ : tu es

صورت صرف شدهٔ فعلِ ***être***.

été /été/ صورت مفعولی فعلِ ***être***.

۱۸. در ضمیمهٔ آخرِ فرهنگ اعداد، اسامی کشورهای جهان، شیوهٔ گفتن ساعت، اسامی روزهای هفته و ماههای سال و نیز راهنمایِ صرفِ افعال آمده است.

FARHANG MOASER

Dictionnaire de l'École

Français - Persan

A,a

a /a/ : il a

صورت صرف‌شدهٔ فعلِ ***avoir***.

à /a/ [حرف اضافه] ۱. به

Nous allons à Nice.

ما به شهرِ نیس می‌رویم.

۲. در

Nous arriverons à dix heures.

ما (در) ساعت ده می‌رسیم.

۳. مالِ، متعلق به

Ce stylo est à moi.

این قلم مال من است.

abandonner /abâ^{n}doné/

[فعل] رها کردن، ول کردن

Ils ont abandonné leur chien.

آنها سگشان را رها کرده‌اند.

abattre /abatr/

[فعل] انداختن، قطع کردن

Le vent a abattu un arbre.

باد یک درخت را انداخت.

abeille /abéy/ la

[اسم] زنبور عسل

نگاه کنید به توضیحِ ***guêpe***.

abîmer /abimé/

[فعل] خراب کردن

Paul abîme tous ses jouets.

پل همهٔ اسباب‌بازی‌هایش را خراب می‌کند.

aboyer /abuâyé/

[فعل] پارس کردن، واق‌واق کردن

Les chiens aboient.

سگ‌ها پارس می‌کنند.

abréviation

/abrévyasyo^{n}/ la [اسم] مخفف

abri /abri/ le [اسم] پناهگاه، سرپناه

Il pleut, il faut trouver un abri.

باران می‌بارد، باید یک سرپناه پیدا کرد.

abricot /abriko/ le

[اسم] زردآلو

abriter (s') /abrité/

[فعل] پناه آوردن، پناه بردن

Ils se sont abrités dans une grotte. آنها به یک غار پناه بردند.

absent /absâ^{n}/ , **absente** /absâ^{n}t/ [صفت] غایب

Deux élèves sont absents.

دو دانش‌آموز غایب هستند.

abréviation به صورت مخفف یک کلمه می‌گویند. مثلاً کلمهٔ ***auto*** مخفف ***automobile*** است.

abri

absent

absolument /absolûmâ^{n}/

[قید] کاملاً، به کلی

C'est absolument faux.

کاملاً اشتباه است.

absorber /absorbé/

[فعل] ۱. جذب کردن

Le coton absorbe l'eau.

پنبه آب را جذب می‌کند.

۲. خوردن، نوشیدن

Sarah est malade, elle ne peut rien absorber. سارا بیمار است، او نمی‌تواند چیزی بخورد.

accélérer /akséléré/

[فعل] تندتر رفتن، سرعت خود را بیشتر کردن

La voiture jaune a accéléré.

اتومبیل زردرنگ سرعتش را بیشتر کرد.

accent /aksâ^{n}/ le

[اسم] ۱. لهجه

La mère de Yann a un accent.

مادرِ یان لهجه دارد.

۲. (علامت) آکسان

accepter /akséptè/

[فعل] پذیرفتن، قبول کردن

Ma grande sœur accepte de venir au zoo.

خواهر بزرگم قبول کرد به باغ‌وحش بیاید.

accident /aksidâ^{n}/ le

[اسم] ۱. حادثه، اتفاق

Notre voisin a eu un accident du travail.

همسایهٔ ما هنگام کار دچار حادثه شد.

۲. تصادف

Nous avons été témoins d'un accident de la route.

ما شاهد یک تصادف در جاده بودیم.

accident

accompagner /ako^{n}pan^{y}é/

[فعل] همراه (کسی) رفتن

J'accompagne mon ami à la gare.

همراه دوستم به ایستگاه می‌روم.

accord /akor/ le

[اسم] موافقت، توافق

Il a donné son accord.

او موافقت خود را اعلام کرد.

accordéon /akordéo^{n}/ le

[اسم] آکوردئون

Il joue de l'accordéon.

او آکوردئون می‌نوازد.

accorder /akordé/

[فعل] موافقت کردن، دادن

Je vous accorde trois minutes.

به شما سه دقیقه وقت می‌دهم.

accent نشانه‌ای است که روی بعضی از حروف صدادار می‌آید، مثلاً روی حرفِ **e**، به صورت‌هایِ: **è** و **é** و **ê**.

a = اَ	**é** = اِ	**e** = اُ (با دهان نیمه‌بسته)	**eu** = اُ ترکی درگُزل	**o** = اُ	**û** = او ترکی درگول	
u = او	**i** = ای	**â^{n}** = آ تودماغی	**a^{n}** = اَ تودماغی	**o^{n}** = اُ تودماغی	**r** = غ عربی	
y = ی	**n^{y}** = نْی	**j** = ژ	**g** = گ	**ch** = ش	**s** = س	**z** = ز

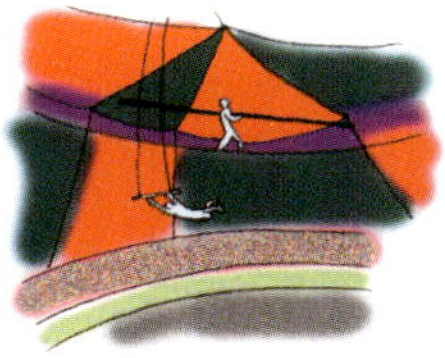

acrobate

accoucher /akuché/

[فعل] زاییدن، به دنیا آوردن

Elle a accouché d'une fille.

او یک دختر زایید.

accrocher /akroché/

[فعل] آویزان کردن

J'ai accroché le tableau au mur. تابلو را به دیوار آویزان کردم.

accueil /akeuy/ le

[اسم] پذیرایی

Jean nous a fais un accueil amical.

ژان دوستانه از ما پذیرایی کرد.

accuser /akûzé/

[فعل] مقصر دانستن، متهم کردن

On l'a accusé de vol.

او را به دزدی متهم کردند.

achat /acha/ le [اسم] خرید

Montre-moi tes achats.

خریدت را به من نشان بده.

acheter /achté/

[فعل] خریـدن

J'ai acheté une maison.

یک خانه خریدم.

achever /achvé/

[فعل] تمام کردن

Cathie achève son devoir.

کَتی تکالیفش را تمام می‌کند.

acide /asid/ [صفت] ترش

Cette pomme est acide.

این سیب ترش است.

adieu بـا **x** جـمع بسـته می‌شود: ***adieux***.

acier /asyé/ le [اسم] فولاد

Ce couteau est en acier.

این چاقو از جنس فولاد است.

acrobate /akrobat/ le, la

[اسم] بندباز، آکروبات‌باز

Il est un acrobate.

او یک بندباز است.

acteur /akteur/ le ,
actrice /aktris/ la

[اسم] هنرپیشه، بازیگر

Elle est une bonne actrice.

او هنرپیشهٔ (زن) خوبی است.

actif /aktif/ , **active** /aktiv/

[صفت] فعال، پُرکار

Ma sœur est très active.

خواهرم خیلی پرکار است.

action /aksyo^n/ la

[اسم] عمل، کار

Hier, Yves a fait une bonne action.

ایو دیروز یک کار خوب انجام داد.

addition /adisyo^n/ la

[اسم] ۱. جمع

On utilise le signe plus (+) pour faire une addition.

برای جمع زدن از علامتِ بـعلاوه (+) استفاده می‌کنیم.

۲. صورت‌حساب

L'addition, s'il vous plaît!

لطفاً صورت‌حساب (را بیاورید)!

adieu /adyeu/ le

[اسم] خداحافظی

admis /admi/ , **admise** /admiz/

صورت مفعولی فعلِ ***admettre***.

adolescent /adolésâ^{n}/ le , **adolescente** /adolésâ^{n}t/ la

[اسم] نوجوان

adolescent به فردی می‌گویند که در حدودِ ۱۴ تا ۱۸ سال دارد.

adorable /adorabl/

[صفت] دوست‌داشتنی

Cet enfant est très adorable.

این بچه خیلی دوست‌داشتنی است.

adorer /adoré/

[فعل] خیلی دوست داشتن، عاشق (کسی یا چیزی) بودن

Julie adore les chats.

ژولی عاشق گربه است.

adresse /adrés/ la

[اسم] نشانی، آدرس

Quelle est votre adresse?

آدرستان چیست؟

adroit /adruâ/ , **adroite** /adruât/ [صفت] ماهر، زبر و زرنگ

Un ouvrier adroit یک کارگر ماهر

adulte /adûlt/ le, la

[اسم] بزرگسال

adverbe /advérb/ le

[اسم] قید

"Maintenant" est un adverbe.

(کلمهٔ) «حالا» یک قید است.

Je viens vous faire mes adieux.

آمده‌ام از شما خداحافظی کنم.

adjectif /adjéktif/ le

[اسم] صفت

admettre /admétr/

[فعل] ۱. پذیرفتن، قبول کردن

Mon frère est admis dans la classe supérieure.

برادرم در کلاس بالاتر قبول شد.

۲. اجازه دادن

Maman n'admet pas que je regarde la télévision.

مامان اجازه نمی‌دهد که من تلویزیون تماشا کنم.

admirable /admirabl/

[صفت] قابل تحسین، عالی

Ce film est admirable.

این فیلم عالی است.

admiration /admirasyo^{n}/ la [اسم] تحسین

J'ai de l'admiration pour lui.

من او را تحسین می‌کنم.

admirer /admiré/

[فعل] ۱. تحسین کردن

Il admire son père.

او پدرش را تحسین می‌کند.

۲. از (چیزی) لذّت بردن

À la montagne, nous avons admiré le paysage.

در کوه، از منظره لذت بردیم.

aéroport /aéropor/ le
[اسم] فرودگاه

affaires /afér/ la
[اسم، جمع] وسایل
Range tes affaires!
وسایلت را جمع کن!

affiche /afich/ la
[اسم] پوستر، آگهی (دیواری)، اعلامیه

affreux /afreu/ , **affreuse** /afreuz/ [صفت] خیلی زشت، ترسناک، هولناک
Elle est affreuse avec ce chapeau.
او با این کلاه خیلی زشت است.

âge /aj/ le [اسم] سن، سال
Quel âge as-tu? چند سالِته؟

âgé , âgée /ajé/ [صفت] پیر
Ma grand-mère est âgée.
مادربزرگم پیر است.

agent /ajâ^n/ le [اسم] پلیس، پاسبان
Un agent de police
پلیس، مأمور راهنمایی و رانندگی
نگاه کنید به توضیحِ ***policier***.

agile /ajil/ [صفت] چابک، زبر و زرنگ
Les singes sont très agiles.
میمون‌ها خیلی چابکند.

agitation /ajitasyo^n/ la
[اسم] جنب و جوش، شلوغی
Ici, il y a beaucoup d'agitation.
اینجا خیلی شلوغ است.

agiter /ajité/ [فعل] تکان دادن
Le vent agite les branches.
باد شاخه‌ها را تکان می‌دهد.

agneau /an^{y}o/ le [اسم] بره

agneau با **x** جمع بسته می‌شود: ***agneaux***.

agréable /agréabl/
[صفت] خوشایند، دلپذیر، خوب
L'odeur des roses est agréable.
گل سرخ بوی خوبی دارد.

agricole /agrikol/
[صفت] (مربوط به) کشاورزی
Le tracteur est une machine agricole.
تراکتور یک ماشین کشاورزی است.

agriculteur /agrikûlteur/ le , **agricultrice** /agrikûltris/ la [اسم] کشاورز، زارع

agriculture /agrikûltûr/ la [اسم] کشاورزی، زراعت
L'agriculture moderne utilise de nombreuses machines.
در کشاورزی مدرن از ماشین‌آلات بسیاری استفاده می‌شود.

ai /é/ : j'ai
صورت صرف‌شدهٔ فعلِ ***avoir***.

aide /éd/ la [اسم] کمک، یاری

J'ai besoin de ton aide.

به کمکت احتیاج دارم.

aider /édé/ [فعل] کمک کردن

Il a aidé sa mère.

او به مادرش کمک کرد.

aigle /égl/ le [اسم] عقاب

aigle

aigu , aiguë /égû/

[صفت] گوش‌خراش

Elle a une voix aiguë.

او صدای گوش‌خراشی دارد.

accent aigu اَکسان تِگو

علامتِ **accent aigu** روی بعضی از حروف صدادار قرار می‌گیرد، مثلاً روی حرفِ **e** در کلمهٔ ***blé***.

aiguille /égûiy/ la

[اسم] ۱. سوزن

۲. عقربه

La grande aiguille indique les minutes. عقربهٔ بزرگ (ساعت)

دقیقه‌ها را نشان می‌دهد.

aile /él/ la

[اسم] بال (پرنده یا هواپیما)

Les oiseaux ont des ailes.

پرنده‌ها بال دارند.

aile

ailleurs /ayeur/

[قید] جای دیگر

Va jouer ailleurs!

برو جای دیگر بازی کن!

aimable /émabl/

[صفت] دوست‌داشتنی، بامحبت

Une personne aimable

یک آدم بامحبت

aimant /émâ^n/ le

[اسم] آهن‌ربا

L'aimant attire le fer.

آهن‌ربا آهن را جذب می‌کند.

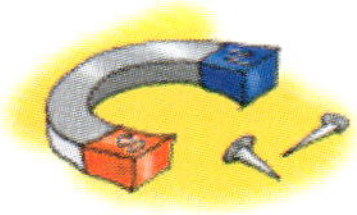

aimant

aimer /émé/

[فعل] دوست داشتن، علاقه داشتن

J'aime le football.

من فوتبال را دوست دارم.

aimer mieux ترجیح دادن

J'aime mieux rester ici.

ترجیح می‌دهم اینجا بمانم.

ainsi /a^{n}si/ [قید] این‌طور

Pourquoi me regardez-vous ainsi?

چرا این‌طور به من نگاه می‌کنید؟

air /ér/ le [اسم] هوا

L'air n'a pas d'odeur.

هوا بو ندارد.

avoir l'air به نظر آمدن، به نظر رسیدن

Pierre a l'air fatigué.

پیِر خسته به نظر می‌رسد.

a = اَ	**é** = اِ	**e** = اُ(با دهان نیمه‌بسته)	**eu** = اُ ترکی درگُزل	**o** = اُ	**û** = او ترکی درگول	
u = او	**i** = ای	**â^n** = آ تودماغی	**a^n** = اَ تودماغی	**o^n** = اُ تودماغی	**r** = غ عربی	
y = ی	**n^y** = نْیْ	**j** = ژ	**g** = گ	**ch** = ش	**s** = س	**z** = ز

ajouter /ajuté/

[فعل] اضافه کردن

J'écris six et j'ajoute cinq.

(عدد) شش را می‌نویسم و پنج را به آن اضافه می‌کنم.

alarme /alarm/ la

[اسم] آژیر (خطر)

album

album /albom/ le

[اسم] آلبوم

Un album de timbres

یک آلبوم تمبر

alcool /alkol/ le [اسم] الکل

aliment /alimâ^{n}/ le

[اسم] مادهٔ غذایی، غذا

La viande est un aliment.

گوشت یک مادهٔ غذایی است.

allemand /almâ^{n}/ le

[اسم] زبان آلمانی

aller /alé/ [فعل] ۱. رفتن

Je vais à l'école.

من به مدرسه می‌روم.

۲. منتهی شدن

Cette route va à Lyon.

این جاده به شهر لیون منتهی می‌شود.

۳. برازنده بودن، (به کسی) آمدن

Ta robe te va (bien).

پیراهنت بهت می‌آید.

aller bien حال (کسی) خوب بودن

Je vais bien. خوبم.

s'en aller رفتن

Il veut s'en aller.

او می‌خواهد برود.

فعلِ ***aller*** برای ساختن زمانِ آینده نزدیک نیز به کار می‌رود، مانندِ:

Je vais partir.

الان می‌روم. دارم می‌روم.

ambulance

allumer /alûmé/

[فعل] روشن کردن

Allumez la lampe!

چراغ را روشن کنید!

allumette /alûmét/ la

[اسم] کبریت

Une boîte d'allumette

یک قوطی کبریت

alors /alor/ [قید] پس، در این صورت

Tu n'as rien à faire? Alors viens jouer!

هیچ کاری نداری؟ پس بیا بازی کنیم!

alphabet /alfabé/ le

[اسم] الفبا

L'alphabet français a 26 lettres. الفبای فرانسه ۲۶ حرف دارد.

alphabet

alpinisme /alpinism/ le

[اسم] کوهنوردی

alpiniste /alpinist/ le, la

[اسم] کوهنورد

amande /amâ^{n}d/ la

[اسم] بادام

ambulance /â^{n}bûlâ^{n}s/ la

[اسم] آمبولانس

améliorer (s') /amélyoré/

[فعل] بهتر شدن

Le temps s'améliore.

هوا بهتر می‌شود.

amener /amné/

[فعل] (با خود) آوردن، بردن

Il a amené un ami à la maison.

یکی از دوستانش را به خانه آورد.

amer , **amère** /amér/

[صفت] تلخ

Le café sans sucre est amer.

قهوه بدون قند تلخ است.

ami , **amie** /ami/ le, la

[اسم] دوست، رفیق

Jean est mon meilleur ami.

ژان بهترین دوست من است.

amical , **amicale** /amikal/

[صفت] دوستانه

Il m'a écrit une lettre amicale.

به من نامه‌ای دوستانه نوشت.

amitié /amityé/ la

[اسم] دوستی

Une ancienne amitié

یک دوستی قدیمی

amour /amur/ le

[اسم] عشق

L'amour de la liberté

عشق به آزادی

amoureux /amureu/ ,
amoureuse /amureuz/

[صفت] عاشق

Ils sont amoureux de la nature.

آنها عاشق طبیعتند.

amusant /amûzâ^n/ ,
amusante /amûzâ^{n}t/

[صفت] جالب، بامزه

Nicolas m'a raconté une histoire amusante.

نیکلا داستان جالبی برایم تعریف کرد.

amuser /amûzé/

[فعل] سرگرم کردن

Le jeu de ballon amuse les enfants.

توپ‌بازی بچه‌ها را سرگرم می‌کند.

an /â^n/ le [اسم] سال

Simon a huit ans.

سیمون هشت‌ساله است.

نگاه کنید به توضیحِ ***année***.

amical در جمع ***amicaux*** می‌شود.

ananas /anana(s)/ le

[اسم] آناناس

ananas را بــه دو شکــل می‌توان تلفظ کرد: /anana/ یا /ananas/.

ananas

a = اَ   é = اِ   e = (با دهان نیمه‌بسته) اُ   eu = اُ ترکی درگُزل   o = اُ   û = او ترکی درگول

u = او   i = ای   â^n = آ تودماغی   a^n = اَ تودماغی   o^n = اُ تودماغی   r = غ عربی

y = ی   n^y = نْی   j = ژ   g = گ   ch = ش   s = س   z = ز

ancien /â[n]sya[n]/ , **ancienne** /â[n]syén/

[صفت] قدیمی، کهنه

Ils ont des meubles anciens.

اثاث آنها قدیمیّ است.

âne /an/ le [اسم] خر، الاغ

âne

ange /â[n]j/ le [اسم] فرشته

Ange gardien فرشتهٔ نگهبان

anglais /â[n]glé/ le

[اسم] زبان انگلیسی

Il parle anglais.

او انگلیسی صحبت می‌کند.

angle /â[n]gl/ le [اسم] ۱. زاویه

Un carré a quatre angles.

یک مربع چهار زاویه دارد.

۲. گوشه

L'angle d'une pièce

گوشهٔ یک اتاق

angle

animal /animal/ le

[اسم] حیوان، جانور

Les animaux marins

جانوران دریایی، حیوانات دریایی

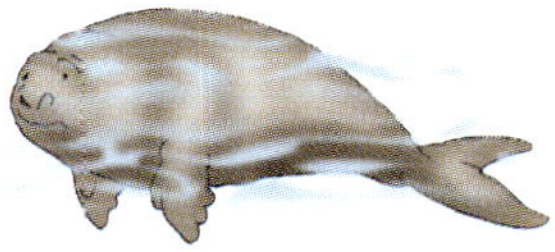

animal marin

animal در جمع ***animaux*** می‌شود.

anneau /ano/ le [اسم] حلقه

Anneau de mariage حلقهٔ ازدواج

anneau با ***x*** جمع بسته می‌شود: ***anneaux***.

année /ané/ la [اسم] سال

Je n'ai pas été malade cette année. من امسال مریض نشدم.

Bonne année! سال نو مبارک!

کلماتِ ***an*** و ***année*** هم‌معنا هستند، با این تفاوت که ***année*** سراسر سال یا تمام مدت سال را نشان می‌دهد.

anniversaire /anivérsér/ le

[اسم] (سالگرد) تولد

Aujourd'hui, c'est mon anniversaire.

امروز (سالگرد) تولدم است.

annoncer /ano[n]sé/

[فعل] اعلام کردن، خبر دادن

Il m'a annoncé son arrivée.

او آمدنش را به من خبر داد.

annuel , annuelle /anûél/

[صفت] سالانه

Nous préparons la fête annuelle.

ما تدارک جشن سالانه را می‌بینیم.

annuler /anûlé/

[فعل] لغو کردن، به هم زدن

Ils ont annulé leur voyage.

آنها سفرشان را به هم زدند.

anormal , anormale
/anormal/ [صفت] غیرعادی، غیرطبیعی

Le moteur fait un bruit anormal.

موتور صدای غیرعادی می‌دهد.

antenne /â^{n}tén/ la
[اسم] ۱. آنتن

Une antenne de télévision

یک آنتن تلویزیون

۲. شاخک (حشرات)

Les papillons ont deux antennes.

پروانه‌ها دو شاخک دارند.

antenne

août /u(t)/ le [اسم] اوت

apercevoir /apérsevuâr/
[فعل] (یک نظر) دیدن

J'aperçois Philippe dans la foule.

فیلیپ را در میان جمعیت می‌بینم.

s'apercevoir متوجه شدن

Il s'est aperçu de son erreur.

او متوجه اشتباهش شد.

apostrophe /apostrof/ la
[اسم] آپُستروف

apparaître /aparétr/
[فعل] ظاهر شدن، آشکار شدن

Et à ce moment-là, la fée est apparue.

در همین موقع، پری ظاهر شد.

appareil /aparéy/ le
[اسم] دستگاه، وسیله

Un aspirateur est un appareil ménager.

جاروبرقی یک وسیلهٔ خانگی است.

Un appareil photo

دوربین عکاسی

appartement
/apartemâ^n/ le [اسم] آپارتمان

appartements

کلمهٔ ***anormal*** در جمع ***anormaux*** می‌شود.

apostrophe نشانه‌ای است به شکلِ «'» که نشان‌دهندهٔ حذف یک حرف صدادار در ترکیب دو کلمه است، مانندِ: ***J'ai***.

août هشتمین ماه سال میلادی است که سی روز دارد و مطابق است با ۱۰ مرداد تا ۹ شهریور. این کلمه به دو صورت تلفظ می‌شود: /u/ یا /ut/.

appartenir /apartenir/
[فعل] تعلق داشتن، مالِ (کسی) بودن
Cette voiture m'appartient.
این ماشین مال من است.

appeler /aplé/ [فعل] صدا زدن
Le maître nous appelle.
معلم ما را صدا می‌کند.
s'appeler نامیده شدن، نام داشتن
Je m'appelle Jean.
اسم من ژان است.

applaudir /aplodir/
[فعل] دست زدن، تشویق کردن
Ils ont applaudi les artistes.
آنها بازیگران را تشویق کردند.

applaudissement
/aplodismâ^{n}/ le [اسم] تشویق، دست زدن
On entend les applaudissements du public.
صدای دست زدن مردم به گوش می‌رسد.

apporter /aporté/
[فعل] آوردن
Il a apporté des fleurs à sa mère. او برای مادرش گل آورد.

apprendre /aprâ^{n}dr/
[فعل] ۱. یاد گرفتن، آموختن
Mon frère apprend le français.
برادرم فرانسه یاد می‌گیرد.
۲. یاد دادن، درس دادن
Le proffeseur nous apprend l'anglais.
معلم به ما انگلیسی درس می‌دهد.
۳. باخبر کردن
Elle nous a appris son mariage.
او ما را از ازدواجش باخبر کرد.

appris /apri/ , **apprise** /apriz/
صورت مفعولی فعلِ ***apprendre***.

apprivoiser /aprivuâzé/
[فعل] رام کردن، اهلی کردن
Jean a apprivoisé un a écureuil. ژان یک سنجاب رام کرده.

approcher (s') /aproché/
[فعل] نزدیک شدن، جلو آمدن
Approche-toi! بیا جلو!

appuyer /apûiyé/
[فعل] فشار دادن
Appuyez sur le bouton!
دکمه را فشار دهید!
s'appuyer تکیه دادن، تکیه کردن
Appuyez-vous sur mon bras!
به دست من تکیه دهید! سنگینی‌تان را روی دست من بیندازید!

après /apré/
۱. [حرف اضافه] بعد از، پس از
Le printemps vient après l'hiver. بهار بعد از زمستان می‌آید.
۲. [قید] بعد

après-demain
/aprédema^{n}/ [قید] پس‌فردا
Aujourd'hui, c'est lundi, et après-demain, ce sera mercredi. امروز دوشنبه است، پس‌فردا می‌شود چهارشنبه.

après-midi /aprémidi/ le, la

[اسم] بعدازظهر

Une courte après-midi de l'hiver یک بعدازظهر کوتاه زمستان

après-midi را می‌توان به صورت مذکر یا مؤنث به کار برد. این کلمه در جمع تغییر نمی‌کند:
des après-midi

aquarium /akuâryom/ le

[اسم] آکواریوم

aquarium

arabe /arab/ le

[اسم] زبان عربی

araignée /arén^{y}é/ la

[اسم] عنکبوت

Le vieux château est plein d'araignées.

قلعهٔ قدیمی پر از عنکبوت است.

araignée

arbitre /arbitr/ le

[اسم] داور

arbitre

arbre /arbr/ le [اسم] درخت

Arbre de Noël درخت کریسمس

arbre

arc /ark/ le [اسم] تیرکمان

Yann tire à l'arc.

یان با تیرکمان تیراندازی می‌کند.

arc-en-ciel /arkâ^{n}syél/ le

[اسم] رنگین‌کمان

کلمهٔ **arc-en-ciel** در جمع به صورتِ **arcs-en-ciel** نوشته می‌شود.

arc-en-ciel

argent /arjâ^{n}/ le

[اسم] ۱. نقره

Une bague en argent

یک انگشتر نقره

۲. پول

Mon père m'a donné un peu d'argent. پدرم کمی پول به من داد.

a = اَ	**é** = اِ	**e** = اُ (با دهان نیمه‌بسته)	**eu** = اُ ترکی درگُزل	**o** = اُ	**û** = او ترکی درگول	
u = او	**i** = ای	**â^{n}** = آ تودماغی	**a^{n}** = اَ تودماغی	**o^{n}** = اُ تودماغی	**r** = غ عربی	
y = ی	**n^{y}** = نْیْ	**j** = ژ	**g** = گ	**ch** = ش	**s** = س	**z** = ز

arme /arm/ la [اسم] سلاح، اسلحه

Un pistolet est une arme à feu.

هفت‌تیر یک سلاح گرم است.

arme به هر نوع سلاح از قبیل چاقو، هفت‌تیر، توپ و غیره گفته می‌شود.

arme

armée /armé/ la

[اسم] ارتش، لشکر

Il est dans l'armée.

او ارتشی است.

l'armée de l'air نیروی هوایی

l'armée de terre نیروی زمینی

armée

armoire /armuâr/ la

[اسم] قفسه، کمد، گنجه

Armoire de cuisine

قفسهٔ آشپزخانه

armoire

arracher /araché/

[فعل] کندن

Le jardinier arrache les mauvaises herbes.

باغبان علف‌های هرز را می‌کَند.

arranger /arâ^{n}jé/

[فعل] مرتب کردن

Marc arrange sa chambre.

مارک اتاقش را مرتب می‌کند.

arrêt /aré/ le

[اسم] ۱. توقف، ایست

Il ne faut pas descendre avant l'arrêt du train.

قبل از توقف قطار نباید پیاده شد.

۲. ایستگاه

Un arrêt d'autobus

ایستگاه اتوبوس

sans arrêt مدام، یکریز

Mon petit frère parle sans arrêt.

برادر کوچکم یکریز حرف می‌زند.

نگاه کنید به توضیحِ ***pause***.

arrêter /arété/

[فعل] ۱. متوقف کردن، نگه داشتن

L'agent de police arrête les voitures.

مأمور راهنمایی اتومبیل‌ها را متوقف می‌کند.

۲. دستگیر کردن، گرفتن

Les policiers ont arrêté le voleur.

پلیس‌ها دزد را دستگیر کردند.

s'arrêter متوقف شدن، ایستادن

Dites au chauffeur de s'arrêter.

به راننده بگویید بایستد.

arrière [1] /aryér/

[قید] عقب، پشت

Ne restez pas en arrière!

عقب نایستید! (=بیایید جلو!)

arrière [2] /aryér/ le

[اسم] قسمت عقب، عقب

arrivée /arivé/ la

[اسم] ورود، آمدن، رسیدن

J'attends l'arrivée de mon frère.

منتظرِ آمدن برادرم هستم.

arriver /arivé/ [فعل] رسیدن، آمدن

Ma sœur est arrivée à la maison. خواهرم به خانه آمد.

art /ar/ le [اسم] هنر

art

article /artikl/ le

[اسم] ۱. حرف تعریف

۲. مقاله (روزنامه)

artificiel , artificielle

/artifisyél/ [صفت] مصنوعی

Lac artificiel دریاچهٔ مصنوعی

artiste /artist/ le, la

[اسم] هنرمند

Un peintre est un artiste.

یک نقاش یک هنرمند است.

as /a/ : tu as

صورت صرف‌شدهٔ فعلِ ***avoir***.

ascenseur /asâ^{n}seur/ le

[اسم] آسانسور

Prenez l'ascenseur!

سوار آسانسور شوید!

aspirateur /aspirateur/ le

[اسم] جاروبرقی

assassin /asasa^n/ le

[اسم] آدم‌کش، قاتل

assassiner /asasiné/

[فعل] کشتن

Il a assassiné trois personnes.

او سه نفر را کشته است.

asseoir (s') /asuâr/

[فعل] نشستن

Flora s'est assise sur la table.

فلورا روی میز نشسته.

assez /asé/

[قید] ۱. به اندازهٔ کافی

J'ai assez mangé.

من به اندازهٔ کافی خورده‌ام.

۲. نسبتاً

Mon travail est assez bien.

کار من نسبتاً خوب است.

en avoir assez ذله شدن، خسته شدن

J'en ai assez d'attendre.

خسته شدم از بس که صبر کردم.

article همیشه قبل از اسم می‌آید، مانند ***la*** و ***le***، و تقریباً در زبان فارسی معادلی ندارد، مانندِ: ***le garçon***.

a = اَ	**é** = اِ	**e** = (با دهان نیمه‌بسته) اُ	**eu** = اُ ترکی درگُزل	**o** = اُ	**û** = او ترکی درگول
u = او	**i** = ای	**â^n** = آ تودماغی	**a^n** = اَ تودماغی	**o^n** = اُ تودماغی	**r** = غ عربی
y = ی	**n^y** = نْیْ	**j** = ژ	**g** = گ	**ch** = ش	**s** = س	**z** = ز

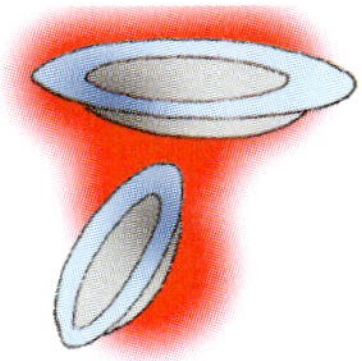

assiettes

astronaute

atelier هم به معنی کارگاه هنری (= آتلیه) است و هم به معنی کارگاه فنی.

assiette /asyét/ la
[اسم] بشقاب
Assiette à soupe
بشقاب سوپ‌خوری

assis /asi/ , **assise** /asiz/
صورت مفعولی فعلِ ***s'asseoir***.

assurer /asûré/
[فعل] اطمینان دادن، مطمئن کردن
Je vous assure que c'est vrai.
مطمئن باشید که راست است.

astre /astr/ le [اسم] ستاره
Le Soleil est un astre.
خورشید یک ستاره است.

astronaute
/astronot/ le, la [اسم] فضانورد
Des astronautes sont allés sur la lune. فضانوردان به ماه رفتند.

astronome
/astronom/ le, la
[اسم] ستاره‌شناس، منجّم

atelier /atelyé/ le
[اسم] کارگاه
Le menuisier travaille dans son atelier.
نجّار در کارگاهش کار می‌کند.

atome /atom/ le
[اسم] اتم (=کوچکترین جزء یک ماده)

atomique /atomik/
[صفت] اتمی
Bombe atomique بمب اتم
Énergie atomique انرژی اتمی

attacher /ataché/
[فعل] بستن
Attachez vos ceintures!
کمربندهایتان را ببندید!

attaque /atak/ la
[اسم] حمله، هجوم
Les soldats se préparent à l'attaque.
سربازها آمادهٔ حمله می‌شوند.

attaquer /ataké/
[فعل] حمله کردن، هجوم بردن
L'ennemi nous a attaqués.
دشمن به ما حمله کرد.

attendre /atâⁿdr/
[فعل] منتظر شدن، صبر کردن
Attendez un instant!
یک لحظه صبر کنید!

attente /atâⁿt/ la
[اسم] انتظار، صبر
L'attente n'a pas été longue.
انتظار طولانی نبود.

attentif /atâⁿtif/ ,
attentive /atâⁿtiv/
[صفت] دقیق
Flora est très attentive en classe.
فلورا در کلاس خیلی دقیق است. فلورا سرِ کلاس حواسش را جمع می‌کند.

attention /atâⁿsyoⁿ/ la
[اسم] توجه، دقت

Les élèves écoutent avec attention.

دانش‌آموزان به دقت گوش می‌دهند.

Attention! مواظب باش!

faire attention مواظب بودن، دقت کردن

Faites attention quand vous traversez!

وقتی که رد می‌شوید مواظب باشید!

attentivement /atâ^{n}tivmâ^n/ [قید] به دقت

Écoutez attentivement les explications!

توضیحات را به دقت گوش دهید!

attirer /atiré/

[فعل] جذب کردن

L'aimant attire le fer.

آهن‌ربا آهن را جذب می‌کند.

attirer l'attention de

توجه (کسی را) جلب کردن

attitude /atitûd/ la

[اسم] رفتار

Une attitude courageuse

یک رفتار شجاعانه

attraper /atrapé/

[فعل] ۱. گرفتن

Le chat a attrapé une souris.

گربه یک موش گرفت.

۲. مبتلا شدن، گرفتن (بیماری)

Il a attrapé la grippe.

او به گریپ مبتلا شده است.

au /o/ نگاه کنید به ***à***.

Au printemps در بهار

auberge /obérj/ la

[اسم] مسافرخانه، مهمانسرا

auberge

aubergine /obérjin/ la

[اسم] بادمجان

aucun /oka^n/ , **aucune** /okûn/ [صفت] هیچ

Je n'ai aucune nouvelle de lui depuis longtemps.

خیلی وقت است که هیچ خبری از او ندارم.

audace /odas/ la

[اسم] شجاعت

Il faut beaucoup d'audace pour réussir. برای موفق شدن شجاعت زیادی لازم است.

audacieux /odasyeu/ , **audacieuse** /odasyeuz/

[صفت] شجاع

au صورت ادغام‌شدهٔ ***à+le*** است و همیشه به جای آن به کار می‌رود. صورت مؤنث آن ***à la*** و صورت جمع آن ***aux*** است. برای معانی این کلمه، نگاه کنید به معانی کلمهٔ ***à***.

a = اَ	**é** = اِ	**e** = اُ(با دهان نیمه‌بسته)	**eu** = اُ ترکی درگُزل	**o** = اُ	**û** = او ترکی درگول
u = او	**i** = ای	**â^n** = آ تودماغی	**a^n** = اَ تودماغی	**o^n** = اُ تودماغی	**r** = غ عربی
y = ی	**n^y** = نی	**j** = ژ	**g** = گ	**ch** = ش	**s** = س
z = ز					

auquel /okél/

[ضمیر] که به او، که با او، که به آن

L'homme auquel j'ai parlé.

مردی که با او حرف زدم.

auquel همیشه به جایِ ***à+lequel*** به کار می‌رود. به خاطر داشته باشید که صورتِ مؤنث آن ***à laquelle*** و صورت جمع این دو ضمیر ***auxquels*** و ***auxquelles*** است.

aura /ora/ : il aura

صورت صرف‌شدهٔ فعلِ ***avoir***.

aussi /osi/ [قید] همچنین، هم، نیز، همین‌طور

Il part et moi aussi.

او می‌رود، من هم همین‌طور.

aussi ... que به اندازهٔ، همان قدر

Je suis aussi grand que lui.

قد من به اندازهٔ قد اوست. من هم‌قد او هستم.

aussitôt /osito/

[قید] بلافاصله، فوراً

Tu m'as appelé et je suis venu aussitôt.

تو مرا صدا زدی و من فوراً آمدم.

autant /otâ^{n}/

[قید] (به) همان اندازه، همان قدر

Tu as trois livres, j'en ai autant. تو سه تا کتاب داری، من هم همان اندازه دارم.

autant que به اندازهٔ

Mon frère travaille autant que mon père.

برادرم به اندازهٔ پدرم کار می‌کند.

auteur /oteur/ le

[اسم] نویسنده

Jules Verne est un auteur célèbre.

ژول وِرن یک نویسندهٔ معروف است.

auteur صورت مؤنث ندارد، اما برای زن‌ها نیز به همین صورت به کار می‌رود:

Elle est auteur.

au-dessous /odsu/

[قید] آن پایین، در زیر

Donne-moi le livre qui est au-dessous.

کتابی را که آن پایین است به من بده.

au-dessous de زیرِ، پایین‌تر از

au-dessus /odsû/

[قید] آن بالا

au-dessus de بالایِ، بالاتر از

Dix degrés au-dessus de zéro

ده درجه بالایِ صفر

auditeur /oditeur/ le , **auditrice** /oditris/ la

[اسم] شنونده

Les auditeurs de la radio

شنوندگان رادیو

augmentation /ogmâ^{n}tasyo^{n}/ la [اسم] افزایش

Augmentation des prix

افزایش قیمت‌ها

augmenter /ogmâ^{n}té/

[فعل] افزایش یافتن (قیمت)

L'essence va augmenter.

قیمت بنزین افزایش می‌یابد.

aujourd'hui /ojurdûi/

[قید] امروز

C'est aujourd'hui lundi.

امروز دوشنبه است.

auprès de /oprède/

[حرف اضافه] پیشِ، پهلویِ

Je reste auprès de vous.

من پیش شما می‌مانم.

auto /oto/ la   [اسم] ماشین، اتومبیل، خودرو

Papa gare son auto.

بابا ماشینش را پارک می‌کند.

autobus /otobûs/ le

[اسم] اتوبوس

L'arrêt d'autobus   ایستگاه اتوبوس

نگاه کنید به توضیحِ ***bus***.

autocar /otokar/ le

[اسم] اتوبوس (بین‌شهری)، اتوبوس مسافربری

نگاه کنید به توضیحِ ***car***.

automatique /otomatik/

[صفت] خودکار، اتوماتیک

Appareil automatique

دستگاه خودکار

automatiquement /otomatikmâ^n/

[قید] به طور خودکار، خودبه‌خود

Les portes s'ouvrent automatiquement.

درها به طور خودکار باز می‌شوند.

automne /oton/ le

[اسم] پاییز

En automne, les feuilles tombent.   در پاییز، برگ‌ها می‌ریزند.

automobile /otomobil/ la

[اسم] ماشین، اتومبیل

نگاه کنید به توضیحِ ***auto***.

automobiliste /otomobilist/ le, la

[اسم] راننده،(اتومبیل)

Un automobiliste doit être prudent.

یک راننده باید محتاط باشد.

autoroute /otorut/ la

[اسم] بزرگراه، اتوبان

autour /otur/   [قید] دور، دور تا دور

La Terre tourne autour du Soleil.

زمین به دور خورشید می‌گردد.

autre /otr/   ۱. [صفت] دیگر

Je vais vous raconter une autre histoire.

یک داستان دیگر برایتان تعریف می‌کنم.

۲. [ضمیر] دیگری

Il faut penser aux autres.

باید به فکر دیگران بود.

autrefois /otrefuâ/

[قید] در گذشته، در قدیم

Autrefois, il n'y avait pas d'électricité.   در قدیم برق نبود.

autrement /otremâ^n/

[قید] وگرنه

Mets ton imperméable, autrement tu seras mouillé.

بارانی‌ات را بپوش، وگرنه خیس می‌شوی.

auto مخففِ ***automobile*** است.

automne

a = اَ   é = اِ   e = اُ (با دهان نیم‌بسته)   eu = اُ ترکی درگُزل   o = اُ   û = او ترکی درگول

u = او   i = ای   â^n = آ تودماغی   a^n = اَ تودماغی   o^n = اُ تودماغی   r = غ عربی

y = ی   n^y = نْیْ   j = ژ   g = گ   ch = ش   s = س   z = ز

autruche

aux صورت ادغام‌شدهٔ **à+les** است و همیشه به جای آن به کار می‌رود. **au** و **à la** صورت‌های مفرد این کلمه‌اند.

auxquels و **auxquelles** به جایِ **à+lesquels** و **à+lesquelles** به کار می‌روند.

autre part /otrepar/
[قید] جای دیگر
Allez jouer autre part!
بروید جای دیگر بازی کنید!

autruche /otrûch/ la
[اسم] شترمرغ
Les œufs d'autruche sont très gros. تخم شترمرغ خیلی بزرگ است.

aux /o/ نگاه کنید به ***à***.
J'ai dit aux enfants d'aller jouer.
به بچه‌ها گفتم بروند بازی کنند.

auxquels , auxquelles
/okél/ [ضمیر] که به آنها، که با آنها
Les enfants auxquels vous avez parlé. بچه‌هایی که با آنها حرف زدید.

avait /avé/ : il avait
صورت صرف‌شدهٔ فعلِ ***avoir***.

avaler /avalé/
[فعل] قورت دادن، خوردن
Elle n'a rien avalé depuis hier.
او از دیروز (تا حالا) چیزی نخورده است.

avance /avâ^{n}s/ la
[اسم] پیشروی
Il faut arrêter l'avance de l'ennemi.
باید جلوی پیشروی دشمن را گرفت.
en avance زودتر (از موقع)، زود، پیش (از موقع)
Aujourd'hui, je suis arrivé en avance. امروز زود رسیدم.

avancer /avâ^{n}sé/
[فعل] ۱. جلو بردن
Avancez votre chaise!
صندلی‌تان را ببرید جلو!
۲. جلو رفتن
Avancez lentement!
آرام جلو بروید!
۳. جلو بودن
Ma montre avance d'une minute. ساعتم یک دقیقه جلو است.

avant [1] /avâ^{n}/
۱. [حرف اضافه] پیش از، قبل از
Tu es arrivé avant moi.
تو قبل از من رسیدی.
۲. [قید] قبلاً، قبل از آن
Tu pourras aller jouer, mais finis ton repas avant.
می‌توانی بروی بازی کنی، ولی قبل از آن غذایت را تمام کن.

avant [2] /avâ^{n}/ le
[اسم] قسمت جلو، جلو
L'avant d'un bateau
قسمت جلوی کشتی

avant-hier /avâ^{n}tiyér/
[قید] پریروز

avare /avar/ [صفت] خسیس
Jean est très avare.
ژان خیلی خسیس است.

avec /avék/ [حرف اضافه] با
Luc est venu avec sa sœur.
لوک با خواهرش آمد.
On fait de la confiture avec des fruits. با میوه مربا درست می‌کنند.

avenir /avnir/ le

[اسم] آینده

Je pense à l'avenir.

من به آینده فکر می‌کنم.

aventure /avâ^{n}tûr/ la

[اسم] ماجرا، حادثه

Les aventures de Tintin

ماجراهای تَن‌تَن

avenue /avnû/ la

[اسم] خیابان

نگاه کنید به توضیحِ ***rue***.

avertir /avértir/

[فعل] اطلاع دادن، باخبر کردن

On nous a averti du danger.

ما را از خطر باخبر کردند.

aveugle /aveugl/ le, la

[اسم] کور، نابینا

aveugle

avion /avyo^{n}/ le

[اسم] هواپیما

Pierre va à Paris en avion.

پیِر با هواپیما به پاریس می‌رود.

avion

avis /avi/ le

[اسم] عقیده، نظر

Elle m'a donné son avis.

او نظرش را به من گفت.

avocat /avoka/ le ,
avocate /avokat/ la

[اسم] وکیل

avoir /avuâr/ [فعل] داشتن

J'ai une poupée.

من یک عروسک دارم.

avoir besoin احتیاج داشتن، نیاز داشتن

J'ai besoin d'argent.

به پول احتیاج دارم.

avril /avril/ le [اسم] آوریل

avoir یک فعل کمکی است و برای ساختن زمان‌هایی چون گذشتهٔ نقلی به کار می‌رود: ***J'ai passé***

avril چهارمین ماه سال میلادی است که سی و یک روز دارد و مطابق است با ۱۲ فروردین تا ۱۰ اردیبهشت.

B,b

bagage /bagaj/ le

[اسم] بار سفر، چمدان

Hier soir, j'ai fait mes bagages.

دیشب چمدان‌هایم را بستم.

bagage به انواع چمدان، ساک و کیف‌دستی که برای سفر مورد استفاده قرار می‌گیرد، گفته می‌شود.

bagage

bagarre /bagar/ la

[اسم] دعوا، کتک‌کاری

Jean aime la bagarre.

ژان دعوا را دوست دارد.

bagarre

bagarrer (se) /bagaré/

[فعل] با هم دعوا کردن

Jacques et Philippe se bagarrent souvent.

ژاک و فیلیپ اغلب با هم دعوا می‌کنند.

bague /bag/ la [اسم] انگشتر

Il a une bague au doigt.

او یک انگشتر به دست دارد.

baguette /bagét/ la

[اسم] ۱. چوب، چوب‌دستی

Paul m'a frappé avec une baguette. پل با چوب مرا زد.

۲. (نان) باگِت

baignade /bén^{y}ad/ la

[اسم] آب‌تنی، شنا

Ici, la baignade est interdite.

در اینجا آب‌تنی ممنوع است.

baigner (se) /bén^{y}é/

[فعل] آب‌تنی کردن، شنا کردن

Yves se baigne dans la mer.

ایو در دریا آب‌تنی می‌کند.

baignoire /bén^{y}uâr/ la

[اسم] وان (حمام)

bain /ba^n/ le

[اسم] حمام (کردن)

Je prends un bain.

من حمام می‌کنم.

salle de bains حمام

baiser /bézé/ le [اسم] بوسه، ماچ

Donne-moi un baiser!

یک ماچ به من بده! مرا ببوس!

baisser /bésé/

[فـعـل] ۱. پـایین آوردن، پـایین کشـیدن

Baisse la vitre de la voiture!

شیشهٔ ماشین را پایین بکش!

۲. پایین آمدن

Les prix baissent.

قیمت‌ها پایین می‌آید.

balai /balé/ le [اسم] جارو

donner un coup de balai

جارو زدن

balance /balâ^{n}s/ la

[اسم] ترازو

Balance de cuisine

ترازوی آشپزخانه

balance

balançoire /balâ^{n}suâr/ la

[اسم] ۱. الّاکلنگ

Les enfants jouent à la balançoire.

بچه‌ها الّاکلنگ بازی می‌کنند.

۲. تاب

Julie fait de la balançoire.

ژولی تاب‌بازی می‌کند.

balayer /baléyé/

[فعل] جارو کردن

Elle balaie l'escalier.

او پلکان را جارو می‌کند.

balcon /balko^{n}/ le

[اسم] بالکن

baleine /balén/ la

[اسم] نهنگ

balle /bal/ la [اسم] ۱. توپ

Balle de tennis توپ تنیس

۲. گلوله، تیر

Il a tiré une balle.

او یک تیر شلیک کرد.

ballon /balo^{n}/ le

[اسم] ۱. توپ

Un ballon de football

یک توپ فوتبال

۲. بادکنک

ballon

banane /banan/ la [اسم] موز

banc /bâ^{n}/ le [اسم] نیمکت

Asseyons-nous sur ce banc!

روی این نیمکت بنشینیم!

baleine

balançoires

a = آ **é** = اِ **e** = اُ(با دهان نیمه‌بسته) **eu** = اُ ترکی درگُزل **o** = اُ **û** = او ترکی درگول

u = او **i** = ای **â^{n}** = آ تودماغی **a^{n}** = اَ تودماغی **o^{n}** = اُ تودماغی **r** = غ عربی

y = ی **n^{y}** = نْی **j** = ژ **g** = گ **ch** = ش **s** = س **z** = ز

barbu

bande /bâ^{n}d/ la

[اسم] ۱. نوار، باند

Sophie a une bande autour du poignet.

سوفی یک باند دور مچش بسته.

۲. دسته، گروه

Une bande d'écoliers

یک دسته دانش‌آموز

bande dessinée داستان تصویری

(= داستانی که به صورت یک سری تصاویر پی‌درپی است.)

bander /bâ^{n}dé/

[فعل] ۱. باندپیچی کردن، با باند بستن

Le médecin a bandé le poignet de Sophie.

دکتر مچ دست سوفی را با باند بست.

۲. نوار بستن

bandit /bâ^{n}di/ le

[اسم] راهزن، دزد

banlieue /bâ^{n}lyeu/ la

[اسم] حومهٔ شهر

J'habite en banlieue.

من در حومهٔ شهر زندگی می‌کنم.

banque /bâ^{n}k/ la [اسم] بانک

banquette /bâ^{n}két/ la

[اسم] نیمکت، صندلی (ماشین یا قطار)

Les banquettes d'un wagon

صندلی‌های یک واگن (قطار)

barbe /barb/ la [اسم] ریش

Mon frère s'est rasé la barbe.

برادرم ریشش را زده است.

barbu /barbû/ [صفت] ریشو

barque /bark/ la [اسم] قایق

J'ai fais une promonade en barque sur le lac.

من با قایق روی دریاچه گردش کردم.

barque

barre /bar/ la [اسم] میله، میل

Une barre de fer یک میلهٔ آهنی

barrer /baré/

[فعل] ۱. (راه) بستن

Les policiers ont barré la route.

پلیس‌ها جاده را بسته‌اند.

۲. خط زدن

J'ai barré son nom.

اسمش را خط زدم.

bas [1] /ba/ , **basse** /bas/

[صفت] ۱. کوتاه

Le plafond est bas.

سقف کوتاه است.

۲. پایین

La température est basse.

دمای هوا پایین است.

۳. آرام، یواش، آهسته

Nous parlons à voix basse.

ما با صدای آهسته حرف می‌زنیم.

bas [2] /ba/ [قید] پایین

Julie est en bas.

ژولی آن پایین است.

bas [3] /ba/ le
[اسم] ۱. قسمت پایین، پایین
Le bas de la page پایین صفحه
۲. جوراب (ساق‌بلند)

basket-ball /baskétbol/ le
[اسم] بسکتبال
Ils jouent au basket-ball.
آنها بسکتبال بازی می‌کنند.

bassin /basa^{n}/ le [اسم] حوض

bassin

bat /ba/ : il bat
صورت صرف‌شدهٔ فعلِ *battre*.

bataille /batay/ la [اسم] نبرد
Nous avons perdu la bataille.
ما نبرد را باختیم.

bateau /bato/ le
[اسم] ۱. کشتی
Un bateau à vapeur
یک کشتی بخار
۲. قایق

bâtiment /batimâ^{n}/ le
[اسم] ساختمان، بنا

bâtir /batir/ [فعل] ساختن
Les maçons ont bâti la maison. بنّاها خانه را ساختند.

bâton /bato^{n}/ le
[اسم] ۱. عصا
۲. چوب‌دستی، چوب
Il m'a donné des coups de bâton. او با چوب مرا زد.

battre /batr/ [فعل] ۱. زدن
Luc bat son chien.
لوک سگش را می‌زند.
۲. شکست دادن
Nous avons battu l'ennemi.
ما دشمن را شکست دادیم.
se battre ۱. همدیگر را زدن
Jean et Paul se battent.
ژان و پل همدیگر را می‌زنند.
۲. مبارزه کردن، جنگیدن

battu , battue /batû/
صورت مفعولی فعلِ *battre*.

bavard /bavar/ , **bavarde** /bavard/ [صفت] پرحرف، وِرّاج
Julie est très bavarde.
ژولی خیلی پرحرف است.

bavardage /bavardaj/ le
[اسم] پرحرفی، وِرّاجی
Arrête ton bavardage!
پرحرفی بس است! این‌قدر حرف نزن!

bavarder /bavardé/
[فعل] پرحرفی کردن، وِرّاجی کردن

basket-ball یک کلمهٔ انگلیسی است و تقریباً تلفظ انگلیسی‌اش را حفظ کرده است.

bateau با ***x*** جمع بسته می‌شود: ***bateaux***.

bateau

a = اَ **é** = اِ **e** = اُ (با دهان نیمه‌بسته) **eu** = اُ ترکی درگُزل **o** = اُ **û** = او ترکی درگول
u = او **i** = ای **â^{n}** = آ تودماغی **a^{n}** = اَ تودماغی **o^{n}** = اُ تودماغی **r** = غ عربی
y = ی **n^{y}** = نیْ **j** = ژ **g** = گ **ch** = ش **s** = س **z** = ز

beau [1] /bo/ , **belle** /bél/
[صفت] ۱. زیبا، قشنگ، خوشگل
۲. خوب، پسندیده
Marie a une belle voix.
ماری صدای خوبی دارد.

صفت **beau** با **x** جمع بسته می‌شود: **beaux**. اگر کلمه‌ای که بعد از این صفت می‌آید با حرفِ صدادار شروع شود، بـه جـایِ **beau** کلمهٔ **bel** می‌آید. مانندِ:
un bel arbre

beau [2] /bo/ [قید] خوب
Il fait beau. هوا خوب است.

beaucoup /boku/
[قید] خیلی، زیاد
J'aime beaucoup ce livre.
من این کتاب را خیلی دوست دارم.

beauté /boté/ la
[اسم] زیبایی، قشنگی
Elle est d'une grande beauté.
او خیلی زیباست.

bébé /bébé/ le [اسم] کودک، بچه (شیرخوار)
Aliments pour bébés
غذای کودک

bébé معمولاً بـرای کـودک کـمتر از سه سال بـه کـار می‌رود. برای کودکی که سن بیشتری دارد از کلمهٔ **enfant** استفاده می‌شود.

bébé

bec /bék/ le [اسم] نوک، منقار
Le bec d'un oiseau منقار یک پرنده

bêche /béch/ la [اسم] بیل

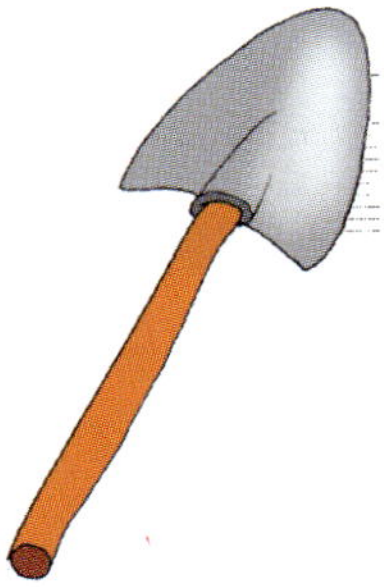
bêche

bel /bél/ نگاه کنید به توضیحِ **beau**.

bêler /bélé/ [فعل] بع‌بع کردن

belle /bél/
نگاه کنید به **beau, belle**.

benjamin /ba^{n}jama^n/ le , **benjamine** /ba^{n}jamin/ la
[اسم] کوچکترین فرزند، کوچکترین فرد
C'est le benjamin de la classe.
او کوچکترین فرد کلاس است.

berceau /bérso/ le
[اسم] گهواره

berceau با **x** جمع بسته می‌شود: **berceaux**.

bercer /bérsé/
[فعل] (آرام) تکان دادن
Maman berce bébé dans son berceau.
مامان بچه را در گهواره تکان می‌دهد.

berceuse /bérseuz/ la
[اسم] لالایی
Elle chante une berceuse.
او لالایی می‌خواند.

berger /bérjé/ le , **bergère** /bérjér/ la [اسم] چوپان

besoin /bezua^n/ le
[اسم] احتیاج، نیاز
J'ai besoin d'argent.
من به پول احتیاج دارم.

bétail /bétay/ le [اسم] دام
(= جانوران اهلی از قبیل گاو و گوسفند)

bête [1] /bét/ la [اسم] حیوان، جانور

Les bêtes à quatre pieds

حیوانات چهارپا، چارپایان

bête [2] /bét/ [صفت] نفهم، احمق

Jacques est vraiment bête.

ژاک واقعاً احمق است.

bêtise /bétiz/ la

[اسم] حماقت، نادانی

Il a montré sa bêtise.

او حماقتش را نشان داد.

beurre /beur/ le [اسم] کَره

Elle a acheté du beurre frais.

او کرهٔ تازه خرید.

biberon /bibro^n/ le

[اسم] شیشهٔ شیر بچه

Bébé a bu tout son biberon.

بچه همهٔ شیشهٔ شیرش را خورد.

biberon

bibliothèque
/bibliyoték/ la [اسم] کتابخانه

Une bibliothèque publique

یک کتابخانهٔ عمومی

bicyclette /bisiklét/ la

[اسم] دوچرخه

Flora est venue à bicyclette.

فلورا با دوچرخه آمد.

به جای ***bicyclette***، می‌توان کلمهٔ ***vélo*** را به کار برد.

bien [1] /biya^n/ [قید] ۱. خوب

Julie travaille bien.

ژولی خوب کار می‌کند.

۲. خیلی

Je suis bien content.

من خیلی خوشحالم.

bien [2] /biya^n/ le [اسم] خوبی

Le bien et le mal خوبی و بدی، خوب و بد

bien sûr /biya^{n}sûr/

[قید] مسلماً، البته

Viendras-tu? – Bien sûr!

می‌آیی؟ ــ البته (که می‌آیم).

bientôt /biya^{n}to/

[قید] به زودی، زود

J'aurai bientôt sept ans.

به زودی هفت‌ساله می‌شوم.

à bientôt! به امید دیدار! می‌بینمت!

bienvenue /biya^{n}vnû/ la

[اسم] خوشامد

Papa souhaite la bienvenue à ses invités.

بابا به مهمانانش خوشامد می‌گوید.

bibliothèque

a = آ	**é** = اِ	**e** = اُ(با دهان نیمه‌بسته)	**eu** = اُ ترکی درگُزل	**o** = اُ	**û** = او ترکی درگول
u = او	**i** = ای	**â^n** = آ تودماغی	**a^n** = اَ تودماغی	**o^n** = اُ تودماغی	**r** = غ عربی
y = ی	**n^y** = نْی	**j** = ژ	**g** = گ	**ch** = ش	**s** = س	**z** = ز

bijou با **x** جمع بسته می‌شود: **bijoux**.

blessé

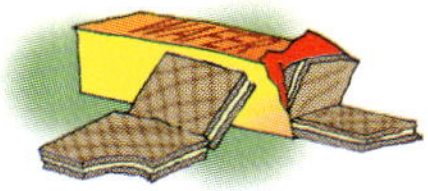

biscuit

bière /biyér/ la [اسم] آبجو

bifteck /bifték/ le

[اسم] بیفتک، استیک

Pierre mange un bifteck.

پیِر بیفتک می‌خورد.

bijou /biju/ le [اسم] جواهر

Ma grand-mère a beaucoup de bijoux.

مادربزرگ من جواهرات زیادی دارد.

bijouterie /bijutri/ la

[اسم] جواهرفروشی

Cathie regarde la vitrine d'une bijouterie.

کَتی ویترین یک جواهرفروشی را نگاه می‌کند.

bijoutier /bijutyé/ le , **bijoutière** /bijutyér/ la

[اسم] جواهرفروش

bille /biy/ la [اسم] تیله

Ils jouent aux billes.

آنها تیله‌بازی می‌کنند.

billet /biyé/ le [اسم] ۱. بلیت

Le voyageur montre son billet.

مسافر بلیتش را نشان می‌دهد.

۲. اسکناس

biscuit /biskûi/ le

[اسم] بیسکویت

Un paquet de biscuit

یک بسته بیسکویت

bizarre /bizar/ [صفت] عجیب

Luc a des idées bizarres.

لوک فکرهای عجیبی دارد.

blanc [1] /blâⁿ/ , **blanche** /blâⁿch/ [صفت] سفید

La neige est blanche.

برف سفید است.

blanc [2] /blâⁿ/ le

[اسم] ۱. رنگ سفید، سفید

Des photos en noir et blanc

عکس‌های سیاه و سفید

۲. سفیده (تخم‌مرغ)

blancheur /blâⁿcheur/ la

[اسم] سفیدی

La blancheur éclatante de la neige سفیدی خیره‌کنندهٔ برف

blanchir /blâⁿchir/

[فعل] ۱. سفید کردن

۲. سفید شدن

Les cheveux de papa ont blanchi. موهای بابا سفید شده.

blé /blé/ le [اسم] گندم

Champ de blé مزرعهٔ گندم

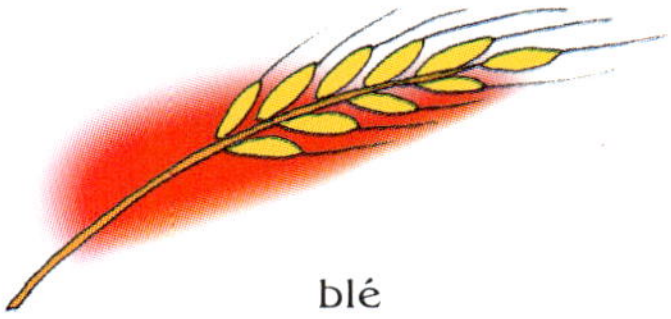

blé

blessé , **blessée** /blésé/ le, la [اسم] زخمی، مجروح

L'accident a fait un blessé.

در این حادثه یک نفر مجروح شد.

blesser /blésé/

[فعل] زخمی کردن، مجروح کردن

se blesser خود را زخمی کردن

Flora s'est blessée à la main.

فلورا دستش را زخمی کرد.

blessure /blésûr/ la

[اسم] زخم

Jean a une blessure au genou.

زانوی ژان زخم شده است.

bleu [1] **, bleue** /bleu/

[صفت] آبی

Des yeux bleus چشمان آبی

bleu [2] /bleu/ le

[اسم] رنگ آبی، آبی

J'ai peint le mur en bleu.

دیوار را رنگ آبی زدم.

bloc /blok/ le [اسم] قطعه، بلوک

Des blocs de béton

بلوک‌های بتونی

bloquer /bloké/

[فعل] ۱. (راه) بستن، بند آوردن

Un camion a bloqué la rue.

یک کامیون راه را بند آورد.

۲. گرفتن، مهار کردن

Le gardien de but a bloqué le ballon. دروازه‌بان توپ را گرفت.

blouse /bluz/ la

[اسم] روپوش (کار)

Une blouse blanche

روپوش سفید

bobine /bobin/ la

[اسم] قرقره

J'ai acheté une bobine de fil.

یک قرقره نخ خریدم.

bœuf /beuf/ le [اسم] ۱. گاو

۲. گوشت گاو

Je ne mange pas de bœuf.

من گوشت گاو نمی‌خورم.

اگر ***bœuf*** مفرد باشد به صورتِ /beuf/، و اگر جمع باشد /beu/ تلفظ می‌شود.

boire /buâr/ [فعل] نوشیدن، خوردن (مایعات)

Je bois du lait tous les matins.

من هر روز صبح شیر می‌خورم.

bois [1] /buâ/ le

[اسم] ۱. بیشه، جنگل کوچک

La route traverse un bois.

جاده از میان یک بیشه می‌گذرد.

۲. چوب

Cette table est en bois.

این میز چوبی است.

bois

bois [2] /buâ/ : je bois, tu bois

صورت صرف‌شدهٔ فعلِ ***boire***.

a = آ	é = اِ	e = اُ (با دهان نیمه‌بسته)	eu = اُ ترکی درگُزل	o = اُ	û = او ترکی درگول
u = او	i = ای	âⁿ = آ تودماغی	aⁿ = اَ تودماغی	oⁿ = اُ تودماغی	r = غ عربی
y = ی	nʸ = نْی	j = ژ	g = گ	ch = ش	s = س	z = ز

boisson

bonhomme در جمع به **bonshommmes** صورتِ نوشته می‌شود و به صورت /boⁿzom/ تلفظ می‌شود.

boisson /buâsoⁿ/ la

[اسم] نوشیدنی، نوشابه

L'eau et le jus de fruits sont des boissons.

آب و آبمیوه نوشیدنی‌اند.

boîte /buât/ la

[اسم] جعبه، قوطی

Une boîte de conserve

یک قوطی کنسرو

boîte à outils جعبه ابزار

bol /bol/ le [اسم] کاسه، بادیه

Luc boit un bol de lait.

لوک یک کاسه شیر می‌خورد.

bombarder /boⁿbardé/

[فعل] بمباران کردن، گلوله‌باران کردن

Les avions ont bombardé un pont.

هواپیماها یک پل را بمباران کردند.

bombe /boⁿb/ la [اسم] بمب

Bombe atomique بمب اتم

bon [1] /boⁿ/ , **bonne** /bon/

[صفت] ۱. خوب

Jean a vu un bon film.

ژان یک فیلم خوب دید.

۲. خوشمزه

J'ai mangé un bon gâteau.

یک شیرینی خوشمزه خوردم.

bon [2] /boⁿ/ ۱. [قید] خوب

Il fait bon. هوا خوب است.

۲. [عبارت تعجبی] خُب!

Bon! je viens avec vous.

خُب! با شما می‌آیم.

bonbon /boⁿboⁿ/ le

[اسم] آب‌نبات

Des bonbons à l'orange

آب‌نباتِ پرتقالی

bonheur /boneur/ le

[اسم] خوشبختی

Je vous souhaite beaucoup de bonheur.

برایتان آرزوی خوشبختی بسیار دارم.

bonhomme /bonom/ le

[اسم] آقا، مرد

Dessine-moi un bonhomme!

عکس یک آقا را برایم بکش!

bonhomme de neige آدم‌برفی

Les enfants font un bonhomme de neige.

بچه‌ها آدم‌برفی درست می‌کنند.

bonhomme de neige

bonjour /boⁿjur/ le

[اسم] روزبخیر، سلام

Il m'a dit bonjour.

به من سلام کرد.

bonnet /boné/ le

[اسم] کلاه (بی‌لبه)

Un bonnet de laine

یک کلاه پشمی

bonsoir /boⁿsuâr/ le

[اسم] عصربخیر، شب‌بخیر

Simon a dit bonsoir aux invités.

سیمون به مهمان‌ها شب‌بخیر گفت.

bonté /boⁿté/ la [اسم] خوبی

Papa est d'une grande bonté.

بابا خیلی خوب است.

bord /bor/ le [اسم] ۱. لبه، لب

Le bord de l'assiette est sale.

لبهٔ بشقاب کثیف است.

۲. کنار

Nous allons au bord de la mer.

ما به کنار دریا می‌رویم.

bosse /bos/ la [اسم] ۱. قوز

La sorcière a une bosse dans le dos. پشت جادوگر قوز دارد.

۲. کوهان

Le chameau a deux bosses sur le dos.

شتر دو کوهان روی پشتش دارد.

bossu , bossue /bosû/

[صفت] گوژپشت، قوزی

Cet homme est bossu.

این مرد گوژپشت است.

botte /bot/ la [اسم] چکمه

Des bottes de cuir

چکمه‌های چرمی

bouche /buch/ la [اسم] دهان

Il a mis le gâteau dans sa bouche.

او شیرینی را در دهانش گذاشت.

boucher [1] /buché/

[فعل] ۱. (درِ چیزی را) بستن

Bouche la bouteille!

در بطری را ببند!

۲. (سوراخ) گرفتن، پُر کردن

J'ai bouché le trou.

من سوراخ را گرفتم.

۳. (راه) بند آوردن

Le camion a bouché la rue.

کامیون خیابان را بند آورده.

boucher [2] /buché/ le , **bouchère** /buchér/ la

[اسم] قصاب

Le boucher vend de la viande.

قصاب گوشت می‌فروشد.

boucherie /buchri/ la

[اسم] قصابی

Le lundi la boucherie est fermée. دوشنبه قصابی بسته است.

bouchon /buchoⁿ/ le

[اسم] در (بطری)

boucle /bukl/ la

[اسم] قلاب (کمربند)

Une boucle en métal

یک قلاب فلزی

boucles d'oreilles گوشواره

bosses

bouclier /bukliyé/ le

[اسم] سپر

Le bouclier des chevaliers

سپر شوالیه‌ها

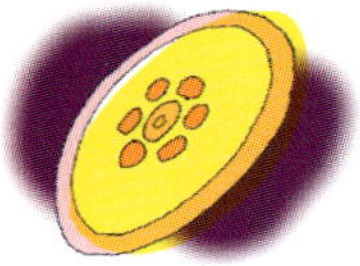

bouclier

boue /bu/ la [اسم] گِل

Ne marche pas dans la boue!

توی گِل راه نرو!

boue

bouger /bujé/

[فعل] تکان خوردن، جُم خوردن

Ne bouge pas d'ici!

از اینجا جُم نخور!

bougie /buji/ la [اسم] شمع

Julie allume une bougie.

ژولی یک شمع روشن می‌کند.

bougie

bouillir /buyir/

[فعل] جوشیدن، جوش آمدن

L'eau bout à 100 degrés.

آب در صد درجه می‌جوشد.

boulanger /bulâ^{n}jé/ le ,
boulangère /bulâ^{n}jér/ la

[اسم] نانوا

Le boulanger fait du pain.

نانوا نان می‌پزد.

boulangerie /bulâ^{n}jri/ la

[اسم] نانوایی

boule /bul/ la [اسم] گوی، گلوله

Boule de neige گلولهٔ برف

bouquet /buké/ le

[اسم] دسته(گُل)

Paul a offert un bouquet de fleurs à sa mère.

پل یک دسته گل به مادرش هدیه داد.

bourgeon /burjo^{n}/ le

[اسم] ۱. جوانه

Les arbres sont en bourgeons.

درختان جوانه زده‌اند.

۲. غنچه

bourreau /buro/ le

[اسم] جلاد

bourreau با **x** جمع بسته می‌شود: ***bourreaux***.

bousculer /buskûlé/

[فعل] هُل دادن، تنه زدن

Paul m'a bousculé.

پل به من تنه زد.

bout [1] /bu/ le

[اسم] ۱. سر، نوک

Le bout du nez نوک دماغ

۲. ته، انتها

Sa chambre est au bout du couloir. اتاقش ته راهرو است.

۳. تکه

Un bout de pain یک تکه نان

bout [2] /bu/ : il bout

صورت صرف‌شدهٔ فعلِ ***bouillir***.

bouteille /butéy/ la

[اسم] بطری، شیشه

J'ai bu une bouteille d'eau.

یک شیشه آب خوردم.

boutique /butik/ la

[اسم] دکان، مغازه

La boutique du fleuriste

مغازهٔ گل‌فروشی

bouton /buto^n/ la

[اسم] ۱. دکمه (لباس)

۲. غنچه

Un bouton de rose

یک غنچهٔ گل سرخ

۳. جوش

Il a un bouton sur le nez.

روی دماغش یک جوش زده.

۴. دکمه، شاسی

Appuie sur le bouton!

دکمه را فشار بده!

boxe /boks/ la

[اسم] مشت‌زنی، بوکس

Un combat de boxe

مسابقهٔ مشت‌زنی

boxe یک کلمهٔ انگلیسی است.

bracelet /braslé/ le

[اسم] دستبند، النگو

Samira a un bracelet en or.

سمیرا یک دستبند طلا دارد.

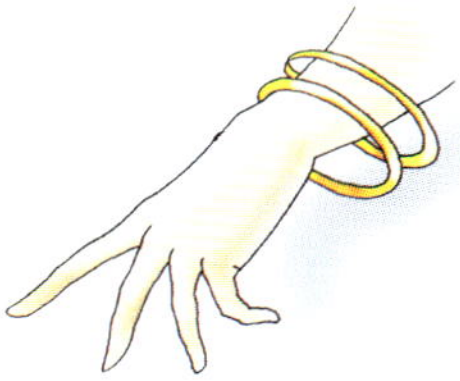

bracelet

branche /brâ^{n}ch/ la

[اسم] شاخه

Les branches d'un arbre

شاخه‌های یک درخت

branche

bras /bra/ le [اسم] دست، بازو

tenir dans ses bras بغل کردن

نگاه کنید به توضیحِ ***main***.

brave /brav/ [صفت] ۱. شجاع

C'est un homme brave.

او آدم شجاعی است.

۲. خوب، مهربان

C'est un brave homme.

او آدم خوبی است.

اگر ***brave*** قبل از اسم بیاید به معنی «خوب و مهربان» است، اما اگر بعد از اسم بیاید به معنی «شجاع».

bravo! /bravo/

[عبارت تعجبی] آفرین! بارک‌الله!

brillant /briyâ^n/ ,
brillante /briyâ^{n}t/

[صفت] درخشان، براق

L'or est un métal brillant.

طلا یک فلز براق است.

briller /briyé/

[فعل] درخشیدن، برق زدن

Le soleil brille.

خورشید می‌درخشد.

Ses yeux brillent de joie.

چشمهایش از شادی برق می‌زند.

brique /brik/ la [اسم] آجر

Un mur de briques

یک دیوار آجری

a = اَ	**é** = اِ	**e** = اُ (با دهان نیمه‌بسته)	**eu** = اُ ترکی درگُزل	**o** = اُ	**û** = او ترکی درگول	
u = او	**i** = ای	**â^n** = آ تودماغی	**a^n** = اَ تودماغی	**o^n** = اُ تودماغی	**r** = غ عربی	
y = ی	**n^y** = نْی	**j** = ژ	**g** = گ	**ch** = ش	**s** = س	**z** = ز

briquet /briké/ le

[اسم] فندک

Un briquet à gaz فندک گاز

briser /brizé/

[فعل] (چیزی را) شکستن

Paul a brisé la vitre.

پل شیشه را شکست.

se briser شکستن

Le vase est tombé et s'est brisé.

گلدان افتاد و شکست.

brosse /bros/ la [اسم] بُرس

brosse à cheveux برس مو

brosse à dents مسواک

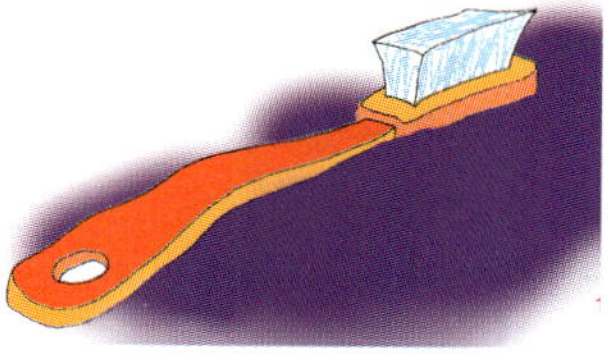

brosse à dents

brosser /brosé/

[فعل] برس زدن

Luc brosse ses cheveux.

لوک موهایش را برس می‌زند.

se brosser مسواک زدن

Je me brosse les dents.

من دندان‌هایم را مسواک می‌زنم.

brouillard /bruyar/ le

[اسم] مِه

brouillon /bruyo^{n}/ le

[اسم] چرکنویس

Voici le brouillon de ma lettre.

این چرکنویسِ نامهٔ من است.

bruit /brûi/ le [اسم] صدا، سر و صدا

J'entends le bruit d'un avion.

صدای یک هواپیما را می‌شنوم.

brûlant /brûlâ^{n}/ ,
brûlante /brûlâ^{n}t/ [صفت] داغ

Une soupe brûlante یک سوپ داغ

brûler /brûlé/

[فعل] ۱. سوزاندن

Jean a brûlé le tapis.

ژان فرش را سوزاند.

۲. سوختن

La forêt brûle.

جنگل دارد می‌سوزد.

se brûler (خود را) سوزاندن

Je me suis brûlé la main.

دستم را سوزاندم.

brûlure /brûlûr/ la

[اسم] سوختگی

J'ai une brûlure à la main.

دستم سوخته است.

brun /bra^{n}/ , **brune** /brûn/

[صفت] ۱. قهوه‌ای

۲. (مو) خرمایی

Marie a les cheveux bruns.

موهای ماری خرمایی است.

brusque /brûsk/

[صفت] تند، ناگهانی

Un mouvement brusque

یک حرکت تند

brusquement /brûskemâ^{n}/

[قید] ناگهان، یکدفعه

Le train s'est arrêté brusquement. قطار یکدفعه ایستاد.

brutal , brutale /brûtal/
[صفت] خشن
Certains enfants sont brutaux.
بعضی از بچه‌ها خشن هستند.

brutalement /brûtalmâ^{n}/
[قید] با خشونت
Il a fermé la porte brutalement.
او با خشونت در را بست.

bruyant /brûiyâ^{n}/ , **bruyante** /brûiyâ^{n}t/
[صفت] پرسر و صدا، شلوغ
La rue est bruyante!
خیابان خیلی پرسر و صداست.

bu , bue /bû/
صورت مفعولی فعلِ ***boire***.

bûche /bûch/ la [اسم] هیزم
J'ai mis une bûche dans le feu.
یک هیزم در آتش گذاشتم.

bûcheron /bûchro^{n}/ le
[اسم] هیزم‌شکن
Le bûcheron abat les arbres.
هیزم‌شکن درختان را قطع می‌کند.

buffet /bûfé/ le [اسم] بوفه
Le buffet de la gare
بوفهٔ ایستگاه (راه‌آهن)

bulldozer /buldozeur/ le
[اسم] بولدوزِر

bulldozer

bulle /bûl/ la [اسم] حباب
Je fais des bulles de savon.
من حباب صابون درست می‌کنم.

bureau /bûro/ le
[اسم] ۱. میز (کار)
Il est assis derrière son bureau.
او پشت میزش نشسته است.
۲. اتاق کار، دفتر (کار)
Le directeur est dans son bureau. مدیر در دفترش است.

bus /bûs/ le [اسم] اتوبوس
Flora prend le bus pour aller à l'école.
فلورا با اتوبوس به مدرسه می‌رود.

but /bû(t)/ le [اسم] ۱. هدف
Mon but est de vous aider.
هدف من کمک به شماست.
۲. (در فوتبال) دروازه
Le ballon est entré dans le(s) but(s). توپ وارد دروازه شد.
۳. (در فوتبال) گُل
marquer un but گل زدن

brutal در جمع ***brutaux*** می‌شود.

bureau با **x** جمع بسته می‌شود: ***bureaux***.

bûche

bus مخففِ کلمهٔ ***autobus*** است.

but

a = آ	**é** = اِ	**e** = اُ (با دهان نیمه‌بسته)	**eu** = اُ ترکی درگُزل	**o** = اُ	**û** = او ترکی درگول
u = او	**i** = ای	**â^{n}** = آ تودماغی	**a^{n}** = اَ تودماغی	**o^{n}** = اُ تودماغی	**r** = غ عربی
y = ی	**n^{y}** = نْیْ	**j** = ژ	**g** = گ	**ch** = ش	**s** = س

C,c

c' /s/ نگاه کنید به توضیح ضمیرِ *ce*.

ça /sa/ [ضمیر] این

Peux-tu me donner ça?

می‌توانی این را به من بدهی؟

ça با ***cela*** هم‌معنی است، با این تفاوت که ***ça*** خودمانی است و در صحبت بیشتر به کار می‌رود.

cabine /kabin/ la

[اسم] ۱. کابین (کشتی)

۲. رختکن

Louis se déshabille dans la cabine.

لویی لباسش را در رختکن درمی‌آورد.

cabine téléphonique باجهٔ تلفن

cadeau با ***x*** جمع بسته می‌شود: ***cadeaux***.

cabinet /kabiné/ le

[اسم] ۱. دفتر (کار)

۲. [به صورت جمع] توالت، دستشویی

Les cabinets sont au fond du couloir. توالت‌ها تهِ راهرواند.

cabinet de toilette دستشویی، توالت

cabinet de travail دفتر کار

نگاه کنید به توضیحِ *W. -C.*.

cacao /kakao/ le [اسم] کاکائو

cache-cache /kachkach/ le

[اسم] (بازی) قایم‌موشک

cache-cache در جمع تغییر نمی‌کند.

Les enfants jouent à cache-cache.

بچه‌ها قایم‌موشک بازی می‌کنند.

cacher /kaché/

[فعل] پنهان کردن، قایم کردن

Luc a caché mon livre.

لوک کتاب مرا قایم کرده.

se cacher پنهان شدن، قایم شدن

Il s'est caché sous la table.

او زیر میز قایم شده.

cadeau /kado/ le

[اسم] هدیه، کادو

André m'a offert un cadeau.

آندره یک هدیه به من داد.

cadeau

cadre /kadr/ le [اسم] قاب

J'ai mis ma photo dans un cadre. عکسم را در قاب گذاشتم.

café /kafé/ le [اسم] ۱. قهوه
Une tasse de café یک فنجان قهوه
۲. کافه
Il a bu des jus de fruits dans un café. او در کافه آبمیوه خورد.

cage /kaj/ la [اسم] قفس
La cage des lions قفس شیرها

cahier /kayé/ le
[اسم] دفترچه، دفتر
Paul écrit son devoir sur son cahier.
پل تکالیفش را در دفترش می‌نویسد.

caisse /kés/ la [اسم] صندوق
Une caisse en bois
یک صندوق چوبی

calcul /kalkûl/ le
[اسم] ۱. حساب
Marie est bonne en calcul.
(درس) حساب ماری خوب است.
۲. محاسبه

calculer /kalkûlé/
[فعل] حساب کردن
Calculez la surface de la maison!
مساحت خانه را حساب کنید!

calendrier /kalâ^{n}driyé/ le
[اسم] تقویم، سالنامه
Julie regarde la date sur le calendrier.
ژولی تاریخ را در تقویم می‌بیند.

calme /kalm/ [صفت] آرام
La mer est très calme.
دریا خیلی آرام است.

calmement /kalmemâ^{n}/
[قید] آرام، به آرامی
Maman parle calmement.
مامان آرام حرف می‌زند.

calmer /kalmé/
[فعل] آرام کردن
La maman calme son bébé qui pleure. مامان بچه‌اش را که گریه می‌کند، آرام می‌کند.

camarade /kamarad/ le, la
[اسم] رفیق، دوست
J'ai joué avec mon camarade.
با دوستم بازی کردم.
camarade de classe
همشاگردی، همکلاسی

cambrioleur /ka^{n}briyo-leur/ le , **cambrioleuse** /ka^{n}briyoleuz/ la [اسم] دزد
La police a arrêté les cambrioleurs.
پلیس دزدها را گرفت.

caméra /kaméra/ la
[اسم] دوربین

در فرانسه، ***café*** به جایی می‌گویند که معمولاً در آن قهوه یا نوشیدنی‌های دیگر (الکلی یا غیرالکلی) می‌خورند.

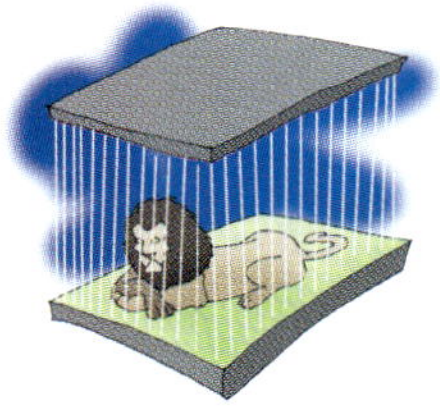
cage

a = اَ	**é** = اِ	**e** = اُ(با دهان نیمه‌بسته)	**eu** = اُ ترکی درگُزل	**o** = اُ	**û** = او ترکی درگول
u = او	**i** = ای	**â^{n}** = آ تودماغی	**a^{n}** = اَ تودماغی	**o^{n}** = اُ تودماغی	**r** = غ عربی
y = ی	**n^{y}** = نْیَ	**j** = ژ	**g** = گ	**ch** = ش	**s** = س
z = ز					

camion

camion /kamyo"/ le
[اسم] کامیون
Camion militaire کامیون ارتشی

camionneur /kamyoneur/ le
[اسم] رانندهٔ کامیون

campagne /kâ"pan^y/ la
[اسم] بیرون شهر، روستا
Pierre préfère vivre à la campagne.
پیِر زندگی در روستا را ترجیح می‌دهد.

canon

camper /kâ"pé/
[فعل] اردو زدن، چادر زدن
Ils ont campé au bord de la mer. آنها کنار دریا چادر زدند.

کلمهٔ **camping** یک کلمهٔ انگلیسی است.

camping /kâ"ping/ le
[اسم] اردو، اردوگاه
faire du camping
اردو زدن، چادر زدن

canal در جمع **canaux** می‌شود.

canal /kanal/ le [اسم] آبراهه، کانال

canapé /kanapé/ le
[اسم] کاناپه (= مبل چندنفره)
Ils sont assis sur le canapé du salon.
آنها روی کاناپهٔ پذیرایی نشسته‌اند.

canard /kanar/ le
[اسم] اردک، مرغابی
Les canards nagent sur le lac.
اردک‌ها روی دریاچه شنا می‌کنند.

canari /kanari/ le [اسم] قناری
Le canari chante dans sa cage.
قناری در قفسش آواز می‌خواند.

candidat /kâ"dida/ le ,
candidate /kâ"didat/ la
[اسم] داوطلب
Les candidats à un examen
داوطلبین یک امتحان

canne /kan/ la [اسم] عصا
Il marche avec une canne.
او با عصا راه می‌رود.

canon /kano"/ le [اسم] توپ
Les canons ont bombardé l'armée ennemie. توپ‌ها ارتش دشمن را گلوله‌باران کردند.

canot /kano/ le [اسم] قایق
Canot de pêche
قایق ماهیگیری

canot

cantine /kâ"tin/ la
[اسم] غذاخوری
Luc déjeune à la cantine.
لوک در غذاخوری ناهار می‌خورد.

capable /kapabl/
[صفت] ۱. قادر
۲. شایسته، قابل
Un homme capable
یک مرد شایسته

être capable de توانستن
Il est capable de courir très vite. او می‌تواند خیلی تند بدود.

cape /kap/ la [اسم] شنل

capitaine /kapitén/ le
[اسم] ۱. ناخدا
۲. کاپیتان، سرگروه
Le capitaine d'une équipe de football کاپیتان یک تیم فوتبال

capitale /kapital/ la
[اسم] ۱. پایتخت
Paris est la capitale de la France. پاریس پایتخت فرانسه است.
۲. حرف بزرگ

capturer /kaptûré/
[فعل] گرفتن، به دام انداختن
Les chasseurs ont capturé un lion.
شکارچی‌ها یک شیر را به دام انداختند.

car [1] /kar/ [حرف ربط] زیرا، برای اینکه، چون
Tu peux aller nager car il fait beau. می‌توانی بروی شنا کنی، چون هوا خوب است.

car [2] /kar/ le
[اسم] اتوبوس (بین‌شهری)

caresse /karés/ la
[اسم] نوازش
Cathie fait des caresses au chat. کَتی گربه را نوازش می‌کند.

caresse

caresser /karésé/
[فعل] نوازش کردن، ناز کردن

carnaval /karnaval/ le
[اسم] کارناوال، کاروان شادی (= جشنی که در آن عدهٔ زیادی با لباس‌های جورواجور در خیابان‌ها به راه می‌افتند و به رقص و شادی می‌پردازند.)

معمولاً کلماتی که به **-al** ختم می‌شوند، در جمع **-al** به **-aux** تبدیل می‌شود. اما کلمهٔ ***carnaval*** استثنائاً **s** می‌گیرد:
les carnavals

carnet /karné/ le
[اسم] دفتر (یادداشت)
Je note l'adresse de mon ami sur un carnet.
من آدرس دوستم را در یک دفتر یادداشت می‌کنم.

carnet

carotte /karot/ la [اسم] هویج

carré [1] /karé/ le [اسم] مربع

carré [2] **, carrée** /karé/
[صفت] (به شکلِ) مربع، چهارگوش
Mon mouchoir est carré.
دستمال من چهارگوش است.

car به معنی اتوبوس، مخففِ ***autocar*** است.

a = آ	**é** = اِ	**e** = اُ (با دهان نیمه‌بسته)	**eu** = اُ ترکی درگُزل	**o** = اُ	**û** = او ترکی درگول
u = او	**i** = ای	**â**^{n} = آ تودماغی	**a**^{n} = اَ تودماغی	**o**^{n} = اُ تودماغی	**r** = غ عربی
y = ی	**n**^{y} = نْیْ	**j** = ژ	**g** = گ	**ch** = ش	**s** = س	**z** = ز

carrefour

carrefour /karfur/ le

[اسم] چهارراه

Tournez à gauche au prochain carrefour!

در چهارراه بعدی به چپ بپیچید!

cartable /kartabl/ le

[اسم] کیف مدرسه

Je porte mon cartable sur le dos.

من کیف مدرسه‌ام را روی دوشم می‌اندازم.

carte /kart/ la

[اسم] ۱. کارت، برگه

Carte de téléphone کارت تلفن

۲. نقشه

Carte de l'Iran نقشهٔ ایران

carte postale کارت پُستال

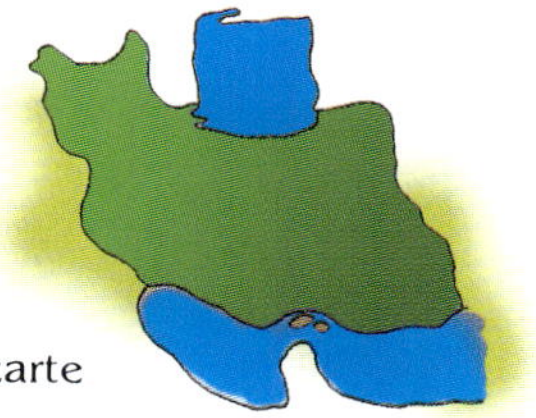

carte

carton /karto^{n}/ le

[اسم] ۱. مقوا

La couverture de ce livre est en carton. جلد این کتاب مقوایی است.

۲. جعبهٔ مقوایی، کارتن

Un carton de jouets

یک جعبهٔ اسباب‌بازی

cartouche /kartuch/ la

[اسم] فشنگ، گلوله

Les soldats n'ont plus de cartouches.

سربازها دیگر فشنگ ندارند.

caserne /kazérn/ la

[اسم] پادگان، سربازخانه

Les soldats vont à la caserne.

سربازها به پادگان می‌روند.

casque /kask/ le

[اسم] ۱. کلاه ایمنی

Alex porte un casque pour faire de la moto.

آلکس برای موتورسواری کلاه ایمنی بر سرش می‌گذارد.

۲. کلاهخود (= کلاه فلزی که جنگجویان بر سر می‌گذاشتند.)

casque

casser

casser /kasé/ [فعل] شکستن

Cathie a cassé un verre.

کتی یک لیوان را شکست.

casserole /kasrol/ la

[اسم] شیرجوش (= قابلمهٔ کوچکی که یک دستهٔ بلند دارد.)

cassette /kasét/ la [اسم] نوار (ضبط صوت یا ویدئو)

Une cassette vidéo یک نوار ویدئو

catastrophe /katastrof/ la

[اسم] فاجعه، بلا، حادثهٔ ناگوار

Dix personnes sont mortes dans cette catastrophe.
در این فاجعه ده نفر کشته شدند.

cause /koz/ la [اسم] علت، سبب
La cause d'un accident
علت یک حادثه

causer /kozé/
[فعل] باعث شدن، موجب شدن
Ce conducteur a causé l'accident.
این راننده باعث تصادف شد.

cave /kav/ la [اسم] زیرزمین، انبار آذوقه
Nous mettons des pommes de terre à la cave.
ما سیب‌زمینی را در زیرزمین می‌گذاریم.

caverne /kavérn/ la [اسم] غار
Les voleurs ont caché le trésor dans la caverne.
دزدان گنج را در غار پنهان کرده‌اند.

CD /sédé/ le [اسم] سی‌دی
(= دیسک فشرده‌ای که در کامپیوتر، ضبط‌صوت و ویدئو از آن استفاده می‌شود.)
J'écoute un CD de chansons.
من سی‌دی آهنگ گوش می‌کنم.

ce [1] /se/ , **cette** /sét/
[صفت] این
Cette femme این زن

ce [2] /se/ [ضمیر] این

cédille /sédiy/ la
[اسم] علامت سِدیّ

ceinture /saⁿtûr/ la
[اسم] کمربند
Une ceinture de cuir
یک کمربند چرمی

ceinture

cela /sela/ [ضمیر] آن، این
Comment s'appelle cela?
اسم این چیست؟
نگاه کنید به توضیحِ *ça*.

célèbre /sélébr/
[صفت] مشهور، معروف
Victor Hugo est un écrivain célèbre. ویکتور هوگو یک نویسندهٔ معروف است.

celui /selûi/ , **celle** /sél/
[ضمیر] این، آن، مالِ
Mon stylo est bleu, celui de Simon est noir.
خودکار من آبی است، ولی مال سیمون مشکی است.

ضمیرِ **ce** معمولاً قبل از فعلِ **être** به کار می‌رود، به صورت‌هایِ:
c'est, ce sont, ...
گاهی این کلمه در فارسی ترجمه نمی‌شود:
C'est bien. خوب است.

cédille علامتی است به شکلِ «ِ» که گاه زیرِ حرف **c** قرار می‌گیرد تا صدای /s/ بدهد و نه صدای /k/، مثلاً در کلمهٔ ***garçon***.

کلمهٔ ***celui*** در جمع ***ceux*** می‌شود.

اگر کلمه‌ای که بعد از صفتِ **ce** می‌آید با یکی از حروفِ صدادار آغاز شود، به جایِ **ce** کلمهٔ **cet** می‌آید:
cet enfant
صورت جمع این صفات **ces** است.

اگر کلمهٔ **cent** قبل از عدد دیگری واقع شود، جمع بسته نمی‌شود (**s** نمی‌گیرد):
quatre cent trente
چهارصد و سی

cerf-volant در جمع به صورتِ ***cerfs-volants*** نوشته می‌شود.

کلمهٔ ***ces*** صورت جمعِ ***ce, cette*** است.

cent /sâⁿ/ [صفت] صد
Ce vieillard a cent ans.
این پیرمرد صدساله است.

centaine /sâⁿtén/ la
[اسم] در حدودِ صد
Une centaine d'élèves
در حدودِ صد نفر دانش‌آموز

centime /sâⁿtim/ le
[اسم] سانتیم (= پول خرد کشور فرانسه، صد سانتیم معادلِ یک فرانک بود.)

centimètre /sâⁿtimétr/ le
[اسم] سانتیمتر (= یک‌صدم متر)
Cette table a soixante centimètres de haut.
بلندی این میز شصت سانتیمتر است.

centre /sâⁿtr/ le
[اسم] مرکز، وسط
Il y a un vase au centre de la table. وسط میز یک گلدان است.

cependant /sepâⁿdâⁿ/
[قید] با وجود این، با این‌حال
Elle mange beaucoup, cependant elle est mince.
با وجود این‌که خیلی می‌خورد، لاغر است.

cercle /sérkl/ le [اسم] دایره
Le centre d'un cercle
مرکز یک دایره

cérémonie /sérémoni/ la
[اسم] مراسم
La cérémonie du mariage
مراسم ازدواج

cerf /sér/ le [اسم] گوزن

cerf-volant /sérvolâⁿ/ le
[اسم] بادبادک
Jean fait voler son cerf-volant.
ژان بادبادکش را هوا می‌کند.

cerise /seriz/ la [اسم] گیلاس

certain /sértaⁿ/ ,
certaine /sértén/
[صفت] ۱. مسلم، حتمی
La victoire est certaine.
پیروزی حتمی است.
۲. مطمئن
Marie est certaine d'avoir raison.
ماری مطمئن است که حق با اوست.
۳. [به صورت جمع] بعضی
Certaines personnes
بعضی از اشخاص، بعضی‌ها

certainement /sérténmâⁿ/
[قید] مسلماً، حتماً
Il viendra certainement.
او حتماً می‌آید.

ces /sé/ [صفت] این
Ces fleurs sont jolis.
این گل‌ها زیبا هستند.

cesser /sésé/
[فعل] خاتمه دادن، دست کشیدن
Il a cessé de travailler.
او دست از کار کشید.

cet /sét/

نگاه کنید به توضیحِ صفتِ *ce*.

cette /sét/ نگاه کنید به *ce, cette*.

ceux /seu/ [ضمیر] اینها، آنها

ceux صورت جمعِ **celui** است.

chacun /chaka^n/ ,
chacune /chakûn/

[ضمیر] هر کس، هر کدام

Chacun fait ce qu'il veut.

هر کس هر کاری بخواهد می‌کند.

chagrin /chagra^n/ le

[اسم] غم، غصه، ناراحتی

Flora a du chagrin.

فلورا غمگین است.

chaîne /chén/ la [اسم] زنجیر

Luc a attaché le chien avec une chaîne.

لوک سگ را با زنجیر بسته است.

chaise /chéz/ la [اسم] صندلی

chaise longue صندلی راحتی (تاشو)

chambre /châ^{n}br/ la

[اسم] اتاق خواب، اتاق

Une chambre à deux lits

یک اتاق دوتخته

chameau /chamo/ le

[اسم] شتر

Le chameau boit peu.

شتر کم آب می‌خورد.

chameau با **x** جمع بسته می‌شود: **chameaux**.

champ /châ^n/ le

[اسم] کشتزار، مزرعه

Champ de blé مزرعهٔ گندم، گندمزار

champignon
/châ^{n}pin^{y}o^n/ le [اسم] قارچ

Philippe n'aime pas le champignon.

فیلیپ قارچ دوست ندارد.

champignon

champion /châ^{n}pyo^n/ le ,
championne /châ^{n}pyon/ la

[اسم] قهرمان

Le champion du monde de tennis قهرمان تنیس جهان

champion

chance /châ^{n}s/ la

[اسم] ۱. شانس

Tu n'as aucune chance.

تو هیچ شانسی نداری.

۲. [به صورت جمع] امکان، احتمال

Il y a des chances qu'il rentre demain. ممکن است فردا برگردد.

changement /châ^{n}jmâ^n/ le

[اسم] تغییر، تحول

Changement de temps

تغییر آب و هوا

changer /châ^{n}jé/

[فعل] ۱. عوض کردن

Il a changé sa roue.

او چرخ (ماشینش) را عوض کرد.

۲. تغییر کردن

Claude a beaucoup changé.

کلود خیلی تغییر کرده.

۳. تبدیل کردن

La sorcière a changé la princesse en statue.

جادوگر شاهزاده‌خانم را به مجسمه تبدیل کرد.

chanson /châ^{n}so^{n}/ la

[اسم] ترانه، آهنگ

Une chanson d'amour

یک ترانهٔ عاشقانه

chant /châ^{n}/ le [اسم] آواز

Alex aime écouter le chant des oiseaux. آلکس دوست دارد به آواز پرندگان گوش دهد.

chanter /châ^{n}té/

[فعل] آواز خواندن، خواندن

Elle chante une belle chanson.

او ترانهٔ زیبایی می‌خواند.

chanter

chanteur /châ^{n}teur/ le ,
chanteuse /châ^{n}teuz/ la

[اسم] خواننده (آواز یا ترانه)

chapeau /chapo/ le

[اسم] کلاه

Chapeau d'homme کلاه مردانه

chapeau

chaque /chak/ [صفت] هر

Chaque jour le soleil se lève.

خورشید هر روز طلوع می‌کند.

charbon /charbo^{n}/ le

[اسم] زغال‌سنگ، زغال

Marchand de charbon

زغال‌فروش

charger /charjé/

[فعل] بارگیری کردن، بار زدن

Ils ont chargé le camion.

آنها کامیون را بار زدند.

charmant /charmâ^{n}/ ,
charmante /charmâ^{n}t/

[صفت] خوش‌رو، دوست‌داشتنی

Papa est un homme charmant.

بابا یک مرد دوست‌داشتنی است.

chasse /chas/ la [اسم] شکار

Mon père va à la chasse.

پدرم به شکار می‌رود.

chapeau به برخی از انواع کلاه (مثل کلاه حصیری یا بعضی از کلاه‌های لبه‌دار مردانه) گفته می‌شود، اما ***coiffure*** نام کلی برای همه نوع کلاه است.

chapeau با **x** جمع بسته می‌شود: ***chapeaux***.

chasser /chasé/

[فعل] شکار کردن

Il chasse le lapin.

او خرگوش شکار می‌کند.

chasseur /chaseur/ le , **chasseuse** /chaseuz/ la

[اسم] شکارچی

C'est un chasseur habile.

او شکارچی ماهری است.

chat /cha/ le , **chatte** /chat/ la

[اسم] گربه

chat

château /chato/ le

[اسم] ۱. کاخ، قصر

Les rois vivaient dans des châteaux.

شاهان در قصر زندگی می‌کردند.

۲. قلعه

château

chaud /cho/ , **chaude** /chod/

[صفت] گرم، داغ

La soupe est très chaude.

سوپ خیلی داغ است.

Il fait chaud. هوا گرم است.

chauffage /chofaj/ le

[اسم] وسایل گرمازا

L'appareil de chauffage

شوفاژ، بخاری

chauffer /chofé/

[فعل] ۱. گرم کردن

Il faut chauffer la maison.

باید خانه را گرم کرد.

۲. گرم شدن

L'eau est en train de chauffer.

آب دارد گرم می‌شود.

chauffeur /chofeur/ le

[اسم] راننده

Un chauffeur de taxi

یک رانندهٔ تاکسی

chausser (se) /chosé/

[فعل] کفش پوشیدن

Je me chausse pour aller dehors.

برای بیرون رفتن کفش‌هایم را می‌پوشم.

chaussette /chosét/ la

[اسم] جوراب (ساق کوتاه)

Des chaussettes de laine

جوراب‌های پشمی

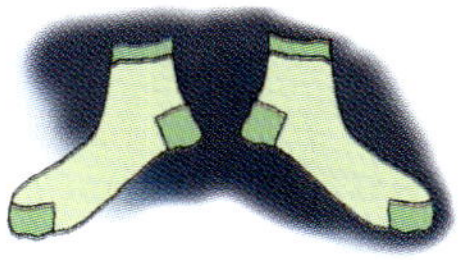

chaussettes

château با **x** جمع بسته می‌شود: **châteaux**.

chaussures

chaussure /chosûr/ la

[اسم] کفش

Les chaussures de ski

کفش‌های اسکی

نگاه کنید به توضیحِ ***soulier***.

chauve /chov/ [صفت] کچل، بی‌مو، طاس

chauve

chauve-souris در جمع به صورتِ ***chauves-souris*** نوشته می‌شود.

chauve-souris /chovsuri/ la [اسم] خفاش

Les chauves-souris mangent des insectes. خفاش‌ها حشره می‌خورند.

chef /chéf/ le [اسم] ۱. رئیس

Chef d'entreprise رئیس شرکت

۲. فرمانده

chemin /chema^{n}/ le [اسم] راه

Ce chemin traverse la forêt.

این راه از جنگل می‌گذرد.

cheval در جمع ***chevaux*** می‌شود.

chemin de fer /chema^{n}dfér/ le [اسم] قطار

Nous voyageons par chemin de fer. ما با قطار سفر می‌کنیم.

cheminée

cheminée /cheminé/ la

[اسم] بخاری دیواری، شومینه

J'ai fait du feu dans la cheminée.

مـن در شـومینه آتش روشـن کـردم.

شومینه را روشن کردم.

chemise /chemiz/ la

[اسم] پیراهن

Luc porte une chemise verte.

لوک یک پیراهن سبز پوشیده.

cher , chère /chér/

[صفت] ۱. عزیز، گرامی

Mon cher ami دوست عزیزم

۲. گران‌قیمت، گران

Ces chaussures sont chères.

این کفش‌ها گران هستند.

chercher /chérché/

[فعل] ۱. جستجو کردن، گشتن

Jean cherche ses lunettes.

ژان دنبال عینکش می‌گردد.

۲. سعی کردن

Le prisonnier cherche à s'échapper.

زندانی سعی می‌کند فرار کند.

chéri , chérie /chéri/

[صفت] عزیز، محبوب

Mes enfants chéris بچه‌های عزیزم

cheval /cheval/ le

[اسم] ۱. اسب

۲. اسب‌سواری

Jacques fait du cheval.

ژاک اسب‌سواری می‌کند.

cheval

chevalier /chevalyé/ le
[اسم] شوالیه (= سوارکاران جنگجو که در قدیم در خدمت پادشاهان بودند.)

cheveu /cheveu/ le
[اسم] مو، گیسو
Marc a les cheveux noirs.
موهای مارک مشکی است.

chèvre /chévr/ la [اسم] بز
Le lait de chèvre شیر بز

chèvre

chewing-gum /chuingom/ le [اسم] آدامس

chez /ché/
[حرف اضافه] ۱. نزدِ، پیشِ
Je vais chez le dentiste.
پیشِ دندانپزشک می‌روم.
۲. به خانه، در خانه
Je rentre chez moi.
من به خانه برمی‌گردم.

chien /chya^{n}/ le , **chienne** /chyén/ la [اسم] سگ
Le chien aboie. سگ پارس می‌کند.

chiffon /chifo^{n}/ le
[اسم] کهنه، دستمال
Luc fait briller les chaussures avec un chiffon.
لوک کفش‌هایش را با یک کهنه برق می‌اندازد.

chiffre /chifr/ le [اسم] رقم
Un nombre à trois chiffres
یک عدد سه‌رقمی

chimpanzé /cha^{n}pâ^{n}zé/ le
[اسم] شمپانزه

chirurgien /chirûrjya^{n}/ le , **chirurgienne** /chirûrjyén/ la [اسم] جراح
Chirurgien-dentiste
جراح دندانپزشک

choc /chok/ le [اسم] برخورد، ضربه
Le choc a été violent.
برخورد شدید بود.

chocolat /chokola/ le
[اسم] ۱. شکلات
Gâteau au chocolat
کیک شکلاتی
۲. شیرکاکائو
Michel boit une tasse de chocolat.
میشل یک فنجان شیرکاکائو می‌خورد.

chevalier

cheveu با **x** جمع بسته می‌شود: ***cheveux***.

chewing-gum در جمع به صورتِ ***chewing-gums*** نوشته می‌شود.

chien

choisir /chuâzir/
[فعل] انتخاب کردن
Alex a choisi une chemise verte.
آلکس یک پیراهن سبز انتخاب کرد.

choix در جمع تغییر نمی‌کند: **les choix**.

choix /chuâ/ le [اسم] انتخاب، حق انتخاب
As-tu fait ton choix?
انتخاب کردی؟
Tu as le choix.
حق انتخاب داری. می‌توانی انتخاب کنی.

chute d'eau

chose /choz/ la [اسم] چیز
J'ai acheté beaucoup de choses. چیزهای زیادی خریدم.

ciel در جمع **cieux** می‌شود.

chou با **x** جمع بسته می‌شود: **choux**.

chou /chu/ le [اسم] کلم
Papa n'aime pas la soupe aux choux. بابا سوپ کلم دوست ندارد.

chou

chrétien /krétya^n/ le , **chrétienne** /krétyén/ la
[اسم] مسیحی

chut! /chût/ [صوت] هیس! ساکت!
Chut! il dort. هیس! او خواب است.

chute /chût/ la
[اسم] ۱. سقوط، افتادن
Natacha a fait une chute.
ناتاشا افتاد.
۲. بارش
Chute de neige بارش برف
chute d'eau آبشار

cible /sibl/ la [اسم] هدف، نشانه
Le centre de la cible
وسط هدف

cible

ciel /syél/ le [اسم] آسمان
Le ciel est bleu. آسمان آبی است.

cigarette /sigarét/ la
[اسم] سیگار
Papa fume une cigarette.
بابا سیگار می‌کشد.

cigogne /sigon^y/ la
[اسم] لک‌لک
La cigogne a un long bec.
لک‌لک منقار بلندی دارد.

cigogne

cil /sil/ le [اسم] مژه

نگاه کنید به توضیحِ ***sourcil***.

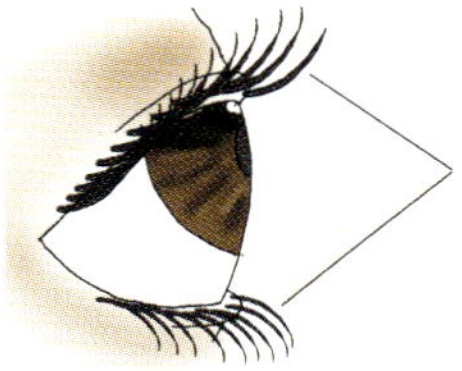

cimetière /simtyér/ le

[اسم] گورستان، قبرستان

Ils portent un mort au cimetière.

آنها یک مرده را به گورستان می‌برند.

cinéma /sinéma/ le

[اسم] سینما

Marie va au cinéma.

ماری به سینما می‌رود.

cinq /sa^{n}k/ le [صفت، اسم] پنج

La main a cinq doigts.

(هر) دست پنج انگشت دارد.

اگر کلمهٔ ***cinq*** قبل از حروف بی‌صدا بیاید /sa^{n}/ و در غیر این‌صورت /sa^{n}k/ تلفظ می‌شود.

cinquante /sa^{n}kâ^{n}t/

[صفت] پنجاه

Il a cinquante ans.

او پنجاه‌ساله است.

cinquième /sa^{n}kyém/

[صفت] پنجم، پنجمین

Il habite au cinquième étage.

او در طبقهٔ پنجم زندگی می‌کند.

cirage /siraj/ le [اسم] واکس

Cirage pour cuir واکس چرم

circonflexe /sirko^{n}fléks/ ,

accent circonflexe

اَکسان سیرکُن‌فلکس

accent circonflexe
علامتی است که روی بعضی از حروف صدادار قرار می‌گیرد؛ مثلاً روی حرفِ ***e*** در کلمهٔ ***tête***.

cirer /siré/ [فعل] واکس زدن

Je cire mes bottes.

چکمه‌هایم را واکس می‌زنم.

cirque /sirk/ le [اسم] سیرک

Hier soir, j'ai vu des clowns au crique.

دیشب دلقک‌ها را در سیرک دیدم.

ciseaux /sizo/ le

[اسم، جمع] قیچی

ciseaux به معنیِ «قیچی» صورت مفرد ندارد.

cité /sité/ la [اسم] شهرک

Paul habite dans une cité.

پل در یک شهرک زندگی می‌کند.

citer /sité/ [فعل] نام بردن

Peux-tu citer trois villes de France?

می‌توانی سه شهرِ فرانسه را نام ببری؟

citron /sitro^{n}/ le

[اسم] لیموترش

jus de citron آبلیمو

citron

a = اَ	**é** = اِ	**e** = اُ(با دهان نیمه‌بسته)	**eu** = اُ ترکی درگُزل	**o** = اُ	**û** = او ترکی درگول	
u = او	**i** = ای	**â^{n}** = آ تودماغی	**a^{n}** = اَ تودماغی	**o^{n}** = اُ تودماغی	**r** = غ عربی	
y = ی	**n^{y}** = نْیْ	**j** = ژ	**g** = گ	**ch** = ش	**s** = س	**z** = ز

clair , claire /klér/

[صفت] ۱. روشن

Notre classe est très claire.

کلاس ما خیلی روشن است.

Yves a des yeux clairs.

(رنگِ) چشم‌های ایو روشن است.

۲. شفاف، زلال

L'eau de la rivière est claire.

آب رودخانه زلال است.

۳. واضح

Cette phrase est claire.

(معنیِ) این جمله واضح است.

clin d'œil در جمع به صورتِ **clins d'œil** نوشته می‌شود.

clair de lune /klérdelûn/ le

[اسم] مهتاب، نور ماه

clarté /klarté/ la

[اسم] روشنی، روشنایی

La clarté du jour روشنایی روز

classe /klas/ la

[اسم] کلاس (درس)

C'est la meilleure élève de la classe.

او بهترین دانش‌آموز کلاس است.

classer /klasé/

[فعل] دسته‌بندی کردن، مرتب کردن

Elle classe les fiches par couleurs.

او برگه‌ها را از روی رنگ مرتب می‌کند.

clé به صورت **clef** نیز نوشته می‌شود.

clé /klé/ la [اسم] کلید

J'ai perdu la clé de la porte.

کلید در را گم کرده‌ام.

client /kliyâ^n/ le , **cliente** /kliyâ^{n}t/ la [اسم] مشتری

La boutique est pleine de clients. مغازه پر از مشتری است.

climat /klima/ le

[اسم] آب و هوا

Un climat froid آب و هوای سرد

climat

clin d'œil /kla^{n}deuy/ le

[اسم] چشمک

Paul m'a fait un clin d'œil.

پُل به من چشمک زد.

clin d'œil

clinique /klinik/ la

[اسم] درمانگاه، کلینیک

cloche /kloch/ la

[اسم] زنگ، ناقوس

La cloche de l'église

ناقوس کلیسا

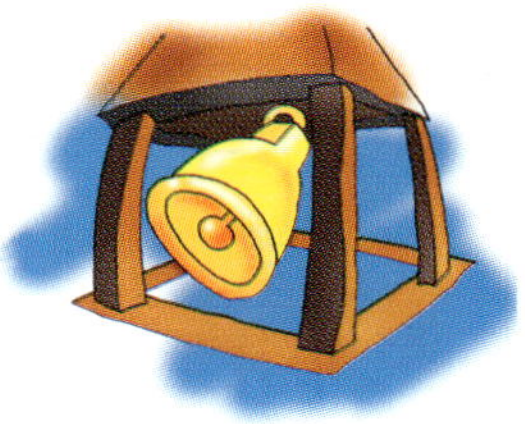

cloche

clochette /klochét/ la
[اسم] زنگوله
J'entends les clochettes des chèvres.
صدای زنگولهٔ بزها را می‌شنوم.

clou /klu/ le [اسم] میخ
Il a planté un clou dans le mur. او یک میخ به دیوار کوبید.

clown /klun/ le [اسم] دلقک
Les enfants aiment beaucoup les clowns.
بچه‌ها دلقک‌ها را خیلی دوست دارند.

clown یک کلمهٔ انگلیسی است. به تلفظ آن توجه کنید.

club /kleub/ le [اسم] باشگاه، کلوب
André s'est inscrit à un club sportif. آندره در یک باشگاهِ ورزشی ثبت‌نام کرد.

club یک کلمهٔ انگلیسی است و /kleub/ تلفظ می‌شود.

coccinelle /koksinél/ la
[اسم] پینه‌دوز، کفشدوزک

coccinelle

cochon /kochoⁿ/ le
[اسم] خوک
La viande de cochon
گوشت خوک

cochons

coco /koko/ le , **noix de coco**
نارگیل
Des gâteaux à la noix de coco
شیرینی نارگیلی

cocotte /kokot/ la
[اسم] ۱. قابلمه
۲. جوجو

cœur /keur/ le [اسم] قلب، دل
Mon père a une maladie de cœur. پدرم بیماری قلبی دارد.
Flora a bon cœur.
فلورا خوش‌قلب است.
par cœur از حفظ، از بر
Cathie apprend une poésie par cœur. کتی یک شعر حفظ می‌کند.

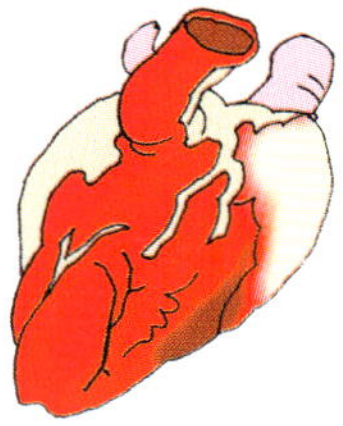
cœur

coffre /kofr/ le [اسم] صندوق
Aurélie met ses poupées dans un coffre à jouets.
اورلِی عروسک‌هایش را در یک صندوق اسباب‌بازی می‌گذارد.

coffre-fort /kofrefor/ le
[اسم] گاوصندوق
Le coffre-fort de la banque
گاوصندوق بانک

کلمهٔ ***coffre-fort*** در جمع به صورتِ ***coffres-forts*** نوشته می‌شود.

a = اَ	**é** = اِ	**e** = اُ(با دهان نیمه‌بسته)	**eu** = اُ ترکی درگُزل	**o** = اُ	**û** = او ترکی درگول
u = او	**i** = ای	**âⁿ** = آ تودماغی	**aⁿ** = اَ تودماغی	**oⁿ** = اُ تودماغی	**r** = غ عربی
y = ی	**nʸ** = نْیْ	**j** = ژ	**g** = گ	**ch** = ش	**s** = س	**z** = ز

se coiffer

coiffer /kuâfé/

[فعل] موهای (کسی را) درست کردن

Marie coiffe sa poupée.

ماری موهای عروسکش را درست می‌کند.

se coiffer موهای خود را مرتب کردن

Avant de sortir, je me coiffe.

قبل از بیرون رفتن موهایم را مرتب می‌کنم.

coiffeur /kuâfeur/ le ,
coiffeuse /kuâfeuz/ la

[اسم] آرایشگر، سلمانی

coiffure /kuâfûr/ la

[اسم] ۱. کلاه
۲. مدل مو

Cette coiffure vous va bien.

این مدل مو بهتان می‌آید.

نگاه کنید به توضیحِ ***chapeau***.

coin /kua^n/ le [اسم] گوشه

Il s'est caché dans un coin du jardin. او در یک گوشهٔ باغ قایم شده.

col /kol/ le [اسم] ۱. یقه

Le col de ta chemise est sale.

یقهٔ پیراهنت کثیف است.

۲. گردنه (= راه تنگ میان دو کوه)

col

colère /kolér/ la [اسم] خشم، عصبانیت

en colère عصبانی، خشمگین

Papa est en colère.

بابا عصبانی است.

colimaçon /kolimaso^n/ le

[اسم] حلزون

en colimaçon مارپیچ

Un escalier en colimaçon

یک پلکان مارپیچ

colis /koli/ le

[اسم] بسته (پستی)

Le facteur nous a apporté un grand colis. پستچی برای ما یک بستهٔ بزرگ آورد.

colle /kol/ la [اسم] چسب

collectif /koléktif/ ,
collective /koléktiv/

[صفت] جمعی، گروهی

Ce livre est le résultat d'un travail collectif.

این کتاب حاصل یک کار گروهی است.

collection /koléksyo^n/ la

[اسم] مجموعه، کلکسیون

Alex a une collection de timbres.

آلکس یک کلکسیون تمبر دارد.

collectionner

/koléksyoné/ [فعل] جمع کردن، جمع‌آوری کردن

Luc collectionne les billes.

لوک تیله جمع می‌کند.

collectionneur /koléksyoneur / le , **collectionneuse** /koléksyoneuz / la
[اسم] کلکسیونِر، جمع‌کننده
Alex est un collectionneur de timbres. آلکس کلکسیونرِ تمبر است. آلکس تمبر جمع می‌کند.

collège /koléj/ le
[اسم] مدرسهٔ راهنمایی

collègue /koleg/ le, la
[اسم] همکار
Il a déjeuné avec un de ses collègues.
او با یکی از همکارانش ناهار خورد.

coller /kolé/ [فعل] چسباندن
Colle le timbre sur l'enveloppe!
تمبر را روی پاکت بچسبان!

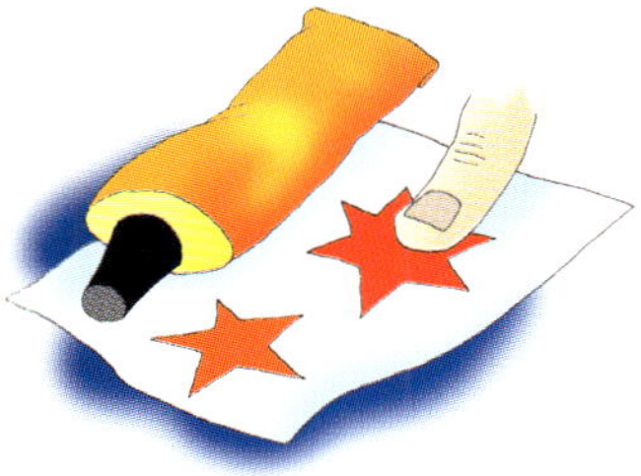

coller

collier /kolyé/ le
[اسم] ۱. گردن‌بند
Marie a un collier de perles.
ماری یک گردن‌بند مروارید دارد.
۲. قلاده
Ce chien n'a pas de collier.
این سگ قلاده ندارد.

colline /kolin/ la [اسم] تپه
Le village est sur la colline.
دهکده روی تپه است.

colombe /kolo^{n}b/ la
[اسم] کبوتر

colombes

colonne /kolon/ la
[اسم] ۱. ستون
۲. ردیف
en colonne به صف
Les élèves marchent en colonne.
دانش‌آموزان به صف حرکت می‌کنند.

combat /ko^{n}ba/ le
[اسم] نبرد، مبارزه
Un combat bref یک نبرد کوتاه

combattre /ko^{n}batr/
[فعل] جنگیدن، مبارزه کردن
Les soldats ont bien combattu.
سربازها خوب جنگیدند.

colombe کبوتر سفید و نشانهٔ صلح است. اما ***pigeon*** به انواع کبوتر گفته می‌شود.

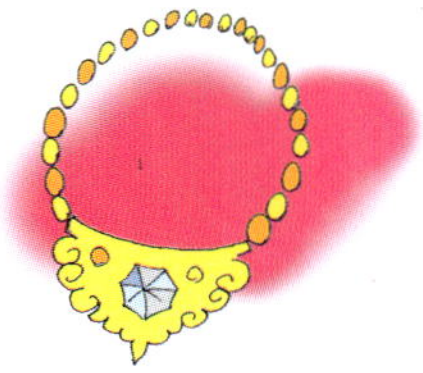

collier

a = اَ **é** = اِ **e** = اُ(با دهان نیمه‌بسته) **eu** = اُ ترکی درگُزل **o** = اُ **û** = او ترکی درگول
u = او **i** = ای **â^{n}** = آ تودماغی **a^{n}** = اَ تودماغی **o^{n}** = اُ تودماغی **r** = غ عربی
y = ی **n^{y}** = نیْ **j** = ژ **g** = گ **ch** = ش **s** = س **z** = ز

combien /ko"bya"/

[قید] چقدر، چند

Combien d'élèves y a-t-il dans cette classe?

در این کلاس چند دانش‌آموز است؟

comestible /koméstibl/

[صفت] خوراکی، خوردنی

Ce champignon est comestible.

این قارچ خوراکی است.

comique /komik/

[صفت] خنده‌دار، مضحک

Les clowns sont comiques.

دلقک‌ها خنده‌دارند.

commandant /komâ"dâ"/ le [اسم] فرمانده (نظامی)

commande /komâ"d/ la

[اسم] سفارش

passer une commande

سفارش دادن

J'ai passé une commande de livres chez le libraire.

به کتابفروش سفارش کتاب دادم.

commander /komâ"dé/

[فعل] ۱. دستور دادن، فرمان دادن

C'est moi qui commande ici!

اینجا منم که دستور می‌دهم!

۲. سفارش دادن

Au restaurant, j'ai commandé une boisson.

در رستوران یک نوشیدنی سفارش دادم.

comme /kom/

۱. [حرف ربط، قید] مثلِ، مانندِ

Il est comme son père.

او مثل پدرش است.

۲. [حرف ربط] چون

Comme il fait froid, nous restons à la maison.

چون هوا سرد است، در خانه می‌مانیم.

۳. [قید] چقدر

Comme tu es devenu grand!

چقدر بزرگ شده‌ای!

commencement

/komâ"smâ"/ le [اسم] شروع، اول

Le commencement du printemps اول بهار

commencer /komâ"sé/

[فعل] ۱. شروع کردن

J'ai commencé mon travail.

کارم را شروع کردم.

۲. شروع شدن

Le film va commencer.

فیلم دارد شروع می‌شود.

comment /komâ"/

[قید] چطور، چگونه

Comment allez-vous?

حالتان چطور است؟

commerçant /komérsâ"/ le , **commerçante** /komérsâ"t/ la [اسم] فروشنده، کاسب

Les commerçants ont fermé leur boutique.

فروشنده‌ها مغازه‌شان را بستند.

commerce /komérs/ le

[اسم] تجارت، خرید و فروش

Le père de Yann fait du commerce. پدر یان تجارت می‌کند.

commercial , commerciale /komérsyal/
[صفت] تجاری
Un centre commercial
یک مرکز تجاری

commode [1] /komod/
[صفت] راحت، آسان
Ce problème n'est pas commode. این مسئله آسان نیست.

commode [2] /komod/ la
[اسم] کمد کشویی، دِراوِر

commode

commun /koma^n/ , **commune** /komûn/
[صفت] ۱. مشترک
Marie et sa sœur ont une chambre commune. ماری و خواهرش یک اتاق مشترک دارند.
۲. عمومی، همگانی
en commun (به طور) مشترک، با هم
Ils vivent en commun.
آنها با هم زندگی می‌کنند.

compagnie /ko^{n}pan^{y}i/ la
[اسم] ۱. همنشینی، مصاحبت
Luc aime la compagnie de Marie.
لوک همنشینی با ماری را دوست دارد.
۲. شرکت

compagnon /ko^{n}pan^y-o^n/ le , **compagne** /ko^n-pan^y/ la [اسم] همنشین، رفیق
compagnon de jeu همبازی
compagnon de voyage همسفر

comparaison
/ko^{n}parézo^n/ la [اسم] مقایسه
Faire la comparaison entre deux choses
دو چیز را با هم مقایسه کردن

comparer /ko^{n}paré/
[فعل] مقایسه کردن
Compare ces deux photos!
این دو عکس را با هم مقایسه کن!

compartiment /ko^{n}par-timâ^n/ le [اسم] کوپه (قطار)
Il y a six voyageurs dans ce compartiment.
در این کوپه شش مسافر است.

compas /ko^{n}pa/ le
[اسم] پرگار
J'ai tracé un cercle avec mon compas.
با پرگارم یک دایره کشیدم.

commercial در جمع ***commerciaux*** می‌شود.

commode یکی از اثاث خانه شامل چند کشو است که معمولاً به آن دِراوِر می‌گویند، در حالی که کلمهٔ **کُمد** در فارسی به همان گنجه گفته می‌شود.

compas

a = اَ	é = اِ	e = (با دهان نیمه‌بسته) اُ	eu = اُ ترکی درگُزل	o = اُ	û = او ترکی درگول	
u = او	i = ای	â^n = آ تودماغی	a^n = اَ تودماغی	o^n = اُ تودماغی	r = غ عربی	
y = ی	n^y = نْیْ	j = ژ	g = گ	ch = ش	s = س	z = ز

compétition
/koⁿpétisyoⁿ/ la [اسم] مسابقه
Compétition de natation
مسابقهٔ شنا

complet /koⁿplé/ ,
complète /koⁿplét/
[صفت] ۱. کامل
Un aliment complet
یک غذای کامل
۲. پُر
L'autobus est complet.
اتوبوس پر است.

complètement
/koⁿplétmâⁿ/ [قید] کاملاً، به کلی
C'est complètement faux.
کاملاً غلط است.

compléter /koⁿplété/
[فعل] کامل کردن، تکمیل کردن
Il complète sa collection.
او کلکسیونش را کامل می‌کند.

complice /koⁿplis/ le, la
[اسم] همدست
Le voleur avait des complices.
دزد چند همدست داشت.

compliment /koⁿplimâⁿ/ le
[اسم] ۱. تبریک
۲. تعریف، تمجید
faire des compliments
۱. تبریک گفتن ۲. (از کسی) تعریف کردن

compliqué ,
comliquée /koⁿpliké/
[صفت] پیچیده، مشکل
Cette histoire est très compliquée.
این داستان خیلی پیچیده است.

comportement
/koⁿportemâⁿ/ le [اسم] رفتار
Louis a un comportement bizarre. لویی رفتار عجیبی دارد.

composé , **composée**
/koⁿpozé/ [صفت] مرکب
passé composé
(زمان) گذشتهٔ نقلی، ماضی نقلی
nom composé اسم مرکب

composer /koⁿpozé/
[فعل] ۱. درست کردن
Julie compose un bouquet.
ژولی یک دسته گل درست می‌کند.
۲. ساختن (شعر یا آهنگ)
se composer تشکیل شدن، داشتن
Cette maison se compose de six pièces.
این خانه شش اتاق دارد.

compote /koⁿpot/ la
[اسم] کمپوت
Nous avons mangé de la compote de pommes.
ما کمپوت سیب خوردیم.

comprendre /koⁿprâⁿdr/
[فعل] ۱. فهمیدن
Je ne comprends pas ce que vous dites. نمی‌فهمم چه می‌گویید.
۲. شامل شدن، داشتن
Ce livre comprend trois parties.
این کتاب سه بخش دارد.

nom composé (اسم مرکب) به اسمی می‌گویند که از دو کلمه تشکیل شده است، مثلِ: ***chauve-souris***

La semaine comprend sept jours. هفته هفت روز است.

compris /ko^{n}pri/ , **comprise** /ko^{n}priz/

صورت مفعولی فعلِ ***comprendre***.

compte /ko^{n}t/ le

[اسم] حساب

Il fait le compte des personnes qu'il va inviter.

او تعداد کسانی را که می‌خواهد دعوت کند حساب می‌کند.

se rendre compte متوجه شدن

Luc s'est rendu compte qu'il avait perdu son livre.

لوک متوجه شد که کتابش را گم کرده.

compter /ko^{n}té/

[فعل] ۱. حساب کردن

Il dépense sans compter.

او بی‌حساب خرج می‌کند.

۲. شمردن

Sylvie sait compter jusqu'à dix.

سیلوی بلد است تا ده بشمرد.

concierge /ko^{n}syérj/ le, la

[اسم] سرایدار

concombre /ko^{n}ko^{n}br/ le

[اسم] خیار

Salade de concombres سالاد خیار

condamner /ko^{n}dané/

[فعل] محکوم کردن

Le juge a condamné le voleur à la prison.

قاضی دزد را به زندان محکوم کرد.

condition /ko^{n}disyo^n/ la

[اسم] شرط

C'est une condition nécessaire.

این شرط الزامی است.

conducteur /ko^{n}dûkteur/ le , **conductrice** /ko^{n}dûktris/ la [اسم] راننده

Un conducteur doit être prudent. راننده باید محتاط باشد.

conducteur

conduire /ko^{n}dûir/

[فعل] ۱. بردن

Elle conduit son frère à l'école.

او برادرش را به مدرسه می‌برد.

۲. راندن (ماشین)، رانندگی کردن

Il conduit trop vite.

او خیلی تند می‌راند.

۳. منتهی شدن، رسیدن

Ce chemin conduit à la ferme.

این راه به مزرعه می‌رسد.

کلماتِ ***compte*** و ***conte*** مثل هم تلفظ می‌شوند.

a = اَ　**é** = اِ　**e** = اُ(با دهان نیمه‌بسته)　**eu** = اُ ترکی درگُزل　**o** = اُ　**û** = او ترکی درگول

u = او　**i** = ای　**â^n** = آ تودماغی　**a^n** = اَ تودماغی　**o^n** = اُ تودماغی　**r** = غ عربی

y = ی　**n^y** = نْیْ　**j** = ژ　**g** = گ　**ch** = ش　**s** = س　**z** = ز

conduite /ko^{n}dûit/ la

[اسم] رفتار، اخلاق و رفتار

Une bonne conduite

یک رفتار خوب

confiance /ko^{n}fyâ^{n}s/ la

[اسم] اعتماد، اطمینان

J'ai confiance en elle.

من به او اعتماد دارم.

confier /ko^{n}fyé/

[فعل] ۱. (به دست کسی) سپردن

Albert confie ses clés au concierge.

آلبر کلیدهایش را به سرایدار می‌سپرد.

۲. (محرمانه) گفتن

Marie m'a confié qu'elle est amoureuse de Luc.

ماری به من گفت که عاشق لوک شده.

confiserie /ko^{n}fizri/ la

[اسم] ۱. آب‌نبات‌فروشی، قنادی

Marie a acheté des chocolats dans une confiserie.

ماری از آب‌نبات‌فروشی شکلات خرید.

۲. نقل و نبات (= انواع آب‌نبات و شکلات)

confiserie به مغازه‌ای می‌گویند که در آن انواع آب‌نبات، شکلات و خوراکی‌هایی را می‌فروشند که با شکر درست می‌شود.

confiture /ko^{n}fitûr/ la

[اسم] مربا

La confiture de fraises

مربای توت‌فرنگی

confortable /ko^{n}fortabl/

[صفت] راحت

Ce fauteuil est très confortable.

این مبل خیلی راحت است.

congé /ko^{n}jé/ le

[اسم] ۱. تعطیل، تعطیلی

Les congés d'été

تعطیلات تابستان

۲. مرخصی

Il est en congé.

۱. او در تعطیلات به سر می‌برد. ۲. او در مرخصی است.

conjonction

/ko^{n}jo^{n}ksyo^{n}/ la [اسم] حرف ربط

"Et" est une conjonction.

«وَ» حرف ربط است.

conjugaison

/ko^{n}jûgézo^{n}/ la [اسم] صرف (فعل)

conjuguer /ko^{n}jûgé/

[فعل] صرف کردن (فعل)

Conjuguez au futur le verbe "aller"!

فعلِ «aller» را در زمان آینده صرف کنید.

connaissance

/konésâ^{n}s/ la [اسم] آشنایی، بلد بودن

Il a une bonne connaissance en anglais.

او زبان انگلیسی را خوب بلد است.

faire connaissance آشنا شدن

perdre connaissance

از هوش رفتن، بیهوش شدن

connaître /konétr/

[فعل] ۱. دانستن، بلد بودن

Simon connaît le nom de sa voisine.

سیمون اسم همسایه‌اش را می‌داند.

consommer /koⁿsomé/
[فعل] مصرف کردن
Les Français consomment beaucoup de fromage.
فرانسوی‌ها پنیر زیاد مصرف می‌کنند.

consonne /koⁿson/ la
[اسم] حرف بی‌صدا، صامت

construction /koⁿstrûk-syoⁿ/ la
[اسم] ۱. ساخت، ساختن
La construction du pont est finie. ساخت پل به پایان رسید.
۲. ساختمان، بنا
Les constructions anciennes de Paris ساختمان‌های قدیمی پاریس

construire /koⁿstrûir/
[فعل] ساختن، بنا کردن
Les maçons construisent une maison. بنّاها یک خانه می‌سازند.

consulter /koⁿsûlté/
[فعل] ۱. مشورت کردن
Jean ne m'a pas consulté avant de partir.
ژان قبل از رفتنش با من مشورت نکرد.
۲. مراجعه کردن
Quand je suis malade, je consulte un médecin.
وقتی مریضم، به پزشک مراجعه می‌کنم.
Pour connaître le sens d'un mot, consulte le dictionnaire!
برای دانستن معنی یک کلمه به فرهنگ مراجعه کن!

۲. شناختن
Victor connaît le frère de Samira.
ویکتور برادر سمیرا را می‌شناسد.

connu , connue /konû/
۱. [صفت] معروف، مشهور
C'est un acteur connu.
او هنرپیشهٔ معروفی است.
۲. صورت مفعولی فعلِ ***connaître***.

conseil /koⁿséy/ le
[اسم] نصیحت، توصیه
Elle m'a donné un bon conseil.
او توصیهٔ خوبی به من کرد.

conseiller /koⁿséyé/
[فعل] توصیه کردن
Robert nous a conseillé d'attendre.
روبر به ما توصیه کرد که صبر کنیم.

conserve /koⁿsérv/ la
[اسم] کنسرو
J'ai ouvert la boîte de conserve.
در قوطی کنسرو را باز کردم.

conserver /koⁿsérvé/
[فعل] نگه داشتن، نگهداری کردن
Papa a conservé tous ses jouets d'enfant. بابا همهٔ اسباب‌بازی‌های بچگی‌اش را نگه داشته است.
On conserve les aliments dans le réfrigérateur.
غذاها را در یخچال نگهداری می‌کنند.

همهٔ حروف زبان فرانسه بجز حروفِ زیر حروف بی‌صدا (consonne) هستند:
a, e, i, o, u, y

conte /ko^{n}t/ le
[اسم] قصه، داستان
Un conte de fées قصهٔ پریان
نگاه کنید به توضیحِ ***compte***.

content /ko^{n}tâ^{n}/ , **contente** /ko^{n}tâ^{n}t/
[صفت] ۱. راضی
La maîtresse est contente de ses élèves.
معلم از شاگردانش راضی است.
۲. خوشحال
Je suis content de vous voir.
از دیدنتان خوشحالم.

conteur /ko^{n}teur/ le , **conteuse** /ko^{n}teuz/ la
[اسم] قصه‌گو
Grand-père est un bon conteur.
پدربزرگ قصه‌گوی خوبی است.

continent /ko^{n}tinâ^{n}/ le
[اسم] قاره
L'Asie est un continent.
آسیا یک قاره است.

continuer /ko^{n}tinûé/
[فعل] ادامه دادن
Continuez sans moi!
بدون من (کارتان را) ادامه دهید!

contraire [1] /ko^{n}trér/
[صفت] مخالف
Le sens contraire جهت مخالف

contraire [2] /ko^{n}trér/ le
[اسم] مخالف، برعکس
"Grand" est le contraire de "petit".
«بزرگ» برعکسِ «کوچک» است.

contre /ko^{n}tr/
[حرف اضافه] ۱. برخلافِ، مخالفِ
Il nage contre le courant.
او برخلاف جریان آب شنا می‌کند.
۲. کنارِ، چسبیده به
Le lit de Laura est contre le mur.
تختخواب لورا چسبیده به دیوار است.
۳. برضدِ، با
Il faut se battre contre l'ennemi. باید با دشمن جنگید.

convenable /ko^{n}vnabl/
[صفت] مناسب، خوب
Son salaire est convenable.
حقوقش مناسب است.

convenir /ko^{n}vnir/
[فعل] ۱. مناسب بودن
Choisissez le mot qui convient!
کلمهٔ مناسب را انتخاب کنید!
۲. پذیرفتن، قبول کردن
Marie a convenu de son erreur.
ماری اشتباهش را پذیرفت.

conversation /ko^{n}vérsasyo^{n}/ la
[اسم] گفتگو، صحبت
Nous avons eu une longue conversation.
ما خیلی با هم صحبت کردیم.

copain /kopa^{n}/ le , **copine** /kopin/ la
[اسم] دوست، رفیق

Elle est sortie avec ses copins.
او با دوستانش بیرون رفته است.

copier /kopyé/
[فعل] ۱. رونویسی کردن، کُپی کردن ۲. از روی دست (کسی) نوشتن
Luc copie sur son voisin.
لوک از روی دست بغل‌دستی‌اش می‌نویسد.

coq /kok/ le [اسم] خروس
J'entends le chant du coq.
صدای آواز خروس را می‌شنوم.

coquillage /kokiyaj/ le
[اسم] صدف

coquillage

Coran /korâ^{n}/ le [اسم] قرآن

corbeau /korbo/ le
[اسم] کلاغ

corbeille /korbéy/ la
[اسم] سبد
Ils ont apporté une corbeille de fleurs. آنها یک سبد گل آوردند.

corde /kord/ la [اسم] طناب
Il attache les bagages avec une corde.
او چمدان‌ها را با یک طناب می‌بندد.

cordon /kordo^{n}/ le
[اسم] بند، نخ
Le cordon du rideau بندِ پرده

cordonnier /kordonyé/ le , **cordonnière** /kordonyér/ la [اسم] کفاش
Le cordonnier répare les chaussures.
کفاش کفش‌ها را تعمیر می‌کند.

corne /korn/ la [اسم] شاخ
Les bœufs ont deux cornes sur la tête.
گاو روی سرش دو شاخ دارد.

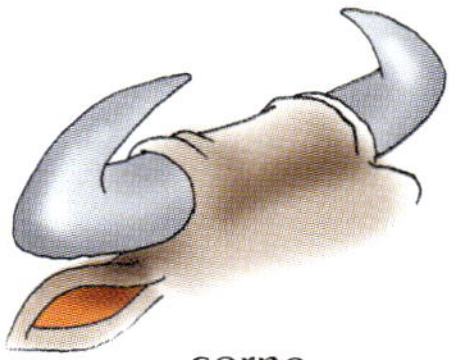
corne

cornet /korné/ le [اسم] قیف
Alex a acheté une glace en cornet.
آلکس یک بستنی قیفی خرید.

corps /kor/ le [اسم] بدن، تن، جسم
Le corps humain بدن انسان

corbeau با **x** جمع بسته می‌شود: ***corbeaux***.

correct , correcte
/korékt/ [صفت] درست، صحیح
Cette phrase est correcte.
این جمله درست است.

correctement
/koréktemâ^{n}/ [قید] درست
Jean parle correctement l'anglais. ژان زبان انگلیسی را درست صحبت می‌کند.

a = آ	**é** = اِ	**e** = اُ (با دهان نیمه‌بسته)	**eu** = اُ ترکی درگُزل	**o** = اُ	**û** = او ترکی درگول
u = او	**i** = ای	**â^{n}** = آ تودماغی	**a^{n}** = اَ تودماغی	**o^{n}** = اُ تودماغی	**r** = غ عربی
y = ی	**n^{y}** = نی	**j** = ژ	**g** = گ	**ch** = ش	**s** = س	**z** = ز

correction /koréksyo^{n}/ la

[اسم] تصحیح، غلط گیری

La maîtresse a fait la correction de la dictée.

معلم دیکته را تصحیح کرد.

corriger /korijé/

[فعل] تصحیح کردن، غلط گیری کردن

Le professeur corrige les devoirs.

معلم تکالیف را تصحیح می‌کند.

corsaire /korsér/ le

[اسم] دزد دریایی

Les corsaires attaquent les navires.

دزدان دریایی به کشتی‌ها حمله می‌کنند.

costume فقط نوع خاصی از لباس، مثل لباس محلی یا لباس رسمی است، اما ***vêtement*** به انواع لباس گفته می‌شود.

costume /kostûm/ le

[اسم] ۱. کت‌شلوار

Papa s'est acheté un costume.

بابا یک کت‌شلوار برای خودش خرید.

۲. لباس

Costume régional لباس محلی

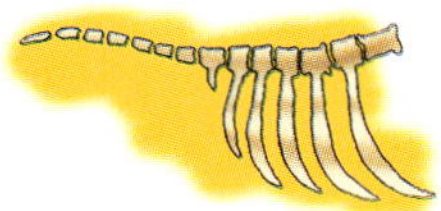

côte

côte /kot/ la [اسم] ۱. دنده

Nous avons douze paires de côtes. ما دوازده جفت دنده داریم.

۲. ساحل

Les côtes de la France

سواحل فرانسه

côte à côte پهلو به پهلو، کنار هم

Marie et Laura marchent côte à côte.

ماری و لورا کنار هم راه می‌روند.

côté /koté/ le [اسم] ۱. طرف، سَمت

De quel côté est-il parti?

او از کدام طرف رفت؟

۲. پهلو

Louis a une douleur au côté droit. پهلوی راست لویی درد می‌کند.

۳. ضلع

Un carré a quatre côtés.

یک مربع چهار ضلع دارد.

à côté de کنارِ، پهلویِ، جنبِ

Laura est assise à côté de moi.

لورا کنار من نشسته است.

coton /koto^{n}/ le [اسم] پنبه

Il a mis un morceau de coton sur sa blessure.

او یک تکه پنبه روی زخمش گذاشت.

de coton, en coton نخی

Pierre a une chemise en coton.

پیِر یک پیراهن نخی دارد.

cou /ku/ le [اسم] گردن

La girafe a un long cou.

زرافه گردنی دراز دارد.

cou

coucher [1] /kuché/

[فعل] خواباندن

Elle a couché son bébé.

او بچه‌اش را خواباند.

se coucher ۱. خوابیدن

Je me couche à neuf heures.

من ساعت نُه می‌خوابم.

۲. غروب کردن

Le soleil va se coucher.

آفتاب دارد غروب می‌کند.

coucher ² /kuché/ le ,

coucher du soleil

غروب (آفتاب)

coucher du soleil

coude /kud/ la [اسم] آرنج

Il a mis ses coudes sur la table.

او آرنج‌هایش را روی میز گذاشت.

coudre /kudr/ [فعل] دوختن

Flora coud un bouton à sa chemise.

فلورا یک دکمه به پیراهنش می‌دوزد.

machine à coudre چرخ خیاطی

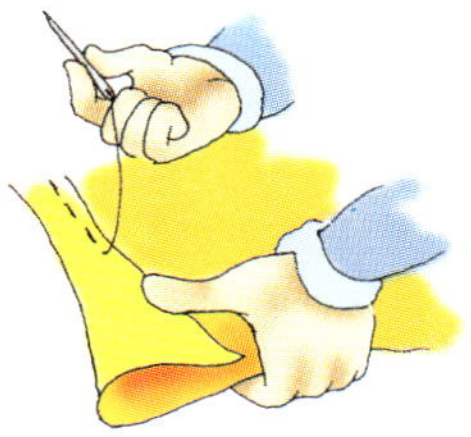

coudre

couler /kulé/

[فعل] ۱. جاری شدن، راه افتادن

L'eau des fleuves coule vers la mer.

آب رودها به دریا جاری می‌شود.

۲. غرق شدن (کشتی یا قایق)

Pendant la tempête, un bateau a coulé.

موقع توفان، یک کشتی غرق شد.

couleur /kuleur/ la

[اسم] رنگ

L'arc-en-ciel a sept couleurs.

رنگین‌کمان هفت رنگ است.

en couleurs رنگی

Un film en couleurs

یک فیلم رنگی

couleuvre /kuleuvr/ la

[اسم] مار

La couleuvre a une tête arrondie. مار سَری گِرد دارد.

به انواع مار ***couleuvre*** بی‌زهر که تقریباً بین دو تا سه مترند گفته می‌شود. کلمهٔ ***serpent*** کلاً برای انواع مارها به کار می‌رود.

couloir /kuluâr/ le

[اسم] راهرو

Va au fond du couloir!

برو تهِ راهرو!

couloir

a = اَ	**é** = اِ	**e** = اُ(با دهان نیمه‌بسته)	**eu** = اُ ترکی درگُزل	**o** = اُ	**û** = او ترکی درگول	
u = او	**i** = ای	**â**^{n} = آ تودماغی	**a**^{n} = اَ تودماغی	**o**^{n} = اُ تودماغی	**r** = غ عربی	
y = ی	**n**^{y} = نْیْ	**j** = ژ	**g** = گ	**ch** = ش	**s** = س	**z** = ز

coup

coup /ku/ le [اسم] ضربه
Des coups de marteaux
ضربات چکش
coup de feu شلیک تیر
J'ai entendu un coup de feu.
صدای شلیک یک تیر را شنیدم.
coup de pied لگد
coup de soleil آفتاب‌زدگی
tout à coup, tout d'un coup
ناگهان، یکدفعه

coupable /kupabl/
[صفت] گناهکار، مجرم
Il a avoué qu'il était coupable.
او اعتراف کرد که گناهکار بوده.

coupe /kup/ la
[اسم] ۱. جام، گیلاس (= لیوان شیشه‌ای پایه‌دار)
Une coupe en cristal یک جام بلور
۲. جام (ورزشی)
Notre équipe de football a gagné la coupe.
تیم فوتبال ما جام را برد.
coupe de cheveux اصلاح مو

couper /kupé/
[فعل] ۱. بریدن
Philippe coupe du pain.
فیلیپ نان را می‌بُرد.
۲. زدن (مو)، اصلاح کردن
Le coiffeur m'a coupé les cheveux.
آرایشگر موهایم را اصلاح کرد.

couple /kupl/ le
[اسم] ۱. زوج، زن و شوهر
۲. جفت (حیوانات)
Un couple de lapins
یک جفت خرگوش

cour /kur/ la [اسم] ۱. حیاط
Les enfants jouent dans la cour. بچه‌ها در حیاط بازی می‌کنند.
۲. دربار (= محل زندگی شاه و اطرافیانش)
La cour des rois de France
دربار پادشاهان فرانسه

courage /kuraj/ le
[اسم] جرئت، شجاعت
Il faut du courage pour faire de l'alpinisme.
کوهنوردی جرئت می‌خواهد.

courageux /kurajeu/ , **courageuse** /kurajeuz/
[صفت] ۱. شجاع
François est un garçon courageux.
فرانسوا پسر شجاعی است.
۲. شجاعانه
Une attitude courageuse
یک رفتار شجاعانه

courant [1] /kurâ"/ , **courante** /kurâ"t/
[صفت] رایج، متداول، معمول
"Manger" est un mot courant.
«خوردن» یک کلمهٔ رایج است.

courant [2] /kurâ"/ le
[اسم] جریان
Fais attention au courant de la rivière!
مواظب جریان آب رودخانه باش!

courbe [1] /kurb/

[صفت] منحنی، خمیده

Il a tracé des lignes courbes.

او چند خط منحنی کشید.

courbe [2] /kurb/ la

[اسم] ۱. خط منحنی، منحنی

۲. پیچ (جاده)

La route fait une courbe.

جاده پیچ می‌خورد.

coureur /kureur/ le ,
coureuse /kureuz/ la

[اسم] دونده

Les coureurs ont pris le départ.

دوندگان حرکت کردند.

courir /kurir/ [فعل] دویدن

Yves court très vite.

ایو خیلی تند می‌دود.

courir

couronne /kuron/ la

[اسم] تاج

Les rois portent une couronne.

شاهان تاج بر سر می‌گذارند.

cours [1] /kur/ le

[اسم] ۱. جریان

Le cours d'un fleuve

جریان یک رود

۲. درس، کلاس

Les élèves ont un cours de français.

دانش‌آموزان درس فرانسه دارند.

cours d'eau رود، نهر

cours [2] /kur/ : je cours

صورت صرف‌شدهٔ فعلِ ***courir***.

course /kurs/ la

[اسم] ۱. دو، دویدن

۲. مسابقه

Une course de motos

یک مسابقهٔ موتورسواری

faire des courses خرید کردن

Maman est allée faire des courses. مامان رفته خرید کند.

court [1] /kur/ , **courte** /kurt/ [صفت] کوتاه

Élisa a les cheveux courts.

موهای الیزا کوتاه است.

court [2] /kur/ : il court

صورت صرف‌شدهٔ فعلِ ***courir***.

cousin /kuzâⁿ/ le

[اسم] پسرعمو، پسرعمه، پسردایی، پسرخاله

cousine /kuzin/ la

[اسم] دخترعمو، دخترعمه، دختر‌دایی، دخترخاله

couteau با x جمع بسته می‌شود: couteaux.

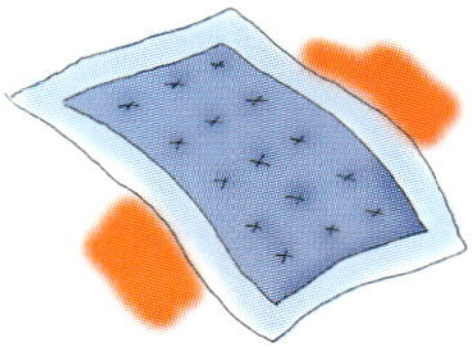

couverture

couturière خیاط زنانه است و tailleur خیاط مردانه.

crabe

cousu , cousue /kuzû/
صورت مفعولی فعلِ *coudre*.

couteau /kuto/ le
[اسم] چاقو، کارد
Luc a un couteau de poche.
لوک یک چاقوی جیبی دارد.

coûter /kuté/
[فعل] قیمت داشتن
Combien coûte cette voiture?
قیمت این ماشین چند است؟

coûteux /kuteu/ ,
coûteuse /kuteuz/
[صفت] گران
Cette voiture est coûteuse.
این ماشین گران است.

couture /kutûr/ la
[اسم] خیاطی
Mélanie fait de la couture.
مِلانی خیاطی می‌کند.

couturière /kutûryér/ la
[اسم] خیاط زنانه

couvercle /kuvérkl/ le
[اسم] در (جعبه، قابلمه و غیره)
Mets un couvercle sur la cocotte!
یک در روی قابلمه بگذار!

couvert [1] /kuvér/ le
[اسم] لوازم سفره، قاشق و چنگال
La maman a mis le couvert.
مامان لوازم سفره را برده. مامان میز را چیده.

couvert [2] /kuvér/ ,
couverte /kuvért/
صورت مفعولی فعلِ *couvrir*.

couverture /kuvértûr/ la
[اسم] ۱. پتو، لحاف
Une couverture de laine
یک پتوی پشمی
۲. جلد (کتاب)
La couverture de ce livre est déchirée. جلد این کتاب پاره شده.

couvrir /kuvrir/
[فعل] ۱. پوشاندن
Les feuilles ont couvert le sol.
برگ‌ها زمین را پوشانده‌اند.
۲. جلد کردن (کتاب)
Marie couvre ses livres.
ماری کتاب‌هایش را جلد می‌کند.
se couvrir لباس پوشیدن
Couvre-toi bien, il fait froid.
خوب لباس بپوش، هوا سرد است.

crabe /krab/ le
[اسم] خرچنگ (گِرد)
Les crabes vivent dans la mer.
خرچنگ‌های گِرد در دریا زندگی می‌کنند.

cracher /kraché/
[فعل] تف کردن
Il ne faut pas cracher par terre.
نباید روی زمین تف کرد.

craie /kré/ la [اسم] گچ
La maîtresse utilise des craies blanches.
خانم معلم از گچ سفید استفاده می‌کند.

craindre /kraⁿdr/

[فعل] ترسیدن

Ne crains rien! از چیزی نترس!

craint /kraⁿ/ , **crainte** /kraⁿt/ صورت مفعولی فعلِ ***craindre***.

craintif /kraⁿtif/ , **craintive** /kraⁿtiv/

[صفت] ترسو

Marie est une fille craintive.

ماری دختر ترسویی است.

crâne /kran/ le

[اسم] ۱. جُمجمه (= استخوان سر) ۲. کله، سر

Un crâne chauve یک سر طاس

crâne

crapaud /krapo/ le

[اسم] وزغ

Le crapaud vit près de l'eau.

وزغ نزدیک آب زندگی می‌کند.

crapaud

cravate /kravat/ la

[اسم] کراوات

Une cravate de soie

یک کراوات ابریشمی

crayon /kréyoⁿ/ le [اسم] مداد

J'ai une boîte de crayons de couleur.

من یک جعبه مداد رنگی دارم.

crayon

crèche /kréch/ la

[اسم] مهد کودک، شیرخوارگاه

Elle amène son bébé à la crèche.

او بچه‌اش را به مهد کودک می‌برد.

crèche مؤسسه‌ای است که فقط از بچه‌های کمتر از ۳ سال نگهداری می‌کند. اما بچه‌هایی که ۳ تا ۶ سال دارند، به ***jardin d'enfants*** می‌روند.

créer /kréé/ [فعل] آفریدن، خلق کردن

Dieu a créé le ciel et la terre.

خدا آسمان و زمین را آفریده است.

crème /krém/ la

[اسم] ۱. خامه

Flora mange de la crème fraîche. فلورا خامهٔ تازه می‌خورد.

۲. کِرِم (= نوعی خوراکی که با شیر و تخم‌مرغ درست می‌کنند.)

Crème au chocolat کِرِم شکلات

۳. کرِم (پوست)

Elle met une crème sur son visage. او به صورتش کرِم می‌زند.

creuser /kreuzé/ [فعل] کندن

Le chien creuse le sol pour cacher son os.

سگ برای پنهان کردن استخوانش زمین را می‌کَنَد.

creux [1] /kreu/ , **creuse** /kreuz/ [صفت] ۱. توخالی، پوک

Cette boule est creuse.

این گوی توخالی است.

۲. گود، توگود

Une assiette creuse

یک بشقاب توگود

creux [2] /kreu/ le [اسم] حفره، گودی

Certains oiseaux font leur nid dans le creux d'un arbre.

بعضی از پرندگان لانه‌شان را در حفرهٔ یک درخت می‌سازند.

crever /krevé/

[فعل] ۱. ترکیدن

Le ballon a crevé. توپ ترکید.

۲. پنچر کردن

۳. پنچر شدن

Le pneu de mon vélo a crevé.

لاستیک دوچرخه‌ام پنچر شد.

cristal در جمع ***cristaux*** می‌شود.

cri /kri/ le [اسم] ۱. فریاد، داد

J'ai entendu un cri.

صدای فریاد شنیدم.

۲. صدای حیوانات

Le cri du chien est l'aboiement.

صدای سگ واق‌واق است.

cri

crier /kriyé/ [فعل] داد زدن، فریاد کشیدن

Ne crie pas, je t'entends bien.

داد نزن، صدایت را خوب می‌شنوم.

crime /krim/ le [اسم] جنایت، آدمکشی

Un crime affreux.

یک جنایت هولناک

criminel , criminelle /kriminél/ le, la

[اسم] جنایتکار، جانی

La police a arrêté le criminel.

پلیس جنایتکار را دستگیر کرد.

criquet /kriké/ le [اسم] ملخ

Le criquet est un insecte.

ملخ یک حشره است.

criquet

cristal /kristal/ le

[اسم] بلور، کریستال

Une coupe en cristal

یک جام بلور

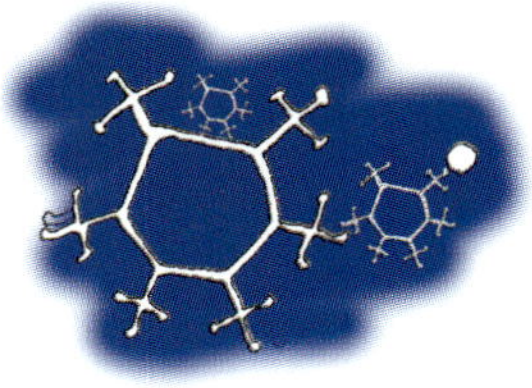

cristal

crochet /kroché/ le

[اسم] ۱. قلاب

Le tableau est suspendu à un crochet.

تابلو به یک قلاب آویزان است.

۲. کروشه

crochu , crochue

/krochû/ [صفت] خمیده، سرکج

L'aigle a un bec crochu.

نوک عقاب خمیده است.

crocodile /krokodil/ le

[اسم] ۱. تمساح، سوسمار

۲. پوست سوسمار

Une ceinture en crocodile

یک کمربند از پوست سوسمار

crocodile

croire /kruâr/

[فعل] ۱. تصور کردن، فکر کردن

Je crois qu'il va venir.

فکر می‌کنم بیاید.

۲. باور کردن

Je ne te crois pas.

حرفت را باور نمی‌کنم.

۳. اعتقاد داشتن، ایمان داشتن

Nous croyons en Dieu.

ما به خدا ایمان داریم.

croissant /kruâsâⁿ/ le

[اسم] هِلال

Croissant de lune هِلال ماه

croix /kruâ/ la

[اسم] ۱. صلیب (= علامتی به شکل ✝ که نشان مسیحیان است.)

۲. علامتِ بعلاوه، ضربدر

Louis met une croix sur son cahier.

لویی روی دفترش یک ضربدر می‌زند.

cru , crue /krû/

۱. [صفت] خام، نپخته

Pauline aime beaucoup les carottes crues.

پولین هویج پخته خیلی دوست دارد.

۲. صورت مفعولی فعلِ ***croire***.

cruel , cruelle /krûél/

[صفت] ۱. بی‌رحم، ظالم

Il est cruel envers les animaux.

او نسبت به حیوانات بی‌رحم است.

۲. بی‌رحمانه

cube /kûb/ le [اسم] مکعب

cueillir /keuyir/ [فعل] چیدن

Yanne cueille des fleurs.

یان گل‌ها را می‌چیند.

cuillère /kûiyér/ la

[اسم] قاشق

Je mets des cuillères sur la table. قاشق‌ها را روی میز می‌گذارم.

crochet علامتی است به این شکل [ ] که یک یا چند کلمه در بین آن می‌آید.

cuillère به صورتِ ***cuiller*** نیز نوشته می‌شود، ولی در هر دو صورت تلفظ آن یکسان است.

a = اَ	**é** = اِ	**e** = اُ(با دهان نیمه‌بسته)	**eu** = اُ ترکی درگُزل	**o** = اُ	**û** = او ترکی درگول
u = او	**i** = ای	**âⁿ** = آ تودماغی	**aⁿ** = اَ تودماغی	**oⁿ** = اُ تودماغی	**r** = غ عربی
y = ی	**nʸ** = نْیْ	**j** = ژ	**g** = گ	**ch** = ش	**s** = س	**z** = ز

cuir /kûir/ le [اسم] چرم

Papa a une veste de cuir.

بابا یک کُت چرم دارد.

cuirasse /kûiras/ la

[اسم] زره

Les chevaliers portaient une cuirasse.

شوالیه‌ها زره به تن می‌کردند.

cuire /kûir/ [فعل] پختن

Le poulet cuit dans le four.

مرغ در فِر می‌پزد.

cuisine /kûizin/ la

[اسم] ۱. آشپزخانه

Nous mangeons dans la cuisine.

ما در آشپزخانه غذا می‌خوریم.

۲. آشپزی، پخت و پز

Maman fait bien la cuisine.

مامان خوب آشپزی می‌کند.

cuisinier /kûizinyé/ le , **cuisinière** [1] /kûizinyér/ la

[اسم] آشپز

Il est cuisinier dans un grand restaurant.

او آشپزِ یک رستوران بزرگ است.

cuisinière [2] /kûizinyér/ la

[اسم] اجاق

Cuisinière à gaz اجاق‌گاز

cuisse /kûis/ la [اسم] ران

Les Français mangent des cuisses de grenouille.

فرانسوی‌ها ران قورباغه می‌خورند.

cuit /kûi/ , **cuite** /kûit/

۱. [صفت] پخته، پخته‌شده

۲. صورت مفعولی فعلِ ***cuire***.

La viande est cuite.

گوشت پخته است.

cuivre /kûivr/ le [اسم] مس

Les fils électriques sont en cuivre. سیم‌های برق مسی‌اند.

culotte /kûlot/ la

[اسم] ۱. شورت (زنانه)

Une culotte en coton

یک شورت نخی

۲. شلوار (کوتاه)

Yves est en culotte courte.

ایو شلوار کوتاه پوشیده است.

cultiver /kûltivé/

[فعل] کاشتن، زراعت کردن

Dans ce champs, on cultive du blé. در این مزرعه، گندم می‌کارند.

culture /kûltûr/ la

[اسم] ۱. کشت، زراعت

La culture du blé کشت گندم

۲. فرهنگ

La culture de la société

فرهنگ جامعه

curieux /kûryeu/ , **curieuse** /kûryeuz/

[صفت] ۱. کنجکاو

Marie est très curieuse.

ماری خیلی کنجکاو است.

۲. جالب، عجیب

Il m'est arrivé une curieuse aventure. برایم اتفاق عجیبی افتاد.

curieux به معنی «کنجکاو» همیشه بعد از اسم می‌آید، اما به معنی «جالب» یا «عجیب» می‌تواند قبل یا بعد از اسم به کار رود.

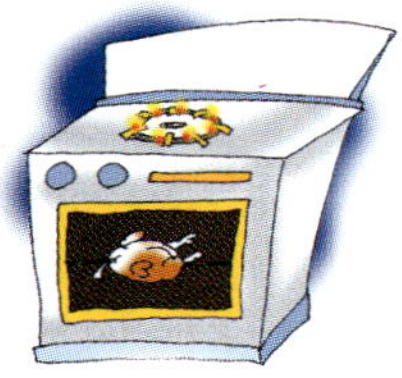

cuisinière

curiosité /kûryozité/ la
[اسم] کنجکاوی
Elle me regarde avec curiosité.
او با کنجکاوی به من نگاه می‌کند.

cuvette /kûvét/ la [اسم] لگن
Une cuvette en plastique
یک لگن پلاستیکی

cycliste /siklist/ le, la
[اسم] دوچرخه‌سوار
L' automobiliste a renversé un cycliste. رانندهٔ اتومبیل دوچرخه‌سوار را به زمین انداخت.

cygne /sin^y/ le [اسم] قو
Les cygnes nagent sur le lac.
قوها روی دریاچه شنا می‌کنند.

cygne

cylindre /sila^{n}dr/ le
[اسم] استوانه

cycliste

a = اَ	**é** = اِ	**e** = اُ(با دهان نیمه‌بسته)	**eu** = اُ ترکی درگُزل	**o** = اُ	**û** = او ترکی درگول
u = او	**i** = ای	**â^n** = آ تودماغی	**a^n** = اَ تودماغی	**o^n** = اُ تودماغی	**r** = غ عربی
y = ی	**n^y** = نْیْ	**j** = ژ	**g** = گ	**ch** = ش	**s** = س
z = ز					

D,d

d’ /d/

نگاه کنید به توضیح حرف اضافهٔ ***de***.

d’abord /dabor/

[قید] قبل از هر چیز، اول

Il a d’abord dit non, puis il a accepté.

اول گفت نه، ولی بعداً قبول کرد.

d’accord! /dakor/

[عبارت تعجبی] باشه! قبول! خُب!

être d’accord موافق بودن

Ma sœur est d’accord pour aller au zoo.

خواهرم با رفتن به باغ‌وحش موافق است.

dame /dam/ la [اسم] خانم

Est-ce que tu connais cette dame? این خانم را می‌شناسی؟

danger /dâ^{n}jé/ le [اسم] خطر

Il a mis sa vie en danger.

او زندگی‌اش را به خطر انداخت.

dangereux /dâ^{n}jreu/ ,
dangereuse /dâ^{n}jreuz/

[صفت] خطرناک

Certains serpents sont dangereux.

بعضی از مارها خطرناکند.

dans /dâ^n/ [حرف اضافه] در، درونِ، داخلِ، توی

Marie est dans sa chambre.

ماری در اتاقش است.

danse /dâ^{n}s/ la [اسم] رقص

Des cours de danse کلاس رقص

danser /dâ^{n}sé/ [فعل] رقصیدن

Pierre ne sait pas danser.

پیِر بلد نیست برقصد.

danseur /dâ^{n}seur/ le ,
danseuse /dâ^{n}seuz/ la

[اسم] ۱. رقاص
۲. کسی که می‌رقصد

Cathie est bonne danseuse.

کَتی خوب می‌رقصد.

dard /dar/ le [اسم] نیش

Les abeilles ont un dard.

زنبور نیش دارد.

dard

date /dat/ la [اسم] تاریخ
Connais-tu ta date de naissance? تاریخ تولدت را بلدی؟

date

datte /dat/ la [اسم] خرما

datte

dauphin /dofaⁿ/ le
[اسم] دلفین

davantage /davâⁿtaj/
[قید] بیشتر
Yves doit travailler davantage.
ایو باید بیشتر کار کند.

de [1] /de/ [حرف اضافه] ۱. از
Elle revient de Paris.
او از پاریس برمی‌گردد.
Flora tremble de froid.
فلورا از سرما می‌لرزد.
۲. علامتِ کسره
Le livre de Jacques کتابِ ژاک

de [2] /de/ [حرف تعریف] مقداری، قدری

débarras /débara/ le
[اسم] انبار، انباری
La valise est dans le débarras.
چمدان در انباری است.

debout /debu/
[قید] ۱. ایستاده، سرِ پا
Luc a mangé son repas debout.
لوک غذایش را سرِ پا خورد.
۲. از خواب بلندشده
Marie n'est pas encore debout.
ماری هنوز از خواب بلند نشده.

débrouillard /débruyar/ , **débrouillarde** /débruyard/ [صفت] زبر و زرنگ، دست و پادار
Catherine est une fille débrouillarde.
کاترین دختر زبر و زرنگی است.

début /débû/ le [اسم] آغاز، شروع، اول
Le début du printemps اول بهار

débutant /débûtâⁿ/ le , **débutante** /débûtâⁿt/ la
[اسم] تازه کار، مبتدی
Hugo ne nage pas encore bien, c'est un débutant.
هوگو هنوز خوب شنا نمی‌کند، او مبتدی است.

de به عنوان حرف تعریف، به صورت‌های زیر می‌آید:
du, de la, de l', des
du fromage, ***de la*** viande, ***de l'***eau, ***des*** raisins

اگر کلمه‌ای که بعد از حرف اضافهٔ ***de*** می‌آید با حرف صدادار آغاز شود، به جایِ ***de*** صورت ***d'*** می‌آید:
un verre ***d'***eau

a = اَ	é = اِ	e = اُ(با دهان نیمه‌بسته)	eu = اُ ترکی درگُزل	o = اُ	û = او ترکی درگول
u = او	i = ای	âⁿ = آ تودماغی	aⁿ = اَ تودماغی	oⁿ = اُ تودماغی	r = غ عربی
y = ی	nʸ = نیْ	j = ژ	g = گ	ch = ش	s = س
z = ز					

décembre /désâ^{n}br/ le
[اسم] دسامبر

décembre دوازدهمین ماه سال میلادی است که سی و یک روز دارد و مطابق است با ۱۰ آذر تا ۱۰ دی.

décharger /décharjé/
[فعل] تخلیه کردن (بار)، خالی کردن
Ils ont déchargé le camion.
آنها بار کامیون را خالی کردند.

déchirer /déchiré/
[فعل] پاره کردن، جر دادن
Simon a déchiré les papiers.
سیمون کاغذها را پاره کرد.

déchirure /déchirûr/ la
[اسم] پارگی
Victor a une déchirure à son pantalon. شلوار ویکتور پاره شده.

décider /désidé/
[فعل] تصمیم گرفتن، قصد داشتن
J'ai décidé d'apprendre le judo.
قصد دارم جودو یاد بگیرم.
se décider تصمیم گرفتن
Laura s'est enfin décidé à nous accompagner.
لورا بالاخره تصمیم گرفت با ما بیاید.

se décider صرفاً برای تصمیم‌گیری قطعی یا نهایی به کار می‌رود.

décision /désizyo^{n}/ la
[اسم] تصمیم
prendre une décision
تصمیم گرفتن
Quelle décision as-tu prise?
چه تصمیمی گرفتی؟ تصمیمت چیست؟

déclarer /déklaré/
[فعل] اعلام کردن، اظهار داشتن
Paul a déclaré son accord.
پل موافقتش را اعلام کرد.

décollage /dékolaj/ le
[اسم] بلند شدن (هواپیما)

décoller /dékolé/
[فعل] ۱. کندن
Clara a décollé le timbre.
کلارا تمبر را کند.
۲. بلند شدن (هواپیما)
L'avion a décollé.
هواپیما (از زمین) بلند شد.

décor /dékor/ le [اسم] دکور
Elle a changé le décor de sa chambre.
او دکور اتاقش را عوض کرد.

décoratif /dékoratif/ ,
décorative /dékorativ/
[صفت] زینتی، تزیینی
Des plantes décoratives
گیاهان زینتی

décoration /dékorasyo^{n}/ la
[اسم] تزیین، دکوراسیون
Julie a changé la décoration de sa chambre.
ژولی دکوراسیون اتاقش را عوض کرد.

décoration

décorer /dékoré/
[فعل] تزیین کردن، آراستن
Pour Noël, j'ai décoré ma chambre.
برای کریسمس اتاقم را تزیین کردم.

décourager /dékurajé/
[فعل] دلسرد کردن، ناامید کردن
Les difficultés l'ont découragé.
مشکلات او را ناامید کردند.

découvert /dékuvér/ ,
découverte [1] /dékuvért/
۱. [صفت] روباز
Une piscine découverte
یک استخر روباز
۲. صورت مفعولی فعلِ ***découvrir***.

découverte [2] /dékuvért/ la
[اسم] کشف، اکتشاف
Une découverte scientifique
یک کشف علمی

découvrir /dékuvrir/
[فعل] ۱. کشف کردن
Christophe Colomb a découvert l'Amérique.
کریستف کلمب آمریکا را کشف کرد.
۲. پیدا کردن
Les enfants ont découvert un trésor. بچه‌ها یک گنج پیدا کردند.

décrire /dékrir/
[فعل] وصف کردن، شکل (چیزی را) گفتن
Peux-tu décrire ta chambre?
می‌توانی بگویی اتاقت چه شکلی است؟

dedans /dedâ^n/
[قید] درونِ آن، داخلِ آن، توی آن
Quelle jolie boîte! Qu'est-ce qu'il y a dedans?
چه جعبهٔ قشنگی! داخل آن چیست؟

défaite /défét/ la
[اسم] شکست
La défaite de Napoléon à Waterloo
شکست ناپلئون در جنگ واترلو

défaut /défo/ le [اسم] نقص، عیب، ایراد
L'égoïsme est un défaut.
خودپسندی یک عیب است.
Cette jupe a un défaut.
این دامن ایراد دارد.

défendre /défâ^{n}dr/
[فعل] ۱. دفاع کردن
Si on t'attaque, je te défendrai.
اگر بهت حمله کردند، من ازت دفاع می‌کنم.
۲. منع کردن، ممنوع کردن
Mon père m'a défendu d'aller au cinéma.
پدرم مرا از رفتن به سینما منع کرده.

défense /défâ^{n}s/ la
[اسم] ۱. دفاع
Jean a pris ma défense.
ژان از من دفاع کرد. ژان از من حمایت کرد.
۲. منع، ممنوعیت
Défense de fumer!
استعمال دخانیات ممنوع! سیگار کشیدن ممنوع!

défiler /défilé/
[فعل] رژه رفتن
Les soldats défile dans les rues.
سربازان در خیابان‌ها رژه می‌روند.

فعلِ ***déjeuner*** گاهی به معنیِ «صبحانه خوردن» نیز به کار می‌رود.

déformer /déformé/
[فعل] از ریخت انداختن، بی‌ریخت کردن
se déformer از ریخت افتادن
Mes chaussures se sont déformées.
کفش‌هایم از ریخت افتاده‌اند.

dégât /déga/ le
[اسم] خسارت، زیان
La tempête a fait beaucoup de dégâts.
توفان خسارت زیادی وارد کرد.

degré /degré/ le [اسم] درجه
L'eau bout à 100 degrés.
آب در صد درجه می‌جوشد.
Un angle de 90 degrés
یک زاویهٔ نود درجه

dehors /deor/ [قید] بیرون
Allez jouer dehors!
بروید بیرون بازی کنید!

déjà /déja/
[قید] ۱. پیش از این، قبلاً
Alex a déjà pris l'avion.
آلکس قبلاً سوار هواپیما شده.
۲. به این زودی
Tu as déjà fini de manger!
به این زودی غذایت تمام شد! به این زودی خوردی!

déjeuner [1] /déjeuné/ le
[اسم] ناهار
Nous avons eu du poulet pour le déjeuner. ناهار مرغ داشتیم.
petit déjeuner صبحانه
Je prends mon petit déjeuner à 7 heures du matin.
من ساعت ۷ صبح صبحانه می‌خورم.

déjeuner [2] /déjeuné/
[فعل] ناهار خوردن
Jacques nous a invités à déjeuner.
ژاک ما را به ناهار دعوت کرد.

délai /délé/ le [اسم] مهلت
Vous avez un délai de huit jours pour payer.
برای پرداخت پول هشت روز مهلت دارید.

délicat /délika/ , **délicate** /délikat/ [صفت] ۱. حساس
Une situation délicate
یک موقعیت حساس
۲. ملایم
La rose a un parfum délicat.
گل سرخ بوی ملایمی دارد.

délicieux /délisyeu/ , **délicieuse** /délisyeuz/
[صفت] لذیذ، خوشمزه
Nous avons mangé un repas délicieux.
غذای خوشمزه‌ای خوردیم.

délivrer /délivré/
[فعل] آزاد کردن
On a délivré le prisonnier.
زندانی را آزاد کردند.

demain /demaⁿ/ [قید] فردا
Je te verrai demain. فردا می‌بینمت.

demander /demâ^{n}dé/
[فعل] ۱. درخواست کردن، تقاضا کردن، خواستن
Juliette a demandé de l'argent à sa mère.
ژولیت از مادرش پول خواست.
۲. پرسیدن، سؤال کردن
Il a demandé son chemin à un passant. او راه را از یک عابر پرسید.

demi, demie /demi/
[صفت] نیم، نصف
Pauline a deux ans et demi.
پولین دو سال و نیمش است.

صفتِ **demi** همیشه با **et** به کار می‌رود و جمع بسته نمی‌شود.

در کلمات مرکبی که با **-demi** ساخته می‌شوند، **-demi** در جمع **s** نمی‌گیرد. مانندِ: **demi-frères**.

demi-finale /demifinal/ la
[اسم] مسابقهٔ نیمه‌نهایی
Notre équipe a été battue en demi-finale.
تیم ما در مسابقهٔ نیمه‌نهایی شکست خورد.

demi-frère /demifrér/ le
[اسم] برادر ناتنی، نابرادری

demi-sœur /demiseur/ la
[اسم] خواهر ناتنی، ناخواهری
Jules a deux demi-sœurs.
ژول دو خواهر ناتنی دارد.

démodé, démodée /démodé/
[صفت] از مُدافتاده، قدیمی، دمدِه
Une robe démodée
یک پیراهن دمدِه

demoiselle /demuâzél/ la
[اسم] دخترخانم، دوشیزه
Connaissez-vous cette demoiselle?
این دخترخانم را می‌شناسید؟

démolir /démolir/
[فعل] خراب کردن، ویران کردن
On a démoli la vieille maison.
خانهٔ قدیمی را خراب کردند.

démolition /démolisyo^{n}/ la
[اسم] تخریب، خراب کردن
La démolition d´une vieille maison
تخریب یک خانهٔ قدیمی

dent /dâ^{n}/ la [اسم] ۱. دندان
Un enfant a vingt dents.
یک کودک بیست دندان دارد.
۲. دندانه
Les dents d´un peigne
دندانه‌های شانه

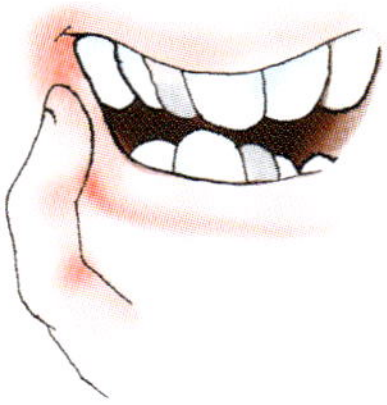
dents

dentifrice /dâ^{n}tifris/ le
[اسم] خمیردندان
Jean met du dentifrice sur sa brosse à dents.
ژان روی مسواکش خمیردندان می‌گذارد.

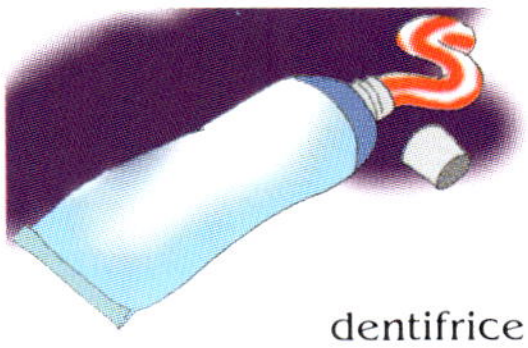
dentifrice

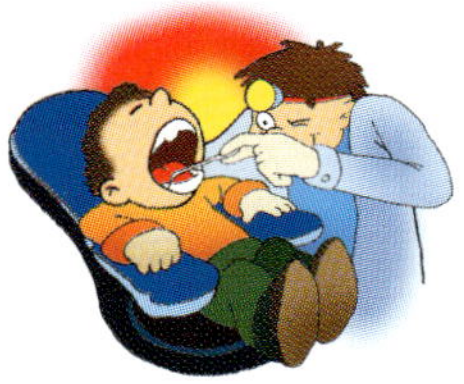

dentiste

dentiste /dâ^{n}tist/ le, la

[اسم] دندانپزشک

Hier, je suis allé chez le dentiste.

دیروز پیش دندانپزشک رفتم.

départ /dépar/ le

[اسم] حرکت، رفتن

Le départ du train حرکت قطار

dépasser /dépasé/

[فعل] جلو زدن، سبقت گرفتن

La voiture a dépassé le camion.

ماشین از کامیون جلو زد.

dépêcher (se) /dépéché/

[فعل] عجله کردن

Dépêche-toi, nous sommes en retard! عجله کن، دیرمان شده!

dépendre /dépâ^{n}dr/

[فعل] بستگی داشتن

L'avenir de cet enfant dépend de vous.

آیندهٔ این بچه به شما بستگی دارد.

dépense /dépâ^{n}s/ la

[اسم] خرج، هزینه

Nous devons diminuer nos dépenses. باید مخارجمان را کم کنیم.

dépenser /dépâ^{n}sé/

[فعل] خرج کردن

Louis a dépensé tout son argent. لویی همهٔ پولش را خرج کرد.

déplacement

/déplasmâ^{n}/ le [اسم] جابجایی، تغییرمکان

Le déplacement des meubles

جابجایی اثاث

déplacer /déplasé/

[فعل] جابجا کردن، جای (چیزی را) عوض کردن

Nous déplaçons les chaises dans la classe.

صندلی‌های کلاس را جابجا می‌کنیم.

depuis /depûi/

[حرف اضافه] از، از زمانِ

Il habite Paris depuis 1983.

او از ۱۹۸۳ در پاریس زندگی می‌کند.

depuis que از وقتی‌که، از زمانی‌که

Depuis qu'elle est partie, je suis triste. از وقتی‌که او رفته، من ناراحتم.

déranger /dérâ^{n}jé/

[فعل] ۱. به‌هم ریختن

Qui est-ce qui a dérangé mes livres?

چه کسی کتاب‌های مرا به‌هم ریخته؟

۲. مزاحم (کسی) شدن

Excusez-moi de vous déranger.

ببخشید که مزاحمتان شدم.

dernier /dérnyé/ ,
dernière /dérnyér/

[صفت] آخرین، آخر

Décembre est le dernier mois de l´année.

دسامبر آخرین ماه سال است.

l'année dernière سال گذشته، پارسال

derrière /déryér/

[حرف اضافه، قید] عقب، پشت

derrière

Il y a un jardin derrière la maison. پشت خانه یک باغ است.

des /dé/ [حرف تعریف] ۱. چند، ـ‌ها، ـ‌ان

Des garçons پسرها، پسران

۲. کسرهٔ اضافه

Les feuilles des arbres

برگ‌های درختان

۳. قدری، مقداری

Des fruits (مقداری) میوه

نگاه کنید به توضیحاتِ **de**.

dès /dé/ [حرف اضافه] از (زمانِ)

La boucherie est ouverte dès sept heures.

قصابی از ساعت هفت باز است.

dès que به محض اینکه، همین‌که

Bébé se met à sourire dès qu'il voit sa maman.

همین‌که بچه مامانش را می‌بیند شروع به خندیدن می‌کند.

désagréable /dézagréabl/

[صفت] ناخوشایند، ناپسند، نامطبوع، زننده

Une odeur désagréable

یک بوی ناخوشایند

descendre /désâ^{n}dr/

[فعل] ۱. پایین آمدن، پایین رفتن

Vous pouvez prendre l'ascenseur pour descendre.

برای پایین رفتن می‌توانید سوار آسانسور شوید.

۲. پایین آوردن، پایین بردن

J'ai descendu ma valise.

چمدانم را پایین بردم.

۳. پیاده شدن

Je descends à la prochaine station.

در ایستگاه بعدی پیاده می‌شوم.

descente /désâ^{n}t/ la

[اسم] ۱. (عمل) پایین آمدن

L'avion a commencé sa descente.

هواپیما شروع به پایین آمدن کرد.

۲. سرازیری

Je t'attendrai au bas de la descente. پایین سرازیری منتظرتم.

désert /dézér/ le

[اسم] بیابان، صحرا

désert

désespéré, désespérée /dézéspéré/

[صفت] ناامید، مأیوس، دلسرد

Pierre est désespéré, car il n'a pas réussi.

پیِر ناامید است، چون موفق نشده.

désespoir /dézéspuâr/ le

[اسم] ناامیدی، یأس، دلسردی

Marcel fait le désespoir de sa mère.

مارسل مادرش را دلسرد می‌کند.

des در معنیِ شمارهٔ ۱ صورت جمعِ **un** و **une** است. در مواردِ دیگر، این حرف تعریف صورت ادغام‌شدهٔ **de les** است و همیشه به جای آن به کار می‌رود.

a = اَ　**é** = اِ　**e** = اُ (با دهان نیمه‌بسته)　**eu** = اُ ترکی درگُزل　**o** = اُ　**û** = او ترکی درگول

u = او　**i** = ای　**â**^{n} = آ تودماغی　**a**^{n} = اَ تودماغی　**o**^{n} = اُ تودماغی　**r** = غ عربی

y = ی　**n**^{y} = نی　**j** = ژ　**g** = گ　**ch** = ش　**s** = س　**z** = ز

désordre

déshabiller /dézabiyé/
[فعل] لباس (کسی را) درآوردن
Maman déshabille mon petit frère.
مامان لباس برادر کوچکم را درمی‌آورد.
se déshabiller
لباس خود را درآوردن، لخت شدن

désigner /dézinʸé/
[فعل] نشان دادن
Peux-tu désigner la rue où tu habites? می‌توانی خیابانی را که در آن زندگی می‌کنی نشان دهی؟

désir /dézir/ le [اسم] خواست، خواسته
Mon seul désir est de réussir.
تنها خواستهٔ من موفقیت است.

désirer /déziré/
[فعل] خواستن
Que désirez-vous? چه می‌خواهید؟

désolé, désolée /dézolé/
[صفت] متأسف، ناراحت
Je suis désolé de vous déranger.
متأسفم که مزاحمتان می‌شوم.

désordre /dézordr/ le
[اسم] بی‌نظمی، به‌هم‌ریختگی
Ta chambre est en désordre.
اتاقت به‌هم‌ریخته است.

désormais /dézormé/
[قید] از این به بعد، از این پس
Désormais, je me lèverai plus tôt. از این به بعد، زودتر از خواب بلند می‌شوم.

dessert /désér/ le [اسم] دِسِر
Pour le dessert, nous avons des glaces. دسر بستنی داریم.

dessin /désaⁿ/ le
[اسم] تصویر، شکل
Sophie fait un dessin de la maison. سوفی شکل خانه را می‌کشد.
dessins animés (فیلم) کارتون

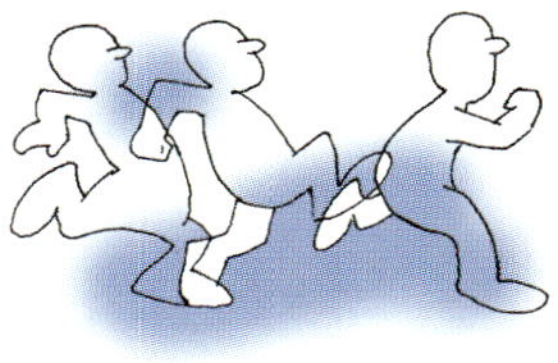

dessins animés

dessinateur /désinateur/ le , **dessinatrice** /désinatris/ la [اسم] طراح، نقشه‌کش

dessiner /désiné/
[فعل] کشیدن (تصویر)
Dessine un cheval!
یک اسب بکش!

dessous /desu/
[قید] زیرِ آن، زیرش
Le prix du vase est marqué dessous.
قیمت گلدان زیرش نوشته شده.

dessus /desû/ [قید] رویِ آن، رویَش
La chaise est solide, tu peux t'asseoir dessus. صندلی محکم است، می‌توانی رویش بنشینی.

destination /déstinasyo^{n}/ la [اسم] مقصد
Connais-tu la destination de ce train?
می‌دانی مقصد این قطار کجاست؟

destruction /déstrûksyo^{n}/ la
[اسم] تخریب، ویرانی
La destruction de vieilles maisons تخریب خانه‌های قدیمی

détails /détay/ le
[اسم، جمع] جزئیات
Je veux connaître tous les détails de l'histoire.
می‌خواهم تمام جزئیات ماجرا را بدانم.

déterminer /détérminé/
[فعل] تعیین کردن، مشخص کردن
Cette distance est difficile à déterminer.
تعیین این مسافت مشکل است.

détester /détésté/
[فعل] متنفر بودن، بیزار بودن، خیلی بد آمدن
Marie déteste son professeur de piano.
ماری از معلم پیانویش خیلی بدش می‌آید.

détruire /détrûir/
[فعل] خراب کردن، ویران کردن
Le tremblement de terre a détruit des maisons.
زلزله خانه‌ها را خراب کرد.

dette /dét/ la [اسم] بدهی، قرض
Tu dois payer tes dettes.
باید قرض‌هایت را بدهی.

deux /deu/ le [صفت، اسم] دو
M. Dubois a deux enfants.
آقای دوبوآ دو تا بچه دارد.

deuxième /deuzyém/
[صفت] دوم، دومین
J'habite au deuxième étage.
من در طبقهٔ دوم زندگی می‌کنم.

devant [1] /devâ^{n}/
۱. [حرف اضافه] جلویِ، مقابلِ، روبرویِ
Il y a un jardin devant la maison. جلوی خانه یک باغ است.
۲. [قید] جلو
Pierre est assis devant.
پیِر جلو نشسته.

devant [2] /devâ^{n}/ le
[اسم] (قسمت) جلو
Le devant de la voiture
(قسمت) جلوی ماشین

devenir /devnir/ [فعل] شدن
M. Dubois est devenu vieux.
آقای دوبوآ پیر شده.

deviner /deviné/
[فعل] حدس زدن
Devine qui j'ai rencontré?
حدس بزن چه کسی را دیدم؟

détails در این معنی، گاهی به صورت مفرد نیز به کار می‌رود.

a = آ	**é** = اِ	**e** = اُ(با دهان نیمه‌بسته)	**eu** = اُ ترکی درگُزل	**o** = اُ	**û** = او ترکی درگول
u = او	**i** = ای	**â^{n}** = آ تودماغی	**a^{n}** = اَ تودماغی	**o^{n}** = اُ تودماغی	**r** = غ عربی
y = ی	**n^{y}** = نْیْ	**j** = ژ	**g** = گ	**ch** = ش	**s** = س	**z** = ز

devinette /devinét/ la

[اسم] چیستان، معما

La réponse d'une devinette

جواب یک معما

devoir [1] /devuâr/

[فعل] ۱. مجبور بودن، باید

Demain, tu dois te lever tôt.

فردا باید زود (از خواب) بلند شوی.

۲. بدهکار بودن

Je dois dix francs à Yann.

من ده فرانک به یان بدهکارم.

devoir [2] /devuâr/ le

[اسم] ۱. وظیفه

C'est un devoir d'aider les autres.

کمک به دیگران یک وظیفه است.

۲. تکلیف (مدرسه)، مشق

Nicolas a fait ses devoirs.

نیکلا تکالیفش را انجام داده.

diable /diyabl/ le

[اسم] ۱. شـیطان

Le diable est en enfer.

شیطان در جهنم است.

۲. بچهٔ شیطان

C´est un vrai diable!

واقعاً که بچهٔ شیطانی است!

dialogue /diyalog/ le

[اسم] گفتگو، مکالمه، صحبت

Une longue dialogue

یک صحبت طولانی

diamant /diyamâ^{n}/ le

[اسم] الماس

Un collier de diamants

یک گردن‌بند الماس

dictée /dikté/ la [اسم] دیکته، املا

Ta dictée est pleine de fautes.

دیکته‌ات پر از غلط است.

dictionnaire /diksyonér/ le

[اسم] فرهنگ (لغت)، واژه‌نامه

Un dictionnaire français-persan

یک فرهنگ فرانسه ـ فارسی

dictionnaire

Dieu /diyeu/ [اسم] خدا

Je crois en Dieu.

من به خدا ایمان دارم.

Dieu در برخی موارد حرف تعریف می‌گیرد، مثلاً:
le Dieu des Musulmans خدای مسلمانان

différence /diférâ^{n}s/ la

[اسم] تفاوت، فرق، اختلاف

Flora et sa sœur ont deux ans de différence.

فلورا با خـواهـرش دو سـال اخـتلاف (سن) دارند.

différent /diférâ^{n}/ ,
différente /diférâ^{n}t/

[صفت] متفاوت، مختلف، گوناگون

J´ai voyagé dans différents pays.

من به کشورهای مختلف سفر کرده‌ام.

difficile /difisil/

[صفت] سخت، دشوار، مشکل

Ce problème est très difficile.

این مسئله خیلی سخت است.

difficulté /difikûlté/ la

[اسم] ۱. دشواری، سختی

Mon grand-père marche avec difficulté.

پدربزرگم به سختی راه می‌رود.

۲. اِشکال، مشکل

Ils ont des difficultés financières. آنها مشکل مالی دارند.

dimanche /dimânch/ le

[اسم] یکشنبه

Je viendrai te voir dimanche.

یکشنبه به دیدنت می‌آیم.

diminuer /diminûé/

[فعل] ۱. کم کردن

Diminue la flamme du gaz!

شعلهٔ گاز را کم کن!

۲. کم شدن، کاهش یافتن

La température a diminué.

دمای هوا کاهش یافته.

diminution /diminûsyo^{n}/ la

[اسم] کاهش

La diminution des prix

کاهش قیمت‌ها

dinde /da^{n}d/ la

[اسم] بوقلمون (ماده)

À Noël, on mange souvent de la dinde.

کریسمس اغلب بوقلمون می‌خورند.

dindon /da^{n}do^{n}/ le

[اسم] بوقلمون (نر)

dîner [1] /diné/ [فعل] شام خوردن

Nous dînons vers 8 heures du soir.

ما حدودِ ساعت هشت شام می‌خوریم.

dîner [2] /diné/ le [اسم] شام

Le dîner est prêt. شام حاضر است.

dinosaure /dinozor/ le

[اسم] دایناسور

dinosaures

dire /dir/ [فعل] گفتن

Elle m'a dit la vérité.

او حقیقت را به من گفت.

vouloir dire معنی دادن

Je ne sais pas ce que ce mot veut dire.

نمی‌دانم این کلمه چه معنی می‌دهد.

معنی این لغت را نمی‌دانم.

direct, directe /dirékt/

[صفت] مستقیم

Chemin direct راه مستقیم

directement /diréktemâ^{n}/

[قید] مستقیماً، یکراست

Je suis venu directement ici.

یکراست به اینجا آمدم.

در فرانسه (و نیز در سایر کشورهای مسیحی) یکشنبه ***(dimanche)*** روز آخر هفته و تعطیل است.

dindon

a = آ	**é** = اِ	**e** = اُ(با دهان نیمه‌بسته)	**eu** = اُ ترکی درگُزل	**o** = اُ	**û** = او ترکی درگول	
u = او	**i** = ای	**â^{n}** = آ تودماغی	**a^{n}** = اَ تودماغی	**o^{n}** = اُ تودماغی	**r** = غ عربی	
y = ی	**n^{y}** = نْیْ	**j** = ژ	**g** = گ	**ch** = ش	**s** = س	**z** = ز

directeur /dirékteur/ le , **directrice** /diréktris/ la

[اسم] مدیر

Le directeur de notre école est très gentil.

مدیر مدرسهٔ ما خیلی مهربان است.

direction /diréksyo^{n}/ la

[اسم] ۱. جهت، طرف، سمت

Dans quelle direction allez-vous? به کدام طرف می‌روید؟

۲. مدیریت

La direction de l'usine

مدیریت کارخانه

diriger (se) /dirijé/

[فعل] رفتن (به طرفِ)

Les invités se dirigent vers le salon.

مهمان‌ها به طرف اتاق پذیرایی می‌روند.

discours /diskur/ le

[اسم] سخنرانی، نطق

Madame la directrice a fait un discours. خانم مدیر سخنرانی کرد.

discussion /diskûsyo^{n}/ la

[اسم] بحث، مذاکره، گفتگو

Pas de discussion!

بحث نکن! بحث نکنید!

discussion

discuter /diskûté/

[فعل] بحث کردن، گفتگو کردن

J'ai discuté avec mon ami pendant deux heures.

دو ساعت با دوستم بحث کردم.

disent /diz/ : ils disent

صورت صرف‌شدهٔ فعلِ ***dire***.

disparaître /disparétr/

[فعل] ۱. ناپدید شدن، (از نظر) پنهان شدن

Le soleil a disparu derrière les nuages.

خورشید پشت ابر پنهان شد. خورشید رفت پشت ابرها.

۲. گم شدن

André a disparu depuis trois jours.

آندره سه روز است که گم شده.

disparition /disparisyo^{n}/ la

[اسم] گم شدن

Julien est triste depuis la disparition de sa tortue.

ژولین از وقتی لاک‌پشتش گم شده ناراحت است.

disperser /dispérsé/

[فعل] پخش کردن، پراکنده کردن

Le vent a dispersé les feuilles des arbres.

باد برگ درخت‌ها را پخش کرد.

dispute /dispût/ la

[اسم] دعوا، بگومگو

Une violente dispute

یک دعوای شدید

disputer (se) /dispûté/

[فعل] با هم دعوا کردن

Ils se disputent sans arrêt.

آنها مدام با هم دعوا می‌کنند.

disque /disk/ le

[اسم] صفحه (موسیقی)

Natacha écoute un disque.

ناتاشا صفحه گوش می‌کند.

disquette /diskét/ la

[اسم] دیسکت (کامپیوتر)

distance /distâ^{n}s/ la

[اسم] مسافت، فاصله

Quelle distance y a-t-il entre Paris et Rome?

فاصلهٔ پاریس تا رُم چقدر است؟

distinguer /dista^{n}gé/

[فعل] تشخیص دادن

Luc peut distinguer le vrai du faux.

لوک می‌تواند راست را از دروغ تشخیص دهد.

distraction /distraksyo^{n}/ la

[اسم] سرگرمی، تفریح

Il vous faut un peu de distraction.

کمی تفریح برایتان لازم است.

distraire /distrér/

[فعل] سرگرم کردن

se distraire سرگرم شدن

Nous allons au cinéma pour nous distraire.

برای سرگرم شدن به سینما می‌رویم.

distrait /distré/ , **distraite** /distrét/

صورت مفعولی فعلِ ***distraire***.

dit /di/ , **dite** /dit/

صورت مفعولی فعلِ ***dire***.

diviser /divizé/

[فعل] تقسیم کردن

Maman a divisé le gâteau en six parts. مامان کیک را به شش قسمت تقسیم کرد.

division /divizyo^{n}/ la

[اسم] تقسیم

Une division à deux chiffres

یک تقسیم دورقمی

divorce /divors/ le

[اسم] طلاق

Marie a demandé le divorce.

ماری درخواست طلاق کرده.

divorcer /divorsé/

[فعل] طلاق گرفتن

Les parents de Sophie ont divorcé.

پدر و مادر سوفی طلاق گرفتند.

dix /dis/ le [صفت، اسم] ده

Il est dix heures. ساعت ده است.

disque

اگر ***dix*** به تنهایی یا در آخر جمله به کار رود /dis/ تلفظ می‌شود. اما قبل از حروف بی‌صدا /di/ و قبل از حروف صدادار /diz/ تلفظ می‌شود.

a = اَ　**é** = اِ　**e** = اُ(با دهان نیمه‌بسته)　**eu** = اُ ترکی درگُزل　**o** = اُ　**û** = او ترکی درگول

u = او　**i** = ای　**â^{n}** = آ تودماغی　**a^{n}** = اَ تودماغی　**o^{n}** = اُ تودماغی　**r** = غ عربی

y = ی　**n^{y}** = نیْ　**j** = ژ　**g** = گ　**ch** = ش　**s** = س　**z** = ز

dixième /dizyém/

[صفت] دهم، دهمین

dizaine /dizén/ la

[اسم] ده (تا)، حدود ده تا

Paul a invité une dizaine d'amis.

پل حدود ده نفر از دوستانش را دعوت کرده.

docteur /dokteur/ le

[اسم] دکتر

Si tu es malade, va chez le docteur! اگر مریضی، برو پیش دکتر!

doigt /duâ/ le [اسم] انگشت

Flora compte sur ses doigts.

فلورا با انگشتانش می‌شمرد.

doit /duâ/ : il doit

صورت صرف‌شدهٔ فعلِ ***devoir***.

domestique [1] /doméstik/

[صفت] ۱. خانگی، (مربوط به) خانه

Les travaux domestiques

کارهای خانه

۲. اهلی

Le chien est un animal domestique.

سگ یک حیوان اهلی است.

domestique [2] /doméstik/ le, la

[اسم] خدمتکار، مستخدم

domicile /domisil/ le

[اسم] منزل، خانه، مسکن

Téléphonez-moi à mon domicile!

به منزلم تلفن کنید!

dompteur /do^{n}teur/ le , **dompteuse** /do^{n}teuz/ la

[اسم] رام‌کنندهٔ حیوانات

Le dompteur est entré dans la cage aux lions.

رام‌کننده وارد قفس شیرها شد.

donc /do^{n}k; don/

[حرف ربط] پس، بنابراین

Je suis en retard, donc il faut que je me dépêche.

دیرم شده، پس باید عجله کنم.

donc در اول جمله یا قبل از کلمه‌ای که با حرف صدادار شروع شود /do^{n}k/ و در غیر این‌صورت /do^{n}/ تلفظ می‌شود.

donner /doné/ [فعل] دادن

Cathie m'a donné son adresse.

کَتی آدرسش را به من داد.

doré, dorée /doré/

[صفت] طلایی

Le cadre du tableau est doré.

قاب تابلو طلایی است.

dormir /dormir/

[فعل] خوابیدن

Avez-vous bien dormi?

خوب خوابیدید؟

dos /do/ le [اسم] پشت

Louise a caché un cadeau derièrre son dos.

لوییز یک هدیه پشتش قایم کرده.

douane /duân/ la

[اسم] گمرک (= اداره‌ای که بر ورود و خروج کالا از کشور نظارت دارد.)

En allant en Espagne, on s'est arrêté à la douane.

در راه اسپانیا، در گمرک توقف کردیم.

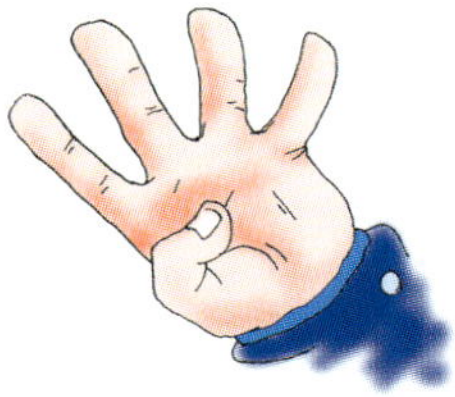

doigts

douanier /duânyé/ le ,
douanière /duânyér/ la
[اسم] مأمور گمرک، گمرکچی

double [1] /dubl/ [صفت] دو، دو تا
Cette rue est à double sens.
این خیابان دوطرفه است.

double [2] /dubl/ le
[اسم] دو برابر
Dix est le double de cinq.
ده دو برابر پنج است.

doubler /dublé/
[فعل] ۱. دو برابر کردن
۲. دو برابر شدن
Le prix de certains produits a doublé.
قیمت بعضی از کالاها دو برابر شده.
۳. جلو زدن، سبقت گرفتن
La voiture a doublé un camion. ماشین از کامیون جلو زد.

douce /dus/
نگاه کنید به ***doux, douce***.

doucement /dusmâ^{n}/
[قید] آرام، آهسته، یواش
Ferme la porte doucement!
در را یواش ببند!
Parle doucement!
آهسته حرف بزن!
La voiture roule doucement.
ماشین آرام حرکت می‌کند.

douceur /duseur/ la
[اسم] ۱. لطافت، نرمی
La douceur de la peau
لطافت پوست
۲. ملایمت، مهربانی
Papa nous parle toujours avec douceur.
بابا همیشه با مهربانی با ما حرف می‌زند.

douche /duch/ la
[اسم] دوش
prendre une douche دوش گرفتن
Tous les matins, Julie prend une douche.
ژولی هر روز صبح دوش می‌گیرد.

douleur /duleur/ la
[اسم] درد
Simon a une violente douleur dans le bras.
دست سیمون به شدت درد می‌کند.

douloureux /dulureu/ ,
douloureuse /dulureuz/
[صفت] دردناک، دردآور
Une maladie douloureuse
یک بیماری دردناک

doute /dut/ le [اسم] شک، تردید، دودلی
sans doute احتمالاً، لابد
Éric arrivera sans doute demain. اریک احتمالاً فردا می‌آید.
sans aucun doute
بی‌شک، حتماً، قطعاً

sans doute در گذشته به معنیِ «بی‌شک» به کار می‌رفته.

a = آ é = اِ e = اُ(با دهان نیمه‌بسته) eu = اُ ترکی درگُزل o = اُ û = او ترکی درگول
u = او i = ای â^{n} = آ تودماغی a^{n} = اَ تودماغی o^{n} = اُ تودماغی r = غ عربی
y = ی n^{y} = نْیْ j = ژ g = گ ch = ش s = س z = ز

doux

drapeau با **x** جمع بسته می‌شود: **drapeaux**.

doux /du/ , **douce** /dus/

[صفت] ۱. لطیف، نرم

Les bébés ont la peau douce.

بچه‌ها پوست لطیفی دارند.

۲. ملایم، آرام

Une pente douce یک شیب ملایم

۳. مهربان

Alice est douce avec les enfants.

آلیس با بچه‌ها مهربان است.

douzaine /duzén/

[اسم] دوجین (= دوازده تا)

J'ai acheté une douzaine d'œufs. یک دوجین تخم‌مرغ خریدم.

douze /duz/ [صفت] دوازده

Il y a douze mois dans l'année.

سال دوازده ماه است.

dragon /drago^{n}/ le [اسم] اژدها

drame /dram/ le

[اسم] فاجعه، مصیبت

Un drame affreux

یک فاجعهٔ هولناک

drap /dra/ le [اسم] ملافه

Il faut changer les draps.

باید ملافه‌ها را عوض کرد.

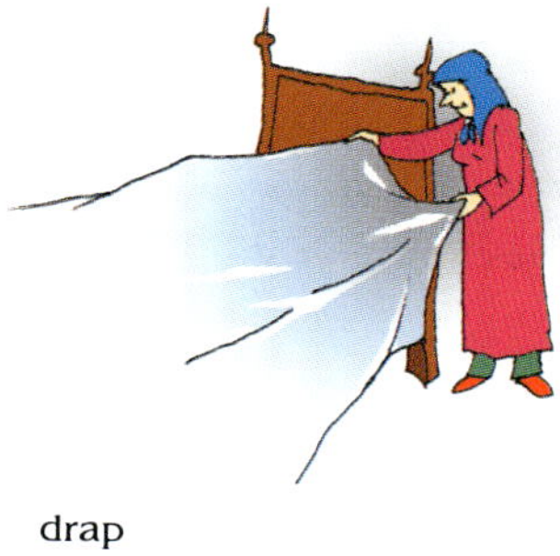

drap

drapeau /drapo/ le

[اسم] پرچم

Le drapeau français est bleu, blanc, rouge.

پرچم فرانسه (به رنگ‌های) آبی، سفید و قرمز است.

drapeau

droit [1] /druâ/ le [اسم] ۱. حق

Les droits de l'homme حقوق بشر

۲. اجازه

Ce soir, j'ai le droit de regarder la télévision.

امشب اجازه دارم تلویزیون تماشا کنم.

۳. (رشتهٔ) حقوق

Jacques est étudiant en droit.

ژاک دانشجوی حقوق است.

droit [2] /druâ/ , **droite** /druât/ [صفت] ۱. مستقیم، صاف

Une ligne droite

یک خط مستقیم، یک خط صاف

Ce mur n'est pas droit.

این دیوار صاف نیست.

۲. راست (در مقابل چپ)

François écrit de la main droite.

فرانسوا با دست راست می‌نویسد.

droit [3] /druâ/ [قید] صاف

Tiens-toi droit! صاف وایسا!

droite /druât/ la

[اسم] (سمت) راست، دست راست

Tournez d'abord à droite, puis à gauche.

اول بپیچید به راست، بعد به چپ.

drôle /drol/

[صفت] ۱. خنده‌دار، مضحک

Luc m'a raconté une histoire drôle. لوک برایم یک داستانِ خنده‌دار تعریف کرد.

۲. عجیب

Il y a une drôle d'odeur dans la cuisine.

در آشپزخانه بوی عجیبی می‌آید.

dromadaire /dromadér/ le

[اسم] شتر یک‌کوهانه

du /dû/

[حرف تعریف] ۱. علامتِ کسره

La porte du jardin درِ باغ

۲. از

Il vient du Portugal.

او از کشور پرتغال می‌آید.

۳. مقداری، قدری

Du fromage (مقداری) پنیر

نگاه کنید به توضیح حرف تعریفِ ***de***.

کلمهٔ ***du*** صورت ادغام‌شدهٔ ***de+le*** است و به جای آن به کار می‌رود. صورت مؤنث آن ***de la*** و صورت جمعِ این‌دو ***des*** است.

dû, due /dû/

صورت مفعولی فعلِ ***devoir***.

dur, dure /dûr/

[صفت] ۱. سفت

Cette viande est dure.

این گوشت سفت است.

۲. سخت، مشکل

Cette dictée est très dure.

این دیکته خیلی سخت است.

۳. خشن، سخت‌گیر

Notre directeur est un homme dur. مدیر ما سخت‌گیر است.

durée /dûré/ la [اسم] مدت

Quelle est la durée du voyage?

این سفر چه مدت طول می‌کشد؟

durer /dûré/ [فعل] طول کشیدن

Le film dure une heure et demie.

فیلم یک ساعت و نیم طول می‌کشد.

dynamique /dinamik/

[صفت] پرجنب و جوش، فعال

Isabelle est une fille dynamique.

ایزابِل دختر پرجنب و جوشی است.

E,e

eau /o/ la [اسم] آب

L'eau de mer est salée.

آب دریا شور است.

L'eau est un liquide sans goût.

آب مایعی بدون طعم است.

eau با **x** جمع بسته می‌شود: **eaux**.

éboueur /ébueur/ le

[اسم] سپور، رفتگر

Les éboueurs ramassent les ordures tous les jours.

رفتگرها هر روز آشغال‌ها را جمع می‌کنند.

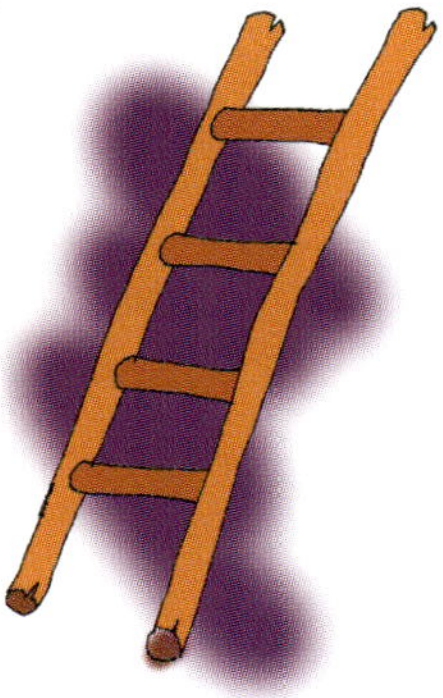

échelle

échange /échâ^{n}j/ le

[اسم] مبادله، معاوضه

Julien et Laura ont fait un échange de timbres.

ژولیَن و لورا با هم تمبر مبادله کردند.

échanger /échâ^{n}jé/

[فعل] مبادله کردن، عوض کردن

Hugo a échangé des timbres contre des billes.

هوگو تمبرها را با تیله عوض کرد.

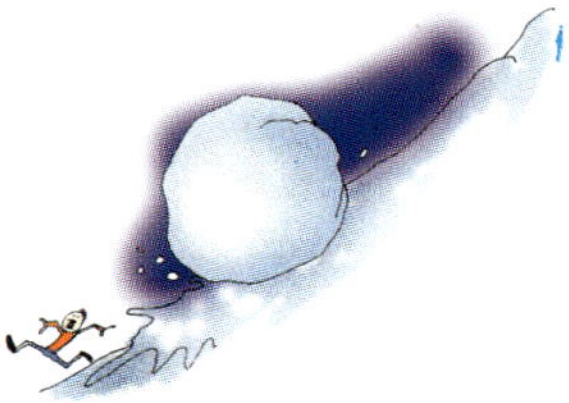

s'échapper

échapper (s') /échapé/

[فعل] فرار کردن، در رفتن

Le lion s'est échappé de sa cage. شیر از قفسش در رفت.

échec /échék/ le

[اسم] عدم موفقیت، رد شدن

Yann a eu un échec à son examen. یان در امتحان رد شد.

échecs /échék/ le

[اسم، جمع] شطرنج

Paul et Marie jouent aux échecs.

پل و ماری شطرنج بازی می‌کنند.

échecs

échelle /échél/ la

[اسم] نردبان

Les pompiers montent sur la grande échelle.

آتش‌نشان‌ها از نردبان بلند بالا می‌روند.

échouer /échué/

[فعل] رد شدن، قبول نشدن

Luc a échoué à son examen.

لوک امتحانش را قبول نشد.

éclair /éklér/ le
[اسم] صاعقه، برق

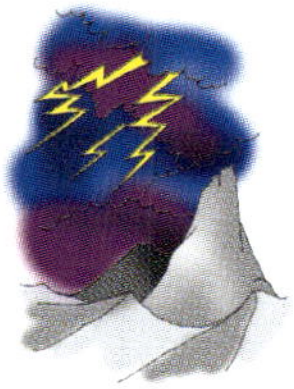
éclair

éclairage /ékléraj/ le
[اسم] روشنایی، نور
L'éclairage de la pièce est insuffisant. نور اتاق کم است.

éclairer /ékléré/
[فعل] روشن کردن
Cette lampe éclaire bien la salle.
این چراغ سالن را خوب روشن می‌کند.

éclat /ékla/ le [اسم] ۱. برق، درخشش
L'éclat du soleil درخشش آفتاب
۲. خرده
Fais attention aux éclats de verre! مواظب خرده‌شیشه‌ها باش!

éclatant /éklatâ^{n}/ ,
éclatante /éklatâ^{n}t/
[صفت] درخشان، خیره کننده
Un succès éclatant
یک موفقیت درخشان

éclater /éklaté/ [فعل] ترکیدن
Le ballon a éclaté. توپ ترکید.

école /ékol/ la [اسم] مدرسه
Chaque matin, les enfants vont à l'école.
بچه‌ها هر روز صبح به مدرسه می‌روند.

école

écolier /ékolyé/ le ,
écolière /ékolyér/ la
[اسم] دانش‌آموز
Le soir, les écoliers rentrent chez eux.
دانش‌آموزان عصر به خانه‌هایشان برمی‌گردند.

économe /ékonom/
[صفت] صرفه‌جو
Paul est très économe.
پل خیلی صرفه‌جوست.

économies /ékonomi/ la
[اسم، جمع] پس‌انداز
Alice fait des économies.
آلیس (پولش را) پس‌انداز می‌کند.

économiser /ékonomizé/
[فعل] پس‌انداز کردن
Il économise un peu chaque mois.
او هر ماه کمی (پول) پس‌انداز می‌کند.

écouter /ékuté/
[فعل] گوش کردن، گوش دادن
Maman écoute la radio.
مامان رادیو گوش می‌کند.
Clara ne m'écoute pas.
کلارا به حرف من گوش نمی‌دهد.

a = اَ **é** = اِ **e** = اُ (با دهان نیمه‌بسته) **eu** = اُ ترکی درگُزل **o** = اُ **û** = او ترکی درگول
u = او **i** = ای **â^{n}** = آ تودماغی **a^{n}** = اَ تودماغی **o^{n}** = اُ تودماغی **r** = غ عربی
y = ی **n^{y}** = نْیْ **j** = ژ **g** = گ **ch** = ش **s** = س **z** = ز

écraser /ékrazé/

[فعل] له کـردن

Maman écrase des pommes de terre.

مامان سیب‌زمینی‌ها را لِه می‌کند.

écrire /ékrir/ [فعل] نوشتن

Maxime écrit son nom sur son cahier.

ماکسیم اسمش را روی دفترش می‌نویسد.

la machine à écrire

ماشین تحریر، ماشین تایپ

نگاه کنید به توضیحِ ***rédiger***.

écrit [1] /ékri/ le

[اسم] ۱. نوشته، اثر

Les écrits de Victor Hugo

آثار ویکتور هوگو

۲. امتحان کتبی

Jean a été reçu à l'écrit.

ژان در امتحان کتبی قبول شد.

écrit [2] /ékri/ , **écrite** /ékrit/

صورت مفعولی فعلِ ***écrire***.

écriteau /ékrito/ le

[اسم] اعلان، تابلوی اعلانات

écriture /ékritûr/ la

[اسم] خط

Joseph a une belle écriture.

ژوزف خط قشنگی دارد.

écrivain /ékriva^{n}/ le

[اسم] نویسنده

Balzac est un écrivain célèbre.

بالزاک نویسندهٔ معروفی است.

écureuil /ékûreuy/ le

[اسم] سنجاب

écureuil

écurie /ékûri/ la

[اسم] اصطبل

Les chevaux sont à l'écurie.

اسب‌ها در اصطبلند.

édifice /édifis/ le

[اسم] بنا، ساختمان

Cette ville contient de beaux édifices.

این شهر ساختمان‌های قشنگی دارد.

éducateur /édûkateur/ le , **éducatrice** /édûkatris/ la

[اسم] مربی، مربی پرورشی

éducation /édûkasyo^{n}/ la

[اسم] ۱. آموزش و پرورش

Le ministère de l'Éducation nationale وزارت آموزش و پرورش

۲. تربیت، نزاکت

C'est un homme sans éducation. آدم بی‌نزاکتی است.

effacer /éfasé/

[فعل] پاک کـردن

Yves efface le tableau.

ایو تخته را پاک می‌کند.

écurie

éducateur کسی است که به تعلیم و تربیت بچه‌ها و جوانان می‌پردازد.

écriteau با **x** جمع بسته می‌شود: ***écriteaux***.

effectivement
/éféktivmâ^n/ [قید] در واقع، در حقیقت
Effectivement, tu as raison.
در واقع، حق با توست.

effet /éfé/ le [اسم] اثر، تأثیر
L'effet de ce médicament est très rapide.
این دارو زود اثر می‌کند.
en effet در واقع، واقعاً
Il fait froid en effet.
هوا واقعاً سرد است.

efficace /éfikas/
[صفت] مؤثر، مفید
Une aide efficace یک کمک مؤثر
Ce médicament est efficace contre la grippe.
این دارو برای گریپ خوب است.

effort /éfor/ le [اسم] تلاش، کوشش، سعی
Marcel fait tous ses efforts pour réussir.
مارسل همهٔ تلاشش را می‌کند که موفق شود.

effroyable /éfruâyabl/
[صفت] وحشتناک، هولناک، خیلی ترسناک
Sébastien nous a raconté une histoire effroyable.
سباستیَن ماجرای وحشتناکی را برایمان تعریف کرد.

égal , égale /égal/
[صفت] برابر، مساوی
Tous les hommes sont égaux.
همهٔ انسان‌ها (با هم) برابرند.

کلمهٔ ***égal*** در جمع ***égaux*** می‌شود.

égaler /égalé/
[فعل] مساوی بودن، برابر بودن
Cinq plus deux égale sept.
پنج بعلاوهٔ دو مساوی است با هفت.
پنج و دو می‌شود هفت.

égalité /égalité/ la
[اسم] برابری، تساوی
Les deux équipes sont à égalité.
دو تیم با هم برابرند.

église /égliz/ la [اسم] کلیسا
Dans cette ville, il y a de belles églises.
این شهر کلیساهای قشنگی دارد.

église

égoïsme /égoism/ le
[اسم] خودخواهی، خودپسندی، خودپرستی

a = اَ	**é** = اِ	**e** = اُ (با دهان نیمه‌بسته)	**eu** = اُ ترکی درگُزل	**o** = اُ	**û** = او ترکی درگول	
u = او	**i** = ای	**â^n** = آ تودماغی	**a^n** = اَ تودماغی	**o^n** = اُ تودماغی	**r** = غ عربی	
y = ی	**n^y** = نْیِ	**j** = ژ	**g** = گ	**ch** = ش	**s** = س	**z** = ز

égoïste /égoist/

[صفت] خودخواه، خودپسند

Jean est très égoïste. Il ne pense qu'à lui.

ژان خیلی خودخواه است. او فقط به فکر خودش است.

élargir /élarjir/

[فعل] ۱. گشاد کردن

Il faut élargir cette jupe.

این دامن باید گشاد شود.

۲. پهن کردن، عریض کردن

Les ouvriers élargissent la route.

کارگرها جاده را پهن می‌کنند.

élastique [1] /élastik/

[صفت] قابل ارتجاع، کِشی

Ma ceinture est élastique.

کمربندم کشی است.

élastique [2] /élastik/ le

[اسم] کِش

Il a fermé la boîte avec un élastique.

او درِ جعبه را با کش بست.

éléphant

électricien /éléktrisya^{n}/ le , **électricienne** /éléktrisyén/ la

[اسم] برق‌کار، تعمیرکار برق

électricité /éléktrisité/ la

[اسم] برق، الکتریسیته

Cette machine marche à l'électricité.

این دستگاه با برق کار می‌کند.

Il n'y a pas d'électricité.

برق رفته است.

électrique /éléktrik/

[صفت] برقی، الکتریکی

Nous avons une cuisinière électrique. ما یک اجاق برقی داریم.

électronique /éléktronik/

[صفت] الکترونیکی

Un ordinateur est un appareil électronique.

کامپیوتر یک وسیلهٔ الکترونیکی است.

élégant /élégâ^{n}/ , **élégante** /élégâ^{n}t/

[صفت] ۱. شیک‌پوش

Une femme élégante

یک زن شیک‌پوش

۲. شیک

Une robe élégante

یک پیراهن زنانهٔ شیک

élémentaire /élémâ^{n}tér/

[صفت] مقدماتی، ابتدایی

Cours élémentaire دورهٔ ابتدایی

éléphant /éléfâ^{n}/ le

[اسم] فیل

L'éléphant a de larges oreilles.

فیل گوش‌های پهنی دارد.

élevage /élvaj/ le

[اسم] پرورش (حیوانات)

L'élevage des moutons

پرورش گوسفند

élève /élév/ le, la

[اسم] دانش‌آموز، شاگرد

Flora est une bonne élève.

فلورا دانش‌آموز خوبی است.

élever /élvé/

[فعل] ۱. پرورش دادن

Ce fermier élève des abeilles.

این کشاورز زنبور پرورش می‌دهد.

۲. بار آوردن، بزرگ کردن

Cette femme a élevé ses enfants toute seule.

این زن به تنهایی بچه‌هایش را بزرگ کرده.

elle /él/ [ضمیر] او

Elle a six ans. او شش‌ساله است.

elles /él/ [ضمیر] آنها، ایشان

Elles sont de bonnes amies.

آنها (برای هم) دوستان خوبی هستند.

éloigner /éluânʸé/

[فعل] دور کردن

Les pompiers ont éloigné les passants.

آتش‌نشان‌ها عابرین را (از محل) دور می‌کنند.

s'éloigner دور شدن

Ne vous éloignez pas trop.

(از اینجا) خیلی دور نشوید.

embarquer /âⁿbarké/

[فعل] سوار شدن (در کشتی یا هواپیما)

Dans une heure, les passagers embarqueront.

تا یک ساعت دیگر مسافرها سوار می‌شوند.

s'embarquer سوار شدن

embellir /âⁿbélir/

[فعل] ۱. زیبا کردن، قشنگ‌تر کردن

Ces fleurs embellissent le jardin.

این گل‌ها باغ را قشنگ‌تر می‌کنند.

۲. زیبا شدن، قشنگ‌تر شدن

Flora embellit de jour en jour.

فلورا روزبه‌روز قشنگ‌تر می‌شود.

embrasser /âⁿbrasé/

[فعل] بوسیدن

Simon m'a embrassé avant de partir. سیمون قبل از رفتن مرا بوسید.

emmêler /âⁿmélé/

[فعل] به‌هم ریختن

Le vent a emmêlé mes cheveux.

باد موهایم را به‌هم ریخت.

emmener /âⁿmné/

[فعل] همراه خود بردن، بردن

Il emmène sa fille chez le dentiste.

او دخترش را پیش دندانپزشک می‌برد.

empêcher /âⁿpéché/

[فعل] مانع شدن، نگذاشتن

Simon m'empêche de travailler.

سیمون نمی‌گذارد کارم را بکنم.

s'empêcher خودداری کردن، جلوی خود را گرفتن

Luc ne peut pas s'empêcher de rire. لوک نمی‌تواند جلویِ خنده‌اش را بگیرد.

elle فقط برای انسان یا حیوان ماده و یا اسامی مؤنث به کار می‌رود.

فعلِ ***emmener*** فقط برای اشخاص به کار می‌رود. برای اشیاء از فعلِ ***emporter*** استفاده می‌شود.

empereur /â^{n}preur/ le

[اسم] امپراتور

Napoléon a été l'empereur de la France.

ناپلئون امپراتور فرانسه بود.

empire /â^{n}pir/ le

[اسم] امپراتوری

L'Empire japonais

امپراتوری ژاپن

emploi /â^{n}pluâ/ le

[اسم] ۱. کاربرد، استفاده

Les différents emplois d'un mot کاربردهای مختلف یک کلمه

۲. کار، شغل

Paul a trouvé un nouvel emploi. پل کار تازه‌ای پیدا کرده.

employé , employée

/â^{n}pluâyé/ le, la [اسم] کارمند

Une employée de banque

یک کارمند بانک

employer /â^{n}pluâyé/

[فعل] به کاربردن، استفاده کردن

Maman emploie de l'huile pour faire la cuisine.

مامان برای پخت‌وپز از روغن استفاده می‌کند.

emporter /â^{n}porté/

[فعل] با خود بردن، (همراه خود) بردن، برداشتن

N'oublie pas d'emporter ton maillot.

یادت نرود مایوات را برداری.

نگاه کنید به توضیحِ ***emmener***.

emprisonner /â^{n}prizoné/

[فعل] زندانی کردن، حبس کردن

On a emprisonné le voleur.

دزد را زندانی کردند.

emprunter /â^{n}pra^{n}té/

[فعل] قرض کردن

Hier j'ai emprunté un livre à Laura.

دیروز یک کتاب از لورا قرض کردم.

en [1] /â^{n}/ [حرف اضافه] ۱. در

Les enfants sont en classe.

بچه‌ها در کلاس هستند.

Elle est née en 1990.

او در ۱۹۹۰ به دنیا آمده.

۲. به

Je vais en France.

من به فرانسه می‌روم.

۳. از جنسِ، از

Cette table est en bois.

این میز از چوب است. این میز چوبی است.

en [2] /â^{n}/ [ضمیر] از آن

J'en veux. من از آن می‌خواهم.

Je n'en ai plus. از آن دیگر ندارم.

ضمیرِ ***en*** جایگزینِ ***de*** و اسم می‌شود:

Il a beaucoup ***d'amis.***

Il ***en*** a beaucoup.

enchanteur /â^{n}châ^{n}teûr/ le , **enchanteresse** /â^{n}châ^{n}-trés/ la [اسم] جادوگر، افسونگر

encore /â^{n}kor/ [قید] ۱. هنوز

J'ai encore faim. هنوز گرسنه‌ام.

۲. باز هم، باز، دوباره

Tu as encore oublié tes clés.

باز هم کلیدهایت را فراموش کردی.

encourager /â^{n}kurajé/

[فعل] تشویق کردن، دلگرم کردن

Mme Dubois encourage son fils à travailler.

خانم دوبوآ پسرش را به کار تشویق می‌کند.

encre /â^{n}kr/ la [اسم] جوهر، مرکب

stylo à encre خودنویس

endormir /â^{n}dormir/

[فعل] خواباندن

Elle a endormi son bébé.

او بچه‌اش را خواباند.

endroit /â^{n}druâ/ le

[اسم] ۱. جا، مکان، محل

Un endroit calme یک جای آرام

۲. رو

L'endroit de ce tissu est brillant.

روی این پارچه براق است.

énergie /énérji/ la

[اسم] ۱. انرژی

Le pétrole et l'électricité sont des sources d'énergie.

نفت و برق منابع انرژی‌اند.

۲. نیرو، قدرت

Notre équipe joue avec beaucoup d'énergie.

تیم ما خیلی پرقدرت بازی می‌کند.

énergique /énérjik/

[صفت] قوی، پرجنب و جوش

Cathie est une fille énergique.

کَتی دختر پرجنب و جوشی است.

énerver /énérvé/

[فعل] عصبانی کردن، خشمگین کردن

Tais-toi, tu m'énerves!

ساکت باش، مرا عصبانی می‌کنی!

enfance /â^{n}fâ^{n}s/ la

[اسم] کودکی، بچگی

Il a passé son enfance à Paris.

او کودکی‌اش را در فرانسه گذرانده.

enfant /â^{n}fâ^{n}/ le, la

[اسم] بچه، کودک

Julie est une enfant turbulente.

ژولی بچهٔ شیطانی است.

Ils ont trois enfants.

آنها سه بچه دارند.

نگاه کنید به توضیحِ ***bébé***.

enfer /â^{n}fér/ le [اسم] جهنم

Le diable est en enfer.

شیطان در جهنم است.

enfermer /â^{n}férmé/

[فعل] حبس کردن، زندانی کردن

On l'a enfermé dans sa chambre.

او را در اتاقش حبس کردند.

enfin /â^{n}fa^{n}/ [قید] بالاخره، سرانجام، عاقبت

Pierre a enfin trouvé ses clés.

بالاخره پیِر کلیدهایش را پیدا کرد.

enflammer /âⁿflamé/

[فعل] آتش زدن، شعله‌ور کردن

Une allumette a enflammé la paille. کبریت کاه را شعله‌ور کرد.

enfoncer /âⁿfoⁿsé/

[فعل] فرو کردن، کوبیدن

Éric enfonce un clou dans le mur. اریک میخ به دیوار می‌کوبد.

enfuire (s') /âⁿfuir/

[فعل] فرار کردن، دررفتن

Les voleurs se sont enfuis.

دزدها فرار کردند.

énigme /énigm/ la

[اسم] معما

Il faut résoudre cette énigme.

باید این معما را حل کرد.

enlèvement /âⁿlévmâⁿ/ le

[اسم] دزدی، آدم‌ربایی

L'enlèvement d'enfant بچه‌دزدی

enlever /âⁿlevé/

[فعل] ۱. برداشتن

Marie enlève ses cahiers de la table.

ماری دفترهایش را از روی میز برمی‌دارد.

۲. درآوردن (لباس)

Enlève ton pull!

پولیورت را درآور!

۳. دزدیدن

On a enlevé un enfant.

یک بچه را دزدیدند.

enlever به معنیِ «دزدیدن»، فقط در مورد اشخاص به کار می‌رود. برای دزدی اشیاء اغلب از فعلِ ***voler*** استفاده می‌شود.

ennemi , ennemie

/énmi/ le, la [اسم] دشمن

Jean et André sont ennemis.

ژان و آندره با هم دشمنند.

L'ennemi nous a attaqué hier soir. دشمن دیشب به ما حمله کرد.

ennuyer /âⁿnûiyé/

[فعل] حوصلهٔ (کسی را) سر بردن، کِسل کردن

Ce film nous a ennuyés.

این فیلم حوصله‌مان را سر برد.

s'ennuyer حوصلهٔ (کسی) سررفتن، کسل شدن

Quand on n'a rien à faire, on s'ennuie. وقتی آدم کاری ندارد، حوصله‌اش سر می‌رود.

ennuyeux /âⁿnûiyeu/ ,
ennuyeuse /âⁿnûiyeuz/

[صفت] ۱. کسل‌کننده، خسته کننده

Un livre ennuyeux

یک کتاب خسته‌کننده

۲. ناراحت‌کننده

C'est ennuyeux à dire.

گفتنش ناراحت‌کننده است.

énorme /énorm/

[صفت] خیلی بزرگ، عظیم

Les éléphants sont des animaux énormes.

فیل‌ها حیوانات خیلی بزرگی هستند.

enseigner /âⁿsénʸé/

[فعل] درس دادن، آموختن، یاد دادن

M. Dubois enseigne l'histoire.

آقای دوبوآ تاریخ درس می‌دهد.

ensemble [1] /âⁿsâⁿbl/

[قید] با هم

Flora et Marie jouent ensemble.
فلورا و ماری با هم بازی می‌کنند.

ensemble [2] /â^{n}sâ^{n}bl/ le
[اسم] مجموع، مجموعه
L'alphabet est l'ensemble des lettres.
الفبا مجموعه‌ای از حروف است.

ensoleillé , ensoleillée /â^{n}soléyé/ [صفت] آفتابی، آفتابگیر
Notre classe est très ensoleillée.
کلاس ما خیلی آفتابگیر است.

ensommeillé , ensommeillée /â^{n}soméyé/
[صفت] خواب‌آلود
Les voyageurs sont encore ensommeillés.
مسافران هنوز خواب‌آلودند.

ensuite /â^{n}sûit/ [قید] بعد، سپس، بعد از آن
Finis ton repas! Tu peux jouer ensuite. غذایت را تمام کن!
بعد از آن می‌توانی بازی کنی.

entendre /â^{n}tâ^{n}dr/
[فعل] شنیدن
Ma grand-mère n'entend pas bien. مادربزرگم خوب نمی‌شنود.

enterrement /â^{n}térmâ^{n}/ le
[اسم] تدفین، خاک‌سپاری

enterrer /â^{n}téré/
[فعل] ۱. دفن کردن، به خاک سپردن
On a enterré le mort.
مرده را دفن کردند.
۲. زیر خاک کردن، چال کردن
Le chien a enterré son os.
سگ استخوانش را چال کرد.

entier /â^{n}tyé/ , **entière** /â^{n}tyér/ [صفت] ۱. کامل
Louise a été absente une semaine entière.
لوییز یک هفتهٔ کامل غایب بود.
۲. دست‌نخورده
La boîte de bonbons est entière.
جعبهٔ آب‌نبات دست‌نخورده است.

entièrement /â^{n}tyérmâ^{n}/
[قید] به طور کامل، کاملاً
L'incendie a entièrement détruit le quartier.
آتش‌سوزی محله را کاملاً ویران کرده.

entourer /â^{n}turé/
[فعل] احاطه کردن، دورِ (چیزی) بودن
Un mur entoure le jardin.
دور باغ دیوار است.

entre /â^{n}tr/ [حرف اضافه] بینِ، میانِ
Je suis assise entre Jacques et Pascal.
من بین ژاک و پاسکال نشسته‌ام.

entre

a = اَ	**é** = اِ	**e** = اُ(با دهان نیمه‌بسته)	**eu** = اُ ترکی درگُزل	**o** = اُ	**û** = او ترکی درگول	
u = او	**i** = ای	**â^{n}** = آ تودماغی	**a^{n}** = اَ تودماغی	**o^{n}** = اُ تودماغی	**r** = غ عربی	
y = ی	**n^{y}** = نْی	**j** = ژ	**g** = گ	**ch** = ش	**s** = س	**z** = ز

entrée /âⁿtré/ la

[اسم] ۱. ورود

L'entrée de l'usine est interdite.

ورود به کارخانه ممنوع است.

۲. ورودی، راه ورود

Le cinéma a plusieurs entrées.

سینما چند ورودی دارد.

entreprise /âⁿtrepriz/ la

[اسم] شرکت، مؤسسه، بنگاه

Mon père travaille dans une entreprise de transports.

پدرم در یک مؤسسهٔ حمل و نقل کار می‌کند.

entrer /âⁿtré/

[فعل] وارد شدن، داخل شدن

Le train entre en gare.

قطار وارد ایستگاه می‌شود.

enveloppe /âⁿvlop/ la

[اسم] پاکت (نامه)

N'oublie pas de coller un timbre sur l'enveloppe!

فراموش نکن روی پاکت نامه تمبر بچسبانی!

envelopper /âⁿvlopé/

[فعل] پیچیدن

La vendeuse enveloppe les verres dans du papier.

خانم فروشنده لیوان‌ها را توی کاغذ می‌پیچد.

envers ¹ /âⁿvér/

[حرف اضافه] نسبت به، در حقِ، با

Il est cruel envers les enfants.

او نسبت به بچه‌ها بی‌رحم است.

envers ² /âⁿver/

[اسم] پشت (پارچه، لباس، کاغذ)

Écris ton nom sur l'envers de la feuille.

اسمت را پشت صفحه بنویس.

à l'envers وارونه، پشت و رو

Tu as mis tes chaussettes à l'envers.

جورابهایت را پشت و رو پوشیدی.

envie /âⁿvi/ la [اسم] حسرت، حسادت

Les voisins regardent ma voiture avec envie.

همسایه‌ها با حسرت به ماشین من نگاه می‌کنند.

avoir envie de دل (کسی) خواستن

J'ai envie d'acheter une moto.

دلم می‌خواهد یک موتور بخرم.

environ /âⁿviroⁿ/

[قید] در حدودِ، تقریباً

Dans notre classe, il y a trente élèves environ.

در کلاس ما تقریباً سی دانش‌آموز است.

environs /âⁿviroⁿ/ le

[اسم، جمع] اطراف، حوالی، حومه

Sophie habite dans les environs de Paris.

سوفی در اطراف پاریس زندگی می‌کند.

کلمهٔ ***environs*** (در نقش اسم) همیشه به صورت جمع به کار می‌رود.

envoyer /âⁿvuâyé/

[فعل] فرستادن

Demain, je t'enverrai une carte postale.

فردا برایت یک کارت پستال می‌فرستم.

épais /épé/ , **épaisse** /épés/ [صفت] ۱. کلفت، ضخیم

Les éléphants ont une peau épaisse. پوست فیل کلفت است.

۲. غلیظ

La sauce est trop épaisse.

سُس زیادی غلیظ است.

épaisseur /épéseur/ la

[اسم] ضخامت، کلفتی

Cette planche a trois centimètres d'épaisseur.

این تخته سه سانتیمتر ضخامت دارد.

épaule /épol/ la [اسم] شانه، کتف

porter sur ses épaules

روی دوش خود حمل کردن، کول کردن

Il porte son enfant sur ses épaules. بچه‌اش را کول کرده.

épaule

épée /épé/ la [اسم] شمشیر

épée

épicerie /épisri/ la

[اسم] بقالی، خواربارفروشی

J'ai acheté du fromage et de l'huil à l'épicerie.

از بقالی پنیر و روغن خریدم.

épicier /épisyé/ le , **épicière** /épisyér/ la

[اسم] بقال، خواربارفروش

épinard /épinar/ le

[اسم] اسفناج

Jean n'aime pas les épinards.

ژان اسفناج دوست ندارد.

épine /épin/ la [اسم] خار، تیغ

La rose a des épines.

گل سرخ تیغ دارد.

épingle /épa^n^gl/ la

[اسم] سنجاق

épingle à cheveux سنجاق سر

épingle à linges گیرهٔ رخت

éponge /épo^n^j/ la

[اسم] اسفنج، ابر

Natacha nettoie la table avec une éponge.

ناتاشا میز را با یک ابر پاک می‌کند.

époque /épok/ la

[اسم] دوره، عصر، زمان

À notre époque در عصر ما، در زمان ما

épicerie

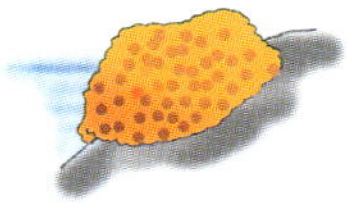

éponge

a = اَ	**é** = اِ	**e** = (با دهان نیمه‌بسته) اُ	**eu** = اُ ترکی درگُزل	**o** = اُ	**û** = او ترکی درگول
u = او	**i** = ای	**â^n^** = آ تودماغی	**a^n^** = اَ تودماغی	**o^n^** = اُ تودماغی	**r** = غ عربی
y = ی	**n^y^** = نْیْ	**j** = ژ	**g** = گ	**ch** = ش	**s** = س
z = ز					

équipe /ékip/ la

[اسم] ۱. گروه

Les ouvriers travaillent en équipe. کارگران گروهی کار می‌کنند.

۲. تیم (ورزشی)

Équipe de football تیم فوتبال

erreur /éreur/ la

[اسم] اشتباه، غلط

Éric a fait une erreur de calcul.

اریک در محاسبه اشتباه کرده.

es /é/ : tu es

صورت صرف‌شدهٔ فعلِ ***être***.

escalier /éskalyé/ le

[اسم] پلکان، پله‌ها

Alex est tombé en descendant l'escalier.

آلکس هنگامِ پایین آمدن از پله‌ها افتاد.

escargot /éskargo/ le

[اسم] حلزون

escargot

esclave /ésklav/ le, la

[اسم] برده، غلام

Autrefois, les Noirs américains étaient des esclaves.

در گذشته، سیاهان آمریکا بَرده بودند.

épouse /épuz/ la [اسم] زن، همسر

Mme Dubois est l'épouse de M. Dubois.

خانم دوبوآ همسر آقای دوبوآست.

épouser /épuzé/

[فعل] ازدواج کردن، عروسی کردن

Jean a épousé sa voisine.

ژان با دختر همسایه‌شان ازدواج کرده.

épouvantable

/épuvâⁿtabl/ [صفت] وحشتناک، خیلی ترسناک

Marie m'a raconté une histoire épouvantable.

ماری داستان وحشتناکی برایم تعریف کرد.

épouvante /épuvâⁿt/ la

[اسم] وحشت، هراس

Un film d'épouvante

یک فیلم وحشتناک

époux /épu/ le

[اسم] ۱. شوهر، همسر

Mon époux va vous montrer le chemin.

همسرم راه را به شما نشان می‌دهد.

۲. [به صورت جمع] زن و شوهر

épreuve /épreuv/ la

[اسم] ۱. امتحان

Les épreuves écrites

امتحانات کتبی

۲. مسابقه

L'épreuve de natation مسابقهٔ شنا

نگاه کنید به توضیحِ ***examen***.

escalier به مجموع پلکان گفته می‌شود. ***marche*** به معنی پله است.

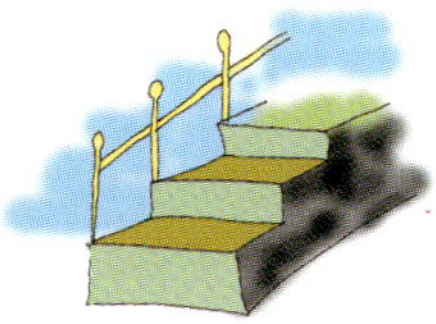

escalier

espace /éspas/ le

[اسم] ۱. فضا

Les astronautes voyagent dans l'espace.

فضانوردان به فضا سفر می‌کنند.

۲. جا

Dans notre classe, il y a beaucoup d'espace.

در کلاس ما جا زیاد است. کلاس ما جادار است.

۳. فاصله

L'espace entre les deux voitures est suffisant.

به اندازهٔ کافی بین دو ماشین فاصله هست.

un espace vert فضای سبز

espérer /éspéré/

[فعل] امیدوار بودن

Nous espérons que tu viendras demain. امیدواریم فردا بیایی.

espion /éspyo^{n}/ le , **espionne** /éspyon/ la

[اسم] جاسوس، مأمور مخفی

espoir /éspuâr/ le [اسم] امید

Il n'y a plus d'espoir.

دیگر امیدی نیست.

esprit /éspri/ le

[اسم] ۱. روح

Croyez-vous aux esprits?

آیا به روح اعتقاد دارید؟

۲. ذهن

Il me vient une bonne idée à l'esprit. فکر خوبی به ذهنم رسید. یک فکر خوب کردم.

Esquimau /éskimo/ le , **Esquimaude** /éskimod/ la

[اسم] اسکیمو (= نام ساکنان قطب شمال که در خانه‌های یخی زندگی می‌کنند.)

Esquimau

essai /ésé/ le

[اسم] ۱. امتحان، آزمایش

Mon père fait l'essai de sa nouvelle voiture.

پدرم ماشین جدیدش را امتحان می‌کند.

۲. سعی، تلاش، کوشش

Avant de réussir, j'ai fait trois essais.

سه بار تلاش کردم تا موفق شدم.

essayer /éséyé/

[فعل] ۱. امتحان کردن، آزمایش کردن

As-tu essayé ce nouveau stylo?

این خودنویس جدید را امتحان کرده‌ای؟

۲. سعی کردن، کوشیدن

Essaie de ne pas arriver en retard! سعی کن دیر نیای!

فعلِ **essayer** به دو شکل صرف می‌شود:

j'essaie, j'essaye

a = اَ **é** = اِ **e** = اُ(با دهان نیمه‌بسته) **eu** = اُ ترکی درگُزل **o** = اُ **û** = او ترکی درگول

u = او **i** = ای **â^{n}** = آ تودماغی **a^{n}** = اَ تودماغی **o^{n}** = اُ تودماغی **r** = غ عربی

y = ی **n^{y}** = نْی **j** = ژ **g** = گ **ch** = ش **s** = س **z** = ز

essence /ésâ[n]s/ la

[اسم] بنزین

Jean s'est arrêté pour prendre de l'essence.

ژان برای بنزین زدن توقف کرد.

essentiel , essentielle /ésâ[n]syél/

[صفت] ۱. لازم، ضروری

L'air est essentiel à la vie.

هوا برای زندگی لازم است.

۲. اساسی، اصلی

Tu n'as pas vu la partie essentielle du film.

قسمت اصلی فیلم را ندیده‌ای.

essuyer /ésûiyé/

[فعل] خشک کردن، تمیز کردن

Elle essuie la table avec un chiffon. او با یک کهنه میز را تمیز می‌کند.

est [1] /ést/ le [اسم] شرق، مشرق

Le soleil se lève à l'est.

خورشید از شرق طلوع می‌کند.

est [2] /é/ : il est

صورت صرف‌شدهٔ فعلِ ***être***.

est-ce que /éske/ [قید] آیا

Est-ce que vous venez avec moi? آیا با من می‌آیید؟

estomac /éstoma/ le

[اسم] معده

J'ai mal à l'estomac.

معده‌ام درد می‌کند.

et /é/ [حرف ربط] و

Il mange du pain et du beurre.

او نان و کره می‌خورد.

étable /établ/ la [اسم] طویله

Les vaches sont rentrées à l'étable. گاوها به طویله برگشتند.

établissement /établismâ[n]/ le [اسم] مؤسسه

Une usine est un établissement industriel.

کارخانه یک مؤسسهٔ صنعتی است.

étage /étaj/ le [اسم] طبقه

Nous habitons au premier étage. ما در طبقهٔ اول زندگی می‌کنیم.

étang /étâ[n]/ le [اسم] بِرکه، آبگیر

étape /étap/ la [اسم] مرحله

Nous avons fait ce travail en deux étapes.

این کار را در دو مرحله انجام دادیم.

état [1] /éta/ le [اسم] وضع، وضعیت

En mauvais état در وضعیت بد

Son état de santé est bonne.

وضع سلامتی‌اش خوب است.

État [2] /éta/ le [اسم] حکومت، دولت، کشور

Ce pays est en guerre avec les États voisins.

این کشور با دولت‌های همسایهٔ خود در حال جنگ است.

etc. /étsétéra/ [قید] و غیره، و مانند آن

été [1] /été/ le [اسم] تابستان
En été, il fait chaud.
در تابستان هوا گرم است.

été [2] /été/ صورت مفعولی فعلِ ***être***.

éteindre /étaⁿdr/
[فعل] خاموش کردن
Éteins la lumière!
چراغ را خاموش کن!

éteint /étaⁿ/ , **éteinte** /étaⁿt/ صورت مفعولی فعلِ ***éteindre***.

étendre /étâⁿdr/
[فعل] پهن کردن، انداختن
Philippe a étendu un tapis par terre.
فیلیپ یک قالی روی زمین انداخت.
s'étendre دراز کشیدن
Marie s'est étendue sur le lit.
ماری روی تخت دراز کشیده.

éternel , **éternelle** /étérnél/ [صفت] جاودان، ابدی، همیشگی
Nous croyons à une vie éternelle.
ما به زندگی ابدی اعتقاد داریم.

éternuer /étérnûé/
[فعل] عطسه کردن

êtes /ét/ : vous êtes
صورت صرف‌شدهٔ فعلِ ***être***.

étiquette /étikét/ la
[اسم] برچسب، اتیکت
Paul a mis une étiquette à sa valise. پل یک اتیکت به چمدانش زد.

étoffe /étof/ la [اسم] پارچه
Cette étoffe est en laine.
این پارچه ابریشمی است.

étoile /étuâl/ la [اسم] ستاره
Les étoiles brillent dans le ciel.
ستارگان در آسمان می‌درخشند.
étoile de mer ستارهٔ دریایی

étoile

étonnant /étonâⁿ/ , **étonnante** /étonâⁿt/
[صفت] شگفت‌انگیز، عجیب
Une nouvelle étonnante
یک خبر عجیب

étonner /étoné/
[فعل] شگفت‌زده کردن، متعجب کردن
Ta question m'a étonné.
سؤالت مرا متعجب کرد.

etc. مخفف رایج کلمهٔ ***et cetera*** است و مانند صورت کامل آن تلفظ می‌شود.

éternuer

a = اَ **é** = اِ **e** = (با دهان نیمه‌بسته) اُ **eu** = اُ ترکی درگُزل **o** = اُ **û** = او ترکی درگول
u = او **i** = ای **âⁿ** = آ تودماغی **aⁿ** = اَ تودماغی **oⁿ** = اُ تودماغی **r** = غ عربی
y = ی **nʸ** = نْیْ **j** = ژ **g** = گ **ch** = ش **s** = س **z** = ز

étourdi , étourdie
/éturdi/ [صفت] گیج، سر به هوا
Marie est une fille étourdie.
ماری دختر سربه‌هوایی است.

étrange /étrâⁿj/
[صفت] عجیب، غریب
J'ai entendu un bruit étrange.
صدای عجیبی شنیدم.

étranger [1] /étrâⁿjé/ le ,
étrangère /étrâⁿjér/ la
[اسم] خارجی
Cathie a des amis étrangers.
کَتی دوستان خارجی دارد.

étranger [2] /étrâⁿjé/ le
[اسم] خارج، کشور خارجی
Je ne suis jamais allé à l'étranger.
من هیچ‌وقت خارج نرفته‌ام.

être [1] /étr/ [فعل] بودن
Alex est un garçon très courageux.
آلکس پسر خیلی شجاعی است.
Le mur est en briques.
دیوار آجری است.
Les enfants sont à l'école.
بچه‌ها در مدرسه هستند.
Ce livre est à ma sœur.
این کتاب مال خواهرم است.

être [2] /étr/ le [اسم] موجود
Les êtres vivants موجودات زنده

étroit /étruâ/ , **étroite**
/étruât/ [صفت] باریک
Le couloir est étroit.
راهرو باریک است.

étude /étûd/ la
[اسم] ۱. مطالعه
L'étude des maths l'intéresse.
او به مطالعهٔ ریاضیات علاقه‌مند است.
۲. [به صورت جمع] تحصیلات
Victor a fini ses études.
ویکتور تحصیلاتش را به پایان رسانده.

étudiant /étûdyâⁿ/ le ,
étudiante /étûdyâⁿt/ la
[اسم] دانشجو
Mon frère est étudiant en médecine.
برادرم دانشجوی پزشکی است.

étudier /étûdyé/
[فعل] ۱. یاد گرفتن، خواندن
Marion étudie le piano.
ماریون پیانو یاد می‌گیرد.
Étudiez cette leçon!
این درس را بخوانید!
۲. بررسی کردن
Il faut étudier ce projet.
باید این طرح را بررسی کرد.

eu /û/ صورت مفعولی فعلِ ***avoir***.

euro /euro/ le [اسم] یورو

eux /eu/ [ضمیر] آنها، ایشان
Je vais avec eux.
من با آنها می‌روم.
eux-mêmes خودشان
Ils l'ont dit eux-mêmes.
خودشان این را گفتند.

فعلِ ***être*** یک فعل کمکی است و گذشتهٔ نقلی و گذشتهٔ دور افعال دوضمیره (افعالی چون ***se laver***) و نیز افعالی چون ***partir*** و ***aller*** به کمک آن صرف می‌شوند:
Je ***suis allé*** ...

euro واحد پول رایج در کشورهای اروپایی است. هر یورو برابر است با صد سان (***cent*** /sâⁿ/).

ضمیرِ ***eux*** فقط برای انسان یا حیوان نر و یا برای اسامی مذکر به کار می‌رود. صورت مؤنث این ضمیر ***elles*** و صورت‌های مفرد این‌دو ***lui*** و ***elle*** هستند.

évader (s') /évadé/

[فعل] فرار کردن، در رفتن

Le prisonnier s'est évadé.

زندانی فرار کرد.

évasion /évazyo^{n}/ la

[اسم] فِرار

L'évasion d'un prisonnier

فرار یک زندانی

événement /événmâ^{n}/ le

[اسم] رویداد، پیشامد، واقعه

Un événement imprévu

یک رویداد غیرمنتظره

évidemment /évidamâ^{n}/

[قید] مسلماً، قطعاً، مطمئناً

Évidemment, il se trompe.

مسلماً او اشتباه می‌کند.

évident /évidâ^{n}/ , **évidente** /évidâ^{n}t/

[صفت] معلوم، مسلم، واضح

C'est évident qu'elle ment.

معلوم است که دروغ می‌گوید.

éviter /évité/

[فعل] ۱. دوری کردن

Il est si bête que je l'évite.

آن‌قدر احمق است که از او دوری می‌کنم.

۲. خودداری کردن

Évitez de manger trop de sucre!

از خوردن قند زیاد خودداری کنید!

۳. جلوگیری کردن

Le conducteur a évité l'accident.

راننده از تصادف جلوگیری کرد.

exact /égza(kt)/ , **exacte** /égzakt/

[صفت] ۱. درست، صحیح

Ton calcul est exact.

حسابت درست است. درست حساب کردی.

۲. دقیق

Ma montre donne l'heure exacte.

ساعت من وقت دقیق را نشان می‌دهد.

exactement /égzaktemâ^{n}/

[قید] دقیقاً، درست

C'est exactement ce que je voulais dire.

این درست همان چیزی است که می‌خواستم بگویم.

exagérer /égzajéré/

[فعل] اغراق کردن، مبالغه کردن

Marc dit qu'il a cent livres, mais il exagère.

مارک می‌گوید که صد تا کتاب دارد، ولی اغراق می‌کند.

examen /égzama^{n}/ le

[اسم] ۱. بازرسی، وارسی

Les policiers ont fait l'examen des lieux.

پلیس محل را بازرسی کرد.

۲. امتحان

Jean a été reçu à son examen.

ژان در امتحان قبول شد.

examen (به معنیِ امتحان) ممکن است شامل دو مرحلهٔ کتبی و شفاهی باشد، که در این صورت از کلمهٔ ***épreuve*** استفاده می‌شود:

épreuve écrite

امتحان کتبی

examen

a = اَ	**é** = اِ	**e** = اُ(با دهان نیمه‌بسته)	**eu** = اُ ترکی درگُزل	**o** = اُ	**û** = او ترکی درگول
u = او	**i** = ای	**â^{n}** = آ تودماغی	**a^{n}** = اَ تودماغی	**o^{n}** = اُ تودماغی	**r** = غ عربی
y = ی	**n^{y}** = نْیْ	**j** = ژ	**g** = گ	**ch** = ش	**s** = س

examiner /égzaminé/

[فعل] ۱. معاینه کردن

Le médecin examine le malade.

دکتر مریض را معاینه می‌کند.

۲. بررسی کردن

Il faut examiner la situation.

باید اوضاع را بررسی کرد.

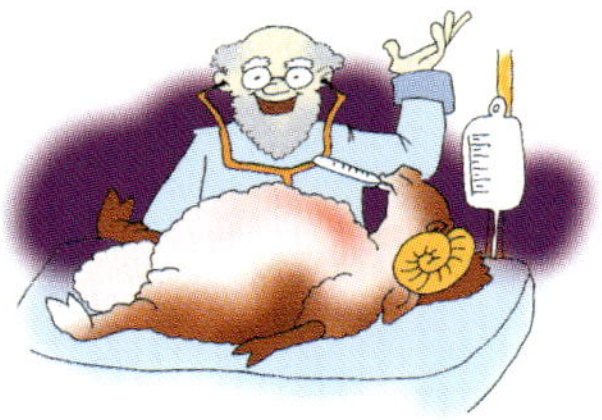

examiner

excellent /ékséla^{n}/ , **excellente** /ékséla^{n}t/

[صفت] عالی، خیلی خوب

Ce gâteau est excellent.

این شیرینی عالی است.

exception /éksépsyo^{n}/ la

[اسم] استثنا

Tout le monde est venu sans exception. همه بدون استثنا آمدند.

exceptionnel , exceptionnelle /éksépsyonél/ [صفت] استثنایی

Une occasion exceptionnelle

یک موقعیت استثنایی

exclamation /éksklama-syo^{n}/ la , **point d'exclamation**

علامت تعجب

excuse /ékskûz/ la

[اسم] عذرخواهی، معذرت

faire ses excuses, présenter ses excuses معذرت خواستن

excuser /ékskûzé/

[فعل] بخشیدن

Excusez-moi d'arriver en retard. ببخشید که دیر آمدم.

exemple /égzâ^{n}pl/ le

[اسم] ۱. نمونه، سرمشق

Prends exemple sur ton frère!

از برادرت سرمشق بگیر!

۲. مثال

par exemple مثلاً، به عنوان مثال

exercice /égzérsis/ le

[اسم] ۱. تمرین

Luc a fini ses exercices de calcul.

لوک تمرین‌های حسابش را تمام کرد.

۲. ورزش، نرمش

Alex fait un peu d'exercice.

آلکس کمی ورزش می‌کند.

exercice

exister /égzisté/

[فعل] وجود داشتن، بودن

Les fantômes n'existent pas.

شبح وجود ندارد.

expédier /ékspédyé/

[فعل] فرستادن

Papa a expédié une lettre à son ami.

بابا نامه‌ای به دوستش فرستاد.

expérience /ékspéryâ^{n}s/ la

[اسم] ۱. آزمایش

Une expérience de chimie

یک آزمایش شیمیایی

۲. تجربه

Papa a beaucoup d'expérience.

بابا خیلی تجربه دارد. بابا خیلی باتجربه است.

explication /éksplikasyoⁿ/ la [اسم] توضیح، شرح

Les explications de notre maîtresse sont claires.

توضیحات خانم معلممان واضح است.

expliquer /ékspliké/ [فعل] توضیح دادن، شرح دادن

Le professeur explique un problème.

معلم یک مسئله را توضیح می‌دهد.

exploser /éksplozé/ [فعل] منفجر شدن

Les bombes ont explosé.

بمب‌ها منفجر شدند.

exposition /ékspozisyoⁿ/ la [اسم] نمایشگاه

L'exposition de peinture

نمایشگاه نقاشی

expression /ékspresyoⁿ/ la [اسم] ۱. حالت، قیافه

Une expression de surprise

حالت متعجب، قیافهٔ شگفت‌زده

۲. اصطلاح

Une expression démodée

یک اصطلاح قدیمی

exprimer /éksprimé/ [فعل] ابراز کردن، نشان دادن

Marie a exprimé sa joie.

ماری خوشحالی‌اش را نشان داد.

extérieur [1], **extérieure** /éksteryeur/ [صفت] بیرونی، خارجی

La surface extérieure d'une boîte سطح خارجی یک جعبه

extérieur [2] /éksteryeur/ le [اسم] بیرون

Cette porte s'ouvre vers l'extérieur.

این در به بیرون باز می‌شود.

extraordinaire /ékstraordinér/ [صفت] فوق‌العاده، عجیب

Des aventures extraordinaire

ماجراهای عجیب

extrémité /ékstrémité/ la [اسم] ۱. انتها، ته

L'extrémité du chemin

انتهای جاده، انتهای راه

۲. نوک، سر

L'extrémité du doigt

سرِ انگشت، نوک انگشت

extraordinaire گاهی به صورت مخففِ **extra** به کار می‌رود.

exploser

a = آ	é = اِ	e = اُ(با دهان نیمه‌بسته)	eu = اُ ترکی درگُزل	o = اُ	û = او ترکی درگول	
u = او	i = ای	âⁿ = آ تودماغی	aⁿ = اَ تودماغی	oⁿ = اُ تودماغی	r = غ عربی	
y = ی	nʸ = نْی	j = ژ	g = گ	ch = ش	s = س	z = ز

F,f

fabriquer /fabriké/

[فعل] ساختن، درست کردن

Mon oncle a fabriqué une balançoire.

عمویم یک تاب درست کرده.

face /fas/ la [اسم] ۱. صورت

Jean est blessé à la face.

صورت ژان زخمی است.

۲. سطح، وجه

Un cube a six faces.

مکعب شش وجه دارد.

de face از روبرو

Une Photo de face

یک عکس از روبرو

en face روبرو، (در) مقابل

Il y a un arbre en face de notre maison.

روبروی خانهٔ ما یک درخت است.

fâché

fâché , fâchée /faché/

[صفت] عصبانی

Paul a l'air fâché.

پل عصبانی به نظر می‌رسد.

fâcher (se) /faché/

[فعل] عصبانی شدن

Papa s'est fâché contre moi.

بابا از دست من عصبانی شد.

facile /fasil/ [صفت] آسان، راحت

La maîtresse m'a posé une question facile.

خانم معلم از من یک سؤال آسان کرد.

facilement /fasilmâ"/

[قید] به آسانی، راحت

J'ai pu sauter facilement.

راحت توانستم بپرم.

façon /faso"/ la [اسم] شیوه، طریق، روش، طور

Laisse-moi vivre à ma façon!

بگذار به روش خودم زندگی کنم. بگذار آن طور که دلم می‌خواهد زندگی کنم.

de toute façon به هر حال، در هر حال

Yves n'est jamais content de toute façon.

به هر حال، ایو هیچ وقت راضی نیست.

facteur /fakteur/ le , **factrice** /faktris/ la

[اسم] نامه‌رسان، پستچی

Le facteur m'a apporté un colis.

پستچی برایم یک بسته آورد.

faible /fébl/ [صفت] ضعیف

Antoine a été malade, il est encore faible.
آنتوان مریض بود، او هنوز ضعیف است.
Marc est faible en calcul.
حساب مارک ضعیف است.

faillir /fayir/ [فعل] نزدیک بودن
J'ai failli tomber.
نزدیک بود بیفتم. داشتم می‌افتادم.

faim /faⁿ/ la [اسم] گرسنگی
J'ai faim. من گرسنه‌ام. گُشنمه.

faire /fér/ [فعل] ۱. کردن، انجام دادن
Julie fait ses devoirs.
ژولی تکالیفش را انجام می‌دهد.
۲. ساختن، درست کردن
L'oiseau fait son nid.
پرنده لانه می‌سازد.
۳. مرتب کردن
Faites votre lit!
تختخوابتان را مرتب کنید!
۴. مساوی بودن
Deux plus deux font quatre.
دو بعلاوهٔ دو مساوی است با چهار. دو و دو می‌شود چهار.
۵. تمرین کردن، بازی کردن
Jean fait du tennis.
ژان تنیس بازی می‌کند.
Il fait beau. هوا خوب است.
Il fait du vent. باد می‌آید.
Il fait nuit. شب است.

fait [1] /fé/ le [اسم] ۱. عمل، کار
Jean surveille tous les faits de ses voisins. ژان مراقبِ همهٔ اعمال همسایه‌هایش است.
۲. واقعه، رویداد
C'est un fait curieux!
واقعهٔ عجیبی است!
tout à fait کاملاً
Papa est tout à fait guéri.
بابا کاملاً خوب شده.

fait [2] /fé/ : il fait
صورت صرف‌شدهٔ فعلِ ***faire***.

fait [3] /fé/ , **faite** /fét/
صورت مفعولی فعلِ ***faire***.

faites /fét/ : vous faites
صورت صرف‌شدهٔ فعلِ ***faire***.

falloir /faluâr/
[فعل] ۱. بایستن
۲. لازم بودن
Pour une équipe de football, il faut onze joueurs.
برای تیم فوتبال، یازده بازیکن لازم است.
Il faut باید
Il faut partir. باید رفت.

familier /familyé/ ,
familière /familyér/
[صفت] ۱. خودمانی
Un mot familier یک کلمهٔ خودمانی
۲. آشنا
Une voix familière
یک صدای آشنا

فعلِ ***faillir*** در حالت مصدر، گذشتهٔ نقلی و گذشتهٔ بعید به کار می‌رود.

اگر انجامِ کاری را به دیگری محول کنیم فعلِ ***faire*** را قبل از مصدر می‌آوریم:
J'ai réparé mon vélo.
دوچرخه‌ام را درست کردم.
J'ai fait réparer mon vélo. دوچرخه‌ام را دادم درست کنند.

فعلِ ***falloir*** فقط با ضمیر سوم‌شخص مفرد ***(il)*** صرف می‌شود:
il faut, il fallait, ...

a = اَ	**é** = اِ	**e** = اُ (با دهان نیمه‌بسته)	**eu** = اُ ترکی درگُزل	**o** = اُ	**û** = او ترکی درگول	
u = او	**i** = ای	**âⁿ** = آ تودماغی	**aⁿ** = اَ تودماغی	**oⁿ** = اُ تودماغی	**r** = غ عربی	
y = ی	**nʸ** = نْیْ	**j** = ژ	**g** = گ	**ch** = ش	**s** = س	**z** = ز

famille /famiy/ la
[اسم] ۱. خانواده
Un père de famille پدر خانواده
۲. فامیل، قوم و خویش
Ils ont de la famille en Italie.
آنها در ایتالیا قوم و خویش دارند.

fantôme /fâ^{n}tom/ le
[اسم] شبح، روح
Les enfants ont peur des fantômes. بچه‌ها از روح می‌ترسند.

fantôme

fardeau /fardo/ le [اسم] بار
C'est un lourd fardeau pour vous.
این بار برای شما سنگین است.

fardeau با **x** جمع بسته می‌شود: ***fardeaux***.

farine /farin/ la [اسم] آرد
Farine de blé آرد گندم

fatigant /fatigâ^n/ , **fatigante** /fatigâ^{n}t/
[صفت] خسته کننده
Nous avons eu une journée fatigante. روز خسته‌کننده‌ای داشتیم. روز خسته‌کننده‌ای بود.

fatigue /fatig/ la
[اسم] خستگی
Je mourais de fatigue!
دارم از خستگی می‌میرم.

fatigué , fatiguée /fatigé/
[صفت] خسته
Je suis fatigué. خسته‌ام.

fatiguer /fatigé/
[فعل] خسته کردن
Les longues promenades fatiguent grand-mère.
گردش‌های طولانی مادربزرگ را خسته می‌کند.

fausse /fos/
نگاه کنید به ***faux, fausse***.

faut /fo/ : il faut
صورت صرف‌شدهٔ فعلِ ***falloir***.

faute /fot/ la [اسم] ۱. خطا، اشتباه، غلط
Flora a fait trois fautes dans sa dictée.
دیکتهٔ فلورا سه تا غلط داشت.
۲. تقصیر
C'est ta faute. تقصیر توست.

fauteuil /foteuy/ le
[اسم] صندلی (دسته‌دار)، مبل
Assieds-toi dans le fauteuil!
روی مبل بنشین!

fauve /fov/ le
[اسم] حیوان وحشی، جانور درنده
Le lion, le tigre et l'ours sont des fauves.
شیر، ببر و خرس حیوانات درنده‌اند.

faux /fo/ , **fausse** /fos/
[صفت] ۱. نادرست، غلط، اشتباه
La solution est fausse.
جواب مسئله غلط است.
۲. دروغ
C'est faux, je ne l'ai pas vu.
این دروغ است، من او را ندیده‌ام.
۳. قلابی، بدلی

Ce bijou est faux.

این جواهر بدلی است.

favori /favori/ , **favorite** /favorit/ [صفت] مورد علاقه

J'écoute mon disque favori.

صفحهٔ مورد علاقه‌ام را گوش می‌دهم.

fée /fé/ la [اسم] پری

Les fées ont une baguette magique.

پریان یک چوب جادویی دارند.

fée

félicitations /félisitasyo^{n}/ la

[اسم، جمع] تبریک، تبریکات

Toutes mes félicitations pour votre succès!

موفقیت شما را تبریک می‌گویم.

féliciter /félisité/

[فعل] تبریک گفتن

Après le match, nos amis nous ont félicités. بعد از مسابقه، دوستانمان به ما تبریک گفتند.

femelle /femél/ la [اسم] ماده

Une souris femelle یک موش ماده

féminin /fémina^{n}/ , **féminine** /féminin/

[صفت] ۱. زنانه

Un vêtement féminin

یک لباس زنانه

۲. مؤنث

Un adjectif féminin

یک صفت مؤنث

femme /fam/ la

[اسم] ۱. زن (در برابر مرد)

Ma grand-mère est une femme douce.

مادربزرگ من زن مهربانی است.

۲. همسر، زن (در برابر شوهر)

Marie est la femme de Paule.

ماری همسر پل است.

femme de chambre خدمتکار (زن)

femme de ménage خدمتکار (زن)

fenêtre /fenétr/ la

[اسم] پنجره

Ouvre la fenêtre, il fait chaud!

پنجره را باز کن، هوا گرم است!

fenêtre

femme de chambre خدمتکار هتل است، اما ***femme de ménage*** در خانه یا اداره کار می‌کند.

a = اَ	**é** = اِ	**e** = اُ (با دهان نیمه‌بسته)	**eu** = اُ ترکی درگُزل	**o** = اُ	**û** = او ترکی درگول	
u = او	**i** = ای	**â^{n}** = آ تودماغی	**a^{n}** = اَ تودماغی	**o^{n}** = اُ تودماغی	**r** = غ عربی	
y = ی	**n^{y}** = نْیْ	**j** = ژ	**g** = گ	**ch** = ش	**s** = س	**z** = ز

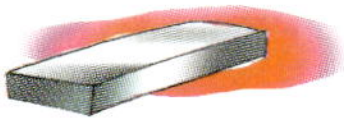

fer

fer à repasser

fer /fér/ le ‏۱. [اسم] آهن‏
‏۲. [به صورت جمع] زنجیر‏

de fer, en fer ‏آهنی، آهنین‏

La grille est en fer.

‏این نرده آهنی است.‏

fer à cheval ‏نعل اسب‏

fer à repasser ‏اتو‏

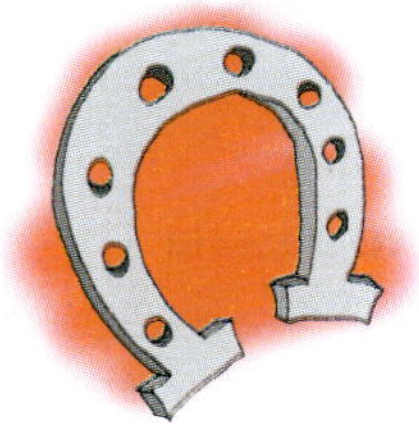

fer à cheval

ferme [1] /férm/ ‏[صفت] سفت‏

La pâte de gâteau est trop ferme. ‏خمیر کیک زیادی سفت است.‏

ferme [2] /férm/ la ‏[اسم] مزرعه‏

Jean travaille dans la ferme de son père.

‏ژان در مزرعهٔ پدرش کار می‌کند.‏

ferme

fermé , fermée /férmé/

‏[صفت] بسته‏

Cette boutique est fermée le lundi.

‏این مغازه دوشنبه‌ها بسته است.‏

fermer /férmé/ ‏[فعل] بستن‏

Ferme la fenêtre, j'ai froid!

‏پنجره را ببند، سردم است!‏

fermier /férmyé/ le ,
fermière /férmyér/ la

‏[اسم] کشاورز، زارع‏

fermier

féroce /féros/

‏[صفت] وحشی، درنده‏

Le tigre est une bête féroce.

‏ببر یک جانور درنده است.‏

fertile /fértil/ ‏[صفت] حاصلخیز‏

Des terres fertiles

‏زمین‌های حاصلخیز‏

fête /fét/ la ‏[اسم] ۱. جشن‏

Marie fait une fête pour son anniversaire.

‏ماری تولدش را جشن می‌گیرد.‏

‏۲. عید‏

La fête de Nowrouz ‏عید نوروز‏

fêter /fété/ ‏[فعل] جشن گرفتن‏

Le 25 décembre, on fête Noël.

‏۲۵ دسامبر، کریسمس را جشن می‌گیرند.‏

feu /feu/ le [اسم] آتش

Il ne faut pas jouer avec le feu.

نباید با آتش بازی کرد.

arme à feu

اسلحهٔ گرم (= هفت‌تیر، تفنگ و غیره)

feu rouge چراغ قرمز (راهنمایی)

feu با **x** جمع بسته می‌شود: ***feux***.

feu rouge

feu d'artifice

/feudartifis/ le [اسم] آتش‌بازی

feu d'artifice در جمع ***feux d'artifice*** می‌شود.

feuillage /feuyaj/ le

[اسم] شاخ و برگ، برگ‌ها

Le feuillage jaunit en automne.

برگ‌ها در پاییز زرد می‌شوند.

feuille /feuy/ la

[اسم] ۱. برگ

En automne, les feuilles tombent. در پاییز برگ‌ها می‌ریزند.

۲. ورق (کتاب یا دفتر)، برگ

Une feuille de papier

یک ورق کاغذ

feuille

fève /fév/ la [اسم] باقالی، باقلا

février /févriyé/ le

[اسم] فوریه

février دومین ماه سال میلادی است که ۲۸ روز دارد و هر ۴ سال یکبار ۲۹ روز می‌شود. این ماه مطابق است با ۱۲ بهمن تا ۹ یا ۱۰ اسفند.

fiancé , fiancée

/fyâ^{n}sé/ le, la [اسم] نامزد

Mon frère nous a présenté sa fiancée.

برادرم نامزدش را به ما معرفی کرد.

ficelle /fisél/ la [اسم] نخ، ریسمان

Marie a attaché le paquet avec de la ficelle.

ماری بسته را با نخ بست.

fiche /fich/ la [اسم] برگه، فیش

Les titres des livres sont inscrits sur des fiches.

اسامی کتاب‌ها روی برگه نوشته شده.

fidèle /fidél/ [صفت] وفادار، باوفا

Paul est un ami fidèle.

پل یک دوست باوفاست.

fier , fière /fyér/

[صفت] مغـرور

Alice est trop fière pour accepter qu'on l'aide.

آلیس بیش از آن مغرور است که کمک کسی را قبول کند.

fièvre /fyévr/ la [اسم] تب

Marie est malade. Elle a de la fièvre. ماری بیمار است. او تب دارد.

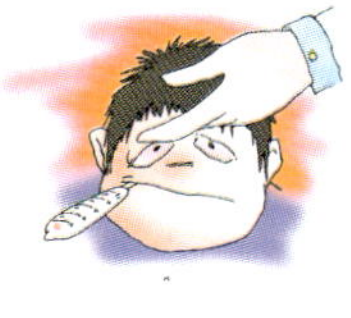

fièvre

a = آ	**é** = اِ	**e** = اُ (با دهان نیمه‌بسته)	**eu** = اُ ترکی درگُزل	**o** = اُ	**û** = او ترکی درگول
u = او	**i** = ای	**â**^{n} = آ تودماغی	**a**^{n} = اَ تودماغی	**o**^{n} = اُ تودماغی	**r** = غ عربی
y = ی	**n**^{y} = نْیْ	**j** = ژ	**g** = گ	**ch** = ش	**s** = س
z = ز					

figue /fig/ la [اسم] انجیر

Des figues sèches انجیر خشک

figure /figûr/ la

[اسم] ۱. صورت، قیافه

Va te laver la figure!

برو صورتت را بشور!

۲. شکل

Une figure géometrique

یک شکل هندسی

fil /fil/ le [اسم] ۱. نخ

Du fil fin نخ نازک

۲. سیم

Un fil électrique سیم برق

filet /filé/ le [اسم] تور

Un filet de pêche تور ماهیگیری

fille /fiy/ la [اسم] دختر

Marion est une gentille fille.

ماریون دختر مهربانی است.

Jean a trois filles.

ژان سه دختر دارد.

fille

fille هم به معنی فرزندِ دختر و هم به معنی دختری است که ازدواج نکرده.

film /film/ le [اسم] فیلم

Alice aime les films d'aventures.

آلیس فیلم‌های پرماجرا را دوست دارد.

Clara a mis un film dans sa caméra.

کلارا فیلم داخل دوربینش گذاشت.

film

fils /fis/ le [اسم] پسر

Madame Dubois a un fils.

خانم دوبوآ یک پسر دارد.

fils به معنیِ فرزندِ پسر است. دقت کنید که حرفِ «ا» در کلمهٔ ***fils*** تلفظ نمی‌شود.

filtre /filtr/ le [اسم] صافی، فیلتر

Le filtre d'un aspirateur

فیلتر جاروبرقی

fin [1] /fa^{n}/ la [اسم] پایان، انتها، آخر

J'ai lu ce livre du commencement jusqu'à la fin.

این کتاب را از اول تا آخر خواندم.

à la fin سرانجام، بالاخره، عاقبت

À la fin, Jean a répondu.

بالاخره ژان جواب داد.

fin

fin [2] /fa^{n}/ , **fine** /fin/

[صفت] ۱. ظریف، ریز

Du sable fin شن ریز، ماسه

۲. نازک

Du fil fin نخ نازک

final , finale [1] /final/

[صفت] نهایی، پایانی

La victoire finale پیروزی نهایی

finale [2] /final/ la

[اسم] مسابقهٔ نهایی، فینال

Notre équipe a gagné la finale.

تیم ما در فینال برنده شد.

finalement /finalmâ^n/

[قید] سرانجام، بالاخره، عاقبت

Isabelle a accepté mon invitation, finalement.

بالاخره ایزابل دعوتم را قبول کرد.

financier /finâ^{n}syé/ , **financière** /finâ^{n}syér/

[صفت] مالـی

Des problèmes financiers

مشکلات مالی

finir /finir/ [فعل] ۱. تمام کردن، به پایان رساندن

J'ai fini mon livre.

کتابم را تمام کردم.

۲. تمام شدن، پایان یافتن

Le film finit bientôt.

فیلم به زودی تمام می‌شود.

fixe /fiks/ [صفت] ۱. ثابت

Éric n'a pas une domicile fixe.

اریک مسکن ثابتی ندارد.

۲. مقطوع

Dans ce magasin, les prix sont fixes.

در این مغازه قیمت‌ها مقطوعند.

fixer /fiksé/ [فعل] نصب کردن، زدن

Papa fixe un tableau au mur.

بابا یک تابلو به دیوار می‌زند.

flamme /flam/ la

[اسم] شعله (آتش)

La flamme d'une bougie

شعلهٔ شمع

flanc /flâ^n/ le [اسم] پهلو

Le cheval s'est couché sur le flanc. اسب به پهلو خوابیده.

flèche /fléch/ la [اسم] ۱. تیر

On lance les flèches avec un arc. با کمان تیر می‌اندازند.

۲. فِلِش، پیکان

La sortie du cinéma est indiquée par une flèche.

راه خروج از سینما را با فلش نشان داده‌اند.

flèche

flechette /fléchét/ la , **jeu de flechettes** (بازیِ) دارت

jeu de flechettes

fleur /fleur/ la [اسم] گُل، شکوفه

Apporte-moi des fleurs!

برایم گل بیاورا!

fleur

fleurir /fleurir/

[فعل] گل دادن، شکوفه دادن

Cette plante fleurit à l'automne.

این گیاه در پاییز گل می‌دهد.

fleuriste /fleurist/ le, la

[اسم] گل‌فروش

a = اَ	**é** = اِ	**e** = اُ(با دهان نیمه‌بسته)	**eu** = اُ ترکی درگُزل	**o** = اُ	**û** = او ترکی درگول
u = او	**i** = ای	**â^n** = آ تودماغی	**a^n** = اَ تودماغی	**o^n** = اُ تودماغی	**r** = غ عربی
y = ی	**n^y** = نی	**j** = ژ	**g** = گ	**ch** = ش	**s** = س
z = ز					

fleuve /fleuv/ le [اسم] رود، رودخانه

La Loire est le plus grand fleuve de France.

لوآر بزرگترین رود فرانسه است.

flot /flo/ le [اسم] آب دریا، دریا

Les bateaux naviguent sur les flots. کشتی‌ها در دریا حرکت می‌کنند.

flûte /flût/ la [اسم] فلوت

Éric joue de la flûte.

اِریک فلوت می‌زند.

foi /fuâ/ la [اسم] ایمان (به خدا)

Avoir la foi, c'est croire en Dieu.

ایمان داشتن، یعنی اعتقاد داشتن به خدا.

foie /fuâ/ le [اسم] ۱. کبد

Une maladie du foie بیماری کبدی

۲. جگر

fois /fuâ/ la [اسم] دفعه، بار، مرتبه

Paul est venu ici deux fois.

پل دو دفعه اینجا آمده.

à la fois با هم، هم‌زمان

Ces enfants parlent tous à la fois.

این بچه‌ها همه هم‌زمان حرف می‌زنند.

Il était une fois یکی بود یکی نبود

folie /foli/ la [اسم] دیوانگی، جنون

C'est de la folie de rouler si vite!

این‌قدر تند راندن دیوانگی است!

fol /fol/ نگاه کنید به توضیحِ ***fou***.

folle /fol/ نگاه کنید به ***fou, folle***.

foncé , foncée /foⁿsé/

[صفت] (رنگ) تیره، سیر

Peau foncée پوست تیره

bleu foncé سرمه‌ای

fonction /foⁿksyoⁿ/ la

[اسم] شغل، کار، وظیفه

Quelles sont vos fonctions dans cette entreprise?

شما در این مؤسسه چه وظایفی دارید؟

fonctionnement

/foⁿksyonmâⁿ/ le [اسم] طرز کار

Explique-moi le fonctionnement de l'ordinateur!

طرز کار کامپیوتر را برایم شرح بده.

fonctionner /foⁿksyoné/

[فعل] عمل کردن، کار کردن

Cet appareil fonctionne bien.

این دستگاه خوب کار می‌کند.

fond /foⁿ/ le [اسم] ته

J'ai brûlé le fond de la poêle.

تهِ قابلمه را سوزاندم.

Ma chambre est au fond du couloir. اتاق من ته راهرو است.

Le fond de la mer ته دریا

fondre /foⁿdr/

[فعل] آب شدن، ذوب شدن

Le soleil a fondu la neige.

آفتاب برف را آب کرد.

font /foⁿ/ : ils font

صورت صرف‌شدهٔ فعلِ ***faire***.

fontaine /foⁿtén/ la
[اسم] چشمه
Il y a une jolie fontaine sur la place du village.
یک چشمهٔ زیبا در میدان دِه است.

football /futbol/ le
[اسم] فوتبال
Un match de football
مسابقهٔ فوتبال

football

force /fors/ la [اسم] نیرو، قدرت، زور
Il faut avoir de la force pour déplacer le piano.
برای جابجا کردن پیانو زور لازم است.

forcer /forsé/
[فعل] ۱. مجبور کردن، وادار کردن
L'orage nous a forcés à rentrer.
توفان ما را مجبور کرد برگردیم.
۲. (به زور) باز کردن
Le voleur a forcé la serrure.
دزد قفل را باز کرد.

forêt /foré/ la [اسم] جنگل
Alex aime marcher en forêt.
آلکس دوست دارد در جنگل قدم بزند.

forme /form/ la [اسم] شکل
Le cercle et le triangle sont des formes géométriques.
دایره و مثلث شکل‌های هندسی‌اند.

former /formé/
[فعل] تشکیل دادن، ایجاد کردن، درست کردن
Nous avons formé deux équipes. ما دو تیم تشکیل دادیم.

formidable /formidabl/
[صفت] عالی، فوق‌العاده
J'ai vu un film formidable.
یک فیلم عالی دیدم.

fort [1] /for/ , **forte** /fort/
[صفت] قوی، نیرومند
Je suis plus fort que toi.
من از تو قوی‌ترم.

fort [2] /for/ [قید] ۱. شدید، محکم
Frappe plus fort! محکم‌تر بزن!
۲. بسیار، خیلی
Paul a été fort mécontent.
پل خیلی ناراضی بود.

fortune /fortûn/ la
[اسم] ثروت
Une grosse fortune ثروت زیاد

کلمهٔ ***football*** از زبان انگلیسی گرفته شده و حروفِ ***oo*** به صورتِ /u/ و ***all*** به صورتِ /ol/ تلفظ می‌شود.

fort

a = اَ **é** = اِ **e** = (با دهان نیمه‌بسته) اُ **eu** = اُ ترکی درگُزل **o** = اُ **û** = او ترکی درگول
u = او **i** = ای **âⁿ** = آ تودماغی **aⁿ** = اَ تودماغی **oⁿ** = اُ تودماغی **r** = غ عربی
y = ی **nʸ** = نْیْ **j** = ژ **g** = گ **ch** = ش **s** = س **z** = ز

fossé /fosé/ le [اسم] چاله، گودال

La voiture est tombée dans le fossé. ماشین افتاد تو چاله.

fou /fu/ , **folle** /fol/

[صفت] دیوانه، خُل

Notre voisin est devenu fou.

همسایه‌مان خل شده.

fou

اگر کلمه‌ای که بعد از ***fou*** می‌آید با حرف صدادار شروع شود، به جای آن کلمهٔ ***fol*** می‌آید.

foudre /fudr/ la

[اسم] صاعقه، برق

Ce mouton a été frappé par la foudre. این گوسفند را صاعقه زد.

foulard /fular/ le

[اسم] روسری

Luc lui a offert un foulard de soie.

لوک به او یک روسری ابریشمی هدیه داد.

foule /ful/ la [اسم] جمعیت، مردم

La foule applaudit les coureurs.

مردم دوندگان را تشویق می‌کنند.

four /fur/ le [اسم] فِر (اجاق)

Mets le poulet dans le four!

مرغ را در فِر بگذار!

four

fourchette /furchét/ la

[اسم] چنگال

Un couteau et une fourchette

کارد و چنگال

fourchette

fourmi /furmi/ la

[اسم] مورچه

Les fourmis sont ou bien noirs ou bien rouges.

مورچه‌ها یا سیاهند یا قرمز.

fournir /furnir/

[فعل] فراهم کردن، تهیه کردن

L'école fournit les livres aux élèves.

مدرسه کتاب‌های دانش‌آموزان را تهیه می‌کند.

fourrure /furûr/ la

[اسم] پوست (حیوانات)

Un manteau de fourrure

پالتو پوست

fracture /fraktûr/ la

[اسم] شکستگی

Laura a une fracture du bras.

دست لورا شکسته.

fragile /frajil/

[صفت] ۱. شکستنی

Le verre est une matière fragile.

شیشه یک مادهٔ شکستنی است.

۲. ضعیف، بی‌بنیه

Mon frère est fragile.

برادرم بی‌بنیه است.

fraîcheur /frécheur/ la

[اسم] ۱. خنکی، هوای خنک

La fraîcheur de la nuit

خنکی شب

۲. تازگی

La fraîcheur des œufs

تازگی تخم‌مرغ‌ها

frais /fré/ , **fraîche** /fréch/
[صفت] ۱. خنک
Je bois un verre d'eau fraîche.
یک لیوان آب خنک می‌خورم.
۲. تازه
Du pain frais نان تازه

fraise /fréz/ la
[اسم] توت‌فرنگی
Brigitte aime les glaces à la fraise.
بریژیت بستنی توت‌فرنگی دوست دارد.

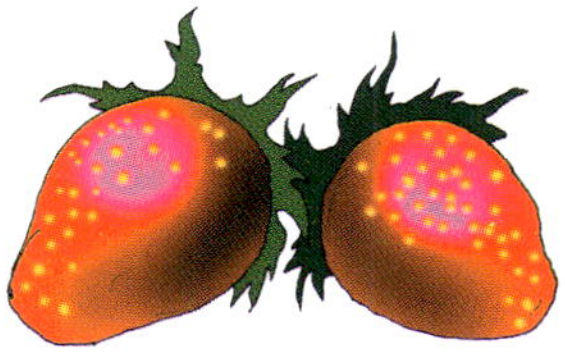

fraises

franc [1] /frâⁿ/ le

[اسم] فرانک (= واحد پول فرانسه، بلژیک و سوئیس)
Ce livre coûte 50 francs.
قیمت این کتاب پنجاه فرانک است.

franc [2] /frâⁿ/ , **franche** /frâⁿch/
[صفت] راستگو، روراست
Julie est très franche.
ژولی خیلی راستگوست.

français [1] /frâⁿsé/ le
[اسم] زبان فرانسه، فرانسه
Ce livre a été traduit en français.
این کتاب به زبان فرانسه ترجمه شده.

français [2] /frâⁿsé/ , **française** /frâⁿséz/
[صفت] فرانسوی، (مربوط به) فرانسه
La langue française زبان فرانسه

franchement /frâⁿchmâⁿ/
[قید] صادقانه، راست
Parle-moi franchement!
صادقانه حرف بزن! راستش را بگو!

franchir /frâⁿchir/
[فعل] گذشتن، عبور کردن
Le cheval a franchi le ruisseau.
اسب از نهر گذشت.

franchise /frâⁿchiz/ la
[اسم] صداقت، راستی
Simon m'a parlé avec franchise.
سیمون با صداقت با من حرف زد.

frapper /frapé/ [فعل] ۱. زدن
Quelqu'un frappe à la porte.
کسی در می‌زند. در می‌زنند.
۲. تحت تأثیر قرار دادن، ناراحت کردن
Jean a vu un film qui l'a beaucoup frappé.
ژان فیلمی دیده که خیلی او را تحت تأثیر قرار داده.

fraternité /fratérnité/ la
[اسم] برادری
"Liberté, Égalité, Fraternité"
«آزادی، برابری، برادری» (= شعار انقلاب فرانسه)

Français به معنی کسی که اهل فرانسه است، همیشه با حرف بزرگ نوشته می‌شود و اسم است نه صفت:
Les Français
فرانسوی‌ها، فرانسویان

a = اَ	**é** = اِ	**e** = (با دهان نیمه‌بسته) اُ	**eu** = اُ ترکی درگُزل	**o** = اُ	**û** = او ترکی درگول	
u = او	**i** = ای	**âⁿ** = آ تودماغی	**aⁿ** = اَ تودماغی	**oⁿ** = اُ تودماغی	**r** = غ عربی	
y = ی	**nʸ** = نی	**j** = ژ	**g** = گ	**ch** = ش	**s** = س	**z** = ز

fréquent /fréka^n/ , **fréquente** /fréka^{n}t/

[صفت] فراوان، زیاد

En cette saison, les pluies sont fréquentes.

در این فصل بارندگی زیاد است.

frère /frér/ le [اسم] برادر

Paul est le frère de Cathie.

پُل برادر کَتی است.

frisé , frisée /frizé/

[صفت] فِرخورده، فِرفِری

Julie a les cheveux frisés.

موهای ژولی فرفری است.

frites /frit/ la

[اسم، جمع] سیب‌زمینی سرخ‌کرده

J'ai mangé un bifteck avec des frites.

من بیفتک با سیب‌زمینی سرخ‌کرده خوردم.

froid [1] /fruâ/ , **froide** /fruâd/ [صفت] سرد، خنک

Paul prend une douche froide.

پل دوش آب سرد می‌گیرد.

froid [2] /fruâ/ le [اسم] سرما، هوای سرد

J'ai froid. سردم است. یخ کردم.

attrapper froid, prendre froid

سرما خوردن

Marie a pris froid.

ماری سرما خورده.

fumer

fromage /fromaj/ le

[اسم] پنیر

Pour mon petit déjeuner, je préfère le fromage.

برای صبحانه، من پنیر را ترجیح می‌دهم.

front /fro^n/ le [اسم] پیشانی

frontière /fro^{n}tyér/ la

[اسم] مرز

Les frontières d'un pays

مرزهای یک کشور

fruit /frûi/ le [اسم] میوه

La banane et la fraise sont des fruits. موز و توت‌فرنگی میوه‌اند.

fruits

fuir /fûir/ [فعل] فرار کردن، دررفتن، گریختن

Les soldats fuyaient devant les ennemis.

سربازها از مقابل دشمن می‌گریختند.

fuite /fûit/ la [اسم] فرار، گریز

Les cambrioleurs ont pris la fuite. دزدها فرار کردند.

fumée /fûmé/ la [اسم] دود

La fumée de cigarette دود سیگار

fumer /fûmé/

[فعل] ۱. دود کردن

Les bûches humides fument.

هیزم‌های تر دود می‌کنند.

۲. (سیگار) کشیدن

Fumer des cigarettes est dangereux pour la santé.

سیگار کشیدن برای سلامتی خطرناک است.

furieux /fûryeu/ , **furieuse** /fûryeuz/

[صفت] خشمگین، خیلی عصبانی

Marion est furieuse contre son frère.

ماریون از دست برادرش خیلی عصبانی است.

fusée /fûzé/ la

[اسم] ۱. موشک

On a envoyé une fusée à l'espace.

یک موشک به فضا فرستاده‌اند.

fusée

۲. فشفشه

On vend ici des fusées de toutes les couleurs.

اینجا همه رنگ فشفشه می‌فروشند.

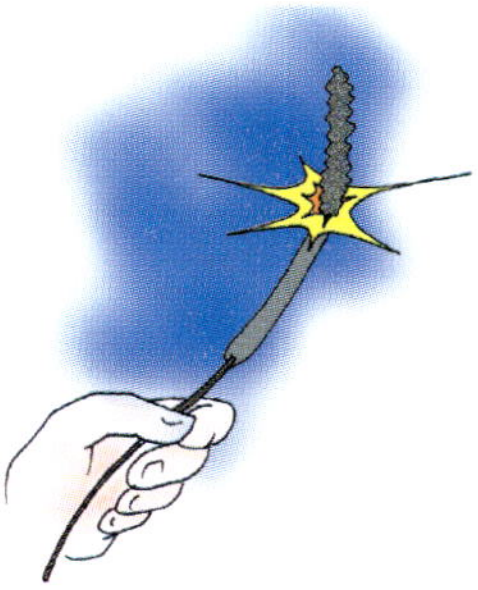

fusée

fusil /fûzi/ le [اسم] تفنگ

Le chasseur a pris son fusil.

شکارچی تفنگش را برداشت.

futur [1] , **future** /fûtûr/

[صفت] آینده

Cela servira aux générations futures.

این به درد نسل‌های آینده می‌خورد.

futur [2] /fûtûr/ le

[اسم] (زمان) آینده

Ils sont inquiets pour le futur.

آنها نگران آینده‌اند.

fuyons /fûyo^{n}/ : nous fuyons

صورت صرف‌شدهٔ فعلِ ***fuir***.

fusil

دقت کنید که حرفِ «l» در کلمهٔ ***fusil*** تلفظ نمی‌شود.

a = آ	**é** = اِ	**e** = اُ(با دهان نیمه‌بسته)	**eu** = اُ ترکی درگُزل	**o** = اُ	**û** = او ترکی درگول	
u = او	**i** = ای	**â**^{n} = آ تودماغی	**a**^{n} = اَ تودماغی	**o**^{n} = اُ تودماغی	**r** = غ عربی	
y = ی	**n**^{y} = نْی	**j** = ژ	**g** = گ	**ch** = ش	**s** = س	**z** = ز

G,g

galaxie

gagnant /gan^{y}â^{n}/ le , **gagnante** /gan^{y}â^{n}t/ la

[اسم] برنده

Flora est une des gagnantes.

فلورا یکی از برندگان (مسابقه) است.

gagner /gan^{y}é/

[فعل] ۱. بردن، برنده شدن

Les Français ont gagné le match. فرانسوی‌ها مسابقه را بردند.

۲. (پول) درآوردن

Paul gagne beaucoup d'argent.

پُل پول زیادی درمی‌آورد.

gai , gaie /gé/ [صفت] شاد، بانشاط

Marie est toujours gaie.

ماری همیشه شاد است.

gaiement /gémâ^{n}/

[قید] با شادی

Les enfants chantaient gaiement.

بچه‌ها با شادی آواز می‌خواندند.

gaieté /gété/ la [اسم] شادی، نشاط

Le visage de Pierre montre de la gaieté. چهرهٔ پیِر بانشاط است.

galaxie /galaksi/ la

[اسم] کهکشان

galerie /galri/ la

[اسم] ۱. دالان (زیرزمینی)، نقب

Les galeries d'une mine de charbon

دالان‌های یک معدن زغال‌سنگ

۲. نمایشگاه، گالری

gangster /gâ^{n}gstér/ le

[اسم] گانگستر، تبهکار

Des gangsters ont attaqué la banque.

گانگسترها به بانک حمله کردند.

gant /gâ^{n}/ le [اسم] دستکش

Marie met des gants de laine.

ماری دستکش پشمی دستش می‌کند.

garage /garaj/ le

[اسم] ۱. پارکینگ، توقفگاه

Papa met sa voiture au garage.

بابا ماشینش را در پارکینگ می‌گذارد.

۲. تعمیرگاه، گاراژ

Notre voiture est en réparation dans un garage.

اتومبیل ما برای تعمیر در تعمیرگاه است.

garagiste /garajist/ le, la
[اسم] گاراژدار

garantie /garâ^{n}ti/ la
[اسم] ضمانت
Ma voiture a une garantie d'un an. اتومبیل من یک سال ضمانت دارد.

garantir /garâ^{n}tir/
[فعل] ضمانت کردن
Notre ordinateur est garanti deux ans. کامپیوتر ما دو سال ضمانت دارد.

garçon /garso^n/ le
[اسم] ۱. پسر
Clara a deux filles et deux garçons.
کلارا دو دختر و دو پسر دارد.
François est un garçon intelligent.
فرانسوا پسر باهوشی است.
۲. پیشخدمت، گارسن

garde [1] /gard/ la
[اسم] نگهداری، مواظبت
Maman m'a confié la garde de mon petit frère.
مامان مواظبت از برادر کوچکم را به من سپرد.
prendre garde مواظب بودن
Prends garde aux voitures!
مواظب ماشین‌ها باش!

garde [2] /gard/ le, la
[اسم] ۱. نگهبان
Le prisonnier a échappé à ses gardes.
زندانی از دست نگهبان‌ها فرار کرد.
۲. محافظ

garder /gardé/
[فعل] ۱. مواظبت کردن، مراقبت کردن
Ma grande sœur garde des enfants.
خواهر بزرگم از بچه‌ها مراقبت می‌کند.
۲. نگه داشتن، نگهداری کردن
Laura a gardé ses jouets de bébé.
لورا اسباب‌بازی‌های کودکی‌اش را نگه داشته است.

garderie /garderi/ la
[اسم] مهدکودک
Papa emmène ma petite sœur à la garderie.
بابا خواهر کوچکم را به مهدکودک می‌برد.

gardien /gardiya^n/ le , **gardienne** /gardiyén/ la
[اسم] نگهبان، دربان
Un gardien de prison
نگهبان زندان، زندانبان
Le gardien de l'immeuble
نگهبان ساختمان
gardien de but دروازه‌بان

gare /gar/ la
[اسم] ایستگاه (قطار)
Le train entre en gare à 11 h.
قطار ساعت یازده وارد ایستگاه می‌شود.

garçon هم به معنیِ فرزندِ «پسر» و هم به معنیِ «پسربچه» یا «فرد نوجوان» است.

garçon

a = اَ	**é** = اِ	**e** = اُ(با دهان نیمه‌بسته)	**eu** = اُ ترکی درگُزل	**o** = اُ	**û** = او ترکی درگول	
u = او	**i** = ای	**â^n** = آ تودماغی	**a^n** = اَ تودماغی	**o^n** = اُ تودماغی	**r** = غ عربی	
y = ی	**n^y** = نْی	**j** = ژ	**g** = گ	**ch** = ش	**s** = س	**z** = ز

garer /garé/ [فعل] پارک کردن
Jean n'a pas trouvé de place pour garer sa voiture.
ژان برای پارک کردن ماشینش جا پیدا نکرد.

gâteau /gato/ le
[اسم] شیرینی، کیک
Un gâteau d'anniversaire
کیک تولد

gâteau بـا **x** جمع بسته می‌شود: ***gâteaux***.

gâteau

gauche [1] /goch/ [صفت] چپ
Luc s'est cassé la jambe gauche. پای چپ لوک شکسته.

gauche [2] /goch/ la
[اسم] (سمت) چپ، دست چپ
Tournez à gauche!
بپیچید دست چپ!

gaucher /goché/ , **gauchère** /gochér/
[صفت] چپ‌دست
Marcel est gaucher.
مارسل چپ‌دست است.

gaz /gaz/ le [اسم] گاز
Une cuisinière à gaz اجاق گاز

gaz در جمع تغییر نمی‌کند.

gazelle /gazél/ la
[اسم] غزال، آهو

gazelle

gazeux /gazeu/ , **gazeuse** /gazeuz/ [صفت] گازدار
Une boisson gazeuse
نوشیدنی گازدار

gazon /gazo^{n}/ le [اسم] چمن
Ils se sont couchés sur le gazon. آنها روی چمن خوابیدند.
نگاه کنید به توضیحِ ***pelouse***.

gazon

géant /jéâ^{n}/ le , **géante** [1] /jéâ^{n}t/ la [اسم] غول

géant

géant /jéâ^{n}/ , **géante** [2] /jéâ^{n}t/ [صفت] غول‌پیکر، خیلی بزرگ
Au zoo, j'ai vu des tortues géantes. در باغ‌وحش، لاک‌پشت‌های خیلی بزرگی دیدم.
Une sucette géante
یک آب‌نبات خیلی‌بزرگ

gel /jél/ le [اسم] یخبندان
Le gel a abîmé la route.
یخبندان جاده را خراب کرده.

gêne /jén/ la [اسم] زحمت

La grand-mère a de la gêne à respirer.

مادربزرگ به زحمت نفس می‌کشد.

gêner /jéné/ [فعل] اذیت کردن، آزار دادن

Les bruits de la rue me gênent.

سر و صدای خیابان اذیتم می‌کند.

La fumée vous gêne-t-elle?

دود اذیتتان می‌کند؟

général [1] **, générale** /jénéral/ [صفت] عمومی، همگانی

واژهٔ ***général*** در جمع ***généraux*** می‌شود.

en général معمولاً

Papa se lève à sept heures en général. بابا معمولاً ساعت هفت از خواب بلند می‌شود.

général [2] /jénéral/ le

[اسم] ژنرال، امیر، تیمسار

généralement /jénéralmâ^n/ [قید] معمولاً

Luc rentre généralement vers six heures.

لوک معمولاً حدود ساعت شش برمی‌گردد.

généreux /jénéreu/ , **généreuse** /jénéreuz/

[صفت] سخاوتمند، دست و دلباز

C'est une femme généreuse.

زن دست و دلبازی است.

gelée /jelé/ la

[اسم] ۱. یخ‌بندان، یخ

La terre est couverte de gelée.

زمین پوشیده از یخ است.

۲. ژله

De la gelée d'ananas ژلهٔ آناناس

gelée

geler /jelé/ [فعل] ۱. یخ زدن، یخ بستن

L'eau a gelé. آب یخ زده است.

۲. یخ کردن، از سرما یخ زدن

On gèle ici.

اینجا آدم از سرما یخ می‌زند.

gênant /jénâ^n/ , **gênante** /jénâ^{n}t/ [صفت] آزاردهنده، عذاب‌آور

Cette musique est très gênante.

(صدای) این آهنگ آزاردهنده است.

gendarme /jâ^{n}darm/ le

[اسم] ژاندارم، مأمور نیروی انتظامی

Les gendarmes arrêtent les automobilistes qui roulent trop vite. ژاندارم‌ها رانندگانی را که خیلی تند می‌رانند متوقف می‌کنند.

gendarmerie /jâ^{n}darmeri/ la [اسم] ژاندارمری، نیروی انتظامی

générosité /jénérozité/ la
[اسم] سخاوت، دست و دلبازی
Il m'a récompensé avec générosité.
او پاداش سخاوتمندانه‌ای به من داد.

génie /jéni/ le [اسم] ۱. نبوغ
Ce musicien avait du génie.
این موسیقی‌دان دارای نبوغ بود.
۲. نابغه
Ce mathématicien est un génie.
این ریاضی‌دان یک نابغه است.
۳. جِن
Le bon génie d'un conte de fée
جن خوب (در) قصهٔ پریان

genou با **x** جمع بسته می‌شود: **genoux**.

genou /jenu/ le [اسم] زانو
Simon s'est mis à genoux.
سیمون زانو زد.

genre /jâ"r/ le [اسم] نوع، جور
Je n'aime pas ce genre de vêtements.
من این‌جور لباس‌ها را دوست ندارم.

gens /jâ"/ le
[اسم، جمع] اشخاص، افراد، آدم‌ها
Connais-tu ces gens?
این آدم‌ها را می‌شناسی؟

gentil /jâ"ti/ , **gentille** /jâ"tiy/ [صفت] مهربان
Marie est très gentille avec son frère.
ماری با برادرش خیلی مهربان است.

gentillesse /jâ"tiyés/ la
[اسم] مهربانی
Mamie est d'une grande gentillesse.
مامان‌بزرگ خیلی مهربان است.

gentiment /jâ"timâ"/
[قید] با مهربانی
Simon m'a répondu très gentiment.
سیمون با مهربانی زیاد جواب مرا داد.

géographie /jéografi/ la
[اسم] جغرافی
Un livre de géographie
کتاب جغرافی

géographique /jéografik/
[صفت] جغرافیایی، (مربوط به) جغرافی
Une carte géographique
یک نقشهٔ جغرافی

géométrie /jéométri/ la
[اسم] هندسه
Un problème de géométrie
مسئلهٔ هندسه

géométrique /jéométrik/
[صفت] هندسی
Le cercle et le carré sont des formes géométriques.
دایره و مربع اَشکال هندسی‌اند.

geste /jést/ le
[اسم] حرکات سر و دست
Paul fait beaucoup de gestes en parlant.
پُل موقع حرف زدن خیلی سر و دستش را تکان می‌دهد.

gigantesque /jigâ[n]tésk/

[صفت] غول پیکر، عظیم‌الجثه

Un animal gigantesque

یک حیوان عظیم‌الجثه

gigo /jigo/ le

[اسم] ژیگو (=ران گوسفند یا بره)

gilet /jilé/ le [اسم] جلیقه

Un gilet de laine جلیقهٔ پشمی

gilet

girafe /jiraf/ la [اسم] زرافه

girafe

glace /glas/ la [اسم] ۱. یخ

۲. بستنی

Jean aime les glaces à la fraise.

ژان بستنی توت‌فرنگی دوست دارد.

۳. آینه

Je me regarde dans la glace.

خودم را در آینه نگاه می‌کنم.

نگاه کنید به توضیحِ ***miroir***.

glaçon /glaso[n]/ le

[اسم] (قطعه) یخ

J'ai mis deux glaçons dans mon jus d'orange.

دو تا یخ در آب پرتقالم انداختم.

glissade /glisad/ la

[اسم] سرسره‌بازی، سُر خوردن

Pierre fait des glissades sur la glace.

پیِر روی یخ سرسره‌بازی می‌کند.

glissade

glissant /glisâ[n]/ , **glissante** /glisâ[n]t/

[صفت] لیز، سُر، لغزنده

La route est glissante.

جاده لغزنده است.

glisser /glisé/

[فعل] ۱. سُرخوردن، لیز خوردن

Marie a glissé sur une peau de banane.

ماری روی پوست موز لیز خورد.

۲. (از لایِ در و غیره) به داخل انداختن

Le facteur a glissé une lettre sous la porte.

پستچی یک نامه را از زیر در انداخت تو.

glissade بـه مـعنی سُـر خوردن روی برف و یخ یا زمین بـرای بـازی و تـفریح است.

a = آَ	**é** = اِ	**e** = اُ(با دهان نیمه‌بسته)	**eu** = اُ ترکی درگُزل	**o** = اُ	**û** = او ترکی درگول	
u = او	**i** = ای	**â[n]** = آ تودماغی	**a[n]** = اَ تودماغی	**o[n]** = اُ تودماغی	**r** = غ عربی	
y = ی	**n[y]** = نْیْ	**j** = ژ	**g** = گ	**ch** = ش	**s** = س	**z** = ز

globe

gourmand

globe /glob/ le [اسم] کُره، گوی
Le globe (terrestre) کُرهٔ زمین

gluant /glûâⁿ/ , **gluante** /glûâⁿt/ [صفت] چسبناک
Le blanc d'œuf est gluant.
سفیدهٔ تخم‌مرغ چسبناک است.

golf /golf/ le [اسم] (بازی) گلف

golf

golfe /golf/ le [اسم] خلیج
(= قسمتی از دریا که داخل خشکی شده باشد.)

gomme /gom/ la
[اسم] پاک‌کن
J'ai perdu ma gomme.
پاک‌کنم را گم کرده‌ام.

gommer /gomé/
[فعل] (با پاک‌کن) پاک کردن
Yves gomme un mot.
ایو یک کلمه را پاک می‌کند.

gonfler /goⁿflé/
[فعل] باد کردن
Flora gonfle son ballon.
فلورا بادکنکش را باد می‌کند.

gorge /gorj/ la [اسم] گلو، حلق
Marie a mal à la gorge.
ماری گلودرد دارد. گلوی ماری درد می‌کند.

gorgée /gorjé/ la
[اسم] جرعه، قلپ
Bois une gorgée d'eau!
یک قلپ آب بخور!

gorille /goriy/ le [اسم] گوریل

gorille

gouffre /gufr/ le [اسم] غار
Ils sont descendus avec une corde au fond d'un gouffre souterrain. آنها با یک طناب به تهِ یک غار زیرزمینی رفتند.

gourmand /gurmâⁿ/ , **gourmande** /gurmâⁿd/
[صفت] شکمو، پُرخور، دَله
Julie est très gourmande.
ژولی خیلی شکموست.

gourmandise /gurmâⁿdiz/ la
[اسم] پُرخوری، دَلگی

Je n'ai pas faim, je mange par gourmandise.

گرسنه‌ام نیست، (بلکه) از روی دلگی می‌خورم.

goût /gu/ le

[اسم] ۱. (حس) چشایی

۲. مزه، طعم

Cette sauce a un mauvais goût.

این سُس طعم بدی دارد. این سُس بدمزه است.

۳. سلیقه

Alice a beaucoup de goût.

آلیس خیلی باسلیقه است.

goûter 1 /guté/

[فعل] ۱. چشیدن

Le cuisinier goûte la sauce.

آشپز سس را می‌چشد.

۲. عصرانه خوردن

Après la classe, nous goûtons.

بعد از کلاس، عصرانه می‌خوریم.

goûter 2 /guté/ le

[اسم] عصرانه

Je prends un pain au chocolat pour mon goûter.

عصرانه نان و شکلات می‌خورم.

goutte /gut/ la [اسم] قطره، چکه

Une goutte d'eau یک قطره آب

gouvernement

/guvérnemâ^{n}/ le [اسم] دولت

Le gouvernement français

دولت فرانسه

grâce /gras/ la [اسم] ظرافت، قشنگی، ناز

Alice marche avec grâce.

آلیس با ظرافت راه می‌رود.

grâce à به کمکِ، به لطفِ

J'ai pu le faire grâce à toi.

به کمک تو توانستم این کار را انجام دهم.

gracieux /grasyeu/, **gracieuse** /grasyeuz/

[صفت] قشنگ، ناز

Natacha est une enfant gracieuse. ناتاشا بچهٔ نازی است.

grain /gra^{n}/ le [اسم] دانه

Les grains de blé دانه‌های گندم

grain de raisin حبهٔ انگور

graine /grén/ la [اسم] بذر، تخم، دانه

graine

graisse /grés/ la

[اسم] ۱. چربی

Une tache de graisse

یک لکهٔ چربی

۲. پیه

a = آ	é = اِ	e = اُ(با دهان نیمه‌بسته)	eu = اُ ترکی درگُزل	o = اُ	û = او ترکی درگول	
u = او	i = ای	â^{n} = آ تودماغی	a^{n} = اَ تودماغی	o^{n} = اُ تودماغی	r = غ عربی	
y = ی	n^{y} = نْی	j = ژ	g = گ	ch = ش	s = س	z = ز

grammaire /gramér/ la

[اسم] دستور (زبان)، گرامر

Luc étudie la grammaire.

لوک دستور زبان می‌خواند.

Une faute de grammaire

یک اشتباه دستوری

gramme /gram/ le

[اسم] گِرم (= یک هزارم کیلو)

grand /grâ^{n}/ , **grande** /grâ^{n}d/ [صفت] بزرگ

Paul habite dans une grande ville.

پُل در یک شهر بزرگ زندگی می‌کند.

Élisa est ma grande sœur.

اِلیزا خواهر بزرگم است.

grandeur /grâ^{n}deur/ la

[اسم] بزرگی، اندازه

Philippe a des boîtes de toutes les grandeurs.

فیلیپ در هر اندازه‌ای جعبه دارد.

grandir /grâ^{n}dir/

[فعل] بزرگ شدن

Les enfants grandissent.

بچه‌ها بزرگ می‌شوند.

grand-mère در جمع به صورتِ ***grand-mères*** نوشته می‌شود.

grand-mère /grâ^{n}mér/ la

[اسم] مادربزرگ

grand-père در جمع به صورتِ ***grand-pères*** نوشته می‌شود.

grand-père /grâ^{n}pér/ le

[اسم] پدربزرگ

grands-parents /grâ^{n}parâ^{n}/ le

[اسم، جمع] پدربزرگ و مادربزرگ

grappe /grap/ la [اسم] خوشه

Je cueille une grappe de raisin.

یک خوشه انگور می‌چینم.

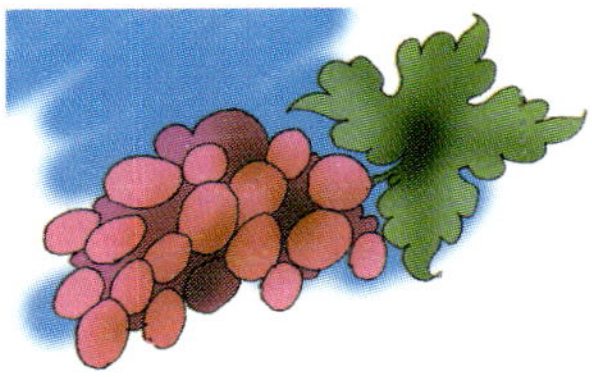

grappe de raisin

gras [1] /gra/ , **grasse** /gras/

[صفت] ۱. چرب

Le beurre et l'huile sont des matières grasses.

کَره و روغن مواد چرب هستند.

۲. چاق

Une femme grasse یک زن چاق

gras [2] /gra/ le [اسم] چربی، پیه

Luc n'aime pas le gras du jambon.

لوک چربی ژامبون را دوست ندارد.

gratte-ciel /gratsyél/ le

[اسم] آسمان‌خراش، برج

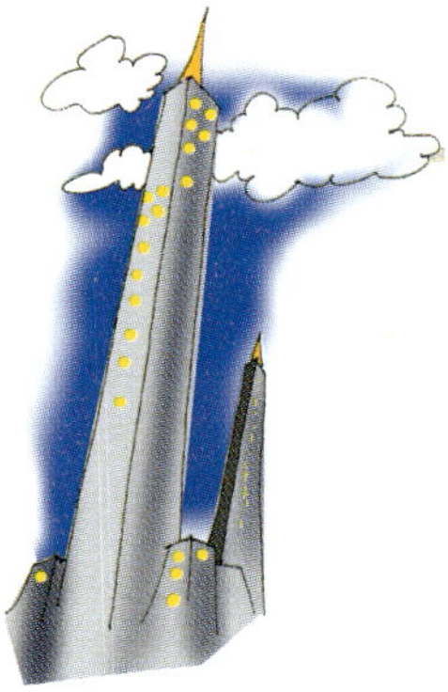

gratte-ciel

gratter /graté/ [فعل] خاراندن
Gratte-moi dans le dos!
پشتم را بخاران!
se gratter (خود را) خاراندن
Le chien se gratte le cou.
سگ گردنش را می‌خاراند.

gratuit /gratûi/ , **gratuite** /gratûit/ [صفت] مجانی
Certains jours, l'entrée des musées est gratuite.
بعضی از روزها، ورود به موزه مجانی است.

gratuitement /gratûitmâ^n/ [قید] مجانی
Les enfants sont entrés au zoo gratuitement.
بچه‌ها مجانی وارد باغ‌وحش شدند.

grave /grav/ [صفت] ۱. مهم
Tu as perdu ton stylo, ce n'est pas grave.
مهم نیست که خودنویست را گم کرده‌ای.
۲. حاد، خطرناک
Une grave blessure
یک زخم خطرناک
accent grave آکسان گراو

gravement /gravmâ^n/ [قید] به شدت، به سختی
Victor est gravement blessé.
ویکتور به سختی مجروح شد.

grenier /grenyé/ le [اسم] انبار
Nous avons mis les vieux meubles dans le grenier.
اثاث کهنه را در انباری گذاشتیم.

grenier

grenouille /grenuy/ la [اسم] قورباغه

grenouille

grille /griy/ la [اسم] نرده
Le jardin est entouré de grilles.
دور باغ نردهٔ آهنی است.

grille

griller /griyé/ [فعل] کباب کردن
Luc fait griller des saucisses.
لوک دارد سوسیس‌ها را کباب می‌کند.

accent grave علامتی است که روی بعضی از حروف صدادار قرار می‌گیرد، مثلاً روی حرفِ **e** در کلمهٔ p**è**re.

a = اَ	**é** = اِ	**e** = اُ(با دهان نیمه‌بسته)	**eu** = اُ ترکی درگُزل	**o** = اُ	**û** = او ترکی درگول
u = او	**i** = ای	**â^n** = آ تودماغی	**a^n** = اَ تودماغی	**o^n** = اُ تودماغی	**r** = غ عربی
y = ی	**n^y** = نْیْ	**j** = ژ	**g** = گ	**ch** = ش	**s** = س

groseille میوه‌ای است شبیه انگور با دانه‌های ریز ترش به رنگ‌های سرخ یا سفید.

grimace

groupe

grimace /grimas/ la
[اسم] شکلک، ادا
faire des grimaces
شکلک درآوردن، اَدا درآوردن
Mon frère fait des grimaces pour nous faire rire.
برادرم برای خنداندن ما شکلک درمی‌آورد.
faire la grimace اخم کردن
Ne fais pas la grimace!
اخم نکن!

grippe /grip/ la [اسم] گریپ، آنفلوانزا
Flora a la grippe.
فلورا آنفلوانزا گرفته.

gris [1] /gri/ , **grise** /griz/
[صفت] خاکستری، طوسی
Élisa a mis sa jupe grise.
الیزا دامن خاکستری‌اش را پوشیده.

gris [2] /gri/ le
[اسم] (رنگ) خاکستری، (رنگ) طوسی
Le mur est peint en gris.
دیوار را رنگ طوسی زده‌اند.

gros /gro/ , **grosse** /gros/
[صفت] ۱. بزرگ، گنده
Il a une grosse voiture.
او ماشین بزرگی دارد.
۲. چاق
Mon chat est trop gros.
گربه‌ام زیادی چاق است.
۳. قابل ملاحظه، خیلی زیاد
Elle a une grosse fortune.
او ثروت خیلی زیادی دارد.

groseille /grozéy/ la
[اسم] انگورفرنگی
De la gelée de groseille
ژلهٔ انگورفرنگی

grosseur /groseur/ la
[اسم] درشتی
Le prix des œufs varie selon leur grosseur. قیمت تخم‌مرغ برحسب درشتی‌اش فرق می‌کند.

grossier /grosyé/ ,
grossière /grosyér/
[صفت] بی‌ادب، بی‌تربیت
Luc a été grossier avec la maîtresse.
لوک به معلمش بی‌ادبی کرد.

grossir /grosir/
[فعل] چاق شدن
Philippe a encore grossi.
فیلیپ باز هم چاق شده.

grotte /grot/ la [اسم] غار

groupe /grup/ le [اسم] گروه، دسته
Un groupe de touristes
یک گروه توریست

grouper /grupé/
[فعل] دسته کردن، یک‌جا جمع کردن
Jérome a groupé tous ses livres.
ژِروم تمام کتاب‌هایش را دسته کرد.
se grouper جمع شدن
Les élèves se sont groupés autour de l'aquarium.
بچه‌ها دور آکواریوم جمع شدند.

guêpe /gép/ la [اسم] زنبور
Marie a été piquée par une guêpe. زنبور ماری را نیش زده.

guèpe

guérir /gérir/
[فعل] ۱. معالجه کردن، درمان کردن
Ce médecin a guéri Alex.
این پزشک آلکس را معالجه کرده.
۲. معالجه شدن، خوب شدن
Tu vas guérir dans deux jours.
تا دو روز دیگر خوب می‌شوی.

guérison /gérizo^n/ la
[اسم] معالجه، درمان
La guérison de Maxime a été lente.
معالجهٔ ماکسیم به کندی صورت گرفت.
ماکسیم دیر خوب شد.

guerre /gér/ la [اسم] جنگ
Ces deux pays sont en guerre.
این دو کشور در حال جنگند.

gueule /geul/ la
[اسم] دهان (جانوران)، پوزه
La gueule d'un chien پوزهٔ سگ

guichet /giché/ le
[اسم] باجه، گیشه
Les guichets de la poste
باجه‌های پست

guide /gid/ le, la
[اسم] راهنما
Les touristes se sont groupés autour du guide.
توریست‌ها دور راهنمایشان جمع شدند.

guider /gidé/
[فعل] راهنمایی کردن
Une jeune femme guide les visiteurs. یک زن جوان بازدیدکنندگان را راهنمایی می‌کند.

guillemets /giymé/ le
[اسم، جمع] گیومه

guitare /gitar/ la [اسم] گیتار
Luc joue de la guitare.
لوک گیتار می‌زند.

guitariste /gitarist/ le, la
[اسم] نوازندهٔ گیتار، گیتارزن

gymnastique /jimnastik/ la
[اسم] ۱. ژیمناستیک
Professeur de gymnastique
معلم ژیمناستیک، مربی ژیمناستیک
۲. نرمش، ورزش
Jean fait de la gymnastique tous les matins.
ژان هر روز صبح ورزش می‌کند.

abeille برخلافِ ***guêpe*** زنبوری است که عسل تولید نمی‌کند.

guillemets علامتی است به شکلِ « » که یک یا چند کلمه در میان آن قرار می‌گیرد و معمولاً برای نقل‌قول به کار می‌رود.

guitare

guitariste

a = اَ	**é** = اِ	**e** = اُ (با دهان نیمه‌بسته)	**eu** = اُ ترکی درگُزل	**o** = اُ	**û** = او ترکی درگول
u = او	**i** = ای	**â^n** = آ تودماغی	**a^n** = اَ تودماغی	**o^n** = اُ تودماغی	**r** = غ عربی
y = ی	**n^y** = نْیْ	**j** = ژ	**g** = گ	**ch** = ش	**s** = س	**z** = ز

H,h

* در زبان فرانسه، حرف **h** گاه جزو حروف صدادار است (مانندِ ***l'habit***) و گاه جزو حروف بی‌صدا (مانندِ ***le haricot***). از این‌رو، برای تمایز، هر جا که **h** بی‌صداست، در تلفظ، علامت /'/ را آورده‌ایم.

فعلِ ***habiter*** را می‌توان به طور اختیاری با حرف اضافهٔ ***à*** یا بدون آن به کار برد.

habile /abil/ [صفت] ماهر، وارد
Jean est très habile.
ژان خیلی ماهر است.

habileté /abilté/ la
[اسم] مهارت
Nous admirons l'habileté de Pierre.
ما مهارت پیِر را تحسین می‌کنیم.

habiller /abiyé/
[فعل] لباس تن (کسی) کردن
Flora habille sa poupée.
فلورا لباس تن عروسکش می‌کند.
s'habiller (لباس) پوشیدن، لباس تن کردن
Alice est en train de s'habiller.
آلیس دارد لباس می‌پوشد.

habit /abi/ le [اسم] لباس، رخت
Je range mes habits dans l'armoire.
لباس‌هایم را در گنجه مرتب می‌کنم.

habitant /abitâ[n]/ le , **habitante** /abitâ[n]t/ la
[اسم] ۱. ساکن، مقیم
۲. [به صورت جمع] اهالی، جمعیت
Il y a vingt mille habitants dans notre ville.
شهر ما بیست هزار نفر جمعیت دارد.

habitation /abitasyo[n]/ la
[اسم] محل سکونت، خانه، منزل
Nous cherchons une autre habitation.
ما دنبال یک خانهٔ دیگر می‌گردیم.

habiter /abité/
[فعل] سکونت کردن، زندگی کردن
Luc habite (à) Paris.
لوک در پاریس زندگی می‌کند.

habitude /abitûd/ la
[اسم] عادت
Paul a l'habitude de se lever tôt.
پُل عادت دارد زود از خواب بیدار شود.

haine /'én/ la [اسم] نفرت، بیزاری
J'ai de la haine de l'injustice.
من از بی‌عدالتی بیزارم.

haïr /'air/ [فعل] متنفر بودن، نفرت داشتن، بیزار بودن
Alex hait le mensonge.
آلکس از دروغ بیزار است.

hait /é/ : il hait

صورت صرف‌شدهٔ فعلِ ***haïr***.

haïssent /'ais/ : ils haïssent

صورت صرف‌شدهٔ فعلِ ***haïr***.

halte [1] /'alt/ la [اسم] توقف

Au sommet de la montagne, nous avons fait une halte.

ما در قلهٔ کوه توقف کردیم.

halte! [2] /'alt/

[عبارت تعجبی] ایست!

haltère /altér/ le

[اسم] وزنه، هالتر

Un haltère de 200 kilos

یک وزنهٔ دویست کیلویی

hand-ball /'â^{n}dbal/ la

[اسم] هندبال

Match de handball

مسابقهٔ هندبال

haricot /'ariko/ le [اسم] لوبیا

Les haricots verts لوبیا سبز

hasard /'azar/ le

[اسم] اتفاق، پیشامد

Les hasards de la vie

اتفاقات زندگی

par hasard اتفاقی، تصادفاً، برحسب اتفاق

J'ai retrouvé mon cahier par hasard. اتفاقی دفترم را پیدا کردم.

haut [1] /'o/ , **haute** /'ot/

[صفت] ۱. بلند

Le plafond est haut.

سقف بلند است.

Marie a parlé à voix haute.

ماری با صدای بلند حرف زد.

۲. بالا، زیاد

Haute température دمای بالا

haut [2] /'o/ le [اسم] ۱. ارتفاع

Cette tour a 300 mètres de haut.

این برج سیصد متر ارتفاع دارد.

۲. بالا

Yves est assis sur le haut du mur.

ایو بالای دیوار نشسته است.

haut [3] /'o/

[قید] ۱. در ارتفاع بالا، بالا

L'avion vole haut.

هواپیما در ارتفاع بالا پرواز می‌کند.

Pierre est en haut.

پیِر آن بالاست.

۲. با صدای بلند، بلند

Dites tout haut ce que vous pensez!

با صدای بلند بگویید که چه فکر می‌کنید!

hauteur /'oteur/ la

[اسم] بلندی، ارتفاع

Le mur a deux mètres de hauteur. دیوار دو متر ارتفاع دارد.

haut-parleur /'oparleur/ le

[اسم] بلندگو

ball در کلمهٔ ***hand-ball*** به صورتِ /bal/، ولی در کلمهٔ ***football*** به صورتِ /bol/ تلفظ می‌شود.

haut-parleur در جمع به صورتِ ***haut-parleurs*** نوشته می‌شود.

a = اَ **é** = اِ **e** = اُ(با دهان نیمه‌بسته) **eu** = اُ ترکی درگُزل **o** = اُ **û** = او ترکی درگول

u = او **i** = ای **â^n** = آ تودماغی **a^n** = اَ تودماغی **o^n** = اُ تودماغی **r** = غ عربی

y = ی **n^y** = نْیْ **j** = ژ **g** = گ **ch** = ش **s** = س **z** = ز

hé! /'é/ [عبارت تعجبی] هی! آهای!

Hé, toi! viens ici!

هی، تو! بیا اینجا!

hebdomadaire
/ébdomadér/ [صفت] هفتگی

Le carnet de note hebdomadaire

دفتر یادداشت هفتگی

hélas! /'élas/
[عبارت تعجبی] افسوس! حیف!

Hélas! les vacances sont finies!

حیف! تعطیلات تمام شد!

hélicoptère /élikoptér/ le
[اسم] هلیکوپتر

hélicoptère

herbe /érb/ la [اسم] علف، چمن

Hier, nous avons déjeuné sur l'herbe.

دیروز روی چمن ناهار خوردیم.

hérisson /'ériso^{n}/ le
[اسم] جوجه‌تیغی

Les hérissons se réfugient sous les feuilles. جوجه‌تیغی‌ها به زیرِ برگ‌ها پناه می‌برند.

hérisson

héritage /éritaj/ le
[اسم] ارث

Maman a reçu un appartement en héritage.

مامان یک خانه به ارث برده.

hériter /érité/ [فعل] ارث بردن

Jean a hérité de la maison de ses parents. ژان از پدر و مادرش یک خانه به ارث برده.

héritier /érityé/ le ,
héritière /érityér/ la
[اسم] وارث

Une riche héritière

یک وارث پولدار

héros /'éro/ le , **héroïne**
/'éroin/ la [اسم] قهرمان

Un héros national

یک قهرمان ملی

hésitation /ézitasyo^{n}/ la
[اسم] شک، تردید

Avant de répondre, Lisa eut une hésitation.

لیزا قبل از جواب دادن شک داشت.

hésiter /ézité/
[فعل] شک کردن، تردید داشتن

J'hésite entre deux solutions.

بین دو راه‌حل شک دارم.

heure /eur/ la
[اسم] ۱. ساعت

Il y a vingt-quatre heures dans une journée.

یک روز بیست و چهار ساعت است.

۲. موقع، وقت، زمان

C'est l'heure de manger.

وقت غذا خوردن است.

de bonne heure زود

Simon se lève de bonne heure.

سیمون (صبح) زود از خواب بیدار می‌شود.

tout à l'heure الان، زود

Je reviendrai tout à l'heure.

الان برمی‌گردم.

heureusement

/eureuzmâ^{n}/ [قید] خوشبختانه

Heureusement, j'ai retrouvé mon cahier.

خوشبختانه دفترم را پیدا کردم.

heureux /eureu/ , **heureuse** /eureuz/

[صفت] ۱. خوشبخت

Ces enfants sont heureux.

این بچه‌ها خوشبختند.

۲. خوشحال

Je suis heureux de votre succès.

از موفقیتتان خوشحالم.

heurter /'eurté/

[فعل] برخورد کردن، خوردن

La voiture a heurté un arbre.

اتومبیل با درخت برخورد کرد. ماشین خورد به درخت.

hibou /ibu/ le [اسم] جغد

hibou با **x** جمع بسته می‌شود: ***hiboux***.

hibou

hier /iyér/ [قید] دیروز

Hier, il faisait beau.

دیروز هوا خوب بود.

hippopotame

/ipopotam/ le [اسم] اسب آبی

hippopotame

hirondelle /iro^{n}dél/ la

[اسم] پرستو، چلچله

Au printemps, les hirondelles reviennent.

در بهار پرستوها باز می‌گردند.

hirondelle

histoire /istuâr/ la

[اسم] ۱. تاریخ

Nous apprenons l'histoire de notre pays.

ما تاریخ کشورمان را یاد می‌گیریم.

۲. داستان، قصه

Il raconte une histoire à sa fille.

او قصه‌ای برای دخترش تعریف می‌کند.

۳. ماجرا

Marie m'a raconté une histoire drôle.

ماری ماجرای خنده‌داری را برایم تعریف کرد.

hiver /ivér/ le [اسم] زمستان

L'hiver a été court cette année.

امسال زمستان کوتاه بود.

a = آ	**é** = اِ	**e** = اُ(با دهان نیمه‌بسته)	**eu** = اُ ترکی درگُزل	**o** = اُ	**û** = او ترکی درگول
u = او	**i** = ای	**â^{n}** = آ تودماغی	**a^{n}** = اَ تودماغی	**o^{n}** = اُ تودماغی	**r** = غ عربی
y = ی	**n^{y}** = نْیْ	**j** = ژ	**g** = گ	**ch** = ش	**s** = س
z = ز					

homard /'omar/ le

[اسم] خرچنگ دراز (خوراکی)، خرچنگ دریایی

homme /om/ le

[اسم] ۱. انسان، آدم، بشر

Tous les hommes ne parlent pas la même langue.

همهٔ انسان‌ها به یک زبان صحبت نمی‌کنند.

۲. مرد

Il y a un homme et deux femmes dans le magasin.

یک مرد و دو زن در مغازه‌اند.

honnête /onét/

[صفت] درستکار

M. Dubois est un homme honnête.

آقای دوبوآ آدم درستکاری است.

honneur /oneur/ le

[اسم] شرف، آبرو، حیثیت

Je vous donne ma parole d'honneur.

به شما قول شرف می‌دهم.

en l'honneur de به افتخارِ

On a donné une fête en l'honneur des vainqueurs de la compétition.

به افتخارِ برندگان مسابقه جشن برپا کردند.

hôpital /opital/ le

[اسم] بیمارستان

Il est à l'hôpital depuis deux jours.

او از دو روز پیش در بیمارستان است. دو روز است که در بیمارستان بستری است.

horizon /orizo^n/ le [اسم] افق

Le soleil disparaît à l'horizon.

خورشید در افق ناپدید می‌شود.

horizon

horizontal , horizontale /orizo^{n}tal/

[صفت] افقی

Le plancher est horizontal.

کف اتاق افقی است.

horloge /orloj/ la

[اسم] ساعت (دیواری)

Il est deux heures à l'horloge de la gare.

به ساعت ایستگاه، ساعت دو است.

horreur /oreur/ la

[اسم] وحشت

Julie a poussé un cri d'horreur.

ژولی از وحشت فریاد کشید.

horrible /oribl/

[صفت] وحشتناک، خیلی ترسناک

Un monstre horrible

یک هیولای خیلی ترسناک

hors de /'orde/

[حرف اضافه] بیرونِ، بیرون از

Le poisson sauta hors de l'eau.

ماهی از آب بیرون پرید.

hors-d'œuvre /'ordeuvr/ le [اسم] پیش‌غذا، اُردُور

کلمهٔ ***horizontal*** در جمع ***horizontaux*** می‌شود.

کلمهٔ ***hôpital*** در جمع ***hôpitaux*** می‌شود.

hors-d'œuvre در جمع تغییر نمی‌کند.

humide /ûmid/
[صفت] مرطوب، نمناک، تر
Une serviette humide
یک حولهٔ مرطوب

humidité /ûmidité/ la
[اسم] رطوبت، نم
L'humidité du sol
رطوبت خاک، رطوبت زمین

hurlement /'ûrlemâ^{n}/ le
[اسم] ۱. زوزه
Le hurlement des loups
زوزهٔ گرگ‌ها
۲. جیغ، فریاد
Julie poussa un hurlement de peur. ژولی از ترس جیغ کشید.

اگر ***huit*** قبل از کلمه‌ای بیاید که با حرف صدادار شروع شود، به صورتِ /ûit/ و در غیر این‌صورت /ûi/ تلفظ می‌شود.

hurler /'ûrlé/
[فعل] ۱. زوزه کشیدن
Les loups hurlent.
گرگ‌ها زوزه می‌کشند.
۲. جیغ کشیدن، فریاد زدن
Clara hurlait de douleur.
کلارا از درد فریاد می‌زد.

hygiène /ijiyén/ la
[اسم] بهداشت
L'hygiène publique
بهداشت عمومی

hypocrite /ipokrit/
[صفت] ریاکار، دورو
Je n'aime pas les gens hypocrites.
از آدم‌های دورو خوشم نمی‌آید.

Hors-d'œuvre variés
پیش‌غذاهای متنوع

hôtel /otél/ le [اسم] هتل، مهمانسرا
Ils ont passé deux nuits à l'hôtel.
آنها دو شب را در هتل گذراندند.

hôtesse /otés/ la , **hôtesse de l'air** مهماندار (زن) هواپیما

huile /ûil/ la [اسم] روغن
L'huile d'olive روغن زیتون

huit /ûi(t)/ le
[صفت، اسم] هشت
Julie reviendra dans huit jours.
ژولی هشت روز دیگر برمی‌گردد.

huître /ûitr/ la
[اسم] صدف (خوراکی)
La culture des huîtres
پرورش صدف

humain /ûma^{n}/ , **humaine** /ûmén/
[صفت] انسانی، (مربوط به) انسان
Le corps humain بدن انسان

humeur /ûmeur/ la
[اسم] خلق و خو، اخلاق
Aujourd'hui, Natacha est de bonne humeur.
امروز ناتاشا خوش‌اخلاق است.

I,i

idiot /idyo/ , **idiote** /idyot/

[صفت] احمق، نفهم

Isabelle est très idiote.

ایزابل خیلی احمق است.

ignorant /inʸorâⁿ/ , **ignorante** /inʸorâⁿt/

[صفت] نادان، بی‌سواد

Certains élèves sont ignorants.

بعضی از شاگردان بی‌سوادند.

ignorer /inʸoré/

[فعل] ندانستن، بی‌خبر بودن

J'ignore le nom du voisin.

اسم همسایه‌ام را نمی‌دانم.

il /il/ [ضمیر] او (مذکر)

Il est en voyage.

او در سفر است. او به سفر رفته.

île /il/ la [اسم] جزیره

illisible /ilizibl/

[صفت] ۱. ناخوانا، خیلی بدخط

Ta lettre est illisible.

نامه‌ات ناخواناست.

۲. غیرقابل فهم

Ce livre est illisible.

این کتاب غیرقابل فهم است.

ici /isi/ [قید] اینجا

Regarde ici! اینجا را نگاه کن!

Viens ici tout de suite!

زود بیا اینجا!

par ici از اینجا، از این طرف

Le chien est passé par ici.

سگ از اینجا گذشت.

idéal , **idéale** /idéal/

[صفت] مطلوب، دلخواه

C'est un endroit idéal pour passer les vacances.

اینجا مکانی دلخواه برای گذراندن تعطیلات است.

idée /idé/ la [اسم] فکر، نظر

C'est une bonne idée.

فکر خوبی است.

identique /idâⁿtik/

[صفت] همانند، مثل هم، یک‌جور

Nos vélos sont identiques.

دوچرخه‌های ما مثل همند.

identité /idâⁿtité/ la

[اسم] مشخصات

Identité d'une personne

مشخصات یک فرد

carte d'identité کارت شناسایی

idéal در جمع ***idéaux*** می‌شود.

ضمایرِ ***il*** و ***ils*** تنها برای انسان یا حیوان نر و یا اسامی مذکر به کار می‌روند.

illuminer /ilûminé/

[فعل] روشن کردن، نورانی کردن

Des éclairs illuminent le ciel.

صاعقه‌ها آسمان را روشن می‌کنند.

illusionniste

/ilûzyonist/ le, la

[اسم] شعبده‌باز

illustration /ilûstrasyo^n/ la

[اسم] تصویر، عکس

Ce dictionnaire contient des illustrations.

این فرهنگ دارای تصویر است. این فرهنگ مصوّر است.

illustré , illustrée

/ilûstré/ [صفت] مصوّر، عکس‌دار

Clara aime les livres illustrés.

کلارا کتاب‌های مصوّر را دوست دارد.

ils /il/ [ضمیر] آنها (مذکر)، ایشان

Ils sont venus ici.

آنها اینجا آمده‌اند.

نگاه کنید به توضیح ***il***.

image /imaj/ la

[اسم] تصویر، عکس

Marie regarde les images de son livre.

ماری عکس‌های کتابش را نگاه می‌کند.

نگاه کنید به توضیح ***illustration***.

imaginaire /imajinér/

[صفت] خیالی

Les fées sont des êtres imaginaires.

پریان موجودات خیالی‌اند.

imagination

/imajinasyo^n/ la [اسم] قوهٔ تخیّل

Luc a de l'imagination.

لوک دارای قوهٔ تخیّل است.

imaginer /imajiné/

[فعل] تصوّر کردن، فکر کردن

J'imagine qu'il a voulu plaisanter.

فکر می‌کنم می‌خواست شوخی کند.

imam /imam/ le [اسم] امام

imbécile /a^{n}bésil/ le, la

[اسم] خِنگ، کودن، احمق

Quel imbécile! عجب آدم خنگی!

imitation /imitasyo^n/ la

[اسم] تقلید

L'imitation d'une signature

تقلید امضا

imiter /imité/

[فعل] ۱. تقلید کردن

Yves peut imiter les cris d'animaux.

ایو می‌تواند صدای حیوانات را تقلید کند.

۲. ادای (کسی یا چیزی را) درآوردن

Alice imite sa grande sœur.

آلیس ادای خواهر بزرگش را درمی‌آورد.

illustration به تصویر کتاب یا مجله گفته می‌شود. ***image*** برای انواع تصویر (در تلویزیون، کتاب، آینه و غیره) به کار می‌رود.

a = آ	**é** = اِ	**e** = (با دهان نیمه‌بسته) اُ	**eu** = اُ ترکی درگُزل	**o** = اُ	**û** = او ترکی درگول	
u = او	**i** = ای	**â^n** = آ تودماغی	**a^n** = اَ تودماغی	**o^n** = اُ تودماغی	**r** = غ عربی	
y = ی	**n^y** = نْی	**j** = ژ	**g** = گ	**ch** = ش	**s** = س	**z** = ز

immédiatement
/imédiyatmâ^n/ [قید] فوراً، بلافاصله، زود
Venez manger immédiatement!
زود بیایید غذا بخورید!

immense /imâ^{n}s/
[صفت] بی‌کران، خیلی بزرگ
Le Canada est un pays immense.
کانادا کشور خیلی بزرگی است.

immeuble /imeubl/ le
[اسم] ساختمان، بنا
Un immeuble de dix étages
یک ساختمان ده‌طبقه

immeuble به ساختمان بزرگ چندطبقه گفته می‌شود.

immobile /imobil/
[صفت] بی‌حرکت، ساکن
Il est très difficile de rester immobile.
بی‌حرکت ماندن خیلی سخت است.

impoli

impair , impaire /a^{n}pér/
[صفت] فرد
Cinq est un nombre impaire.
پنج یک عدد فرد است.

imparfait /a^{n}parfé/ le
[اسم] (زمان) گذشتهٔ استمراری، ماضی استمراری
Conjuguez le verbe "être" à l'imparfait.
فعل «*être*» را به زمان گذشتهٔ استمراری صرف کنید.

impatience /a^{n}pasyâ^{n}s/ la
[اسم] بی‌صبری
J'attends Marcel avec impatience.
با بی‌صبری منتظر مارسل هستم.

impatient /a^{n}pasyâ^n/ ,
impatiente /a^{n}pasyâ^{n}t/
[صفت] بی‌صبر، بی‌تاب
Juliette est impatiente d'aller en vacances.
ژولیت برای رفتن به تعطیلات بی‌تاب است.

impératrice /a^{n}pératris/ la
[اسم] اِمپِراتریس (= زن امپراتور)، ملکه
Impératrice de Russie
ملکهٔ روسیه

کلمهٔ ***impératrice*** از زبان فرانسه وارد زبان فارسی شده، ولی تلفظ آن تغییر کرده است.

imperméable
/a^{n}pérméabl/ le [اسم] بارانی
Mets ton imperméable!
بارانی‌ات را بپوش!

impoli , impolie /a^{n}poli/
[صفت] بی‌ادب، بی‌تربیت
Jean ne dit jamais bonjour, il est impoli.
ژان هیچ‌وقت سلام نمی‌کند. او بی‌ادب است.

importance /a^{n}portâ^{n}s/ la
[اسم] اهمیت
Cette décision a beaucoup d'importance pour nous.
این تصمیم برای ما اهمیت زیادی دارد.

important /a^{n}portâ^n/ ,
importante /a^{n}portâ^{n}t/
[صفت] مهم

J'ai une question importante.
من سؤال مهمی دارم.

importer /aⁿporté/
[فعل] مهم بودن
La bonne santé est ce qui importe. مهم سلامتی است.

impossible /aⁿposibl/
[صفت] غیرممکن، محال
Vivre sans respirer, c'est impossible.
زندگی بدون نفس کشیدن غیرممکن است. بدون نفس کشیدن نمی‌توان زنده ماند.

imprimer /aⁿprimé/
[فعل] چاپ کردن
Ce livre a été imprimé à Paris.
این کتاب در پاریس چاپ شده.

imprimerie /aⁿprimri/ la
[اسم] چاپخانه
Le livre est encore à l'imprimerie.
کتاب هنوز در چاپخانه است.

imprudence /aⁿprûdâⁿs/ la
[اسم] بی‌احتیاطی
Ne fais pas d'imprudences!
بی‌احتیاطی نکن!

imprudent /aⁿprûdâⁿ/ ,
imprudente /aⁿprûdâⁿt/
[صفت] بی‌احتیاط
Alice est quelquefois très imprudente. آلیس گاهی وقت‌ها خیلی بی‌احتیاط است.

inattention /inatâⁿsyoⁿ/ la
[اسم] بی‌دقتی، بی‌توجهی
C'est une faute d'inattention.
این اشتباه از بی‌دقتی است.

incapable /aⁿkapabl/
[صفت] ناتوان
être incapable de
نتوانستن، قادر نبودن
Ce bébé est encore incapable de se tenir debout.
این کودک هنوز نمی‌تواند روی پای خود بایستد.

incendie /aⁿsâⁿdi/ le
[اسم] آتش‌سوزی
Les pompiers ont éteint l'incendie de forêt.
مأموران آتش‌نشانی آتش‌سوزی جنگل را خاموش کردند.

incolore /aⁿkolor/
[صفت] بی‌رنگ
L' eau est un liquide incolore.
آب مایعی بی‌رنگ است.

incomplet /aⁿkoⁿplé/ ,
incomplète /aⁿkoⁿplét/
[صفت] ناتمام، ناقص
Cette réponse est incomplète.
این جواب ناقص است.

در بسیاری از موارد، ***im*** در اول یک کلمه می‌آید و معنی آن را برعکس می‌کند:
poli → impoli
باادب ← بی‌ادب

indifférent

در بسیاری از موارد، ***in*** در اول یک کلمه می‌آید و معنی آن را برعکس می‌کند:

complet → ***incomplet***

کامل ← ناقص

correct → ***incorrect***

درست ← نادرست

incompréhensible
/aⁿkoⁿpréâⁿsibl/ [صفت] نامفهوم، مبهم

Ce que tu me dis est incompréhensible.

آنچه به من می‌گویی نامفهوم است.

inconnu , inconnue
/aⁿkonû/ [صفت] ناشناس، گمنام

Ce roman a été écrit par un auteur inconnu. این رمان را یک نویسندهٔ ناشناس نوشته است.

incorrect , incorrecte
/aⁿkorékt/ [صفت] نادرست، غلط

La phrase que tu viens d'écrire est incorrecte.

جمله‌ای که نوشتی غلط است.

incroyable /aⁿkruâyabl/
[صفت] باورنکردنی، غیرقابل تصور

Ton histoire est incroyable.

قصه‌ات باورنکردنی است.

indépendant /aⁿdépâⁿdâⁿ/ ,
indépendante
/aⁿdépâⁿdâⁿt/ [صفت] مستقل

Un pays indépendant

یک کشور مستقل

indien /aⁿdyaⁿ/ ,
indienne /aⁿdyén/
[صفت] ۱. هندی ۲. سرخ‌پوست، (مربوط به) سرخ‌پوستان

Village indien دهکدهٔ سرخ‌پوستان

indifférence /aⁿdiférâⁿs/ la
[اسم] بی‌تفاوتی، بی‌اعتنایی

Marie les regardait avec indifférence.

ماری با بی‌تفاوتی به آنها نگاه می‌کرد.

indifférent /aⁿdiférâⁿ/ ,
indifférente /aⁿdiférâⁿt/
[صفت] بی‌تفاوت، بی‌اعتنا

Cela m'est indifférent.

برایم بی‌تفاوت است. برایم فرقی نمی‌کند.

indiquer /aⁿdiké/
[فعل] نشان دادن

La petite aiguille indique les heures.

عقربهٔ کوچک ساعت را نشان می‌دهد.

indispensable
/aⁿdispâⁿsabl/ [صفت] لازم، ضروری

En hiver, des vêtements chauds sont indispensables.

در زمستان، (پوشیدنِ) لباس گرم ضروری است.

industrie /aⁿdûstri/ la
[اسم] صنعت

industriel ,
industrielle /aⁿdûstriyél/
[صفت] صنعتی

Nous habitons dans une grande région industrielle.

ما در یک منطقهٔ بزرگ صنعتی زندگی می‌کنیم.

inévitable /inévitabl/
[صفت] اجتناب‌ناپذیر، حتمی

La catastrophe est inévitable.

(وقوع) فاجعه حتمی است.

inexact /inégza(kt)/ ,
inexacte /inégzakt/

[صفت] نادرست، غلط، اشتباه

Cette adresse est inexacte.

این نشانی اشتباه است.

inférieur , inférieure
/a^{n}féryeur/ [صفت] ۱. زیرین، پایین

Jean habite à l'étage inférieur.

ژان در طبقهٔ پایین زندگی می‌کند.

۲. کمتر

Six est inférieur à neuf.

شش کمتر از نُه است.

infini , infinie /a^{n}fini/

[صفت] بی‌پایان، نامحدود

L'espace est infinie.

فضا نامحدود است.

infinitif /a^{n}finitif/ le

[اسم] مصدر

infirmier /a^{n}firmyé/ le ,
infirmière /a^{n}firmyér/ la

[اسم] پرستار

influence /a^{n}flûâ^{n}s/ la

[اسم] نفوذ، تسلط

Laura a beaucoup d'influence sur son frère.

لورا روی برادرش نفوذ زیادی دارد.

information
/a^{n}formasyo^{n}/ la [اسم] اطلاع، اطلاعات، خبر

On m'a donné des informations sur ce voyage.

به من اطلاعاتی دربارهٔ این سفر دادند.

J'ai regardé les informations à la télévision. اخبار تلویزیون را دیدم.

informer /a^{n}formé/

[فعل] باخبر کردن، اطلاع دادن

André m'a informé de son arrivée.

آندره مرا از آمدنش باخبر کرد.

ingénieur /a^{n}jényeur/ le

[اسم] مهندس

Ma cousine est ingénieur en mécanique.

دخترعمویم مهندس مکانیک است.

ingénieur صورت مؤنث ندارد و برای مرد و زن به یکسان به کار می‌رود.

injure /a^{n}jûr/ la

[اسم] بد و بیراه، فحش

Il dit des injures aux passants.

او به عابران بد و بیراه می‌گوید.

injurier /a^{n}jûryé/

[فعل] بد و بیراه گفتن، فحش دادن

Jacques m'a injurié.

ژاک به من بد و بیراه گفت.

injuste /a^{n}jûst/

[صفت] غیرمنصفانه

Cette punition est injuste.

این تنبیه غیرمنصفانه است.

injustice /a^{n}jûstis/ la

[اسم] بی‌عدالتی، ظلم

Mettre en prison une personne innocente, c'est une injustice.

زندانی کردن یک فرد بی‌گناه، بی‌عدالتی است.

innocent /inosâ^n/ , **innocente** /inosâ^{n}t/

[صفت] بی‌گناه

Jean dit qu'il est innocent.

ژان می‌گوید که بی‌گناه است.

inquiet /a^{n}kiyé/ , **inquiète** /a^{n}kiyét/

[صفت] نگران، دلواپس

Laura n'est pas rentrée et maman est inquiète.

لورا برنگشته و مامان نگران است.

inquiéter /a^{n}kiyété/

[فعل] نگران کردن

L'état du malade inquiète le médecin.

وضع بیمار پزشک را نگران می‌کند.

s'inquiéter نگران شدن، دلواپس بودن

Ne t'inquiète pas! نگران نباش!

inquiétude /a^{n}kiyétûd/ la

[اسم] نگرانی، اضطراب، دلواپسی

Pars sans inquiétude!

بدون نگرانی برو!

inscription /a^{n}skripsyo^n/ la

[اسم] ۱. نوشته

Le mur est couvert d'inscriptions.

دیوار پر از نوشته است.

۲. ثبت‌نام، نام‌نویسی

L'inscription d'un élève

ثبت‌نام یک دانش‌آموز

inscrire /a^{n}skrir/

[فعل] نوشتن، یادداشت کردن

Luc inscrit son nom sur la première page de son cahier.

لوک اسمش را در صفحهٔ اول دفترش می‌نویسد.

s'inscrire ثبت‌نام کردن

Julie s'est inscrite au club de natation.

ژولی در باشگاه شنا ثبت‌نام کرد.

inscrit /a^{n}skri/ , **inscrite** /a^{n}skrit/

صورت مفعولی فعلِ ***inscrire***.

insecte /a^{n}sékt/ le

[اسم] حشره

Les abeilles et les papillons sont des insectes.

زنبور و پروانه حشره‌اند.

insectes

inséparable /a^{n}séparabl/

[صفت] (دوست) جدانشدنی، همیشگی

Victor et Philippe sont inséparables.

ویکتور و فیلیپ دوستان همیشگی‌اند.

insister /a^{n}sisté/

[فعل] اصرار کردن

Marie a insisté pour venir.

ماری برای آمدن اصرار کرد.

inspecteur /a^{n}spékteur/ le ,
inspectrice /a^{n}spéktris/ la

[اسم] بازرس

Un inspecteur est venu dans notre classe.

یک بازرس به کلاس ما آمد.

installer /a^{n}stalé/

[فعل] کار گذاشتن، نصب کردن

On a enfin installé le téléphone.

بالاخره تلفن را نصب کردند.

instant /a^{n}stâ^{n}/ le

[اسم] لحظه

Attendez un instant, s'il vous plaît. لطفاً یک لحظه صبر کنید.

instituteur /a^{n}stitûteur/ le ,
institutrice /a^{n}stitûtris/ la

[اسم] معلم (دبستان)، آموزگار

Les instituteurs s'occupent de l'instruction.

معلم‌ها به کار تعلیم می‌پردازند.

instructif /a^{n}strûctif/ ,
instructive /a^{n}strûctiv/

[اسم] آموزشی

instruction /a^{n}strûksyo^{n}/ la

[اسم] آموزش، تعلیم

En France, l'instruction est gratuite.

در فرانسه، آموزش رایگان است.

instruire (s') /a^{n}strûir/

[فعل] یاد گرفتن، آموختن

Les enfants vont à l'école pour s'instruire.

بچه‌ها برای آموختن به مدرسه می‌روند.

instrument /a^{n}strûmâ^{n}/ le

[اسم] وسیله، ابزار

instrument (de musique)

وسیلهٔ موسیقی، ساز

Le piano et la guitare sont des instruments de musique.

پیانو و گیتار وسایل موسیقی‌اند.

instrument de musique

insuffisant /a^{n}sûfizâ^{n}/ ,
insuffisante /a^{n}sûfizâ^{n}t/

[صفت] ناکافی، کم

Ces gâteaux sont insuffisants.

این شیرینی‌ها کمند.

insulte /a^{n}sûlt/ la

[اسم] توهین، بد و بیراه، دشنام

«Imbécile» et «idiot» sont des insultes.

«احمق» و «نفهم» دشنامند.

inspecteur

maître یا ***instituteur*** در دبستان درس می‌دهد، اما ***professeur*** در دبیرستان یا دانشگاه.

a = اَ　**é** = اِ　**e** = اُ(با دهان نیمه‌بسته)　**eu** = اُ ترکی درگُزل　**o** = اُ　**û** = او ترکی درگول
u = او　**i** = ای　**â^{n}** = آ تودماغی　**a^{n}** = اَ تودماغی　**o^{n}** = اُ تودماغی　**r** = غ عربی
y = ی　**n^{y}** = نیْ　**j** = ژ　**g** = گ　**ch** = ش　**s** = س　**z** = ز

insulter /a^{n}sûlté/

[فعل] توهین کردن، بد و بیراه گفتن

Jean m'a insulté.

ژان به من توهین کرد.

insupportable /a^{n}sûportabl/

[صفت] غیرقابل تحمـل

Des douleurs insupportables

دردهای غیرقابل تحمـل

intelligence /a^{n}télijâ^{n}s/ la

[اسم] هوش

intelligent /a^{n}télijâ^n/ , **intelligente** /a^{n}télijâ^{n}t/

[صفت] باهوش

Alice est une fille intelligente.

آلیس دختر باهوشی است.

interdiction /a^{n}térdiksyo^n/ la

[اسم] ممنوعیت، منع

Un panneau d'interdiction de stationner تابلوی توقف ممنوع

interdire /a^{n}térdir/

[فعل] ممنوع کردن، قدغن کردن

Il est interdit de marcher sur la pelouse. راه رفتن روی چمن ممنوع است. روی چمن راه نروید.

intéressant /a^{n}térésâ^n/ , **intéressante** /a^{n}térésâ^{n}t/

[صفت] جالب

Cette histoire est très intéressante.

این داستان خیلی جالب است.

intéressé , intéressée

/a^{n}térésé/ [صفت] سودجو، منفعت‌طلب

intéresser /a^{n}térésé/

[فعل] جالب بودن

Cette histoire les a beaucoup intéressés.

این داستان برایشان خیلی جالب بود.

s'intéresser علاقه‌مند بودن، علاقه داشتن

Alex s'intéresse aux motos.

آلکس به موتور علاقه دارد.

intérêt /a^{n}téré/ le

[اسم] علاقه، اشتیاق

Les élèves écoutent la maîtresse avec beaucoup d'intérêt. دانش‌آموزان با علاقه به حرف‌های معلم گوش می‌دهند.

intérieur [1] **, intérieure**

/a^{n}téryeur/ [صفت] درونی، داخلی

La politique intérieure d'un pays سیاست داخلی یک کشور

intérieur [2] /a^{n}téryeur/ le

[اسم] ۱. درون، داخل، تو

L'intérieur de la voiture est gris. توی ماشین طوسی است.

۲. درون خانه، توی خانه

Aujourd'hui, nous avons resté à l'intérieur.

امروز ما در خانه ماندیم.

interjection

/a^{n}térjéksyo^n/ la

[اسم] عبارت تعجبی

interjection کلمه‌ای است که برای ابراز تعجب، خوشحالی، درد، ناراحتی، تشویق و غیره به کار می‌رود. مانندِ:

Hélas! افسوس! حیف!

Bravo! آفرین! بارک‌الله!

international , internationale /aⁿtérnasyonal/

[صفت] بین‌المللی، جهانی

La politique internationale d'un pays

سیاست بین‌المللی یک کشور

international در جمع ***internationaux*** می‌شود.

interrogation /aⁿtéro-gasyoⁿ/ la [اسم] پرسش، سؤال

point d'interrogation

علامت سؤال

interroger /aⁿtérojé/

[فعل] پرسیدن، سؤال کردن

La maîtresse m'a interrogé sur la leçon d'hier.

معلم درس دیروز را از من پرسید.

intervalle /aⁿtérval/ le

[اسم] فاصله

Mets un intervalle entre les mots! بین کلمات یک فاصله بگذار!

interview /aⁿtérvyu/ la

[اسم] مصاحبه

Son interview a été publiée dans le journal.

مصاحبه‌اش در روزنامه چاپ شده.

interviewer /aⁿtérvyuvé/

[فعل] مصاحبه کردن

Les journalistes ont interviewé le vainqueur.

خبرنگارها با برنده مصاحبه کردند.

intestin /aⁿtéstaⁿ/ le

[اسم] روده

intime /aⁿtim/

[صفت] صمیمی، خودمانی

Luc est l'ami intime de Marie.

لوک دوست صمیمی ماری است.

journal intime دفتر خاطرات

introduire /aⁿtrodûir/

[فعل] ۱. داخل کردن

Flora introduit la clé dans la serrure et ouvre la porte.

فلورا کلید را داخل قفل می‌کند و در را باز می‌کند.

۲. (به داخل) راهنمایی کردن

On nous a introduit dans un salon.

ما را به یک سالن راهنمایی کردند.

inutile /inûtil/

[صفت] بی‌فایده، بی‌ثمر

Tous ses efforts sont restés inutiles.

همهٔ تلاش‌هایش بی‌ثمر ماند.

invariable /aⁿvaryabl/

[صفت] تغییرناپذیر، ثابت

Cette loi est invariable.

این قانون تغییرناپذیر است.

invasion /aⁿvazyoⁿ/ la

[اسم] هجوم، حمله

Une invasion des sauterelles

هجوم ملخ‌ها

inventaire /a^{n}vâ^{n}tér/ le

[اسم] فهرست

inventer /a^{n}vâ^{n}té/

[فعل] ۱. اختراع کردن

Graham Bell a inventé le téléphone.

گراهام بِل تلفن را اختراع کرد.

۲. از خود درآوردن، سرهم کردن

Claude a inventé une histoire incroyable.

کلود یک داستان باورنکردنی سرهم کرد.

inventeur /a^{n}vâ^{n}teur/ le , **inventrice** /a^{n}vâ^{n}tris/ la

[اسم] مخترع

Graham Bell est l'inventeur du téléphone.

گراهام بِل مخترع تلفن است.

invention /a^{n}vâ^{n}syo^{n}/ la

[اسم] اختراع

L'invention du téléphone

اختراع تلفن

inverse [1] /a^{n}vérs/

[صفت] وارونه، مخالف، معکوس

Une voiture vient en sens inverse.

یک ماشین از جهت مخالف می‌آید.

inverse [2] /a^{n}vérs/ le

[اسم] برعکس، خلاف

Tu as fait l'inverse de ce que je t'avais demandé.

تو برعکس چیزی که ازت خواسته بودم انجام دادی.

inverser /a^{n}vérsé/

[فعل] وارونه کردن، برعکس کردن

Si on inverse l'ordre de l'alphabet, la première lettre est "z".

اگر ترتیب الفبا را برعکس کنیم، «z» حرف اول است.

invisible /a^{n}vizibl/

[صفت] نامریی، ناپیدا

Les microbes sont invisibles.

میکروب‌ها نامریی‌اند. میکروب‌ها دیده نمی‌شوند.

invitation /a^{n}vitasyo^{n}/ la

[اسم] دعوت

J'accepte ton invitation avec plaisir.

با کمال میل دعوتت را می‌پذیرم.

invité , invitée /a^{n}vité/ le, la

[اسم] مهمان

Maman prépare le repas pour les invités.

مامان برای مهمان‌ها غذا آماده می‌کند.

inviter /a^{n}vité/

[فعل] دعوت کردن

Julie a invité tous ses amis pour son anniversaire.

ژولی برای تولدش همهٔ دوستانش را دعوت کرد.

involontaire /a^{n}volo^{n}tér/

[صفت] ناخواسته، غیرعمدی

Il a cassé le vase, mais c'était involontaire.

او گلدان را شکست، اما (این کار) غیرعمدی بود.

irrégulier /irégûlyé/ , **irrégulière** /irégûlyér/

[صفت] ۱. نامنظم، نامرتب

Un travail irrégulier

یک کار نامنظم

۲. بی‌قاعده

Le mot "œil" a un pluriel irrégulier.

(صورتِ) جمع کلمهٔ "*œil*" بی‌قاعده است.

irréparable /iréparabl/

[صفت] غیرقابل تعمیر

Ma montre est irréparable.

ساعتم غیرقابل تعمیر است.

irriter /irité/

[فعل] ۱. عصبانی کردن

Tu l'irrite avec tes questions.

با سؤال‌هایت او را عصبانی می‌کنی.

۲. اذیت کردن، ناراحت کردن

La fummée de cigarette m'irrite les yeux.

دود سیگار چشم‌هایم را اذیت می‌کند.

isolé , isolée /izolé/

[صفت] دورافتاده، پرت

Nous habitons une maison isolée.

ما در خانه‌ای دورافتاده زندگی می‌کنیم.

itinéraire /itinérér/ le

[اسم] مسیر، راه

J'ai choisi l'itinéraire le plus court pour aller chez toi.

برای آمدن به خانه‌ات کوتاهترین راه را انتخاب کردم.

ivoire /ivuâr/ le [اسم] عاج

Un bracelet en ivoire

یک دستبند (از جنسِ) عاج

ivre /ivr/ [صفت] مست

ivresse /ivrés/ la

[اسم] مستی

Il est interdit de conduire en état d'ivresse.

رانندگی در حال مستی ممنوع است.

در بسیاری از موارد، ***ir*** در اول یک کلمه می‌آید و معنی آن را برعکس می‌کند:

régulier → irrégulier

منظم ← نامنظم

ivoire

a = اَ	**é** = اِ	**e** = (اُ(با دهان نیمه‌بسته	**eu** = اُ ترکی درگُزل	**o** = اُ	**û** = او ترکی درگول
u = او	**i** = ای	**â**ⁿ = آ تودماغی	**a**ⁿ = اَ تودماغی	**o**ⁿ = اُ تودماغی	**r** = غ عربی
y = ی	**n**ʸ = نیَ	**j** = ژ	**g** = گ	**ch** = ش	**s** = س	**z** = ز

J,j

jambe /jâ^{n}b/ la
[اسم] پا (= از ران تا کف پا)، ساق پا
Os de la jambe استخوان ساق پا
نگاه کنید به توضیحِ ***pied***.

jambon /jâ^{n}bo^{n}/ le
[اسم] ژامبون (= ران خوک)
Un sandwich au jambon
یک ساندویچ ژامبون

janvier /jâ^{n}viyé/ le
[اسم] ژانویه

jardin /jarda^{n}/ le [اسم] باغ
La maison est entourée d'un jardin. دور خانه باغ است.
jardin d'enfants کودکستان
jardin public پارک
نگاه کنید به توضیحِ ***parc***.

jardin

jardinage /jardinaj/ le
[اسم] باغبانی
Maman fait du jardinage.
مامان باغبانی می‌کند.

j' /j/ نگاه کنید به توضیحِ ***je***.

jadis /jadis/ [قید] در گذشته، در قدیم
Les automobiles n'existaient pas jadis.
در قدیم اتومبیل وجود نداشت.

jalousie /jaluzi/ la
[اسم] حسادت، حسودی
Les succès des autres excitent sa jalousie.
موفقیت‌های دیگران حسادت او را برمی‌انگیزد.

jaloux /jalu/ , **jalouse** /jaluz/ [صفت] حسود
Cathie est jalouse de tout le monde.
کَتی نسبت به همه حسود است. کَتی به همه حسودی می‌کند.

jamais /jamé/ [قید] هیچ‌وقت، هرگز، ابداً
Clara ne boit jamais de café.
کلارا هیچ‌وقت قهوه نمی‌خورد.
Es-tu déjà allé au Japon?
– Non, jamais!
تا حالا ژاپن رفتی؟ ــ نه، هیچ‌وقت!

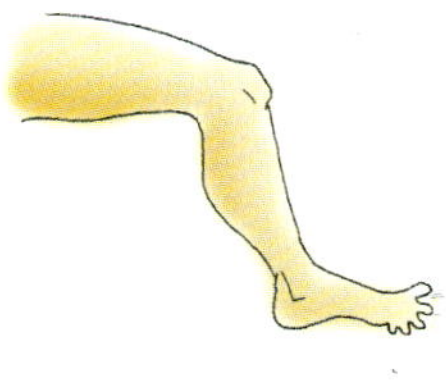
jambe

janvier اولین ماه سال میلادی است که ۳۱ روز دارد و مطابق است با ۱۱ دی تا ۱۱ بهمن.

کلمهٔ ***jamais*** اغلب با ***ne*** (به صورتِ ***ne ... jamais***) و گاه بدونِ ***ne*** به کار می‌رود، که هر دو مورد به صورت مثال آمده است.

jardinier /jardinyé/ le ,
jardinière /jardinyér/ la
[اسم] باغـبان
Mes parents sont de bons jardiniers.
پدر و مادرم باغبان‌های خوبی هستند.

jaune [1] /jon/ [صفت] زرد
Jean a un pull jaune.
ژان یک پلیور زرد دارد.

jaune [2] /jon/ le
[اسم] رنگ زرد، زرد
Julie aime beaucoup le jaune.
ژولی رنگ زرد را خیلی دوست دارد.
jaune d'œuf زردهٔ تخم‌مرغ

jaunir /jonir/ [فعل] زرد شدن
Les feuilles des arbres jaunissent en automne.
در پاییز برگ درختان زرد می‌شود.

je /je/ [ضمیر] من
Je m'appelle Françoise.
اسم من فرانسواز است.

jet /jé/ le [اسم] پرتاب
Le jet d'une pierre
پرتاب یک سنگ
jet d'eau فواره
Le jet d'eau d'un bassin
فوارهٔ حوض

jeter /jeté/
[فعل] ۱. پرت کردن، انداختن
Les enfants jettent des pierres dans l'eau.
بچه‌ها سنگ در آب می‌اندازند.
۲. دور انداختن، بیرون ریختن
Papa a jeté tous les vieux journaux.
بابا همهٔ روزنامه‌های کهنه را دور انداخت.
se jeter خود را انداختن، پریدن
Le chat s'est jeté sur la souris.
گربه روی موش پرید.

jeton /jetoⁿ/ le [اسم] ژتون
Un jeton de téléphone ژتون تلفن

jeu /jeu/ le [اسم] بازی
Flora aime les jeux calmes.
فلورا بازی‌های آرام را دوست دارد.

jeudi /jeudi/ le [اسم] پنجشنبه
Ils vont au cinéma tous les jeudis.
آنها هر پنجشنبه به سینما می‌روند.

jeune [1] /jeun/ [صفت] ۱. جوان
Sa mère est une jeune femme.
مادر او زن جوانی است.
۲. کم‌سن، کوچک
Luc est plus jeune que sa sœur.
لوک از خواهرش کوچکتر است.

jeune [2] /jeun/ le, la
[اسم] جوان
C'est un film qui plaît aux jeunes.
این فیلم مورد علاقهٔ جوان‌هاست.

jardinier

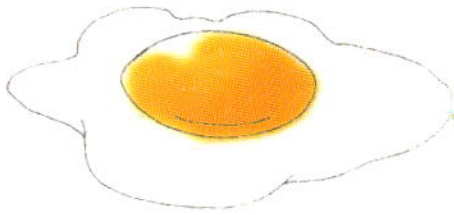
jaune d'œuf

jeu با **x** جمع بسته می‌شود: ***jeux***.

اگر کلمهٔ ***je*** قبل از کلمه‌ای بیاید که با حرف صدادار شروع شود، به صورت ***j'*** می‌آید:
J'arrive tout de suite.
الان می‌آیم.

a = اَ	**é** = اِ	**e** = (با دهان نیمه‌بسته) اُ	**eu** = اُ ترکی درگُزل	**o** = اُ	**û** = او ترکی درگول
u = او	**i** = ای	**âⁿ** = آ تودماغی	**aⁿ** = اَ تودماغی	**oⁿ** = اُ تودماغی	**r** = غ عربی
y = ی	**nʸ** = نْیْ	**j** = ژ	**g** = گ	**ch** = ش	**s** = س	**z** = ز

jour کلاً به معنی روز است. **journée** به فاصلهٔ زمانی از صبح تا شب گفته می‌شود.

journal در جمع **journaux** می‌شود.

journal

joyau با **x** جمع بسته می‌شود: **joyaux**.

jeunesse /jeunés/ la
[اسم] ۱. جوانی
Grand-mère parle souvent de sa jeunesse. مادربزرگ اغلب از جوانی‌اش حرف می‌زند.
۲. جوانان

joie /juâ/ la [اسم] شادی، خوشحالی
J'accepte ton invitation avec joie.
با خوشحالی دعوتت را می‌پذیرم.

joindre /juaⁿdr/
[فعل] (به هم) وصل کردن
Le plombier joint les deux tuyaux.
لوله‌کش دو لوله را به هم وصل می‌کند.

joint /juaⁿ/ , **jointe** /juaⁿt/
صورت مفعولی فعلِ **joindre**.

joli , jolie /joli/ [صفت] زیبا، قشنگ، خوشگل
Flora est très jolie.
فلورا خیلی زیباست.

joue /ju/ la [اسم] گونه، لُپ
Marie embrasse sa sœur sur la joue.
ماری لُپ خواهرش را ماچ می‌کند.

jouer /jué/
[فعل] ۱. بازی کردن
Julie joue encore à la poupée.
ژولی هنوز هم عروسک‌بازی می‌کند.
Dans quel film jouait cet acteur?
این هنرپیشه در کدام فیلم بازی می‌کرد؟
۲. (ساز) نواختن، زدن
Simon joue du piano.
سیمون پیانو می‌زند.

jouet /jué/ le
[اسم] اسباب‌بازی
Pierre casse ses jouets.
پیِر اسباب‌بازی‌هایش را می‌شکند.

joueur /jueur/ le ,
joueuse /jueuz/ la
[اسم] بازیکن
Joueur de tennis بازیکن تنیس

jour /jur/ le [اسم] روز
Il y a sept jours dans une semaine. هفته هفت روز است.
Il fait jour. هوا روشن است.

journal /jurnal/ le
[اسم] روزنامه
Je lis les journaux du matin.
من روزنامه‌های صبح را می‌خوانم.

journaliste
/jurnalist/ le, la
[اسم] روزنامه‌نگار، خبرنگار
Des journalistes ont interviewé le ministre.
خبرنگارها با وزیر مصاحبه کردند.

journée /jurné/ la
[اسم] روز
Alex a passé sa journée à jouer.
آلکس تمام روز را به بازی گذراند.
نگاه کنید به توضیحِ **jour**.

joyau /juâyo/ le [اسم] جواهر

jupe /jûp/ la [اسم] دامن
Julie a mis une jupe courte.
ژولی دامن کوتاه پوشیده.

jurer /jûré/ [فعل] قسم خوردن
Je jure de dire la vérité.
قسم می‌خورم که حقیقت را بگویم.

jus /jû/ le [اسم] آب (میوه)
Le matin, je bois un jus d'orange.
صبح‌ها من آب پرتقال می‌خورم.

jusque /jûske/ [حرف اضافه] تا
Marie accompagne Flora jusque chez elle.
ماری تا خانهٔ فلورا همراه او می‌رود.

juste [1] /jûst/
[صفت] ۱. درست، صحیح
Ton addition est juste.
حسابت درست است.
۲. عادل، منصف
Le directeur est juste.
آقای مدیر آدم منصفی است.
۳. عادلانه، منصفانه
Ce n'est pas juste.
(این رفتار) منصفانه نیست.

juste [2] /jûst/ [قید] درست
Il est 11 heures juste.
ساعت درست یازده است.

justice /jûstis/ la
[اسم] عدالت، انصاف

Au musée, j'ai vu les joyaux de la reine.
جواهرات ملکه را در موزه دیدم.

joyeux /juâyeu/ , **joyeuse** /juâyeuz/ [صفت] خوشحال، شاد
Laura est toute joyeuse ce matin.
لورا امروز صبح خیلی خوشحال است.

judo /jûdo/ le [اسم] جودو
Alex fait du judo.
آلکس جودو کار می‌کند.

juger /jûjé/ [فعل] نظر دادن، دانستن
Le directeur juge que la situation est grave.
مدیر وضعیت را حاد می‌داند.

juif /jûif/ , **juive** /jûiv/
[صفت] یهودی
Alice est juive. آلیس یهودی است.
religion juive دین یهود

juillet /jûiyé/ le [اسم] ژوئیه

juin /jûaⁿ/ le [اسم] ژوئن

jument /jûmâⁿ/ la
[اسم] مادیان (=اسب ماده)

jungle /joⁿgl/ la [اسم] جنگل
Le tigre vit dans la jungle.
ببر در جنگل زندگی می‌کند.

اگر کلمهٔ ***jusque*** قبل از کلمه‌ای بیاید که با حرف صدادار شروع شود، به صورت ***jusqu'*** نوشته می‌شود، مانندِ:
jusqu'ici تا اینجا

juillet هفتمین ماه سال میلادی است که ۳۱ روز دارد و مطابق است با ۱۰ تیر تا ۹ مرداد.

juin ششمین ماه سال میلادی است که ۳۰ روز دارد و مطابق است با ۱۱ خرداد تا ۹ تیر.

K,k

kangourou /kâ^{n}guru/ le

[اسم] کانگورو

Les kangourous vivent en Australie.

کانگوروها در استرالیا زندگی می‌کنند.

kangourou

karaté /karaté/ le [اسم] کاراته

Luc fait du karaté.

لوک کاراته کار می‌کند.

kidnapper /kidnapé/

[فعل] (آدم) ربودن، دزدیدن

Les gangsters ont kidnappé un enfant.

گانگسترها یک بچه را دزدیدند.

kilo /kilo/ le [اسم] کیلو

kilo مخفف *kilogramme* است.

Jean pèse 90 kilos.

ژان نود کیلو است.

kilogramme /kilogram/ le

[اسم] کیلوگرم، کیلو (= واحد اندازه‌گیری وزن؛ هر کیلوگرم هزار گرم است.)

Un litre d'eau pèse un kilogramme.

یک لیتر آب یک کیلوگرم وزن دارد.

kilomètre /kilométr/ le

[اسم] کیلومتر

La voiture roulait à 120 kilomètres à l'heure.

اتومبیل با سرعت ۱۲۰ کیلومتر در ساعت حرکت می‌کرد.

kilt /kilt/ le

[اسم] دامن اسکاتلندی (= دامنی که از پارچهٔ چهارخانه می‌دوزند و گاه مردان اسکاتلندی آن را می‌پوشند.)

kilt

kiosque /kyosk/ le

[اسم] دکه، کیوسک

Ce kiosque à journaux est fermé le dimanche.

این دکهٔ روزنامه‌فروشی یکشنبه‌ها بسته است.

klaxonner /klaksoné /

[فعل] بوق زدن

Il est interdit de klaxonner en ville. بوق زدن در شهر ممنوع است.

koala /koala/ le [اسم] کوآلا

(= جانوری شبیه خرس در استرالیا که روی تنهٔ درختان زندگی می‌کند.)

Le koala porte son petit sur le dos.

کوآلا بچه‌اش را بر پشتش حمل می‌کند.

koala

L,l

l' /l/ نگاه کنید به توضیحاتِ ***le, la***.

la [1] /la/ نگاه کنید به توضیحِ [1] ***le, la***.

la [2] /la/ نگاه کنید به [2] ***le, la***.

là /la/ [قید] آنجا
Ne reste pas là, viens ici!
آنجا نمان، بیا اینجا!
par là از آنجا، از آن راه
Le chien est passé par là.
سگ از آنجا گذشت.

là گاه به معنیِ «اینجا» نیز به کار می‌رود. برای تأکید بر اشاره به دور، می‌توان کلمهٔ ***là-bas*** را به کار برد.

là-bas /laba/ [قید] آنجا
Regarde la moto, là-bas!
(آن) موتور را نگاه کن، آنجا!

laboratoire /laboratuâr/ le
[اسم] آزمایشگاه، لابراتوار
Laboratoire de chimie
آزمایشگاه شیمی

lac /lak/ le [اسم] دریاچه
Nous nous baignons dans le lac. ما در دریاچه آب‌تنی می‌کنیم.

lacet /lasé/ le [اسم] بند کفش
Paul noue ses lacets.
پل بند کفش‌هایش را می‌بندد.

lâcher /laché/
[فعل] ول کردن، رها کردن
Lâche-moi! ولم کن! راحتم بگذار!
Flora a lâché le plat et il s'est cassé. فلورا بشقاب را ول کرد و بشقاب شکست. بشقاب از دست فلورا افتاد و شکست.

là-haut /lao/ [قید] آن بالا
Regarde là-haut!
آن بالا را نگاه کن!

laid /lé/ , **laide** /léd/
[صفت] زشت، بدقیافه
Alice est très laide.
آلیس خیلی زشت است.

laine /lén/ la [اسم] پشم
Des chaussettes de laine
جوراب‌های پشمی

laisser /lésé/ [فعل] گذاشتن
Pierre laisse sa voiture à la gare.
پیِر ماشینش را در ایستگاه می‌گذارد.
Laisse-moi passer!
بگذار رد شوم!
laisser tomber ول کردن، به زمین انداختن، افتادن

Julie a laissé tomber ses lunettes.

ژولی عینکش را به زمین انداخت.
عینک ژولی از دستش افتاد.

lait /lé/ le [اسم] شیر

Alex a bu un café au lait.

آلکس یک شیرقهوه خورد.

laitue /létû/ la [اسم] کاهو

Salade de laitue سالاد کاهو

lampadaire /lâⁿpadér/ le

[اسم] ۱. تیر چراغ‌برق

Les lampadaires de la rue

تیرهای چراغ‌برق خیابان

۲. چراغ پایه‌بلند، آباژور (پایه‌بلند)

lampe /lâⁿp/ la [اسم] چراغ

Allume la lampe!

چراغ را روشن کن!

lance /lâⁿs/ la [اسم] نیزه

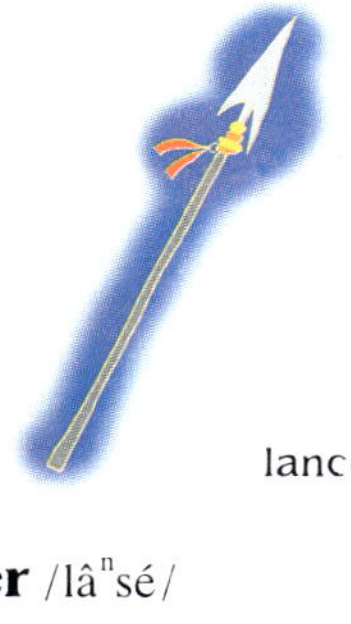

lance

lancer /lâⁿsé/

[فعل] پرت کردن، انداختن

Lance-moi le ballon!

توپ را برایم بینداز!

langue /lâⁿg/ la [اسم] زبان

Julie s'est brûlé la langue.

ژولی زبانش را سوزاند. زبان ژولی سوخت.

Sa langue maternelle est l'anglais.

زبان مادری او انگلیسی است.

lanterne /laⁿtérn/ la

[اسم] فانوس

lapin /lapaⁿ/ le , **lapine** /lapin/ la [اسم] خرگوش

Cette lapine a trois petits.

این خرگوش (ماده) سه بچه دارد.

large [1] /larj/ [صفت] ۱. پهن، عریض

Cette rivière est très large.

این رودخانه خیلی پهن است.

۲. گشاد

Élisa aime les pantalons larges

اِلیزا شلوار گشاد دوست دارد.

large [2] /larj/ le [اسم] پهنا، عرض

Cette rue a cinq mètres de large.

عرض این خیابان پنج متر است.

largeur /larjeur/ la

[اسم] پهنا، عرض

La largeur de la table est de soixante centimètres.

عرض میز شصت سانتیمتر است.

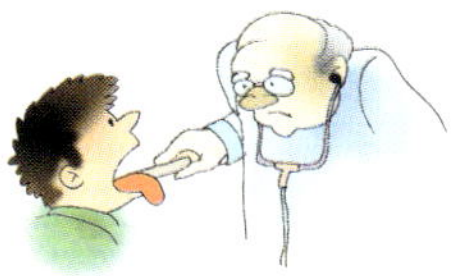

langue

lanterne

lampe

a = آ **é** = اِ **e** = اُ(با دهان نیمه‌بسته) **eu** = اُ ترکی درگُزل **o** = اُ **û** = او ترکی درگول
u = او **i** = ای **âⁿ** = آ تودماغی **aⁿ** = اَ تودماغی **oⁿ** = اُ تودماغی **r** = غ عربی
y = ی **nʸ** = نْیَ **j** = ژ **g** = گ **ch** = ش **s** = س **z** = ز

lecteur

larme /larm/ la [اسم] اشک

Marie avait les larmes aux yeux. اشک در چشم‌های ماری جمع شده بود.

lavabo /lavabo/ le

[اسم] دستشویی

Je me lave les mains dans le lavabo.

دستم را در دستشویی می‌شویم.

lavabo

lavage /lavaj/ le

[اسم] شست و شو، شستن

Le lavage du linge شستن رخت، رخت‌شویی

laver /lavé/ [فعل] شستن

Il faut laver cette chemise.

این پیراهن را باید شست.

machine à laver ماشین لباس‌شویی

se laver (خود را) شستن

Marie s'est lavé les mains.

ماری دست‌هایش را شست.

le /le/ , **la** [1] /la/ [حرف تعریف]

نگاه کنید به توضیح همین کلمه.

le /le/ , **la** [2] /la/

[ضمیر] ۱. آن را، این را

Je ne le savais pas.

من این را نمی‌دانستم.

۲. او را

Je la connais. او را می‌شناسم.

leçon /leso^{n}/ la [اسم] درس

Jean ne sait pas sa leçon.

ژان درسش را بلد نیست.

lecteur /lékteur/ le ,
lectrice /léktris/ la

[اسم] خواننده (کتاب و غیره)

Le nombre de lecteurs du journal a augmenté.

تعداد خوانندگان روزنامه افزایش یافته.

lecture /léktûr/ la

[اسم] قرائت، خواندن

La lecture du journal

خواندن روزنامه

légende /léjâ^{n}d/ la

[اسم] افسانه

Le héros de légende قهرمان افسانه

léger /léjé/ , **légère** /léjér/

[صفت] ۱. سبک

Ma valise est légère.

چمدانم سبک است.

۲. مختصر، جزئی، سطحی

Marie a une blessure légère.

زخم ماری سطحی است.

repas léger غذای سبک

Luc a pris un repas léger.

لوک غذای سبکی خورد.

légèrement /léjérmâ^{n}/

[قید] کمی، به طور مختصر

حروف تعریفِ ***la*** و ***le*** قبل از اسم می‌آیند و نشان می‌دهند که ما از شخص یا چیز مشخصی صحبت می‌کنیم. این حروف تعریف، در فارسی معادلی ندارند. اگر کلمه‌ای که بعد از ***la*** و ***le*** می‌آید با حرف صدادار شروع شود، به جای آنها ***l'*** می‌آید، مانندِ: *l'*arbre, *l'*os

ضمایرِ ***la*** و ***le*** نیز قبل از حرف صدادار به ***l'*** تبدیل می‌شوند: Je *l'*ai vu.

les صورت جمعِ ***la*** و ***le*** است.

J'ai mangé légèrement.
کمی (غذا) خوردم.

légèreté /léjérté/ la
[اسم] سبکی
Cette table est d'une grande légèreté. این میز خیلی سبک است.

légume /légûm/ le
[اسم] گیاه خوراکی، سبزیجات
Les légumes sont bonnes pour la santé.
سبزیجات برای سلامتی خوبند.

légume شامل انواع و اقسام گیاهان خوراکی مثل سبزی، هویج، لوبیا و مانند آنهاست.

lendemain /lâⁿdmaⁿ/ le
[اسم] روز بعد، فردای آن روز
Le lendemain de son arrivée, il est tombé malade.
روز بعد از ورودش، بیمار شد.

lent /lâⁿ/ , **lente** /lâⁿt/
[صفت] آهسته، آرام، کُند
Ce train est très lent.
(حرکت) این قطار خیلی کند است.

lentement /lâⁿtmâⁿ/
[قید] آهسته، آرام
Ma grand-mère marche lentement.
مادربزرگم آهسته راه می‌رود.

lenteur /lâⁿteur/ la
[اسم] آهستگی، کُندی
Papi parle avec lenteur.
بابابزرگ به کندی صحبت می‌کند.

léopard /léopar/ le
[اسم] پلنگ

léopard

les [1] /lé/ نگاه کنید به توضیحِ ***le, la***.

les [2] /lé/ [ضمیر] آنها را، اینها را
Regardez-les!
آنها را نگاه کنید! نگاهشان کنید!

lettre /létr/ la [اسم] ۱. نامه
Luc a répondu à ma lettre.
لوک جواب نامه‌ام را داد.
۲. حرف
L'alphabet français a 26 lettres.
الفبای فرانسه ۲۶ حرف دارد.

leur [1] /leur/
[صفت] (مالِ) آنها، ـشان
Leur fille دختر آنها، دخترشان
Leurs enfants بچه‌هایشان

leur [2] /leur/ [ضمیر] به آنها، با آنها
Je leur parle. با آنها صحبت می‌کنم.

ضمیرِ ***leur*** [2] صورت جمعِ ***lui*** است.

leur [3] /leur/ le, la
[ضمیر] مال آنها
Notre maison est voisine de la leur. خانهٔ ما بغل خانهٔ آنهاست.

ضمایر ملکی مثلِ ***leur*** با حروف تعریف ***la*** و ***le*** به کار می‌روند: ***la leur*** و ***le leur***

lézard

lever[1] /levé/ [فعل] بلند کردن، بالا بردن

Levez la main! دست بلند کنید!

se lever ۱. بلند شدن، پا شدن

Le dimanche, je me lève plus tard.

یکشنبه‌ها دیرتر از خواب بلند می‌شوم.

۲. طلوع کردن، دمیدن

Le soleil va bientôt se lever.

خورشید به زودی طلوع می‌کند.

نگاه کنید به توضیحِ ***se réveiller***.

lever[2] /levé/ le , **lever du soleil** طلوع آفتاب

Marc regarde le lever du soleil.

مارک طلوع آفتاب را تماشا می‌کند.

lever du soleil

lèvre /lévr/ la [اسم] لب

Des lèvres épaisses لب‌های کلفت

lézard /lézar/ le

[اسم] مارمولک

liaison /lyézo^n/ la

[اسم] پیوند آوایی

اگر حرف بی‌صدایی که در پایان یک کلمه تلفظ نمی‌شود، در مقابل حرف صدادار کلمهٔ بعدی تلفظ شود، می‌گوییم که پیوند آوایی (liaison) صورت گرفته است. گاهی در کتب آموزشی، پیوند آوایی را با علامتِ ‿ نشان می‌دهند، مانند:

les yeux /lézyeu/

libérer /libéré/

[فعل] آزاد کردن

On a libéré deux prisonniers.

دو زندانی را آزاد کردند.

liberté /libérté/ la

[اسم] آزادی

Les peuples luttent pour la liberté.

ملت‌ها برای آزادی مبارزه می‌کنند.

libraire /librér/ le, la

[اسم] کتاب‌فروش

librairie /libréri/ la

[اسم] کتاب‌فروشی

Simon va à la librairie acheter un dictionnaire.

سیمون برای خرید فرهنگ به کتاب‌فروشی می‌رود.

libre /libr/ [صفت] آزاد

Alice a du temps libre.

آلیس وقت آزاد دارد.

J'ai ouvert la cage, l'oiseau est libre.

درِ قفس را باز کردم. پرنده آزاد است.

lien /lya^n/ le [اسم] بند، ریسمان

lier /lyé/ [فعل] بستن

On a lié les mains du prisonnier.

دست‌های زندانی را بستند.

lieu /lyeu/ le [اسم] جا، مکان، محل

Quel est ton lieu de naissance?

محل تولدت کجاست؟

au lieu de به جایِ، در عوضِ

Allez jouer dehors au lieu de regarder la télévision!

به جای نگاه کردن به تلویزیون، بروید بیرون بازی کنید!

avoir lieu روی دادن، برگزار شدن

La fête de l'école aura lieu dans le parc.

جشن مدرسه در پارک برگزار می‌شود.

lièvre /lyévr/ le

[اسم] خرگوش (صحرایی)

Papa a chassé un lièvre.

بابا یک خرگوش شکار کرد.

lièvre

ligne /lin^{y}/ la [اسم] ۱. خط

Marie trace des lignes sur le sol.

ماری چند خط روی زمین می‌کشد.

۲. سطر

Jean a lu le texte de la première à la dernière ligne.

ژان متن را از سطر اول تا سطر آخر خواند.

limite /limit/ la [اسم] حد، مرز

La limite entre les deux pays

مرز میان دو کشور

limiter /limité/

[فعل] محدود کردن

Il faut limiter son pouvoir.

باید قدرت او را محدود کرد.

limonade /limonad/ la

[اسم] لیموناد (= نوعی شربت گازدار)

J'ai bu un verre de limonade.

یک لیوان لیموناد خوردم.

linge /la^{n}j/ le [اسم] لباس، رخت

Paul met son linge sale dans la machine à laver.

پل لباس کثیفش را در ماشین لباس‌شویی می‌اندازد.

lion /lyo^{n}/ le , **lionne** /lyon/ la [اسم] شیر

lion

liquide [1] /likid/

[صفت] ۱. مایع، آب

La glace est devenue liquide.

بستنی آب شد.

۲. آبکی، رقیق

La sauce est très liquide.

سُس خیلی رقیق است.

argent liquide

پول نقد (= اسکناس و سکه)

liquide [2] /likid/ le [اسم] مایع

L'eau et le lait sont des liquides. آب و شیر از مایعاتند.

lire /lir/ [فعل] خواندن
Le soir, ma sœur me lit une histoire.
شب‌ها خواهرم برایم قصه می‌خواند.

lisible /lizibl/ [صفت] خوانا
Yann a une écriture lisible.
یان خطی خوانا دارد. خط یان خواناست.

liste /list/ la [اسم] فهرست، لیست
Françoise a fait la liste de ce qu'elle devait acheter.
فرانسواز لیست چیزهایی را که باید بخرد تهیه کرد.

liste

lit [1] /li/ le [اسم] تختخواب
Flora fait son lit avant de partir pour l'école.
فلورا قبل از رفتن به مدرسه تختخوابش را مرتب می‌کند.

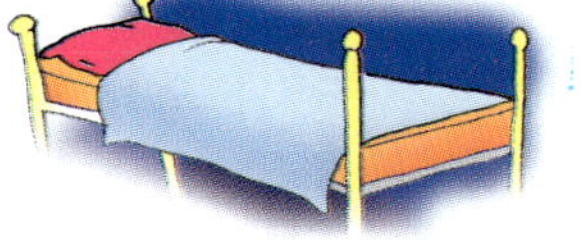

lit

lit [2] /li/ : il lit
صورت صرف‌شدهٔ فعلِ ***lire***.

litre /litr/ le [اسم] لیتر
Isabelle a bu un litre d'eau.
ایزابل یک لیتر آب نوشید.

littérature /litératûr/ la [اسم] ادبیات
Les grandes œuvres de la littérature française
آثار بزرگ ادبیات فرانسه

livraison /livrézo[n]/ la [اسم] تحویل
Maman attend la livraison de l'ordinateur.
مامان منتظر است کامپیوتر را تحویل بگیرد.

livre [1] /livr/ le [اسم] کتاب
Jacques a perdu son livre.
ژاک کتابش را گم کرده.

livres

livre [2] /livr/ la [اسم] نیم‌کیلو
Une livre d'abricots
نیم‌کیلو زردآلو

livrer /livré/ [فعل] تحویل دادن، آوردن
On nous a livré un réfrigérateur.
یک یخچال برایمان آوردند.

local /lokal/ le [اسم] جا، مکان، محل

J'ai trouvé un local pour mon vélo.

یک جا برای دوچرخه‌ام پیدا کردم.

locomotive /lokomotiv/ la [اسم] لکوموتیو

locomotive

logement /lojmâ^{n}/ le [اسم] منزل، خانه، مسکن

Mes parents cherchent un logement.

پدر و مادرم دنبال خانه می‌گردند.

loger /lojé/ [فعل] سکونت کردن، زندگی کردن

Ils logent dans cet appartement.

آنها در این خانه زندگی می‌کنند.

logique /lojik/ [صفت] منطقی، عاقلانه

Un homme logique

یک آدم منطقی

Ce n'est pas logique!

این (کار) عاقلانه نیست!

loi /luâ/ la [اسم] قانون

Il faut respecter la loi.

باید قانون را رعایت کرد.

loin /lua^{n}/ [قید] دور

L'école est loin de la maison.

مدرسه از خانه دور است.

lointain /lua^{n}ta^{n}/ , **lointaine** /lua^{n}tén/ [صفت] دور

Émile est parti dans un pays lointain.

اِمیل به یک کشور دور رفته.

loisirs /luâzir/ le [اسم، جمع] سرگرمی، تفریح

Le cinéma est mon loisir préféré.

سینما تفریح مورد علاقهٔ من است.

long[1] /lo^{n}/ , **longue** /lo^{n}g/ [صفت] دراز، بلند، طولانی

Cette route est longue.

این جاده طولانی است.

En été, les jours sont longs.

در تابستان، روزها بلندند.

long[2] /lo^{n}/ le [اسم] طول، درازا

Le mur a dix mètres de long.

طول دیوار ده متر است.

longtemps /lo^{n}tâ^{n}/ [قید] مدت زیاد

Je t'ai attendu longtemps.

مدت زیادی است که منتظرت هستم.

local در جمع ***locaux*** می‌شود.

a = اَ	**é** = اِ	**e** = اُ(با دهان نیمه‌بسته)	**eu** = اُ ترکی درگُزل	**o** = اُ	**û** = او ترکی درگول
u = او	**i** = ای	**â^{n}** = آ تودماغی	**a^{n}** = اَ تودماغی	**o^{n}** = اُ تودماغی	**r** = غ عربی
y = ی	**n^{y}** = نْیْ	**j** = ژ	**g** = گ	**ch** = ش	**s** = س	**z** = ز

longueur /lo^{n}geur/ la

[اسم] طول، درازا

La longueur de la table est de deux mètres. طول میز دو متر است.

lorsque /lorske/

[حرف ربط] وقتی (که)، موقعی که

Téléphone-moi lorsque tu arriveras.

وقتی رسیدی به من تلفن کن.

losange /lozâ^{n}j/ le

[اسم] لوزی

louer /lué/ [فعل] اجاره کردن، کرایه کردن

Jean a loué un appartement.

ژان یک آپارتمان اجاره کرده.

loup /lu/ le [اسم] گرگ

Le hurlement des loups

زوزهٔ گرگ‌ها

loup

lourd /lur/ , **lourde** /lurd/ [صفت] سنگین

Ce sac est très lourd.

این کیف خیلی سنگین است.

lourdeur /lurdeur/ la

[اسم] سنگینی

La lourdeur d'une valise

سنگینی یک چمدان

lu , lue /lû/

صورت مفعولی فعلِ ***lire***.

lui /lûi/ [ضمیر] ۱. به او، با او

Je lui parle. با او حرف می‌زنم.

۲. او

Lui aussi aime beaucoup le chocolat.

او هم شکلات خیلی دوست دارد.

lui-même خودش

Il a pris lui-même la décision de partir. خودش تصمیم گرفت برود.

luisant /lûizâ^{n}/ , **luisante** /lûizâ^{n}t/ [صفت] درخشان، برّاق

Marie a la peau luisante.

پوست ماری برّاق است.

ver luisant کرم شب‌تاب

lumière /lûmyér/ la

[اسم] ۱. نور، روشنایی

Il y a beaucoup de lumière dans ma chambre. نور اتاقم زیاد است. اتاق من خیلی روشن است.

۲. چراغ

Éteins la lumière!

چراغ را خاموش کن!

lumineux /lûmineu/ , **lumineuse** /lûmineuz/

[صفت] درخشان، نورانی

Ma montre a un point lumineux.

ساعتم یک نقطهٔ نورانی دارد.

lundi /la^{n}di/ le [اسم] دوشنبه

La boucherie est fermée le lundi.

دوشنبه‌ها قصابی بسته است.

اگر ***lorsque*** قبل از کلمه‌ای بیاید که با حرف صدادار شروع شود، به ***lorsqu'*** تبدیل می‌شود:

lorsqu'il a téléphoné

ضمیرِ ***lui*** در معنای شمارهٔ ۱ مفردِ ***leur*** است و برای مذکر و مؤنث به یکسان به کار می‌رود. اما در معنای شمارهٔ ۲، صورت مؤنث آن ***elle*** و صورت جمع این‌دو ***elles*** (برای مؤنث) و ***eux*** (برای مذکر) است.

در فرانسه، دوشنبه ***(lundi)*** روز اولِ هفته است و یکشنبه ***(dimanche)*** روز آخر هفته.

lune /lûn/ la [اسم] ماه

La lune brille dans la nuit.

ماه در شب می‌درخشد.

clair de lune نور ماه، مهتاب

lunettes /lûnét/ la

[اسم، جمع] عینک

porter des lunettes عینک زدن

Mon père porte des lunettes.

پدرم عینک می‌زند.

lunettes

lutte /lût/ la [اسم] نبرد، مبارزه

Ils ont abandonné la lutte.

آنها دست از مبارزه کشیدند.

lutte corps à corps نبرد تن به تن

lutter /lûté/ [فعل] مبارزه کردن

Brigitte lutte contre la maladie.

بریژیت با بیماری مبارزه می‌کند.

luxe /lûks/ le [اسم] تجمل، تجملات

Natacha aime le luxe.

ناتاشا تجملات را دوست دارد.

de luxe لوکس، دولوکس، مجلل

Un hôtel de luxe یک هتل مجلل

lycée /lisé/ le [اسم] دبیرستان

Mon frère va au lycée.

برادرم به مدرسه می‌رود.

lutte corps à corps

M,m

M. /mesyeu/

نگاه کنید به توضیحِ ***monsieur***.

m' /m/ نگاه کنید به توضیحِ ***me***.

ma /ma/ نگاه کنید به ***mon, ma***.

machine /machin/ la

[اسم] ماشین، دستگاه

Machine à laver ماشین لباس‌شویی

machine à laver

maçon /maso^{n}/ le [اسم] بنّا

Les maçons ont commencé la construction de la maison.

بنّاها ساختن خانه را شروع کرده‌اند.

madame /madam/

[اسم] خانم، بانو

J'ai vu Madame Dubois ce matin.

امروز صبح خانم دوبوآ را دیدم.

اگر بعد از ***madame*** اسم خاص یا سمتی بیاید، با حرف بزرگ، و در غیر این‌صورت با حرف کوچک نوشته می‌شود:

Bonjour, madame.

سلام، خانم.

صورت جمعِ این کلمه، ***mesdames*** و صورت مخففِ آن ***Mme*** است.

mademoiselle

/madmuâzél/ [اسم] دخترخانم، دوشیزه

Mademoiselle Dubois

دوشیزه دوبوآ

mademoiselle در جمع ***mesdemoiselles*** نوشته می‌شود. ***Mlle*** صورت مخففِ آن است.

magasin /magaza^{n}/ le

[اسم] دکان، مغازه

Il y a un magasin en face de l'école.

روبروی مدرسه یک مغازه است.

magazine /magazin/ le

[اسم] مجله

Luc lit un magazine.

لوک مجله می‌خواند.

magicien /majisya^{n}/ le ,
magicienne /majisyén/ la

[اسم] جادوگر، افسونگر

magique /majik/

[صفت] جادویی، سحرآمیز

Baguette magique

چوبدستی جادویی

magnétophone

/man^{y}étofon/ le

[اسم] ضبط صوت

magnifique /man^{y}ifik/
[صفت] باشکوه
Regarde ce paysage magnifique!
این منظرهٔ باشکوه را نگاه کن!

mai /mé/ le [اسم] (ماهِ) مِه

maigre /mégr/ [صفت] ۱. لاغر
Cathie est très maigre.
کَتی خیلی لاغـر است.
۲. کم‌چربی، بدون چربی
Pour ne pas grossir, Louise mange des yaourts maigres.
لوییز برای آنکـه چـاق نشـود، مـاست کم‌چربی می‌خورد.

maigrir /mégrir/
[فعل] لاغر شدن
J'ai beaucoup maigri.
خیلی لاغر شده‌ام.

maillot /mayo/ le
[اسم] بلوز کشباف، پیراهن ورزشی
maillot (de bain) مایو
Si tu vas te baigner, n'oublie pas ton maillot.
اگر می‌روی شنا کـنی، مـایوات یـادت نرود.
maillot de cycliste
پیراهن دوچرخه‌سواری

main /ma^{n}/ la [اسم] دست

maintenant /ma^{n}t(e)nâ^{n}/
[قید] حالا، اکنون، الان
Viens jouer maintenant!
حالا بیا بازی کنیم!

maire /mér/ le [اسم] شهردار

mairie /méri/ la
[اسم] شهرداری

mais /mé/ [حرف ربط] اما، ولی
Il est intelligent, mais très paresseux.
او باهوش ولی خیلی تنبل است.

maïs /mais/ le [اسم] ۱. ذرّت
Des champs de maïs مزارع ذرّت
۲. بلال

maison /mézo^{n}/ la
[اسم] خانه، منزل
Louis est resté à la maison.
لویی در خانه ماند.

maître /métr/ le ,
maîtresse /métrés/ la
[اسم] آموزگار، معلم
Nous sommes allés au zoo avec notre maîtresse.
با خانم معلممان به باغ‌وحش رفتیم.
نگاه کنید به توضیحِ ***instituteur***.

majuscule /majûskûl/ la
[اسم] حرف بزرگ
La phrase commence par une majuscule.
جمله با حرف بزرگ شروع می‌شود.

mai پنجمین ماه سال میلادی است که ۳۱ روز دارد و مطابق است با ۱۱ اردیبهشت تا ۱۰ خرداد.

maïs

main شامل کفِ دست و انگشتان است، اما ***bras*** از بازو به پایین را شامل می‌شود.

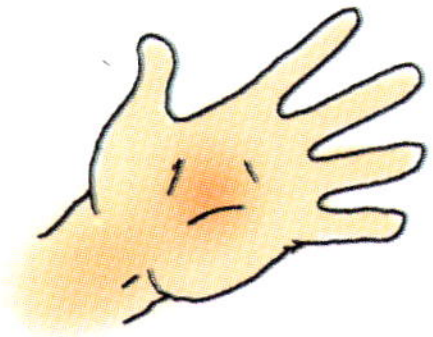
main

a = اَ   é = اِ   e = اُ(با دهان نیمه‌بسته)   eu = اُ ترکی درگُزل   o = اُ   û = او ترکی درگول
u = او   i = ای   â^{n} = آ تودماغی   a^{n} = اَ تودماغی   o^{n} = اُ تودماغی   r = غ عربی
y = ی   n^{y} = نْی   j = ژ   g = گ   ch = ش   s = س   z = ز

mal [1] /mal/ le [اسم] ۱. بدی، بد

Yves sait faire la différence entre le bien et le mal.

ایو فرق بین خوب و بد را می‌داند.

Qui t'a dit du mal de moi?

چه کسی از من به تو بد گفت؟

۲. درد

J'ai mal aux pieds.

پاهایم درد می‌کند.

maux /mo/ در جمع **mal** می‌شود.

mal [2] /mal/ [قید] بد

Laura est mal habillée.

لورا بد لباس پوشیده.

malade [1] /malad/

[صفت] بیمار، مریض

Luc a de la fièvre, il est malade.

لوک تب دارد. او بیمار است.

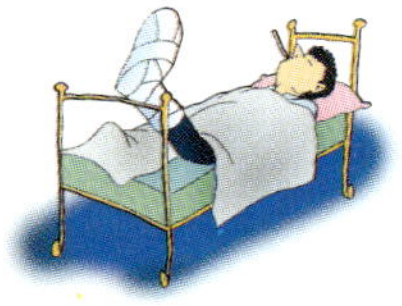

malade

malade [2] /malad/ le, la

[اسم] بیمار، مریض

Les infirmières soignent les malades.

پرستارها از بیماران مراقبت می‌کنند.

maladie /maladi/ la

[اسم] بیماری، مَرَض

Ta maladie n'est pas grave.

بیماری‌ات خطرناک نیست.

maladroit /maladruâ/ , **maladroite** /maladruât/

[صفت] ناشی، دست و پا چلفتی، بی‌دست و پا

Jean est vraiment très maladroit!

واقعاً که ژان خیلی دست و پا چلفتی است!

mâle /mal/ le [اسم] (جنس) نر

Le mâle et la femelle نر و ماده

malgré /malgré/

[حرف اضافه] با وجودِ، علی‌رغمِ

Clara est allé jouer dehors malgré la pluie.

با وجود اینکه باران می‌بارد، کلارا رفته بیرون بازی کند.

malheur /maleur/ le

[اسم] بدبختی، مصیبت

Sa mort a été un grand malheur.

مرگ او مصیبت بزرگی بود.

malheureusement

/maleureuzmâ^{n}/ [قید] بدبختانه، متأسفانه

La piscine était fermée, malheureusement.

متأسفانه استخر بسته بود.

malheureux /maleureu/ , **malheureuse** /maleureuz/

[صفت] بدبخت

Une famille malheureuse

یک خانوادهٔ بدبخت

maman /mamâ^{n}/ la

[اسم] مامان

Où est ta maman?

مامانت کجاست؟

mamie /mami/ la

[اسم] مامان‌بزرگ

Mamie, raconte-moi une histoire!

مامان‌بزرگ، برایم یک قصه تعریف کن!

mamie به صورتِ **mamy** نیز نوشته می‌شود.

manche [1] /mâ^{n}ch/ la

[اسم] آستین

Julie porte une robe à manches longues.

ژولی یک پیراهن آستین‌بلند پوشیده.

manche [2] /mâ^{n}ch/ le

[اسم] دسته

Le manche d'un couteau

دستهٔ چاقو

mandarine /mâ^{n}darin/ la

[اسم] نارنگی

Paul aime beaucoup la mandarine.

پل نارنگی خیلی دوست دارد.

manège /manéj/ le

[اسم] ۱. میدان سوارکاری
۲. چرخ و فلک

manger /mâ^{n}jé/ [فعل] خوردن

Yves mange des frites.

ایو سیب‌زمینی سرخ‌کرده می‌خورد.

manière /manyér/ la

[اسم] شیوه، روش، طریقه، طرز

Je n'aime pas la manière dont tu me parles.

از طرز حرف زدنت خوشم نمی‌آید.

manquer /mâ^{n}ké/

[فعل] ۱. نبودن، کم بودن، نداشتن

Il manque un bouton à ta veste.

کُتت یک دکمه ندارد. دکمهٔ کُتت افتاده.

۲. نرسیدن، جا ماندن

Papa a manqué son train.

بابا از قطار جا ماند.

manteau /mâ^{n}to/ le

[اسم] پالتو

Clara a mis son manteau.

کلارا پالتویش را پوشیده.

manteau با **x** جمع بسته می‌شود: ***manteaux***.

manuel /manûél/ le

[اسم] (کتاب) راهنما، جزوه

Ma sœur lit son manuel d'histoire.

خواهرم جزوهٔ تاریخش را می‌خواند.

maquette /makét/ la

[اسم] ماکِت

Une maquette d'avion

یک ماکت هواپیما

marbre /marbr/ le

[اسم] مرمر

Statue de marbre مجسمهٔ مرمر

marchand /marchâ^{n}/ le , **marchande** /marchâ^{n}d/ la

[اسم] فروشنده، تاجر

Marchand de chaussures

فروشندهٔ کفش، کفاش

marchandise /marchâ^{n}diz/ la [اسم] کالا، جنس

Des marchandises de bonne qualité اجناسی با کیفیت خوب

manège

manger

a = اَ	**é** = اِ	**e** = اُ (با دهان نیمه‌بسته)	**eu** = اُ ترکی درگزل	**o** = اُ	**û** = او ترکی درگول
u = او	**i** = ای	**â^{n}** = آ تودماغی	**a^{n}** = اَ تودماغی	**o^{n}** = اُ تودماغی	**r** = غ عربی
y = ی	**n^{y}** = نیْ	**j** = ژ	**g** = گ	**ch** = ش	**s** = س

mariée

marionnette

marmite

marche /march/ la

[اسم] ۱. (طرز) راه رفتن

Luc a une marche rapide.

لوک تند راه می‌رود.

۲. پله

Il faut monter les marches.

باید از پله‌ها بالا برویم.

نگاه کنید به توضیحِ ***escalier***.

marché /marché/ le

[اسم] بازار

Il va au marché avec sa mère.

او با مادرش به بازار می‌رود.

(à) bon marché ارزان

marcher /marché/

[فعل] ۱. راه رفتن، قدم زدن

Nous avons marché toute la journée. تمام روز راه رفتیم.

۲. کار کردن

La télévision ne marche pas.

تلویزیون کار نمی‌کند.

mardi /mardi/ le

[اسم] سه‌شنبه

Tous les mardis, Luc va à son cours de piano.

لوک سه‌شنبه‌ها به کلاس پیانو می‌رود.

mari /mari/ le [اسم] شوهر

Brigitte et Pierre sont mari et femme. بریژیت و پیِر زن و شوهرند.

mariage /maryaj/ le

[اسم] ازدواج، عروسی

Ils nous ont invités à leur mariage.

آنها ما را به عروسی‌شان دعوت کردند.

mariée /maryé/ le

[اسم] عروس

marier (se) /maryé/

[فعل] ازدواج کردن، عروسی کردن

Ils se sont mariés l'année dernière.

آنها سال گذشته با هم ازدواج کردند.

marin /maran/ , **marine** /marin/ [صفت] دریایی

Les poissons sont des animaux marins. ماهی جانور دریایی است.

marin /maran/ le

[اسم] دریانورد، ملوان

Monsieur Dubois est marin.

آقای دوبوآ دریانورد است.

marine /marin/ la

[اسم] ۱. دریانوردی

۲. نیروی دریایی

La marine française

نیروی دریایی فرانسه

marionnette /maryonét/ la

[اسم] عروسک (نمایش)

spectacle de marionnettes

نمایش عروسکی

marmite /marmit/ la

[اسم] دیگ

marque /mark/ la

[اسم] ۱. علامت، نشان

Fais une marque devant chaque mot!

جلوی هر کلمه یک علامت بزن!

۲. اثر، رد، جا
Des marques de pas جای پا
۳. مارک
Quelle est la marque de cet aspirateur?
مارک این جاروبرقی چیست؟

marquer /marké/
[فعل] ۱. نشان دادن
L'horloge marque cinq heures.
ساعت دیواری ساعت پنج را نشان می‌دهد.
۲. یادداشت کردن، نوشتن
J'ai marqué ton numéro de téléphone.
شماره تلفنت را یادداشت کردم.

mars /mars/ le [اسم] مارس

marteau /marto/ le
[اسم] چکش
Antoine enfonce des clous avec un marteau.
آنتوان میخ‌ها را با چکش می‌کوبد.

masculin /maskûla^n/ ,
masculine /maskûlin/
[صفت] ۱. مردانه، (مربوط به) مرد
Pierre est un prénom masculin.
پیر اسم مرد است.
۲. مذکر
Les noms masculins اسامی مذکر

masque /mask/ le
[اسم] نقاب، ماسک
Flora a mis un masque de chat.
فلورا ماسک گربه به صورتش زده.

masques

massage /masaj/ le
[اسم] ماساژ، مشت و مال

match /match/ le
[اسم] مسابقه
Notre équipe a gagné le match de football.
تیم ما مسابقهٔ فوتبال را برد.

matelas /matla/ le
[اسم] تشک

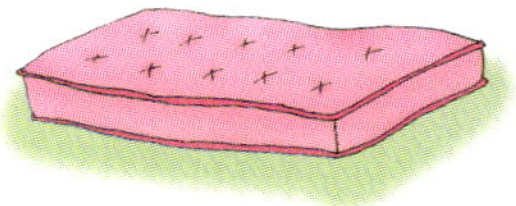

matelas

matériel /matéryél/ le
[اسم] لوازم، وسایل
Matériel de pêche
وسایل ماهیگیری

maternel , maternelle
/matérnél/ [صفت] مادری
La langue maternelle
زبان مادری
école maternelle مهد کودک
oncle maternel دایی

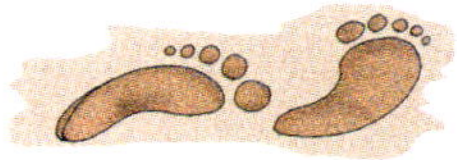

marques de pas

mars سومین ماه سال میلادی است که ۳۱ روز دارد و مطابق است با ۱۰ اسفند تا ۱۱ فروردین.

marteau با **x** جمع بسته می‌شود: ***marteaux***.

a = اَ	**é** = اِ	**e** = (با دهان نیمه‌بسته) اُ	**eu** = اُ ترکی درگُزل	**o** = اُ	**û** = او ترکی درگول	
u = او	**i** = ای	**â^n** = آ تودماغی	**a^n** = اَ تودماغی	**o^n** = اُ تودماغی	**r** = غ عربی	
y = ی	**n^y** = نْیْ	**j** = ژ	**g** = گ	**ch** = ش	**s** = س	**z** = ز

mathématiques /matématik/ la

[اسم، جمع] ریاضیات

Professeur de mathématiques معلم ریاضیات

mathématiques

maths /mat/

نگاه کنید به توضیحِ ***mathématiques***.

matière /matyér/ la

[اسم] ۱. ماده

Le beurre est une matière grasse. کره یک مادهٔ چرب است.

۲. موضوع، مطلب

Table des matières فهرست مطالب

matin /mata^n/ le [اسم] صبح

Ce matin, je me suis levé tard.

امروز صبح، دیر از خواب پا شدم.

matinée /matiné/ la

[اسم] صبح

Il a plu toute la matinée.

تمام صبح باران آمد.

mauvais /mov,é/ , **mauvaise** /movéz/ [صفت] بد

Paul a vu un mauvais film.

پل یک فیلم بد دید.

maux /mo/ نگاه کنید به توضیحِ ***mal***.

maximum /maksimom/ le

[اسم] حداکثر

Alex sera là dans une heure au maximum. آلکس حداکثر تا یک ساعت دیگر اینجاست.

me /me/ [ضمیر] مرا، به من

Cathie me regarde gentiment.

کَتی با مهربانی به من نگاه می‌کند.

mécanicien /mékanisya^n/ le , **mécanicienne** /mékanisyén/ la [اسم] مکانیسین، مکانیک، تعمیرکار (ماشین‌آلات)

Un mécanicien répare les machines.

مکانیسین ماشین تعمیر می‌کند.

mécanique [1] /mékanik/

[صفت] مکانیکی

Un train mécanique

قطار مکانیکی (در مقابل قطار برقی)

mécanique [2] /mékanik/ la

[اسم] مکانیک

Pour devenir mécanicien, il faut étudier la mécanique.

برای آنکه کسی مکانیسین شود باید مکانیک بخواند.

méchanceté /méchâ^{n}sté/ la

[اسم] بدجنسی، شرارت

Il a fait cela par méchanceté.

این کار را از روی بدجنسی کرد.

méchant /méchâ^n/ , **méchante** /méchâ^{n}t/

[صفت] بدجنس

Jacques est parfois méchant.

ژاک بعضی وقت‌ها بدجنس است.

mathématiques همیشه به صورت جمع به کار می‌رود. ***maths*** صورت مخفف و خودمانی آن است.

اگر کلمه‌ای که بعد از ***me*** می‌آید با حرف صدادار شروع شود، به جای آن ***m'*** می‌آید: Qui ***m'***a appelé? چه کسی مرا صدا کرد؟

matinée به فاصلهٔ زمانی از صبح تا ظهر گفته می‌شود، اما ***matin*** معمولاً برای اشاره به آغاز روز به کار می‌رود.

méchant

mécontent /mékoⁿtâⁿ/ ,
mécontente /mékoⁿtâⁿt/
[صفت] ناراضی، ناراحت
Julie est mécontente d'avoir perdu son livre.
ژولی از اینکه کتابش را گم کرده ناراحت است.

médaille /méday/ la
[اسم] مدال، نشان
Il a obtenu une médaille aux jeux Olympiques.
او در بازی‌های المپیک یک مدال گرفت.

médaille

médecin /médsaⁿ/ le
[اسم] پزشک، دکتر
La mère de Marie est médecin.
مادر ماری پزشک است.

کلمهٔ ***médecin*** مذکر است، اما برای مرد و زن به یکسان به کار می‌رود.

médecine /médsin/ la
[اسم] پزشکی
Mon grand frère fait des études de médecine.
برادر بزرگم پزشکی می‌خواند.

médical , médicale
/médikal/ [صفت] پزشکی، طبی
Les soins médicaux
مراقبت‌های پزشکی

کلمهٔ ***médical*** در جمع ***médicaux*** می‌شود.

médicament
/médikamâⁿ/ le [اسم] دارو، دوا
Je vais à la pharmacie acheter les médicaments.
می‌روم داروخانه دوا بخرم.

méfier (se) /méfyé/
[فعل] اعتماد نکردن
Méfiez-vous de lui, il est très hypocrite. به او اعتماد نکنید، آدم خیلی دورویی است.

meilleur , meilleure
/méyeur/ [صفت] بهتر، بهترین
Le temps est meilleur qu'hier.
هوا بهتر از دیروز است.
Laura est ma meilleure amie.
لورا بهترین دوست من است.

mélange /mélâⁿj/ le
[اسم] مخلوط، ترکیب
Une salade de fruits est un mélange de fruits.
سالاد میوه ترکیبی از میوه‌هاست.

mélanger /mélâⁿjé/
[فعل] مخلوط کردن، قاطی کردن
Mélangez le beurre et la farine.
کره را با آرد مخلوط کنید.

mélodie /mélodi/ la
[اسم] آهنگ
La mélodie de cette chanson est jolie.
آهنگ این ترانه زیباست.

mélodieux /mélodyeu/ , **mélodieuse** /mélodyeuz/
[صفت] خوش آهنگ، خوش صدا
Flora a une voix mélodieuse.
فلورا خوش صداست. فلورا صدای قشنگی دارد.

melon /meloⁿ/ le [اسم] طالبی

membre /mâⁿbr/ le
[اسم] عضو
Nos bras et nos jambes sont nos quatre membres.
دست‌ها و پاهای ما چهار عضو بدن ما هستند.
Luc est membre d'un club de gymnastique.
لوک عضو یک باشگاه ژیمناستیک است.

même [1] /mém/
[صفت] ۱. همانند، یک‌جور، مثل هم
Jean et Paul ont la même chemise.
پیراهن ژان و پل مثل هم است.
۲. همان
Yves est dans la même classe que Luc.
ایو در همان کلاسی است که لوک است.
en même temps همزمان

صفت ***même*** در ترکیب با ضمایر نیز به کار می‌رود، به صورتِ:
moi-même خودم
toi-même خودت

même [2] /mém/ [قید] حتی
Tout le monde a dansé, même les enfants.
همه رقصیدند، حتی بچه‌ها.

mémoire /mémuâr/ la
[اسم] حافظه، ذهن
Émile a une bonne mémoire.
اِمیل حافظهٔ خوبی دارد.

menace /menas/ la
[اسم] تهدید
Jean a résisté aux menaces des habitants. ژان در مقابلِ تهدیدهای دزدها مقاومت کرد.

menacer /menasé/
[فعل] تهدید کردن
Les gangsters ont menacé les habitants.
گانگسترها اهالی را تهدید کردند.

ménage /ménaj/ le
[اسم] نظافت خانه، مرتب کردنِ خانه
Cathie fait le ménage.
کَتی خانه را مرتب می‌کند.
femme de ménage خدمتکار (زن)

ménager /ménajé/ , **ménagère** /ménajér/
[صفت] خانگی
Un aspirateur est un appareil ménager.
جاروبرقی یک وسیلهٔ خانگی است.

mendiant /mâⁿdyâⁿ/ le , **mendiante** /mâⁿdyâⁿt/ la
[اسم] گدا
Pierre a donné une pièce à un mendiant. پیِر یک سکه به گدا داد.

mener /mené/ [فعل] ۱. بردن
Je vous mène à la gare.
من شما را به ایستگاه می‌برم.
۲. منتهی شدن

Voici le chemin qui mène à la forêt. این راهی است که به جنگل منتهی می‌شود.

mensonge /mâⁿsoⁿj/ le

[اسم] دروغ

Yves a dit un mensonge.

ایو دروغ گفت.

menteur /mâⁿteur/ le , **menteuse** /mâⁿteuz/ la

[اسم] دروغگو

Méfie-toi de ce qu'elle dit, c'est une menteuse.

به حرفش اعتماد نکن، او دروغگوست.

mentir /mâⁿtir/

[فعل] دروغ گفتن

Simon a menti à sa mère.

سیمون به مادرش دروغ گفت.

menton /mâⁿtoⁿ/ le

[اسم] چانه

menu /menû/ le

[اسم] صورت غذا

J'ai choisi une pizza dans le menu.

از صورت غذا یک پیتزا انتخاب کردم.

menuiserie /menûizri/ la

[اسم] نجاری

Mon frère travaille dans une menuiserie.

برادرم در یک نجاری کار می‌کند.

menuisier /menûizyé/ le

[اسم] نجار

Le menuisier a réparé la chaise. نجار صندلی را تعمیر کرد.

mer /mér/ la [اسم] دریا

Ils passent leurs vacances au bord de la mer.

آنها تعطیلاتشان را در کنار دریا می‌گذرانند.

merci! /mérsi/

[عبارت تعجبی] مرسی! متشکرم!

Veux-tu un bonbon? – Non, merci! آب‌نبات می‌خواهی؟ ـ نه، متشکرم.

mercredi /mérkredi/ le

[اسم] چهارشنبه

Il vient le mercredi.

او چهارشنبه می‌آید.

mère /mér/ la [اسم] مادر

J'aime beaucoup ma mère.

من مادرم را خیلی دوست دارم.

mériter /mérité/

[فعل] شایسته بودن، لایق بودن

Tu mérites la récompense.

تو شایستهٔ (دریافتِ) پاداشی.

merveille /mérvéy/ la

[اسم] شگفتی، چیز فوق‌العاده

Ce bijou est une merveille.

این جواهر یک چیز فوق‌العاده است.

کلمهٔ مرسی ***(merci)*** از زبان فرانسه وارد زبان فارسی شده است.

merveilleux /mérvéyeu/ , **merveilleuse** /mérvéyeuz/
[صفت] شگفت‌انگیز، عجیب
Un conte merveilleux
یک قصهٔ عجیب

mes /mé/
[صفت] (مال‌هایِ) من، ـــ هایم
Mes livres کتاب‌های من، کتاب‌هایم

mesdames /médam/
نگاه کنید به توضیحِ ***madame***.

mesdemoiselles /médmuâzél/
نگاه کنید به توضیحِ ***mademoiselle***.

message /mésaj/ le
[اسم] پیام، پیغام
Alice m'a laissé un message.
آلیس برایم یک پیغام گذاشته.

messieurs /mésyeu/
نگاه کنید به توضیحِ ***monsieur***.

mesure /mezûr/ la
[اسم] اندازه
Le peintre a pris les mesures de la pièce.
نقاش (ساختمان) اندازهٔ اتاق را گرفت.

mesurer /mezûré/
[فعل] اندازه گرفتن
Maman mesure l'armoire.
مامان گنجه را اندازه می‌گیرد.
Il mesure un mètre quatre-vingts.
(قد) او یک متر و هشتاد سانتیمتر است.

met /mé/ : il met
صورت صرف‌شدهٔ فعلِ ***mettre***.

métal /métal/ le [اسم] فلز
L'or est un métal.
طلا یک فلز است.

métal در جمع ***métaux*** می‌شود.

métallique /métalik/
[صفت] فلزی
Une boîte métallique
یک جعبهٔ فلزی

méthode /métod/ la
[اسم] روش، شیوه
Il a trouvé une bonne méthode pour résoudre la difficulté.
او روش خوبی برای حل مشکل پیدا کرد.

métier /métyé/ le [اسم] شغل، کار
M. Dubois est professeur, c'est son métier.
آقای دوبوآ معلم است، این شغل اوست.

mètre /métr/ le [اسم] متر
Jacques mesure un mètre soixante.
ژاک یک متر و شصت سانتیمتر است.

métro /métro/ le [اسم] مترو
Papa prend le métro pour aller au bureau. بابا برای رفتن به دفتر کارش سوار مترو می‌شود.

métro

mes صورت جمعِ ***mon*** و ***ma*** است.

mettent /mét/ : ils mettent
صورت صرف‌شدهٔ فعلِ ***mettre***.

mettre /métr/
[فعل] ۱. گذاشتن، قرار دادن، انداختن
Anne met le vase sur la table.
آن گلدان را روی میز می‌گذارد.
Papa met deux sucres dans son café.
بابا دو تا قند در قهوه‌اش می‌اندازد.
۲. پوشیدن، تن کردن
Jean a mis un pantalon noir.
ژان شلوار مشکی پوشیده.
se mettre ۱. جا گرفتن، رفتن
Luc s'est mis à côté de Flora.
لوک رفت کنار فلورا.
۲. شروع کردن
Marcel s'est mis à faire du sport.
مارسل شروع کرد به ورزش کردن.

meuble /meubl/ le
[اسم] اثاث، اسباب و اثاثیه
Une table, une chaise et un lit sont des meubles.
میز، صندلی و تخت اسباب و اثاثیه‌اند.

meubles

meurt /meur/ : il meurt
صورت صرف‌شدهٔ فعلِ ***mourir***.

miauler /myolé/
[فعل] میومیو کردن
Les chats miaulent.
گربه‌ها میومیو می‌کنند.

microbe /mikrob/ le
[اسم] میکروب

microphone /mikrofon/ le
[اسم] میکروفون

microscope /mikroskop/ le
[اسم] میکروسکوپ
Julie regarde un cheveu au microscope.
ژولی یک (تار) مو را زیر میکروسکوپ نگاه می‌کند.

midi [1] /midi/ le [اسم] ظهر
Nous mangeons à midi.
ما ظهر غذا می‌خوریم.

Midi [2] /midi/ le
[اسم] جنوب فرانسه
Brigitte habite dans le Midi.
بریژیت در جنوب فرانسه زندگی می‌کند.

miel /myél/ le [اسم] عسل
Isabelle mange des bonbons au miel.
ایزابل آب‌نبات عسلی می‌خورد.

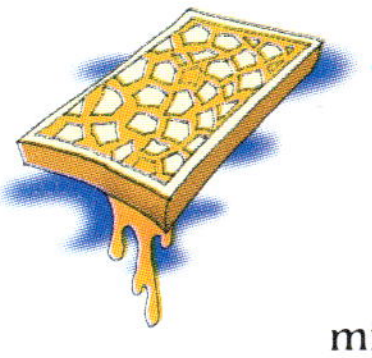
miel

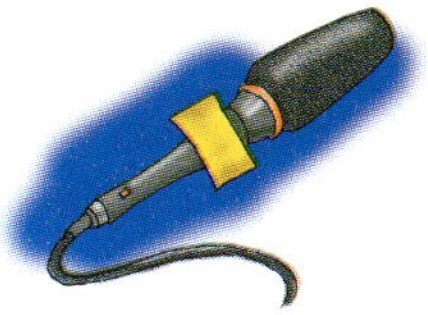
microphone

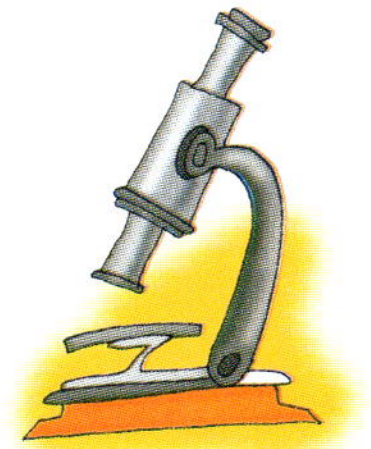
microscope

کلمهٔ مبل ***(meuble)*** از زبان فرانسه وارد زبان فارسی شده، اما در فارسی معنی آن تغییر کرده است.

a = آ	**é** = اِ	**e** = اُ (با دهان نیمه‌بسته)	**eu** = اُ ترکی درگُزل	**o** = اُ	**û** = او ترکی درگول	
u = او	**i** = ای	**â**^{n} = آ تودماغی	**a**^{n} = اَ تودماغی	**o**^{n} = اُ تودماغی	**r** = غ عربی	
y = ی	**n**^{y} = نْیَ	**j** = ژ	**g** = گ	**ch** = ش	**s** = س	**z** = ز

mien /mya^n/ le , **mienne** /myén/ la [ضمیر] مالِ من

Ce n'est pas ton cahier, c'est le mien.

این دفتر تو نیست، مال من است.

ضمایر ملکی مثلِ ***mien*** و ***mienne*** با حروف تعریفِ ***la*** و ***le*** به کار می‌روند:
le mien, la mienne

miette /myét/ la [اسم] خرده (نان)

Des miettes de pain

خرده‌های نان، خرده نان

mieux /myeu/ [قید] بهتر

Philipe travaille mieux que son frère.

فیلیپ بهتر از برادرش کار می‌کند.

aimer mieux ترجیح دادن

J'aime mieux rester ici.

ترجیح می‌دهم اینجا بمانم.

aller mieux (حال کسی) بهتر بودن

Anne va mieux.

(حال) آن بهتر است.

milieu /milyeu/ le [اسم] وسط، میان

La table est au milieu de la pièce. میز وسط اتاق است.

Nous sommes partis au milieu du film. ما وسط فیلم رفتیم.

milieu با ***x*** جمع بسته می‌شود: ***milieux***.

militaire [1] /militér/ [صفت] نظامی

Des camions militaires

کامیون‌های نظامی

militaire [2] /militér/ le [اسم] (فرد) نظامی

Un gendarme est un militaire.

ژاندارم یک نظامی است.

mille /mil/ [صفت] هزار

mille در جمع تغییر نمی‌کند: ***deux mille***. این کلمه گاهی به صورتِ ***mil*** نوشته می‌شود:
Mil huit cent onze

milliard /milyar/ le [اسم] میلیارد (۱٫۰۰۰٫۰۰۰٫۰۰۰)

Il y a des milliards d'étoiles dans l'univers.

در جهان میلیاردها ستاره هست.

milliardaire /milyar-dér/ le, la [اسم] میلیاردر

millier /milyé/ le [اسم] در حدود هزار

Un millier de personnes

در حدود هزار نفر

million /milyo^n/ le [اسم] میلیون (۱٫۰۰۰٫۰۰۰)

Cette ville a cinq millions d'habitants.

این شهر پنج میلیون جمعیت دارد.

millionnaire /milyonér/ le, la [اسم] میلیونر

Cathie a épousé un millionnaire.

کَتی با یک میلیونر ازدواج کرد.

mince /ma^{n}s/ [صفت] ۱. نازک، باریک

Le papier de ce livre est mince.

کاغذ این کتاب نازک است.

۲. لاغر

Simon est mince.

سیمون لاغر است.

mine /min/ la [اسم] معدن

Une mine de diamants

یک معدن الماس

mine

minimum /minimom/ le

[اسم] کمترین، حداقل

Il a fait le minimum d'efforts.

او کمترین تلاش را کرد.

au minimum دست کم، حداقل، لااقل

Ce travail dure deux mois au minimum.

این کار حداقل دو ماه طول می‌کشد.

ministre /ministr/ le

[اسم] وزیر

Le Premier ministre نخست‌وزیر

minuit /minûi/ le

[اسم] نیمه‌شب، نصفه‌شب

Paul est rentré à minuit.

پل نصفه‌شب برگشت.

minuscule /minûskûl/ la

[اسم] حرف کوچک

minute /minût/ la

[اسم] دقیقه

Il y a 60 minutes dans une heure. یک ساعت ۶۰ دقیقه است.

miracle /mirakl/ le

[اسم] معجزه

Le garçon muet s'est mis à parler, c'est un miracle!

پسر لال شروع کرد به حرف زدن. این یک معجزه است!

miroir /miruâr/ le [اسم] آینه

Philippe se regarde dans un miroir. فیلیپ خود را در آینه می‌بیند.

miroir

به جای کلمهٔ ***miroir*** می‌توان کلمهٔ ***glace*** را نیز به کار برد.

mis /mi/ , **mise** /miz/

صورت مفعولی فعلِ ***mettre***.

misère /mizér/ la

[اسم] بدبختی، فقر

Victor et sa sœur vivent dans la misère. ویکتور و خواهرش در فقر و بدبختی زندگی می‌کنند.

mission /misyo^n/ la

[اسم] مأموریت

Une mission scientifique

یک مأموریت علمی

missile /misil/ le

[اسم] موشک (= نوعی سلاح جنگی)

mixte /mikst/ [صفت] مخلوط، مختلط

Une école mixte

یک مدرسهٔ مختلط

Mlle /madmuâzél/

نگاه کنید به توضیحِ ***mademoiselle***.

Mme /madam/

نگاه کنید به توضیحِ ***madame***.

mobile /mobil/

[صفت] متحرک

Un pont mobile یک پل متحرک

mode 1 /mod/ la [اسم] مُد

La mode change chaque année. مُد هر سال عوض می‌شود.

à la mode باب روز، مُد روز

Ce manteau est à la mode.

این پالتو مُد روز است. این پالتو مُد شده.

mode 2 /mod/ le [اسم] روش، طریقه، طرز

Le mode d'emploi طرز استفاده

کلمهٔ ***mode*** به معنیِ «مُد» مؤنث و به معنیِ «روش» مذکر است.

modèle /modél/ le

[اسم] نمونه، مُدل، اُلگو

Pour dessiner cet arbre, j'avais un modèle. برای کشیدنِ این درخت، یک مدل داشتم.

Les nouveaux modèles de vêtements مدل‌های جدید لباس

moderne /modérn/

[صفت] امروزی، جدید، مدرن

Luc aime l'art moderne.

لوک هنر مدرن را دوست دارد.

moi /muâ/ [ضمیر] ۱. من

Ce livre est à moi.

این کتاب مال من است.

۲. مرا، به من

Donne-moi la main!

دستت را بده به من!

moi-même خودم

Je le lui dirai moi-même.

خودم این را به او می‌گویم.

moindre /mua^{n}dr/

[صفت] کمتر، کمترین، کوچکترین

Les moindres détails

کوچکترین جزئیات

moineau /muâno/ le

[اسم] گنجشک

Éric donne du pain aux moineaux.

اِریک به گنجشک‌ها نان می‌دهد.

moineau با **x** جمع بسته می‌شود: ***moineaux***.

moins /mua^{n}/ ۱. [قید] کمتر

Isabelle a moins de jouets que moi.

ایزابل کمتر از من اسباب‌بازی دارد.

Les enfants de moins de six ans بچه‌های کمتر از شش سال

۲. [حرف اضافه] منهایِ

Douze moins deux égale dix.

دوازده منهای دو مساوی است با ده.

mois /muâ/ le [اسم] ماه

Il y a douze mois dans une année. یک سال دوازده ماه است.

moitié /muâtyé/ la [اسم] نیم، نصف، نیمه

Maman a partagé le gâteau en deux moitiés.

مامان کیک را دو قسمت کرد.

mol /mol/ نگاه کنید به توضیحِ ***mou***.

molle /mol/

نگاه کنید به ***mou, molle***.

moment /momâ^{n}/ le

[اسم] لحظه، موقع، وقت

Attendez un moment!

یک لحظه صبر کنید!

mon /mo^{n}/ , **ma** /ma/

[صفت] (مالِ) من، ـِ اَم

Mon jouet اسباب‌بازی من

Ma maison خانه‌ام

mes در جمع ***mon, ma*** می‌شوند.

monde /mo^{n}d/ le

[اسم] ۱. دنیا، جهان

Dieu a créé le monde.

خدا جهان را آفرید.

۲. مردم، جمعیت

Il y a trop de monde dans le métro.

در مترو جمعیت زیادی است.

tout le monde همه

Dis bonjour à tout le monde.

به همه سلام کن.

نگاه کنید به توضیحِ ***univers***.

monde

mondial , mondiale

/mo^{n}dyal/ [صفت] جهانی

La misère est un problème mondial. فقر مسئله‌ای جهانی است.

کلمهٔ ***mondial*** در جمع ***mondiaux*** می‌شود.

monnaie /moné/ la

[اسم] ۱. پول

La monnaie française est le franc. فرانک پول فرانسه است.

۲. سکه، پول خرد، بقیهٔ پول

Le boulanger m'a rendu la monnaie. نانوا بقیهٔ پولم را داد.

monotone /monoton/

[صفت] یکنواخت

Sa vie est monotone.

زندگی او یکنواخت است.

monsieur /mesyeu/ le

[اسم] آقا

Monsieur le Maire آقای شهردار

اگر بعد از ***monsieur*** اسم خاص یا سِمتی بیاید، با حرف بزرگ، و در غیر این صورت با حرف کوچک نوشته می‌شود:

Bonjour, monsieur.

سلام، آقا.

صورت جمع این کلمه ***messieurs*** و مخففِ آن ***M.*** است.

monstre /mo^{n}str/ le

[اسم] هیولا

Un dragon est un monstre.

اژدها یک هیولاست.

montagne /mo^{n}tan^{y}/ la

[اسم] کوه، کوهستان

Ils passent leur vacances à la montagne. آنها تعطیلاتشان را در کوهستان می‌گذرانند.

montagne

a = اَ	**é** = اِ	**e** = (با دهان نیمه‌بسته) اُ	**eu** = اُ ترکی درگُزل	**o** = اُ	**û** = او ترکی درگول	
u = او	**i** = ای	**â^{n}** = آ تودماغی	**a^{n}** = اَ تودماغی	**o^{n}** = اُ تودماغی	**r** = غ عربی	
y = ی	**n^{y}** = نْیْ	**j** = ژ	**g** = گ	**ch** = ش	**s** = س	**z** = ز

monter /mo^{n}té/

[فعل] ۱. بالا رفتن، بالا آمدن

Je suis monté par l'ascenseur.

با آسانسور (به طبقهٔ) بالا رفتم.

۲. بالا بردن

Marcel a monté les valises.

مارسل چمدان‌ها را (به طبقهٔ) بالا برد.

monter

montre /mo^{n}tr/ la

[اسم] ساعت (مچی)

Ma montre avance de cinq minutes.

ساعتم پنج دقیقه جلو است.

montre

morceau با **x** جمع بسته می‌شود: ***morceaux***.

montrer /mo^{n}tré/

[فعل] نشان دادن

Alex m'a montré sa chambre.

آلکس اتاقش را به من نشان داد.

monument /monûmâ^{n}/ le

[اسم] بنای تاریخی، بنا

Les palais sont des monuments.

قصرها بناهای تاریخی‌اند.

monument

moquer (se) /moké/

[فعل] ۱. مسخره کردن

Paul a peur des araignées et son frère se moque de lui.

پُل از عنکبوت می‌ترسد و برادرش او را مسخره می‌کند.

۲. (با کسی) شوخی کردن، سر به سر (کسی) گذاشتن

Je ne te crois pas, tu te moques de moi.

حرفت را باور نمی‌کنم، داری سر به سرم می‌گذاری.

moquette /mokét/ la

[اسم] موکت

La moquette du salon

موکت سالن، موکت اتاق پذیرایی

morceau /morso/ le

[اسم] قطعه، تکه

J'ai cassé un verre et j'ai ramassé les morceaux.

یک لیوان را شکستم و تکه‌هایش را جمع کردم.

Luc a mangé un morceau de pain. لوک یک تکه نان خورد.

mordre /mordr/

[فعل] ۱. گاز زدن

Julie mord dans la pomme.

ژولی سیب را گاز می‌زند.

۲. گاز گرفتن

Un chien m'a mordu.

یک سگ مرا گاز گرفت.

mordre

mort /mor/ la [اسم] مرگ

Simon a eu beaucoup de chagrin à la mort de son père.

سیمون از مرگ پدرش خیلی غمگین شد.

mort /mor/ , **morte** [1]
/mort/ ۱. [صفت] مرده
J'ai trouvé un rat mort.
یک موشِ مرده پیدا کردم.
۲. صورت مفعولی فعلِ ***mourir***.

mort /mor/ le , **morte** [2]
/mort/ la [اسم] مرده، کشته
Prions pour les morts!
برای مرده‌ها دعا کنیم!

mosquée /moské/ la
[اسم] مسجد
Les musulmans vont prier à la mosquée. مسلمان‌ها برای خواندنِ دعا به مسجد می‌روند.

mosquée

mot /mo/ le [اسم] ۱. کلمه، لغت، واژه
« Mouchoir » est un mot de 8 lettres. *« mouchoir »* یک کلمهٔ هشت حرفی است.
۲. پیغام، یادداشت
J'ai laissé un mot sur la porte.
روی در یک یادداشت گذاشتم.
faire des mots croisés
جدول حل کردن

moteur /moteur/ le
[اسم] موتور
Il faut changer le moteur du réfrigérateur.
موتور یخچال را باید عوض کرد.

moto /moto/ la
[اسم] موتورسیکلت، موتور
Jean fait de la moto.
ژان موتورسواری می‌کند.

moto صورت مخفف و رایج کلمهٔ ***motocyclette*** است.

moto

mou /mu/ , **molle** /mol/
[صفت] نرم، شُل
Une pâte molle یک خمیر نرم

قبل از حروف صدادار، به جای ***mou*** کلمهٔ ***mol*** می‌آید.

mouche /much/ la
[اسم] مگس
Une mouche est sur le fromage.
یک مگس روی پنیر است.

mouche

mouchoir /muchuâr/ le
[اسم] دستمال
Marie s'essuie les mains avec un mouchoir.
ماری دست‌هایش را با دستمال پاک می‌کند.

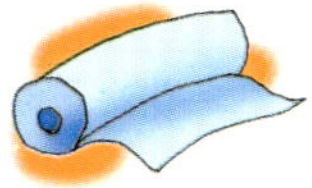

mouchoir

moulin

mouiller /muyé/

[فعل] تر کردن، خیس کردن

J'ai mouillé le chiffon.

کهنه را تر کردم.

moulin /mula^{n}/ le

[اسم] آسیاب

Un moulin à vent یک آسیاب بادی

mourir /murir/ [فعل] مردن

Mon chat est très malade, je crois qu'il va mourir.

گربه‌ام خیلی مریض است، فکر می‌کنم بمیرد.

Je meurs de faim.

از گرسنگی دارم می‌میرم.

mousse /mus/ la [اسم] کف

Le savon fait de la mousse.

صابون کف می‌کند.

moustache

moustache /mustach/ la

[اسم] سبیل

Les chats ont des moustaches.

گربه‌ها سبیل دارند.

moustique /mustik/ le

[اسم] پشه

Marie a été piquée par une moustique. پشه ماری را نیش زد.

moustique

mouton /muto^{n}/ le

[اسم] گوسفند

moutons

mouvement /muvmâ^{n}/ le

[اسم] حرکت، جنبش

Le mouvement des astres dans le ciel حرکت ستارگان در آسمان

moyen /muâya^{n}/ , **moyenne** /muâyén/

[صفت] متوسط

Victor est un élève moyen.

ویکتور یک دانش‌آموز متوسط است.

Vitesse moyenne سرعت متوسط

moyen /muâya^{n}/ le

[اسم] ۱. وسیله

Les moyens de transport

وسایل حمل و نقل

۲. راه، طریقه

Je connais le moyen d'entrer.

راه ورود را بلدم.

muet /mûé/ , **muette** /mûét/ [صفت] لال

Cette pauvre femme est muette.

این زن بیچاره لال است.

multicolore /mûltikolor/

[صفت] رنگارنگ

Jean a une chemise multicolore.

ژان یک پیراهن رنگارنگ دارد.

multiplication /mûltiplikasyo^n/ la [اسم] ضرب
La table de multiplication
جدول ضرب

multiplier /mûltipliyé/
[فعل] ضرب کردن
9 multiplié par 2 égale 18.
۹ ضرب‌در ۲ می‌شود ۱۸.

mur /mûr/ le [اسم] دیوار
Les murs de la maison sont en brique. دیوارهای خانه آجری‌اند.

mûr , mûre /mûr/
[صفت] رسیده
Les pêches sont mûres.
هلوها رسیده‌اند.

muscle /mûskl/ le
[اسم] ماهیچه، عضله
Les muscles de mes bras sont forts. عضلات بازویم قوی‌اند.

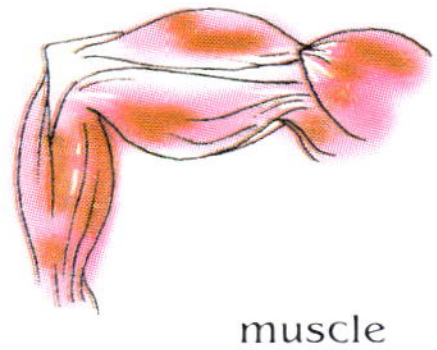
muscle

musée /mûzé/ le [اسم] موزه
Nous avons visité un musée.
ما از یک موزه دیدن کردیم.

musicien /mûzisya^n/ le , **musicienne** /mûzisyén/ la
[اسم] ۱. موسیقیدان
Mozart est un célèbre musicien.
موزارت موسیقیدان مشهوری است.
۲. نوازنده
Cette orchestre est composée de dix musiciens.
این ارکستر از ده نوازنده تشکیل شده.

musique /mûzik/ la
[اسم] موسیقی
La musique d'un film
موسیقی یک فیلم

musulman /mûzûlmâ^n/ , **musulmane** /mûzûlman/
[صفت] ۱. مسلمان
Je suis musulman. من مسلمانم.
۲. اسلامی (مربوط به اسلام)
La religion musulmane
دین اسلام

musulman صفت است، اما ***Musulman*** (با حرف بزرگ) اسم است و در اشاره به فرد مسلمان گفته می‌شود: ***les Musulmans***
مسلمانان

mystère /mistér/ le
[اسم] راز، سِر
Les mystères de la science
اسرار دانش

mystérieux /mistéryeu/ , **mystérieuse** /mistéryeuz/
[صفت] اسرارآمیز، مرموز
Forêt mystérieuse
جنگل اسرارآمیز

a = اَ	**é** = اِ	**e** = اُ (با دهان نیمه‌بسته)	**eu** = اُ ترکی درگُزل	**o** = اُ	**û** = او ترکی درگول	
u = او	**i** = ای	**â^n** = آ تودماغی	**a^n** = اَ تودماغی	**o^n** = اُ تودماغی	**r** = غ عربی	
y = ی	**n^y** = نْی	**j** = ژ	**g** = گ	**ch** = ش	**s** = س	**z** = ز

N,n

n' /n/ نگاه کنید به توضیحِ ***ne***.

nage /naj/ la [اسم] شنا
Paul a rejoint le bateau à la nage.
پل با شنا خود را به کشتی رساند.

nageoire /najuâr/ la
[اسم] باله
Les poissons ont des nageoires.
ماهی‌ها باله دارند.

nager /najé/ [فعل] شنا کردن
André apprend à nager.
آندره شنا (کردن) یاد می‌گیرد.

nageur /najeur/ le ,
nageuse /najeuz/ la
[اسم] شناگر
Les nageurs ont plongé.
شناگران شیرجه زده‌اند.

nageur

naïf /naif/ , **naïve** /naiv/
[صفت] زودباور، ساده‌لوح
Juliette est vraiment trop naïve!
ژولیت واقعاً بیش از حد ساده است.

nain /na^{n}/ le , **naine**
/nén/ la [اسم] کوتوله
Blanche-Neige a dormi dans la maison des sept nains.
سفیدبرفی در خانهٔ هفت‌کوتوله خوابید.

nain

naissance /nésâ^{n}s/ la
[اسم] تولد، ولادت
Quelle est ta date de naissance?
تاریخ تولدت کِی است؟

naît /né/ : il naît
صورت صرف‌شدهٔ فعلِ ***naître***.

naître /nétr/
[فعل] به دنیا آمدن، متولد شدن
Ma petite sœur est née hier.
خواهر کوچکم دیروز به دنیا آمد.

nappe /nap/ la [اسم] سفره
Julie pose les assiettes sur la nappe.
ژولی بشقاب‌ها را در سفره می‌گذارد.

natal , natale /natal/
[صفت] (مربوط به) زادگاه
La France est mon pays natal.
فرانسه (کشور) زادگاه من است.

natation /natasyo^n/ la
[اسم] شنا
Un club de natation
باشگاه شنا، کلوب شنا

nation /nasyo^n/ la [اسم] ملت
La nation française ملت فرانسه

national , nationale
/nasyonal/ [صفت] ملی
Une fête nationale عید ملی

کلمهٔ ***national*** در جمع ***nationaux*** می‌شود.

nationalité /nasyonalité/ la
[اسم] ملیت، تابعیت
Pierre est de nationalité française. پیِر ملیت فرانسوی دارد.

nature /natûr/ la
[اسم] طبیعت
Il est important de protéger la nature.
حفاظت از طبیعت مهم است.

naturel , naturelle
/natûrél/ [صفت] طبیعی
Les sciences naturelles
علوم طبیعی

naval , navale /naval/
[صفت] دریایی
Un combat naval یک نبرد دریایی

navigateur /navigateur/ le ,
navigatrice /navigatris/ la
[اسم] دریانورد
Christophe Colomb était un grand navigateur.
کریستف کلمب دریانورد بزرگی بود.

navigation /navigasyo^n/ la
[اسم] دریانوردی، کشتیرانی
Nous avons eu une navigation pénible.
دریانوردی دشواری داشتیم. سفر دریایی سختی بود.

naviguer /navigé/
[فعل] دریانوردی کردن، (در دریا) حرکت کردن
Nous avons navigué pendant huit jours.
هشت روز دریانوردی کردیم.

navire /navir/ le
[اسم] کشتی (بزرگ)، ناو

ne /ne/ [قید] نـ ـ
(= نشانهٔ نفی فعل)
Ce bébé ne pleure jamais.
این بچه هیچ‌وقت گریه نمی‌کند.

ne در ترکیباتی چون ترکیبات زیر می‌آید و جمله را منفی می‌کند:
ne ... pas, ne ... jamais, ne ... plus, ne ... rien
اگر بعد از ***ne*** حرف صدادار بیاید، به جای ***ne*** صورتِ ***n'*** می‌آید:
Je ***n'***ai ***plus*** d'argent.
دیگر پول ندارم.

net , nette /nét/

[صفت] ۱. تمیز، پاکیزه

Sa maison est toujours nette.

همیشه خانه‌اش تمیز است.

۲. واضح، روشن

La photo est nette.

عکس واضح است.

۳. خالص

Le poids net d'une marchandise

وزن خالص یک کالا

nettoyage /nétuâyaj/ le

[اسم] نظافت، تمیز کردن

Maman s'occupe du nettoyage de l'escalier.

مامان مشغول تمیز کردن پلکان است.

nettoyer /nétuâyé/

[فعل] نظافت کردن، تمیز کردن

La femme de ménage nettoie la salle de bains.

خدمتکار حمام را تمیز می‌کند.

neuf [1] /neuf/ [صفت] نُه

Julie a neuf ans. ژولی نه‌ساله است.

neuf [2] /neuf/ , **neuve** /neuv/ [صفت] نو، جدید، تازه

Flora a mis ses chaussures neuves.

فلورا کفش‌های جدیدش را پوشیده.

neveu /neveu/ le

[اسم] پسر برادر، برادرزاده (پسر)، پسر خواهر، خواهرزاده (پسر)

Jean est le neveu de M. Dubois.

ژان برادرزاده (یا خواهرزاده) آقای دوبوآست.

né , née /né/

صورت مفعولی فعلِ ***naître***.

nécessaire /nésésér/

[صفت] لازم، ضروری، واجب

Emporte tout ce qui te sera nécessaire.

هر چه را که لازم است ببر.

négatif /négatif/ , **négative** /négativ/

[صفت] منفی

Sa réponse a été négative.

جوابش منفی بود.

Une phrase négative

یک جملهٔ منفی

négliger /néglijé/

[فعل] اهمیت ندادن، نرسیدن

Il néglige son jardin.

او به باغش نمی‌رسد.

neige /néj/ la [اسم] برف

La neige tombe. برف می‌بارد.

neiger /néjé/

[فعل] برف باریدن، برف آمدن

Regarde, il neige!

نگاه کن، برف می‌بارد!

nénuphar /nénûfar/ le

[اسم] نیلوفر آبی

nerveux /nérveu/ , **nerveuse** /nérveuz/

[صفت] عصبی

Mon frère est nerveux.

برادرم عصبی است.

nettoyage

اگر ***neuf*** قبل از کلمه‌ای بیاید که با حرف صدادار شروع شود، /neuv/ تلفظ می‌شود.

neveu با **x** جمع بسته می‌شود: ***neveux***. صورت مؤنث آن ***nièce*** است.

nez /né/ le [اسم] بینی، دماغ
Yves a un grand nez.
ایو بینی بزرگی دارد.

nez

ni /ni/ [حرف ربط] نَه
Je ne prends ni lait ni thé.
من نه شیر می‌خورم نه چای.

niche /nich/ la [اسم] لانه
Le chien dort dans sa niche.
سگ در لانه‌اش می‌خوابد.

niche

nid /ni/ le [اسم] لانه، آشیانه
Les oiseaux font leur nids.
پرندگان لانه می‌سازند.

nid

nièce /nyés/ la
[اسم] دختر برادر، برادرزاده (دختر)، دختر خواهر، خواهرزاده (دختر)
Marie est la nièce de M. Dubois.
ماری برادرزادهٔ (یا خواهرزادهٔ) آقای دوبوآست.
نگاه کنید به ***neveu***.

niveau /nivo/ le [اسم] سطح
Le niveau de notre classe est très bon.
سطح کلاس ما خیلی خوب است.

noble /nobl/ le, la
[اسم] اشراف، اشراف‌زاده
Les nobles possédaient des châteaux et des terres.
اشراف دارای کاخ و املاک بودند.

noce /nos/ la [اسم] عروسی
Ils sont invités à une noce à la campagne.
آنها به یک عروسی در بیرون شهر دعوت شدند.

Noël /noél/ le
[اسم] کریسمس، نوئل (= سالگرد تولد حضرت عیسی که مسیحیان آن را جشن می‌گیرند.)
Le Père Noël بابانوئل

nœud /neu/ le [اسم] گره
faire un nœud گره زدن
Papa fait son nœud de cravate.
بابا کراواتش را گره می‌زند.

nez در جمع تغییر نمی‌کند.

niveau با **x** جمع بسته می‌شود: ***niveaux***.

Noël

nid به لانهٔ پرندگان گفته می‌شود و ***niche*** به لانهٔ سگ. ***terrier*** لانهٔ زیرزمینی است، مثل لانهٔ خرگوش.

a = اَ	**é** = اِ	**e** = (با دهان نیمه‌بسته) اُ	**eu** = اُ ترکی درگُزل	**o** = اُ	**û** = او ترکی درگول
u = او	**i** = ای	**â**^{n} = آ تودماغی	**a**^{n} = اَ تودماغی	**o**^{n} = اُ تودماغی	**r** = غ عربی
y = ی	**n**^{y} = نْی	**j** = ژ	**g** = گ	**ch** = ش	**s** = س	**z** = ز

noir [1] **, noire** /nuâr/
[صفت] ۱. سیاه، مشکی
Marie a les yeux noirs.
چشم‌های ماری سیاه است.
۲. تاریک
La nuit, il fait noir.
شب هوا تاریک است.
۳. سیاه‌پوست
Flora a une amie noire.
فلورا یک دوست سیاه‌پوست دارد.

noir [2] /nuâr/ le
[اسم] ۱. رنگ سیاه
Je n'aime pas le noir.
من رنگ سیاه را دوست ندارم.
۲. تاریکی
Marie a peur du noir.
ماری از تاریکی می‌ترسد.

noircir /nuârsir/
[فعل] سیاه کردن
La fummée noircit les murs.
دود دیوارها را سیاه می‌کند.

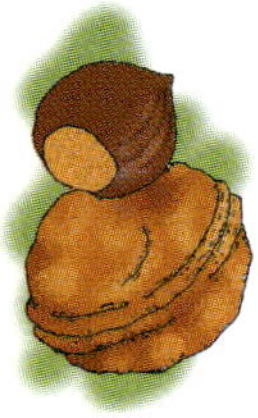
noisette et noix

noisette /nuâzét/ la
[اسم] فندق
Paul est allé cueillir des noisettes. پل رفته فندق بچیند.

noix /nuâ/ la [اسم] گردو
noix de coco نارگیل

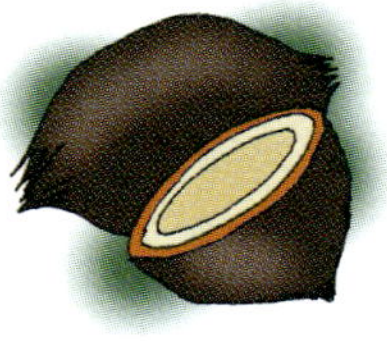
noix de coco

nom /no^{n}/ le [اسم] اسم، نام
Quel est ton nom? اسمت چیست؟
nom de famille نام خانوادگی، فامیلی

nombre /no^{n}br/ le
[اسم] ۱. عدد
50 est un nombre à deux chiffres.
۵۰ یک عدد دورقمی است.
۲. عده، تعداد
Dans votre classe, quel est le nombre d'élèves?
تعداد دانش‌آموزان کلاستان چند نفر است؟

nombreux /no^{n}breu/ **, nombreuse** /no^{n}breuz/
[صفت] متعدد، بسیار، زیاد
J'ai de nombreux amis.
من دوستان زیادی دارم.

nombril /no^{n}bri/ le [اسم] ناف

nommer /nomé/
[فعل] ۱. نامیدن، اسم گذاشتن
Comment nomme-t-on cet animal? اسم این حیوان چیست؟
۲. نام بردن
Nommez cinq oiseaux et trois poissons! پنج پرنده و سه (نوع) ماهی را نام ببرید.

non /no^{n}/ [قید] نَه، خیر
Tu viens avec nous? – Non!
با ما می‌آیی؟ ـ نه!
Ce paquet est pour moi et non pour toi.
این بسته برای من است، نه برای تو.

non plus همچنین، هم (همین‌طور)
Luc n'a pas faim, moi non plus.
لوک گرسنه‌اش نیست، من هم همین‌طور.

nord /nor/ le [اسم] شمال
La Belgique est au nord de la France.
بلژیک در شمال فرانسه است.

normal , normale
/normal/ [صفت] عادی، معمولی، طبیعی
Quand on a du chagrin, c'est normal de pleurer.
وقتی آدم غصه دارد، گریه کردن طبیعی است.

normalement
/normalmâ^{n}/ [قید] معمولاً
Normalement, Julien arrive à l'heure.
معمولاً ژولیَن سرِ وقت می‌آید.

nos /no/ [صفت] (مالهایِ) ما، ـ هایمان
Nos jouets اسباب‌بازی‌های ما، اسباب‌بازی‌هایمان

note /not/ la [اسم] ۱. یادداشت
Prenez des notes pendant le cours. سرِ کلاس یادداشت بردارید.
۲. صورت‌حساب
Une note de restaurant
صورت‌حساب رستوران
۳. نمره (امتحانی)
Yves a eu une bonne note en histoire.
ایو در درس تاریخ نمرهٔ خوبی گرفت.
۴. نُت (موسیقی)

noter /noté/
[فعل] ۱. یادداشت کردن
J'ai noté ton numéro de téléphone.
شمارهٔ تلفنت را یادداشت کردم.
۲. نمره دادن
L' instituteur note les devoirs.
معلم به تکالیف نمره می‌دهد.

notre /notr/ [صفت] (مالِ) ما، ـِ مان
Notre maître معلم ما، معلممان

nôtre /notr/ le, la
[ضمیر] مالِ ما
Voici vos affaires et voilà les nôtres.
این وسایل شماست و اینها هم مال ماست.

nouer /nué/ [فعل] ۱. گره زدن
Papa noue sa cravate.
بابا کراواتش را گره می‌زند.
۲. بستن
Paul noue ses lacets.
پل بند کفش‌هایش را می‌بندد.

nourrir /nurir/ [فعل] غذا دادن
Alice nourrit son chat.
آلیس به گربه‌اش غذا می‌دهد.

non plus همیشه در پاسخ به جملهٔ منفی یا در ادامهٔ آن به کار می‌رود.

normal در جمع ***normaux*** می‌شود.

ضمایر ملکی مثلِ ***nôtre*** با حروف تعریف ***la*** و ***le*** به کار می‌روند:
le nôtre, la nôtre

nos صورت جمعِ ***notre*** است.

a = آ **é** = اِ **e** = اُ(با دهان نیمه‌بسته) **eu** = اُ ترکی درگُزل **o** = اُ **û** = او ترکی درگول
u = او **i** = ای **â^{n}** = آ تودماغی **a^{n}** = اَ تودماغی **o^{n}** = اُ تودماغی **r** = غ عربی
y = ی **n^{y}** = نْی **j** = ژ **g** = گ **ch** = ش **s** = س **z** = ز

nourrisson /nurisoⁿ/ le
[اسم] کودک شیرخوار، بچه شیرخوره

nourriture /nuritûr/ la
[اسم] خوراکی، غذا، خوردنی
On ne peut pas manger cette nourriture.
این خوراکی را نمی‌شود خورد.
نگاه کنید به توضیحِ ***repas***.

nous /nu/ [ضمیر] ۱. ما
Ce chien est à nous.
این سگ مال ماست.
۲. به ما، ما را
Simon nous a dit la vérité.
سیمون حقیقت را به ما گفت.
nous-même(s) خودمان
Nous avons tout fait nous-mêmes.
ما خودمان همه کار کردیم.

nouveau /nuvo/ , **nouvelle** [1] /nuvél/
[صفت] جدید، تازه، نو
Notre voisin a acheté une nouvelle voiture.
همسایه‌مان یک ماشین تازه خرید.
Le nouvel an سال نو
de nouveau دوباره، باز هم
Pierre est de nouveau en retard. باز هم پیر دیر کرد.

nouveau /nuvo/ le , **nouvelle** [2] /nuvél/ la
[اسم] تازه‌وارد، شاگرد تازه
Un nouveau est arrivé dans notre classe.
یک شاگرد تازه به کلاس ما آمده.

nouveau-né /nuvoné/ le
[اسم] نوزاد

nouvel /nuvél/
نگاه کنید به توضیحِ ***nouveau***.

nouvelle [1] /nuvél/ la
[اسم] خبر
On est sans nouvelles de Cathie. از کَتی بی‌خبریم.

nouvelle [2] /nuvél/
نگاه کنید به ***nouveau, nouvelle*** [1].

novembre /novâⁿbr/ le
[اسم] نوامبر

noyau /nuâyo/ le [اسم] هسته
Les pêches et les abricots ont un noyau
هلو و زردآلو هسته دارند.

noyer (se) /nuâyé/
[فعل] غرق شدن
Deux personnes se sont noyées dans le lac.
دو نفر در دریاچه غرق شدند.

nu , nue /nû/ [صفت] برهنه، لخت
N'entre pas, je suis nue.
نیا تو، من لُختم.

nuage /nûaj/ le [اسم] ابر

nuageux /nûajeu/ , **nuageuse** /nûajeuz/
[صفت] ابری

nouveau-né در جمع به صورتِ ***nouveau-nés*** نوشته می‌شود.

novembre یازدهمین ماه سال میلادی است که سی روز دارد و مطابق است با ۱۰ آبان تا ۹ آذر.

noyau با **x** جمع بسته می‌شود: ***noyaux***.

nouveau با **x** جمع بسته می‌شود: ***nouveaux***. اگر این صفت قبل از کلمه‌ای بیاید که با حرف صدادار شروع شود، به جایِ ***nouveau*** صورتِ ***nouvel*** به کار می‌رود:
mon nouvel ami

Le ciel est nuageux.

آسمان ابری است.

nuire /nûir/

[فعل] آسیب رساندن، زیان‌آور بودن

Les cigarettes nuisent à la santé.

سیگار برای سلامتی زیان‌آور است.

nuisible /nûizibl/

[صفت] زیان‌آور، مضر

Des gaz nuisibles گازهای زیان‌آور

nuit /nûi/ la [اسم] شب

Il fait nuit. شب است.

هوا تاریک است.

nulle part /nûlpar/

[قید] هیچ جا، هیچ کجا

On ne l'a trouvé nulle part.

هیچ جا پیدایش نکردیم.

numéro /nûméro/ le

[اسم] شماره، نمره

Donne-moi ton numéro de téléphone!

شماره تلفنت را به من بده!

---

a = آَ **é** = اِ **e** = اُ(با دهان نیمه‌بسته) **eu** = اُ ترکی درگُزل **o** = اُ **û** = او ترکی درگول

u = او **i** = ای **â**^{n} = آ تودماغی **a**^{n} = اَ تودماغی **o**^{n} = اُ تودماغی **r** = غ عربی

y = ی **n**^{y} = نْیْ **j** = ژ **g** = گ **ch** = ش **s** = س **z** = ز

O,o

obéir /obéir/

[فعل] اطاعت کردن، حرف (کسی را) گوش کردن

Simon obéit à ses parents.

سیمون حرف پدر و مادرش را گوش می‌کند.

obéissant /obéisâ^{n}/ , **obéissante** /obéisâ^{n}t/

[صفت] مطیع، حرف‌شنو

Alice est une petite fille obéissante. آلیس دختر کوچولوی حرف‌شنویی است.

objet /objé/ le [اسم] شیء

Une lampe est un objet fragile.

چراغ یک شیء شکستنی است.

obligatoire /obligatuâr/

[صفت] اجباری، الزامی

Aller à l'école c'est obligatoire.

رفتن به مدرسه اجباری است.

obliger /oblijé/

[فعل] مجبور کردن، وادار کردن

Maman m'oblige à me brosser les dents.

مامان مرا مجبور می‌کند دندان‌هایم را مسواک بزنم.

oblique /oblik/ [صفت] مایل، مورب، کج

C'est une ligne oblique.

این خط مورب است.

obscur , obscure

/opskûr/ [صفت] تاریک

L'escalier du sous-sol est obscur.

پلکان زیرزمین تاریک است.

obscurité /opskûrité/ la

[اسم] تاریکی

Julie a un peu peur dans l'obscurité.

ژولی در تاریکی کمی می‌ترسد.

observation

/opsérvasyo^{n}/ la [اسم] مشاهده، مطالعه

L'observation des étoiles

مشاهدهٔ ستارگان

observer /opsérvé/

[فعل] مشاهده کردن، مطالعه کردن

Alexandre aime observer les oiseaux.

آلکساندر دوست دارد روی پرندگان مطالعه کند.

obstacle /opstakl/ le

[اسم] ۱. مانع

Le camion a heurté un obstacle.

کامیون به یک مانع برخورد کرد.

۲. مشکل، اِشکال

Nous avons rencontré plusieurs obstacles.

ما به چند مشکل برخوردیم.

obtenir /optenir/

[فعل] گرفتن، دریافت کردن

Mon grand frère a obtenu son permis de conduire.

برادر بزرگم گواهینامه رانندگی‌اش را گرفت.

occasion /okaziyo^n/ la

[اسم] فرصت

Nous avons l'occasion d'aller au cinéma.

ما فرصت داریم به سینما برویم.

à l'occasion de به مناسبتِ

occupation /okûpasyo^n/ la

[اسم] سرگرمی

Le sport est ma principale occupation.

ورزش سرگرمی اصلی من است.

occupé , occupée /okûpé/

[صفت] ۱. اشغال

Les toilettes sont occupées.

دستشویی‌ها اشغالند.

۲. مشغول، گرفتار

Monsieur le directeur est très occupé.

آقای مدیر خیلی گرفتار است.

occuper /okûpé/

[فعل] ۱. اشغال کردن، گرفتن

Les Allemands ont occupé la France.

آلمان‌ها فرانسه را اشغال کردند.

۲. سکونت داشتن

Ils occupent le dernier étage.

آنها در طبقهٔ آخر سکونت دارند.

s'occuper ۱. خود را سرگرم کردن، سرگرم شدن

Émile sait s'occuper.

اِمیل بلد است خود را سرگرم کند.

۲. مشغول (انجام کاری) شدن، انجام دادن

Laisse cela, je m'en occupe!

این (کار) را ول کن، من انجامش می‌دهم!

océan /oséâ^n/ le

[اسم] اقیانوس

L'océan Atlantique

اقیانوس اطلس

octobre /oktobr/ le

[اسم] اکتبر

octobre دهمین ماه سال میلادی است که ۳۱ روز دارد و مطابق است با ۹ مهر تا ۹ آبان.

odeur /odeur/ la [اسم] بو

L'odeur des roses est agréable.

بوی گل سرخ خوب است.

odorat /odora/ le

[اسم] (حس) بویایی

œil /euy/ le [اسم] چشم
Jean ne voit pas de l'œil gauche. چشم چپ ژان نمی‌بیند.

œil در جمع ***yeux*** می‌شود:
les yeux bleus
/lézyeu bleu/
چشم‌های آبی

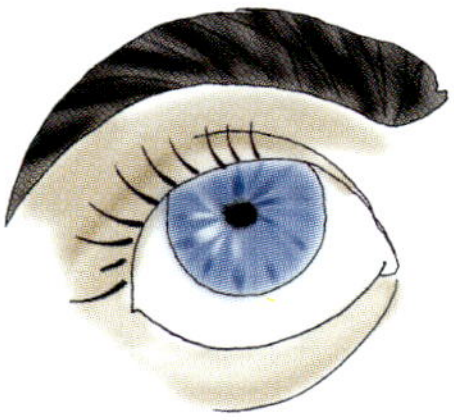

œil

œuf /euf/ le
[اسم] ۱. تخم‌مرغ
Alex mange des œufs durs.
آلکس تخم‌مرغ سفت (آب‌پز) می‌خورد.
۲. تخم (پرندگان، ماهی‌ها و غیره)
Des œufs de tortue
تخم‌های لاک‌پشت
Des œufs de poisson
تخم‌های ماهی

œuf در حالت مفرد /euf/ و در حالت جمع /eu/ تلفظ می‌شود:
des œufs /dézeu/

œuvre /euvr/ le [اسم] اثر
Une sculpture est un œuvre d'art. مجسمه یک اثر هنری است.

offert /ofér/ , **offerte** /ofért/ صورت مفعولی فعلِ ***offrir***.

offrir /ofrir/ [فعل] هدیه دادن، دادن
Luc a offert un livre à Julie.
لوک یک کتاب به ژولی هدیه داد.

ogre /ogr/ le , **ogresse** /ogrés/ la [اسم] غول، دیو

oie /uâ/ la [اسم] غاز
La fermière élève des oies.
زن کشاورز غاز پرورش می‌دهد.

oignon /on^{y}o^{n}/ le [اسم] پیاز
Papa a fait une omelette aux oignons.
بابا املت با پیاز درست کرده.

oignon

oiseau /uâzo/ le [اسم] پرنده
L'aigle est un oiseau.
عقاب یک پرنده است.

oiseau با **x** جمع بسته می‌شود: ***oiseaux***.

oiseau

olive /oliv/ la [اسم] زیتون
L'huile d'olive روغن زیتون

olive

ombre /o^{n}br/ la [اسم] سایه
Viens t'asseoir à l'ombre!
بیا در سایه بنشین!

omelette /omlét/ la
[اسم] اُملت

Nous avons mangé une omelette aux champignons.

ما املت قارچ خوردیم.

on /o^{n}/ **on** [ضمیر] آنها، مردم، آدم، کسی

On dit qu'il veut se marier.

(مردم) می‌گویند که او می‌خواهد ازدواج کند.

On a frappé à la porte.

کسی در زد. در زدند.

Je crois qu'on t'appelle.

فکر می‌کنم صدایت می‌کنند.

oncle /o^{n}kl/ le [اسم] ۱. عمو ۲. دایی

Mon oncle Jérôme est le frère de ma mère.

دایی‌ام ژِروم، برادر مادرم است.

ongle /o^{n}gl/ le [اسم] ناخن

Paul a les ongles longs.

ناخن‌های پل بلند است.

onze /o^{n}z/ le [صفت، اسم] یازده

Cinq plus six égale onze.

پنج بعلاوهٔ شش مساوی است با یازده.

opération /opérasyo^{n}/ la [اسم] ۱. عمل، کار

Je ne peux pas réparer cette voiture, c'est une opération difficile. نمی‌توانم این ماشین را تعمیر کنم، کار سختی است.

۲. عمل جراحی، جراحی

Sarah est à l'hôpital pour une opération.

سارا برای عمل جراحی در بیمارستان است.

opérer /opéré/ [فعل] جراحی کردن، عمل کردن

Le chirurgien a opéré Julie.

جراح ژولی را عمل کرد.

opinion /opinyo^{n}/ la [اسم] عقیده، نظر، رأی

J'ai donné mon opinion sur le film. من دربارهٔ فیلم نظرم را داده‌ام.

opposé , opposée /opozé/ [صفت] مخالف، ضد

Pierre et Alice ont des avis opposés.

پیِر و آلیس (دو) نظر مخالف دارند.

opposer (s') /opozé/ [فعل] مخالفت کردن

Ses parents se sont opposés à son mariage.

پدر و مادرش با ازدواج او مخالفت کردند.

or [1] /or/ le [اسم] طلا، زر

Julie a une bague en or.

ژولی یک انگشتر طلا دارد.

or [2] /or/ [حرف ربط] در حالی که

Nous devons partir, or nous ne sommes pas prêts.

باید برویم، در حالی که آماده نیستیم.

on یک ضمیر مبهم است و با فعلِ سوم‌شخص مفرد به کار می‌رود.

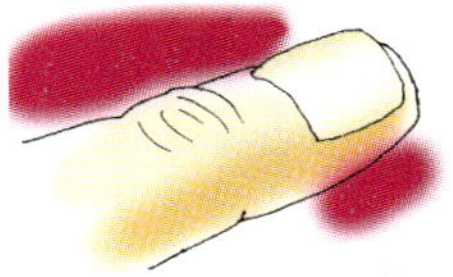

ongle

a = آَ	**é** = اِ	**e** = اُ (با دهان نیمه‌بسته)	**eu** = اُ ترکی درگُزل	**o** = اُ	**û** = او ترکی درگول
u = او	**i** = ای	**â^{n}** = آ تودماغی	**a^{n}** = اَ تودماغی	**o^{n}** = اُ تودماغی	**r** = غ عربی
y = ی	**n^{y}** = نْی	**j** = ژ	**g** = گ	**ch** = ش	**s** = س

orage /oraj/ le [اسم] توفان

Nous étions surpris par l'orage.

توفان ما را غافلگیر کرد.

orageux /orajeu/ ,
orageuse /orajeuz/

[صفت] توفانی

Un temps orageux هوای توفانی

oral /oral/ le

[اسم] امتحان شفاهی

Jean a des bonnes notes à l'oral.

ژان در امتحان شفاهی نمرات خوبی گرفته.

کلمهٔ **oral** در جمع **oraux** می‌شود.

orange [1] /orâ^{n}j/ la

[اسم] پرتقال

Luc boit du jus d'orange.

لوک آب پرتقال می‌خورد.

بعضی از صفاتِ مربوط به رنگ (مانندِ **orange**) در جمع تغییر نمی‌کنند.

orange [2] /orâ^{n}j/

[صفت] نارنجی

Des gants orange

دستکش‌های نارنجی

orchestre

orchestre /orkéstr/ le

[اسم] ارکستر، نوازندگان

Cette orchestre est composée de dix musiciens.

این ارکستر از ده نوازنده تشکیل شده.

ordinaire /ordinér/

[صفت] عادی، معمولی

J'écris sur du papier ordinaire.

من روی کاغذ معمولی می‌نویسم.

d'ordinaire معمولاً

D'ordinaire, il se lève plus tôt.

او معمولاً زودتر (از خواب) پا می‌شود.

ordinateur /ordinateur/ le

[اسم] کامپیوتر، رایانه

Alice a acheté un ordinateur.

آلیس یک کامپیوتر خریده.

ordinateur

ordonner /ordoné/

[فعل] دستور دادن، امر کردن

Il nous a ordonné de partir.

او به ما دستور دارد برویم.

ordre /ordr/ le [اسم] ۱. نظم، ترتیب

Ma chambre est en ordre.

اتاقم مرتب است.

۲. دستور، امر، فرمان

Le soldat obéit aux ordres.

سرباز از دستورات اطاعت می‌کند.

ordures /ordûr/ la

[اسم، جمع] آشغال، زباله

Les éboueurs ramassent les ordures.

رفتگرها آشغال‌ها را جمع می‌کنند.

oreille

oreille /oréy/ la [اسم] گوش

J'ai mal à l'oreille gauche.

گوش چپم درد می‌کند.

organe /organ/ le

[اسم] اندام، عضو (بدن)

Les yeux sont les organes de la vue. چشم اندام بینایی است.

orge /orj/ la [اسم] (گیاه) جو

orgueil /orgeûy/ le

[اسم] خودخواهی، تکبر، غرور، از خود راضی

Son orgueil l'a fait détester par tout le monde.

خودخواهی‌اش باعث شده که همه از او بدشان بیاید.

orgueilleux /orgeûyeû/ , **orgueilleuse** /orgeûyeûz/

[صفت] خودخواه، متکبر، مغرور

Je n'aime pas les personnes orgueilleuses.

من آدم‌های خودخواه را دوست ندارم.

ornement /ornemâ^n/ le

[اسم] زینت، تزئینات

Les ornements de cheminée

تزئینات شومینه

orner /orné/ [فعل] آراستن، تزیین کردن

Cathie a bien orné sa chambre.

کَتی اتاقش را خوب تزیین کرده.

orphelin /orfela^n/ le , **orpheline** /orfelin/ la

[اسم] یتیم

orteil /ortéy/ le

[اسم] انگشت پا

gros orteil شست پا

Mon gros orteil me fait mal.

شست پایم درد می‌کند.

os /os/ le [اسم] استخوان

L'ensemble des os forme le squelette. اسکلت از مجموع استخوان‌ها تشکیل شده.

oser /ozé/ [فعل] جرئت کردن

Marie n'ose pas traverser la rue toute seule.

ماری جرئت نمی‌کند به تنهایی از خیابان عبور کند.

ôter /oté/

[فعل] ۱. درآوردن (لباس یا کفش)، برداشتن (کلاه)

J'ai ôté mes chaussures.

کفش‌هایم را درآوردم.

۲. کم کردن

Si l'on ôte quatre de sept, il reste trois.

اگر چهار را از هفت کم کنیم، می‌ماند سه.

ou /u/ [حرف ربط] یا

Tu peux prendre un fruit ou une glace.

می‌توانی یک میوه بخوری یا یک بستنی.

ou bien یا اینکه، یا

Les fourmis sont ou bien noirs ou rouges.

مورچه‌ها یا سیاهند یا قرمز.

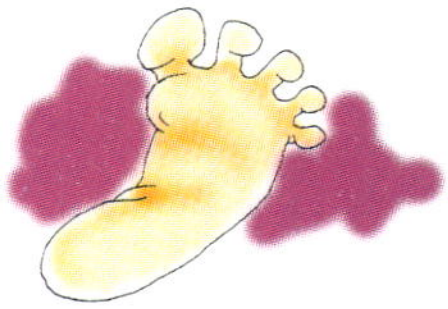

orteils

os در حالت مفرد /os/ و در حالت جمع /o/ تلفظ می‌شود:

des os /dézo/

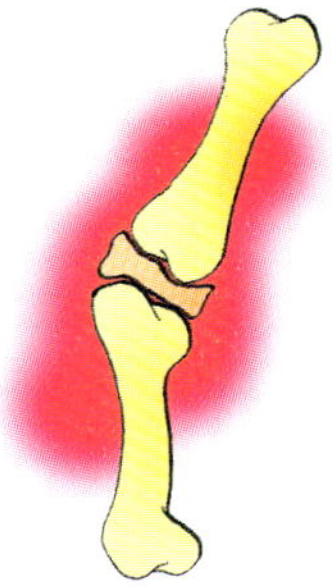

os

---

a = آ　**é** = اِ　**e** = اُ (با دهان نیمه‌بسته)　**eu** = اُ ترکی درگُزل　**o** = اُ　**û** = او ترکی درگول

u = او　**i** = ای　**â^n** = آ تودماغی　**a^n** = اَ تودماغی　**o^n** = اُ تودماغی　**r** = غ عربی

y = ی　**n^y** = نْی　**j** = ژ　**g** = گ　**ch** = ش　**s** = س　**z** = ز

où /u/ [قید] کجا

Où est Julie? ژولی کجاست؟

Dis-moi où tu vas.

به من بگو کجا می‌روی.

oubli /ubli/ le

[اسم] فراموشـی

Elle a laissé son sac ici, c'est sûrement un oubli.

حتماً از روی فراموشی کیفش را اینجا گذاشته.

oublier /ubliyé/

[فعل] ۱. فراموش کردن، از یاد بردن

J'ai oublié son nom.

اسم او را فراموش کرده‌ام.

۲. جا گذاشتن

J'ai oublié mon parapluie dans le métro.

چترم را در مترو جا گذاشتم.

ouest /uést/ le [اسم] غرب، مغرب

Le Soleil se couche à l'ouest.

خورشید در مغرب غروب می‌کند.

oui /ui/ [قید] بله، آره

Veux-tu un gâteau? – Oui, merci. شیرینی می‌خواهی؟

ـ بله، متشکرم.

ouïe /ui/ la

[اسم] (حس) شنوایی

Jean a une bonne ouïe.

ژان (حس) شنوایی خوبی دارد.

ouragan /uragâ^{n}/ le

[اسم] توفان (شدید)

L'ouragan a tout emporté.

توفان همه چیز را با خود برد.

ouragan

ours /urs/ le [اسم] خرس

Nous avons vu les ours du zoo.

خرس‌های باغ‌وحش را دیدیم.

ours

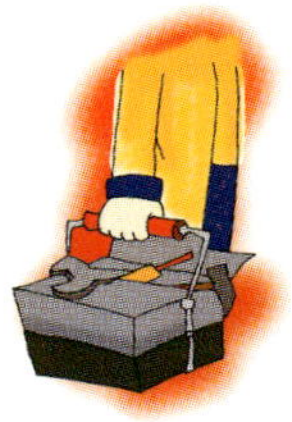

boite à outils

outil /uti/ le [اسم] وسیله، ابزار

Le marteau est un outil.

چکش یک ابزار است.

boite à outils جعبه ابزار

ouvert /uvér/ , **ouverte** /uvért/ ۱. [صفت] باز

Entrez, la porte est ouverte.

بیایید تو، در باز است.

۲. صورت مفعولی فعلِ ***ouvrir***.

ouverture /uvértûr/ la

[اسم] گشایش، باز شدن

Je suis arrivée à l'ouverture du magasin.

موقع باز شدن مغازه رسیدم.

ouvrier /uvriyé/ le ,
ouvrière /uvriyér/ la

[اسم] کارگر

Mon père est ouvrier dans une usine.

پدرم کارگر یک کارخانه است.

ouvrir /uvrir/

[فعل] ۱. باز کردن

Ouvre la fenêtre! پنجره را باز کن!

۲. باز شدن

Le musée ouvre à dix heures.

موزه ساعت ده باز می‌شود.

ovale [1] /oval/

[صفت] بیضی‌شکل، بیضی

Une table ovale یک میز بیضی

ovale [2] /oval/ le [اسم] بیضی

ovale

oxygène /oksijén/ le

[اسم] اکسیژن

L'oxygène est indispensable à la vie.

اکسیژن برای زندگی لازم است.

صفتِ ***ovale*** در مذکر و مؤنث به یک شکل نوشته می‌شود.

---

a = اَ　**é** = اِ　**e** = اُ (با دهان نیمه‌بسته)　**eu** = اُ ترکی درگُزل　**o** = اُ　**û** = او ترکی درگول

u = او　**i** = ای　**â**ⁿ = آ تودماغی　**a**ⁿ = اَ تودماغی　**o**ⁿ = اُ تودماغی　**r** = غ عربی

y = ی　**n**ʸ = نْی　**j** = ژ　**g** = گ　**ch** = ش　**s** = س　**z** = ز

P,p

page /paj/ la [اسم] ۱. صفحه

Ouvrez votre livre à la page 27!

صفحهٔ ۲۷ کتابتان را باز کنید!

۲. ورق

Mon cahier a une page déchirée.

(یک) ورق دفترم پاره شده.

paie /pé/ : je paie, il paie

صورت صرف‌شدهٔ فعلِ ***payer***.

paille /pay/ la [اسم] ۱. کاه

۲. نی (برای نوشیدن)

Alex boit son jus d'orange avec une paille.

آلکس آب پرتقالش را با نی می‌خورد.

pain /paⁿ/ le [اسم] نان

J'ai acheté un pain à la boulangerie.

یک نان از نانوایی خریدم.

pair , paire [1] /pér/ [صفت] زوج

Six est un nombre pair.

شش یک عدد زوج است.

paire [2] /pér/ la [اسم] جفت

Une paire de chaussures

یک جفت کفش

paix /pé/ la [اسم] ۱. صلح

La paix est revenue entre les deux pays.

میان دو کشور صلح برقرار شد.

۲. آرامش، آسودگی

J'aime lire en paix.

دوست دارم در آرامش کتاب بخوانم.

paix در جمع تغییر نمی‌کند.

palais /palé/ le [اسم] کاخ، قصر

Cette maison est un véritable palais.

این خانه یک قصر واقعی است.

pâle /pal/ [صفت] ۱. رنگ‌پریده

Clara est pâle. کلارا رنگ‌پریده است. کلارا رنگش پریده.

۲. کم‌رنگ

Mon pull est bleu pâle.

پُلیورم آبی کم‌رنگ است.

pamplemousse/pâⁿple-mus/ le [اسم] گریپ‌فروت

Jean boit du jus de pamplemousse.

ژان آب گریپ‌فروت می‌خورد.

panier /panyé/ le [اسم] سبد، زنبیل

Maman prend son panier pour aller faire les courses.

مامان زنبیلش را برمی‌دارد تا بـه خـرید برود.

panne /pan/ la [اسم] خرابی، نقص

Panne d'automobile خرابی اتومبیل

tomber en panne خراب شدن

Ma voiture est tombée en panne. ماشینم خراب شده.

panneau /pano/ le

[اسم] تابلو

Un panneau d'interdiction de stationer تابلوی توقف ممنوع

با x جمع بسته می‌شود: **panneaux**. **panneau**

panorama /panorama/ le

[اسم] منظره، دورنما

Du sommet de la montagne, on peut voir un vaste panorama.

از قلهٔ کوه می‌توان منظرهٔ وسیعی را دید.

pansement /pâ^{n}smâ^n/ le

[اسم] پانسمان

Luc met un pansement sur sa plaie.

لوک پانسمان روی زخمش مـی‌گذارد.

لوک زخمش را پانسمان می‌کند.

pantalon /pâ^{n}talo^n/ le

[اسم] شلوار

Éric a un pantalon vert.

اِریک یک شلوار سبز دارد.

panthère /pâ^{n}tér/ la

[اسم] پلنگ

Les panthères chassent la nuit.

پلنگ شب‌ها شکار می‌کند.

panthère

pantoufle /pa^{n}tufl/ la

[اسم] دَمپایی

Mets tes pantoufles.

دمپایی‌هایت را بپوش.

pantoufles

paon /pa^n/ le [اسم] طاووس

paon

papa /papa/ le [اسم] بابا

Où sont ton papa et ta maman? بابا و مامانت کجا هستند؟

papi /papi/ le [اسم] بابابزرگ

Papi, raconte-nous une histoire!

بابابزرگ، برایمان یک قصه بگو!

papi به صورتِ **papy** نیز نوشته می‌شود.

a = اَ	**é** = اِ	**e** = اُ(با دهان نیمه‌بسته)	**eu** = اُ ترکی درگُزل	**o** = اُ	**û** = او ترکی درگول
u = او	**i** = ای	**â^n** = آ تودماغی	**a^n** = اَ تودماغی	**o^n** = اُ تودماغی	**r** = غ عربی
y = ی	**n^y** = نْیْ	**j** = ژ	**g** = گ	**ch** = ش	**s** = س
z = ز					

papier /papyé/ le [اسم] کاغذ

Une feuille de papier

یک ورق کاغذ

papillon /papiyo^{n}/ le

[اسم] پروانه

Paul fait des collection de papillons.

پل پروانه جمع می‌کند. پـل کـلکسیون پروانه درست می‌کند.

papillons

paquebot /pakbo/ le

[اسم] کشتی (مسافربری)

paquet /paké/ le [اسم] بسته

Le facteur m'a apporté un paquet.

پستچی برایم یک بسته آورد.

Paul a acheté un paquet de café. پل یک بسته قهوه خرید.

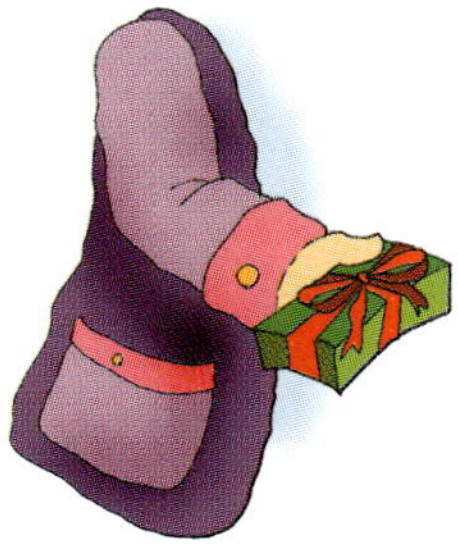

paquet

par /par/

[حرف اضافه] ۱. به‌وسیلهٔ، با

Répondez par oui ou par non.

با بله یا نه جواب بدهید.

۲. از

Le prisonnier s'est échappé par la fenêtre. زندانی از پنجره فرار کرد.

Nous passerons par Paris.

ما از پاریس می‌گذریم.

paradis /paradi/ le

[اسم] بهشت

paragraphe /paragraf/ le

[اسم] پاراگراف، بند

Lisez les deux premiers paragraphes.

دو پاراگراف اول را بخوانید.

paragraphe به بخشی از یک نوشته می‌گویند که معمولاً اول آن دارای تورفتگی است و با شروع سطر تازه از بخش‌های دیگر جدا می‌شود.

paraître /parétr/

[فعل] ۱. آشکار شدن، ظاهر شدن

Un sourire a paru sur ses lèvres. لبخندی بر لبانش ظاهر شد.

۲. به نظر رسیدن، به نظر آمدن

Ce matin, vous paraissez joyeux.

امروز صبح، خوشحال به نظر می‌رسید.

Il paraît que la maîtresse est absente.

به نظر می‌رسد که خانم معلم غایب است. ظاهراً خانم معلم نیامده.

parallèle /paralél/

[صفت] موازی

Ces deux rues sont parallèles.

این دو خیابان (با هم) موازی‌اند.

paralysé , paralysée

/paralizé/ [صفت] فلج

Jean a les jambes paralysées.
پاهای ژان فلج است.

parapluie /paraplûi/ le
[اسم] چتر
Il commence à pleuvoir, ouvre ton parapluie. باران دارد شروع می‌شود، چترت را باز کن!

parc /park/ le [اسم] پارک، باغ
Le parc du château باغ قصر

parce que /pars(e)ke/
[حرف ربط] زیرا، چون، برای اینکه
J'ouvre la fenêtre parce que j'ai chaud. پنجره را باز می‌کنم، چون گرمم است.

parcourir /parkurir/
[فعل] پیمودن، طی کردن، رفتن
Nous avons parcouru dix kilomètres à pied.
ده کیلومتر پیاده راه رفتیم.

parcours /parkur/ le
[اسم] مسیر
Quel est le parcours de cet autobus?
مسیر این اتوبوس کجاست؟

pardon [1] /pardo^{n}/ le
[اسم] بخشش، معذرت
Marie a demandé pardon à son père.
ماری از پدرش معذرت خواست.

pardon! [2] /pardo^{n}/
[عبارت تعجبی] ببخشید! معذرت می‌خواهم!

pardonner /pardoné/
[فعل] بخشیدن
Pardonnez-moi de vous déranger. ببخشید که مزاحمتان شدم.

pareil , pareille /paréy/
[صفت] همانند، شبیه، مثل هم
Leurs vélos sont pareils.
دوچرخهٔ آنها شبیه هم است.

parenthèse /parâ^{n}téz/ la
[اسم] پرانتز
(Cette phrase est mise entre parenthèses.)
(این جمله داخل پرانتز است.)

parents /parâ^{n}/ le
[اسم، جمع] پدر و مادر، والدین
J'aime mes parents.
پدر و مادرم را دوست دارم.

paresse /parés/ la [اسم] تنبلی
Par paresse, il ne se lève pas tôt.
از روی تنبلی، زود (از خواب) پا نمی‌شود.

paresseux /paréseu/ ,
paresseuse /paréseuz/
[صفت] تنبل
Marie est très paresseuse.
ماری خیلی تنبل است.

parapluie

parc معمولاً فضای سبز و وسیع اطراف یک قلعه یا کاخ است. کلمهٔ **jardin public** به پارک یا گردشگاه عمومی گفته می‌شود.

paresseux

parfait /parfé/ , **parfaite** /parfét/ [صفت] کامل، بدون نقص
Une beauté parfaite
زیبایی بدون نقص

parfaitement /parfétmâ[n]/
[قید] کاملاً، به طور کامل
Ils sont parfaitement heureux.
آنها کاملاً خوشبختند.

parfois /parfuâ/
[قید] گاهی، بعضی وقت‌ها
Alex oublie parfois de se brosser les dents.
آلکس گاهی فراموش می‌کند دندان‌هایش را مسواک بزند.

parfum /parfa[n]/ le [اسم] عطر
Le parfum des fleurs عطر گل‌ها

parfum

parking از زبان انگلیسی وارد زبان فرانسه شده است.

parking /parking/ le
[اسم] پارکینگ
Papa a garé sa voiture dans un parking.
بابا ماشینش را در پارکینگ پارک کرد.

parler /parlé/
[فعل] حرف زدن، صحبت کردن، گفتگو کردن
Sais-tu parler anglais?
بلدی انگلیسی حرف بزنی؟
Elle parle beaucoup.
او خیلی حرف می‌زند.

parmi /parmi/
[حرف اضافه] در میانِ، (در) بینِ
Luc s'est assis parmi les invités. لوک بین مهمان‌ها نشسته.

parole /parol/ la
[اسم] ۱. حرف، سخن
Écoutez mes paroles!
به حرف‌هایم گوش دهید!
۲. قول، وعده
Simon m'a donné sa parole qu'il viendrait.
سیمون به من قول داده بیاید.

part [1] /par/ la [اسم] قسمت، بخش، سهم
Pascal a coupé la pizza en quatre parts.
پاسکال پیتزا را چهار تکه کرد.
de la part de از طرفِ
Je t'apporte un cadeau de la part de Victor.
از طرف ویکتور برایت یک هدیه می‌آورم.

part [2] /par/ : il part
صورت صرف‌شدهٔ فعلِ ***partir***.

partager /partajé/
[فعل] تقسیم کردن، قسمت کردن
Éric a partagé sa pomme avec Isabelle.
اِریک سیبش را با ایزابل قسمت کرد.

participe /partisip/ le ,

participe passé صورت مفعولی، اسم مفعول

participe présent صورت فاعلی، اسم فاعل

participer /partisipé/

[فعل] شرکت کردن

Pauline a participé à la course.

پُلین در مسابقه شرکت کرد.

particulier /partikûlyé/ ,
particulière /partikûlyér/

[صفت] ویژه، خاص، مخصوص

Ils ont chacun une chambre particulière.

هر کدام از آنها یک اتاق مخصوص (به خود) دارند.

Juliette a une manière particulière de parler.

ژولیت به طرز خاصی حرف می‌زند.

en particulier به‌ویژه، مخصوصاً

André aime les fruits, les ananas en particulier.

آندره میوه دوست دارد، مخصوصاً آناناس را.

particulièrement
/partikûlyérmâ^{n}/ [قید] به ویژه، مخصوصاً

Marc aime le cinéma, particulièrement les films d'aventures.

مارک سینما را دوست دارد، مخصوصاً فیلم‌های پرماجرا را.

partie /parti/ la

[اسم] ۱. قسمت، بخش

Ma sœur m'a raconté une partie de l'histoire.

خواهرم قسمتی از داستان را برایم تعریف کرد.

۲. (در بازی) دست، دور

Ils font une partie d'échecs.

آنها یک دست شطرنج بازی می‌کنند.

partir /partir/ [فعل] رفتن

Luc est parti à pied.

لوک پیاده رفت.

à partir de از ... به بعد، از

Laura fait du sport à partir de demain. لورا از فردا ورزش می‌کند.

partout /partu/

[قید] همه جا، هر جا

Je t'ai cherché partout.

همه جا دنبالت گشتم.

paru , parue /parû/

صورت مفعولی فعلِ ***paraître***.

pas [1] /pa/ le [اسم] ۱. گام، قدم

Mon petit frère fait ses premiers pas.

برادر کوچکم اولین قدم‌هایش را برمی‌دارد.

۲. جای پا، رد

Jacques a vu des pas dans la neige. ژاک روی برف جای پا دید.

pas [2] /pa/, **ne ... pas** [قید]

participe passé برای ساختن زمان‌های مرکب (مانند گذشتهٔ نقلی و گذشتهٔ دور یا ماضی بعید) به کار می‌رود: je suis ***allé***

participe présent به ***-ant*** ختم می‌شود، مانندِ: ***tombant, partant***

pas

ne ... pas برای منفی کردن فعل (یا جمله) به کار می‌رود:

je vais می‌روم

je ***ne*** vais ***pas*** نمی‌روم

passeport

passage /pasaj/ le

[اسم] ۱. گذرگاه، راه

Nous avons trouvé un passage secret. یک راه مخفی پیدا کردیم.

۲. قطعه، بخش (کتاب و غیره)

La maîtresse nous a lu un passage de la rédaction de Julien. خانم معلم بخشی از انشای ژولیَن را برایمان خواند.

passage

passager /pasajé/ le , **passagère** /pasajér/ la

[اسم] مسافر

Les passagers d'un taxi

مسافران یک تاکسی

passant /pasâ^{n}/ le , **passante** /pasâ^{n}t/ la

[اسم] رهگذر، عابر

Mathieu a demandé son chemin à un passant.

ماتیو از یک عابر راه را پرسید.

passé [1] /pasé/ le

[اسم] (زمان) گذشته

Grand-mère pense souvent au passé.

مادربزرگ اغلب به گذشته فکر می‌کند.

passé [2] , **passée** /passé/

[صفت] گذشته

Les événements passés

وقایع گذشته

passeport /paspor/ le

[اسم] گذرنامه، پاسپورت

passer /pasé/

[فعل] ۱. عبور کردن، گذشتن

Nous avons passé la frontière.

از مرز گذشتیم.

۲. گذراندن

Béatrice a passé une bonne soirée.

بئاتریس شب خوبی را گذراند.

۳. گذشتن (زمان)

Le temps passe vite.

زمان زود می‌گذرد.

۴. آمدن

Maxime est passé me voir.

ماکسیم آمد مرا ببیند.

se passer اتفاق افتادن

Que se passe-t-il?

چه اتفاقی افتاده؟ چه شده؟

۵. دادن

Passe-moi le sel!

نمک را به من بده!

pâte /pat/ la [اسم] خمیر

Le pâtissier fait la pâte pour les gâteaux. قناد برای (پختنِ) شیرینی خمیر درست می‌کند.

paternel , **paternelle** /patérnél/ [صفت] پدری

Ma grand-mère paternelle

مادربزرگ پدری‌ام، مادرِ پدرم

patience /pasyâ^n^s/ la
[اسم] صبر، صبر و حوصله
Il faut avoir de la patience pour être un bon pêcheur.
برای آنکه ماهیگیر خوبی شوید، باید صبر و حوصله داشته باشید.

patient , patiente /pasyâ^n^, pasyâ^n^t/ [صفت] صبور، باحوصله، بردبار
Papa est très patient.
بابا خیلی صبور است.

patienter /pasyâ^n^té/
[فعل] صبر کردن، حوصله کردن
Veuillez patienter quelques instants. لطفاً چند لحظه صبر کنید.

pâtisserie /patisri/ la
[اسم] ۱. قنادی، شیرینی‌فروشی
Va à la pâtisserie acheter des gâteaux. برو قنادی شیرینی بخر.
۲. شیرینی
Yves aime beaucoup les pâtisseries.
ایو شیرینی خیلی دوست دارد.

pâtissier /patisyé/ le , **pâtissière** /patisyér/ la
[اسم] قناد، شیرینی‌فروش
M. Dubois est bon pâtissier.
آقای دوبوآ قناد خوبی است.

patrie /patri/ la [اسم] میهن، وطن
Pierre est français, la France est sa patrie.
پیِر فرانسوی است، فرانسه میهن اوست.

patron /patro^n^/ le , **patronne** /patron/ la
[اسم] مدیر، رئیس
Le patron de l'usine
رئیس کارخانه

patron معمولاً به رئیس یا مدیر یک کارخانه، بانک یا رستوران گفته می‌شود.

patte /pat/ la
[اسم] پا(ی حیوانات)، پنجه
Les pattes du chat پاهای گربه

patte

paupière /popyér/ la
[اسم] پلک

pause /poz/ la [اسم] وقفه، استراحت
Nous ferons une pause à dix heures. ساعت ده استراحت می‌کنیم.

pause به معنی وقفه در کار یا فعالیت است و زمان آن از ***arrêt*** کوتاهتر است.

pauvre /povr/ [صفت] فقیر
M. Dubois est un homme pauvre. آقای دوبوآ مرد فقیری است.

pauvre

a = اَ	**é** = اِ	**e** = اُ(با دهان نیمه‌بسته)	**eu** = اُ ترکی درگُزل	**o** = اُ	**û** = او ترکی درگول
u = او	**i** = ای	**â^n^** = آ تودماغی	**a^n^** = اَ تودماغی	**o^n^** = اُ تودماغی	**r** = غ عربی
y = ی	**n^y^** = نیَ	**j** = ژ	**g** = گ	**ch** = ش	**s** = س
z = ز					

pauvreté /povreté/ la
[اسم] فقر
Beaucoup de gens vivent dans la pauvreté.
بسیاری از افراد در فقر زندگی می‌کنند.

payer /péyé/ [فعل] پرداختن، پول (کسی یا چیزی را) دادن
As-tu payé le boucher?
پول قصاب را دادی؟

فـعلِ ***payer*** بـه دو شکل صرف می‌شود:
je paie, je paye

pays /péi/ le [اسم] کشور
La France est un pays d'Europe.
فرانسه یکی از کشورهای اروپاست.

paysage /péizaj/ le
[اسم] منظره
Un paysage magnifique
یک منظرهٔ باشکوه

paysan /péizâ^n/ le ,
paysanne /péizan/ la
[اسم] دهقان، کشاورز
Les paysannes travaillent dans les champs.
زنان کشاورز در مزارع کار می‌کنند.

peau /po/ la [اسم] پوست
Les bébés ont la peau douce.
بچه‌ها پوست لطیفی دارند.

peau بـا **x** جـمع بسـته می‌شود: ***peaux***.

pêche [1] /péch/ la [اسم] هلو

pêche [2] /péch/ la
[اسم] ماهیگیری، صید (ماهی)
Luc va à la pêche.
لوک به ماهیگیری می‌رود.

pêcher /péché/
[فعل] صید کردن، ماهی گرفتن
Antoine a pêché deux poissons.
آنتوان دو تا ماهی گرفت.

pêcheur /pécheur/ le ,
pêcheuse /pécheuz/ la
[اسم] ماهیگیر
Le pêcheur est assis au bord de l'eau. ماهیگیر لب آب نشسته.

pêcheur

peigne /pén^y/ le [اسم] شانه

peigner /pén^yé/
[فعل] موهای (کسی را) شانه کردن
Paul peigne sa petite sœur.
پُل موهای خواهر کوچکش را شانه می‌کند.
se peigner موی خود را شانه کردن
Avant de sortir, je me peigne.
قبل از بیرون رفتن موهایم را شانه می‌کنم.

peindre /pa^ndr/
[فعل] ۱. نقاشی کردن، کشیدن
Picasso a peint de nombreux tableaux.
پیکاسو تابلوهای زیادی کشیده است.
۲. رنگ کردن، رنگ زدن

Nous peignons les murs en bleu. دیوارها را رنگ آبی زدیم.

peint /pa^{n}/ , **peinte** /pa^{n}t/
صورت مفعولی فعلِ ***peindre***.

peintre /pa^{n}tr/ le, la
[اسم] نقاش
Un peintre en bâtiment
نقاش ساختمان

peinture /pa^{n}tûr/ la
[اسم] ۱. نقاشی
Marie fait de la peinture.
ماری نقاشی می‌کشد.
۲. رنگ
Peinture d'automobile
رنگ ماشین

peler /pelé/ [فعل] پوست کندن
Luc pèle une orange.
لوک پرتقال پوست می‌کند.

pélican /pélikâ^{n}/ le
[اسم] مرغ ماهی‌خوار، پلیکان

pélican

pelle /pél/ la [اسم] بیل
Yves creuse un trou avec une pelle. ایو با بیل یک چاله می‌کَند.

pelouse /peluz/ la
[اسم] چمنزار، چمن
Il est interdit de marcher sur la pelouse. راه رفتن روی چمن ممنوع است. روی چمن راه نروید.

pelouse به محوطه‌ای می‌گویند که در آن چمن کاشته‌اند. ***gazon*** خودِ (گیاهِ) چمن است، اما گاه به معنیِ «زمین چمن» نیز به کار می‌رود.

pencher /pâ^{n}ché/
[فعل] مایل بودن، کج بودن
Le cadre penche un peu.
قاب کمی کج است.
se pencher خم شدن، دولا شدن
Il est dangereux de se pencher par la fenêtre.
خم شدن از پنجره خطرناک است.

pendant /pâ^{n}dâ^{n}/
[حرف اضافه] هنگامِ، موقعِ، مدتِ
Il a plu pendant deux heures.
مدت دو ساعت باران بارید.

pendre /pâ^{n}dr/
[فعل] ۱. آویختن، آویزان کردن
Papa a pendu le lustre au plafond.
بابا لوستر را به سقف آویزان کرد.
۲. آویزان بودن
Sur la branche, des fruits pendent. میوه‌ها از شاخه آویزانند.
۳. دار زدن
On a pendu le condamné.
محکوم را دار زدند.

a = اَ	**é** = اِ	**e** = اُ(با دهان نیمه‌بسته)	**eu** = اُ ترکی درگُزل	**o** = اُ	**û** = او ترکی درگول	
u = او	**i** = ای	**â^{n}** = آ تودماغی	**a^{n}** = اَ تودماغی	**o^{n}** = اُ تودماغی	**r** = غ عربی	
y = ی	**n^{y}** = نْی	**j** = ژ	**g** = گ	**ch** = ش	**s** = س	**z** = ز

pendule

pendu , pendue /pa^{n}dû/
صورت مفعولی فعلِ ***pendre***.

pendule /pâ^{n}dûl/ la
[اسم] ساعت (دیواری یا رومیزی)
La pendule sonna midi.
ساعت زنگ ظهر را زد.

pénétrer /pénétré/
[فعل] نفوذ کردن، داخل شدن
Les voleurs ont pénétré dans la maison. دزدها داخل خانه شدند.

pénible /pénibl/
[صفت] پرزحمت، سخت، دشوار
Un travail pénible
یک کار پرزحمت

pensée /pâ^{n}sé/ la [اسم] فکر، اندیشه
Sarah me dit ses pensées.
سارا افکارش را به من می‌گوید.

penser /pâ^{n}sé/
[فعل] فکر کردن، تصور کردن
Je pense que tu as raison.
فکر می‌کنم که حق با توست.
نگاه کنید به توضیحِ ***réfléchir***.

pentagon /pa^{n}tago^{n}/ le
[اسم] پنج‌ضلعی

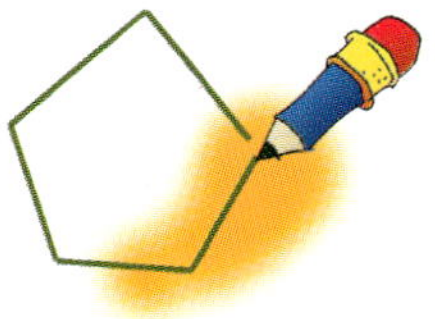

pentagon

pente /pâ^{n}t/ la [اسم] شیب، سرازیری، سربالایی
Le chemin est en pente.
جاده شیب دارد.

percer /pérsé/
[فعل] سوراخ کردن
Michel a percé le mur.
میشل دیوار را سوراخ کرد.

perdant /pérdâ^{n}/ le , **perdante** /pérdâ^{n}t/ la
[اسم] بازنده
Les gagnants et les perdants
برندگان و بازندگان

perdre /pérdr/
[فعل] ۱. گم کردن
Aurélie a perdu son livre.
اورلی کتابش را گم کرد.
۲. از دست دادن
Mon copain a perdu son père.
دوستم پدرش را از دست داده. پدر دوستم فوت کرد.
۳. باختن
Notre équipe a perdu le match.
تیم ما بازی را باخت.
se perdre گم شدن
Ils se sont perdus dans la forêt.
آنها در جنگل گم شدند.

perdrix /pérdri/ la
[اسم] کَبک
Le chasseur a tué deux perdrix.
شکارچی دو کبک شکار کرد.

perdrix در جمع تغییر نمی‌کند.

perdu , perdue /pérdû/
صورت مفعولی فعلِ ***perdre***.

père /pér/ le [اسم] پدر
Mon père est ingénieur.
پدرم مهندس است.

période /péryod/ la
[اسم] ۱. دوره
Une courte période
یک دورهٔ کوتاه
۲. مدت، زمان
La piscine est ouverte pendant la période des vacances.
در مدت تعطیلات، استخر باز است.

perle /pérl/ la [اسم] مروارید
Cathie a un joli collier de perle.
کَتی گردن‌بند مروارید زیبایی دارد.

permettre /pérmétr/
[فعل] اجازه دادن، گذاشتن
Le médecin m'a permis de sortir.
پزشک به من اجازه داده بیرون بروم.

permis [1] /pérmi/ le
[اسم] جواز، گواهینامه
Yann a obtenu son permis de conduire.
یان گواهینامهٔ رانندگی‌اش را گرفت.

permis [2] /pérmi/ ,
permise /pérmiz/
صورت مفعولی فعلِ ***permettre***.

permission /pérmisyo^{n}/ la
[اسم] اجازه
Papa m'a donné la permission d'aller jouer dehors.
بابا به من اجازه داد بروم بیرون بازی کنم.

perroquet /péroké/ le
[اسم] طوطی
Les perroquets peuvent imiter la voix humaine.
طوطی می‌تواند صدای انسان را تقلید کند.

perruche /pérûch/ la
[اسم] طوطی (ماده)

personne [1] /pérson/ la
[اسم] شخص، آدم، کَس، نفر
Une famille de quatre personnes یک خانوادهٔ چهارنفری

personne [2] /pérson/
[ضمیر] هیچ‌کس، کسی
Je n'ai vu personne. کسی را ندیدم.

personnel [1] ,
personnelle /pérsonél/
[صفت] شخصی، خصوصی
Jean ne pense qu'à son intérêt personnel.
ژان تنها به فکر منافع شخصی خودش است.

personnel [2] /pérsonél/ le
[اسم] کارکنان، خَدمه
Le personnel d'une usine
کارکنان یک کارخانه

perroquet

ضمیرِ ***personne*** معمولاً با ***ne*** (یا ***n'***) به کار می‌رود و جمله را منفی می‌کند.

a = اَ	**é** = اِ	**e** = اُ(با دهان نیمه‌بسته)	**eu** = اُ ترکی درگُزل	**o** = اُ	**û** = او ترکی درگول	
u = او	**i** = ای	**â^{n}** = آ تودماغی	**a^{n}** = اَ تودماغی	**o^{n}** = اُ تودماغی	**r** = غ عربی	
y = ی	**n^{y}** = نْی	**j** = ژ	**g** = گ	**ch** = ش	**s** = س	**z** = ز

petit-fils /petifis/ le

[اسم] نوه (پسر)

Il joue avec son petit-fils.

او با نوه‌اش بازی می‌کند.

petits-enfants

/petizâ^{n}fâ^n/ le [اسم، جمع] نوه‌ها

Elle embrasse ses petits-enfants.

او نوه‌هایش را می‌بوسد.

pétrole /pétrol/ le [اسم] نفت

peu /peu/ [قید] کم

Alice mange peu, le soir.

آلیس شب‌ها کم غذا می‌خورد.

peu à peu کم‌کم، به تدریج

Claude fait des progrès peu à peu. کلود کم‌کم پیشرفت می‌کند.

un peu de یک کم، کمی

Un peu de sel کمی نمک

peuple /peupl/ le [اسم] مردم

Le peuple français مردم فرانسه

peur /peur/ la [اسم] ترس، وحشت

avoir peur ترسیدن، وحشت داشتن

Flora a peur des chiens.

فلورا از سگ می‌ترسد.

Maman a peur d'avoir perdu ses clés. مامان می‌ترسد کلیدهایش را گم کرده باشد.

faire peur ترساندن

Tu m'as fait peur! مرا ترساندی!

peureux /peureu/ ,
peureuse /peureuz/

[صفت] ترسو

perte /pért/ la [اسم] گم شدن، گم کردن

Paul est désolé de la perte de son livre.

پل از گم شدن کتابش ناراحت است.

peser /pezé/

[فعل] ۱. وزن کردن، کشیدن

Le boulanger pèse le pain.

نانوا نان را می‌کشد.

۲. وزن داشتن

Flora pèse 30 kilos.

فلورا سی کیلو وزن دارد.

petit /peti/ , **petite** [1] /petit/

[صفت] کوچک

Marie est plus petite que son frère.

ماری کوچکتر از برادرش است.

petit /peti/ le , **petite** [2] /petit/ la [اسم] بچه

Brigitte est dans la classe des petits.

بریژیت در کلاس بچه‌هاست.

La chienne protège ses petits.

سگ ماده از بچه‌هایش مراقبت می‌کند.

petit à petit /petitapeti/

[قید] کم‌کم، به تدریج

Petit à petit, Marie a appris à nager.

ماری شنا کردن را کم‌کم یاد گرفت.

petite-fille /petitfiy/ la

[اسم] نوه (دختر)

Elle promène sa petite-fille.

او نوه‌اش را به گردش می‌برد.

petite-fille در جمع به صورتِ ***petites-filles*** و ***petit-fils*** به صورتِ ***petits-fils*** نوشته می‌شوند.

کلمهٔ ***peuple*** با فعل مفرد به کار می‌رود، در حالی که کلمهٔ «مردم» در فارسی با فعل جمع می‌آید. مثلاً می‌گوییم: مردم به او رأی ندادند.

peur

Marie est peureuse.

ماری ترسو است.

peut /peu/ : il peut

صورت صرف‌شدهٔ فعلِ ***pouvoir***.

peut-être /peutétr/

[قید] شاید، ممکن است، احتمالاً

Nous irons peut-être au bord de la mer. شاید کنار دریا برویم.

peux /peu/ : je peux, tu peux

صورت صرف‌شدهٔ فعلِ ***pouvoir***.

pharmacie /farmasi/ la

[اسم] داروخانه

Va à la pharmacie acheter des médicaments!

برو داروخانه دوا بخر!

pharmacien /farmasya^{n}/ le , **pharmacienne** /farmasyén/ la

[اسم] داروفروش، داروخانه‌چی

phoque /fok/ le [اسم] فُک

Nous avons vu les phoques du zoo. فُک‌های باغ‌وحش را دیدیم.

phoque

photo /foto/ la [اسم] عکس

Alice a pris une photo de mon chat.

آلیس یک عکس از گربه‌ام گرفت.

appareil photo دوربین عکاسی

prendre en photo عکس گرفتن

photo

photographe /fotograf/ le, la [اسم] عکاس

Jean est photographe.

ژان عکاس است.

photographe

phrase /fraz/ la [اسم] جمله

La phrase commence par une majuscule.

جمله با حرف بزرگ شروع می‌شود.

pianiste /pyanist/ le, la

[اسم] پیانیست، نوازندهٔ پیانو

C'est un grand pianiste!

او پیانیست بزرگی است!

photo مخفف کلمهٔ ***photographie*** است.

piano /pyano/ le [اسم] پیانو
Marie joue du piano.
ماری پیانو می‌زند.

piano

pic /pik/ le [اسم] دارکوب

pic

pièce /pyés/ la [اسم] ۱. تکه، قطعه
Une pièce de bois یک تکه چوب
۲. اتاق
Un appartement de trois pièces
یک آپارتمان سه‌اتاقه
۳. سکه
Une pièce de dix francs
یک سکهٔ ده‌فرانکی

pied /pyé/ le [اسم] ۱. پا
J'ai mal au pied gauche.
پای چپم درد می‌کند.
۲. پایه
Le pied de la lampe est cassé.
پایهٔ چراغ شکسته.
à pied پیاده
Nous avons fait cinq kilomètres à pied.
پنج کیلومتر پیاده رفتیم.

از مچ پا به پایین را ***pied*** می‌گویند، اما ***jambe*** به معنی ساق پا یا از ران به پایین است.

piège /pyéj/ le [اسم] دام، تله
On a mis des pièges à souris dans le grenier.
در انبار تله‌موش گذاشته‌اند.

pierre /pyér/ la [اسم] سنگ
Françoise jette des pierres dans la rivière.
فرانسواز سنگ در رودخانه می‌اندازد.
pierre précieuse سنگ قیمتی، جواهر
Le diamant est une pierre précieuse.
الماس یک سنگ قیمتی است.

piéton /pyéto^{n}/ le , **piétonne** /pyéton/ la
[اسم] عابر (پیاده)
Les piétons marchent sur les trottoirs.
عابرها در پیاده‌رو راه می‌روند.

pieuvre /pyeuvr/ la
[اسم] هشت‌پا، اختاپوس
La pieuvre est un animal marin.
هشت‌پا یک جانور دریایی است.

pieuvre

pigeon /pijo^{n}/ le [اسم] کبوتر
نگاه کنید به توضیحِ ***colombe***.

pilier /pilyé/ le [اسم] ستون

L'église a de beaux piliers.
کلیسا ستون‌های زیبایی دارد.

pilote /pilot/ le, la
[اسم] ۱. خلبان
Un pilote d'avion commercial
خلبان هواپیمای تجاری
۲. راننده (ماشین مسابقه)

pin /pa^{n}/ le [اسم] (درخت) کاج
Un bois de pins جنگل کاج

pinceau /pa^{n}so/ le
[اسم] قلم‌مو
Je nettoie mes pinceaux.
قلم‌موهایم را تمیز می‌کنم.

pingouin /pa^{n}gua^{n}/ le
[اسم] پنگوئن

pingouin

ping-pong /pingpo^{n}g/ le
[اسم] پینگ‌پنگ
Les enfants jouent au ping-pong.
بچه‌ها پینگ‌پنگ بازی می‌کنند.

pioche /pyoch/ la [اسم] کلنگ
Je creuse le sol avec une pioche. زمین را با کلنگ می‌کَنم.

pipe /pip/ la [اسم] پیپ
Papa fume la pipe.
بابا پیپ می‌کشد.

piquant /pikâ^{n}/ , **piquante** /pikâ^{n}t/
[صفت] ۱. خاردار، تیغ‌دار
Les roses ont des tiges piquantes. ساقهٔ گل سرخ تیغ دارد.
۲. (طعم) تند
Cette sauce est très piquante.
این سُس خیلی تند است.

pique-nique /piknik/ le
[اسم] پیک‌نیک
En vacances, nous faisons des pique-niques.
ما در تعطیلات به پیک‌نیک می‌رویم.

pique-niquer /pikniké/
[فعل] پیک‌نیک رفتن
Dimanche, nous avons pique-niqué.
یکشنبه به پیک‌نیک رفتیم.

piquer /piké/
[فعل] ۱. نیش زدن، زدن
Une guêpe m'a piqué.
زنبور نیشم زد.
۲. آمپول زدن
Le médecin a piqué Alex.
دکتر آلکس را آمپول زد.

pin

pinceau با **x** جمع بسته می‌شود: ***pinceaux***.

pique-nique در جمع به صورتِ ***pique-niques*** نوشته می‌شود.

ping-pong

a = اَ	**é** = اِ	**e** = اُ(با دهان نیمه‌بسته)	**eu** = اُ ترکی درگُزل	**o** = اُ	**û** = او ترکی درگول
u = او	**i** = ای	**â^{n}** = آ تودماغی	**a^{n}** = اَ تودماغی	**o^{n}** = اُ تودماغی	**r** = غ عربی
y = ی	**n^{y}** = نْی	**j** = ژ	**g** = گ	**ch** = ش	**s** = س	**z** = ز

piqûre /pikûr/ la

[اسم] ۱. گزیدگی، جای نیش

Les piqûres de moustiques

جای نیش‌های پشه

۲. تزریق، آمپول (زدن)

On m'a déjà fait des piqûres.

قبلاً به من آمپول زده‌اند.

pirate /pirat/ le

[اسم] دزد دریایی

pire /pir/ [صفت] بدتر، بدترین

La situation est pire que je ne croyais.

وضعیت بدتر از آن است که فکر می‌کردم.

piscine /pisin/ la [اسم] استخر

Les enfants sont allés à la piscine hier.

بچه‌ها دیروز به استخر رفتند.

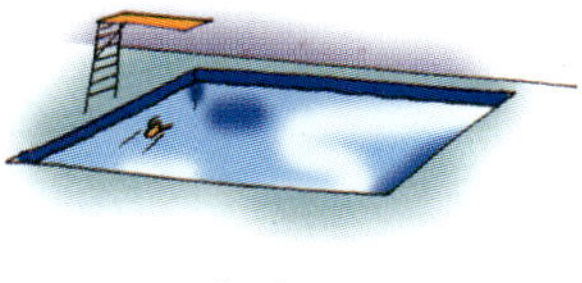

piscine

piste /pist/ la [اسم] میدان، پیست

Une piste de ski پیست اسکی

pistolet /pistolé/ le

[اسم] هفت‌تیر، اسلحه

Le gangster a tiré un coup de pistolet. گانگستر با اسلحه‌اش یک تیر شلیک کرد.

pizza یک کلمهٔ ایتالیایی است و در جمع **s** می‌گیرد: ***pizzas***.

pizza /pidza/ la [اسم] پیتزا

Hier soir, nous avons mangé une pizza. دیشب ما پیتزا خوردیم.

pizza

placard /plakar/ le

[اسم] کمد، گنجه

Le balai est dans le placard de la cuisine.

جارو در کمد آشپزخانه است.

place /plas/ la

[اسم] ۱. جا، مکان، محل

Il reste encore de la place dans ma valise. هنوز چمدانم جا دارد.

۲. میدان

La place du village میدان دِه

à la place de به جایِ

Luc jouera à la place de Mathieu.

لوک به جای ماتیو بازی می‌کند.

placer /plasé/

[فعل] قرار دادن، گذاشتن

Jean place les chaises au milieu de la pièce.

ژان صندلی‌ها را وسط اتاق می‌گذارد.

plafond /plafo^{n}/ le

[اسم] سقف، تاق

Le plafond de la salle est très haute.

سقف سالن خیلی بلند است.

plage /plaj/ la

[اسم] ساحل (دریا)

Une belle plage de sable

یک ساحل زیبای شنی

plaie /plé/ la [اسم] زخم

Yann met un pansement sur sa plaie.

یان روی زخمش پانسمان می‌گذارد.

plaindre /plaⁿdr/

[فعل] دلسوزی‌کردن، دل سوختن

Marie est malade, je la plains.

ماری مریض است، دلم برایش می‌سوزد.

se plaindre شکایت کردن، نالیدن، گِله کردن

Patrice se plaint toujours.

پاتریس همیشه می‌نالد.

plaine /plén/ la [اسم] دشت

La Belgique est un pays de plaines. بلژیک کشور دشت‌هاست.

plaint /plaⁿ/ , **plainte** /plaⁿt/ صورت مفعولی فعلِ ***plaindre***.

plaire /plér/

[فعل] مورد پسند (کسی) بودن، خوش آمدن

Le film m'a beaucoup plu.

از فیلم خیلی خوشم آمد.

s'il vous plaît, s'il te plaît لطفاً

Asseyez-vous, s'il vous plaît.

لطفاً بنشینید.

plaisanter /plézâⁿté/

[فعل] شوخی کردن

Jacques aime bien plaisanter.

ژاک خیلی دوست دارد شوخی کند.

plaisanterie /plézâⁿtri/ la

[اسم] شوخی

La plaisanterie de Robin nous a fait beaucoup rire.

شوخی روبَن ما را خیلی خنداند.

plaisir /plézir/ le

[اسم] خوشی، لذت

Ton cadeau m'a fait un grand plaisir.

از هدیه‌ات خیلی خوشم آمد.

avec plaisir با کمال میل

plaît /plé/ : il plaît

صورت صرف‌شدهٔ فعلِ ***plaire***.

planche /plâⁿch/ la

[اسم] تخته

Le menuisier scie des planches.

نجار تخته‌ها را اره می‌کند.

plancher /plâⁿché/ le

[اسم] کف (اتاق)

Le chien est couché sur le plancher. سگ کف اتاق خوابیده.

planète /planét/ la

[اسم] سیاره

La Terre est une planète.

زمین یک سیاره است.

plante /plâⁿt/ la [اسم] گیاه
Les arbres et les fleurs sont des plantes. درختان و گل‌ها گیاهند.

planter /plâⁿté/
[فعل] ۱. کاشتن
Mamie a planté un rosier.
مامان‌بزرگ یک بوتهٔ گل سرخ کاشته.
۲. (میخ) کوبیدن
Clara plante un clou dans le mur. کلارا میخ به دیوار می‌کوبد.

plastique [1] /plastik/
[صفت] پلاستیکی، پلاستیک
Un seau en matière plastique
یک سطل از جنس پلاستیک، یک سطل پلاستیکی

plastique [2] /plastik/ le
[اسم] پلاستیک
Mon assiette est en plastique.
بشقاب من پلاستیکی است.

plat [1] /pla/ , **plate** /plat/
[صفت] صاف، مسطح
Un terrain plat یک زمین صاف

plat [2] /pla/ le [اسم] ۱. دیس
Maman a mis le poulet dans un plat.
مامان مرغ را در دیس گذاشت.
۲. غذا
Le bifteck est mon plat préféré.
بیفتک غذای مورد علاقهٔ من است.
نگاه کنید به توضیحِ ***repas***.

plateau /plato/ le
[اسم] سینی
Simon a apporté les boissons sur un plateau.
سیمون نوشابه‌ها را در سینی آورد.

plâtre /platr/ le [اسم] گچ
Les plâtres ne sont pas encore secs. گچ هنوز خشک نشده.

plein /plaⁿ/ , **pleine** /plén/
[صفت] پُر
Mon verre est plein.
لیوان من پُر است.
Ta chemise est pleine de taches. پیراهنت پر از لکه است.

pleurer /pleuré/
[فعل] گریه کردن
Cet enfant pleure sans cesse.
این بچه مدام گریه می‌کند.

pleut /pleu/ : il pleut
صورت صرف‌شدهٔ فعلِ ***pleuvoir***.

pleuvoir /pleuvuâr/
[فعل] باران باریدن، باران آمدن
Hier, il a plu. دیروز باران بارید.

pli /pli/ le [اسم] ۱. تا
۲. چین
Une jupe à plis یک دامن چین‌دار

plier /pliyé/ [فعل] تا کردن
Marie a plié une feuille de papier.
ماری یک ورق کاغذ را تا کرد.
se plier تا شدن
Ce lit peut se plier. این تخت تا می‌شود. این تخت تاشو است.

فعلِ ***pleuvoir*** فقط دارای صورتِ سوم‌شخص مفرد است:
il pleut, il pleuvait, il a plu, il pleuvra

plateau با ***x*** جمع بسته می‌شود: ***plateaux***.

Cette chaise se plie.
این صندلی تا می‌شود. این صندلی تاشو است.

plomb /plo^n/ le [اسم] سرب
Des soldats de plomb
سربازهای سُربی

plombier /plo^{n}byé/ le
[اسم] لوله‌کش
Le plombier joint les tuyaux.
لوله‌کش لوله‌ها را به هم وصل می‌کند.

plonger /plo^{n}jé/
[فعل] ۱. (در آب) فرو بردن
Émilie a plongé son bras dans l'eau.
امیلی دستش را در آب فرو برد.
۲. شیرجه زدن
Nous plongeons dans la piscine.
ما در استخر شیرجه می‌زنیم.

plonger

plu /plû/
۱. صورت صرف‌شدهٔ فعلِ *plaire*.
۲. صورت صرف‌شدهٔ فعلِ *pleuvoir*.

pluie /plûi/ la [اسم] باران
Nous avons eu six jours de pluie. شش روز باران آمد.

plumage /plûmaj/ le
[اسم] پر و بال، پر
Le corbeau a un plumage noir.
پر کلاغ سیاه است.

plume /plûm/ la [اسم] ۱. پَر
Les oiseaux ont le corps couvert de plumes.
بدن پرندگان از پر پوشیده شده.
۲. قلم
۳. نوک (خودنویس)
Jean a cassé la plume de son stylo.
ژان نوک خودنویسش را شکست.

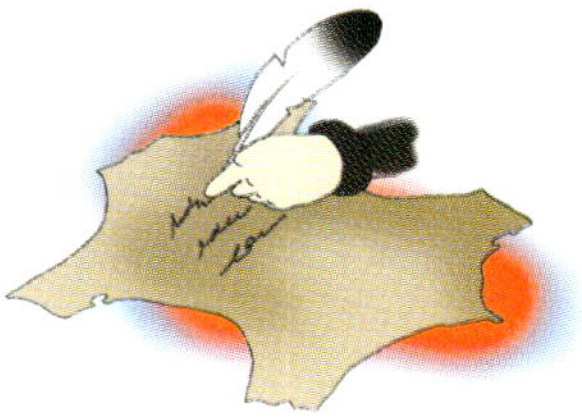

plume

plupart /plûpar/ la
[اسم] بیشتر، اکثر
La plupart des enfants aiment le chocolat.
بیشتر بچه‌ها شکلات را دوست دارند.

pluriel /plûryél/ le
[اسم] جمع

در زبان فرانسه، **s** علامت جمع ***(pluriel)*** است. اما کلماتی که آخرشان **eau** یا ***au*** و یا ***eu*** باشد **x** می‌گیرند. کلماتی هم که حرف آخرشان **s** یا **x** و یا **z** باشد، در جمع تغییر نمی‌کنند.

a = آ　**é** = اِ　**e** = اُ(با دهان نیمه‌بسته)　**eu** = اُ ترکی درگُزل　**o** = اُ　**û** = او ترکی درگول
u = او　**i** = ای　**â**^{n} = آ تودماغی　**a**^{n} = اَ تودماغی　**o**^{n} = اُ تودماغی　**r** = غ عربی
y = ی　**n**^{y} = نْی　**j** = ژ　**g** = گ　**ch** = ش　**s** = س　**z** = ز

plus به معنیِ «بیشتر»، قبل از حروف بی‌صدا /plû/ و قبل از حروف صدادار /plûz/ و در آخر جمله /plûs/ تلفظ می‌شود. اما به معنیِ «بعلاوه»، همیشه باید آن را /plûs/ تلفظ کرد.

ترکیب ***ne ... plus*** جمله را منفی می‌کند.

دقت کنید که حرفِ **ê** در کلمهٔ ***poêle*** مانند ***a*** تلفظ می‌شود.

poignée

plus /plû(s)/ [قید] ۱. بیشتر، ـــ تر

Michel a plus de livres que moi. میشل بیشتر از من کتاب دارد.

۲. بعلاوهٔ، به اضافهٔ

Trois plus quatre fond sept.

سه بعلاوهٔ چهار می‌شود هفت.

le plus, la plus بیشترین، ـــ ترین

Luc est le plus jeune des enfants. لوک کوچکترین بچه است.

ne ... plus دیگر

Je ne suis plus fatigué.

دیگر خسته نیستم.

plusieurs /plûzyeur/

[صفت] چند، چندین

Papa est déjà allé plusieurs fois au Canada.

بابا تا حالا چند بار به کانادا رفته.

plutôt /plûto/ [قید] ترجیحاً، بیشتر

Je prendrai l'avion plutôt que le train.

من بیشتر سوار هواپیما می‌شوم تا سوار قطار.

pneu /pneu/ le

[اسم] لاستیک (ماشین و غیره)

Mon vélo a un pneu crevé.

لاستیک دوچرخه‌ام پنچر شده.

poche /poch/ la [اسم] جیب

Il met son portefeuille dans la poche de sa veste.

او کیف پولش را در جیب کتش می‌گذارد.

de poche جیبی

L'argent de poche پول توجیبی

poêle [1] /puâl/ le [اسم] بخاری

Papa allume le poêle.

بابا بخاری را روشن می‌کند.

poêle [2] /puâl/ la

[اسم] ماهی‌تابه

poème /poém/ le [اسم] شعر

Marie apprend un poème de Victor Hugo. ماری یکی از اشعار ویکتور هوگو را یاد می‌گیرد.

poésie /poézi/ la [اسم] شعر، نظم

Nous avons appris une poésie.

ما یک شعر یاد گرفتیم.

poète /poét/ le [اسم] شاعر

Baudelaire est un grand poète.

بودلر شاعر بزرگی است.

poids /puâ/ le [اسم] وزن

Le poids de la table est de cinquante kilos.

وزن میز پنجاه کیلو است.

poignée /puânʸé/ la

[اسم] دستگیره، دسته

La poignée d'une valise

دستهٔ چمدان

Une poignée de porte

دستگیرهٔ در

poignet /puânʸé/ le

[اسم] مچ

Hugo porte une montre au poignet.

هوگو یک ساعت به مچش بسته.

poil /puâl/ le [اسم] مو، کرک، پشم

Les lapins ont des poils très doux.

موی خرگوش خیلی نرم است.

poing /pua^{n}/ le [اسم] مشت

Jules m'a donné un coup de poing. ژول یک مشت به من زد.

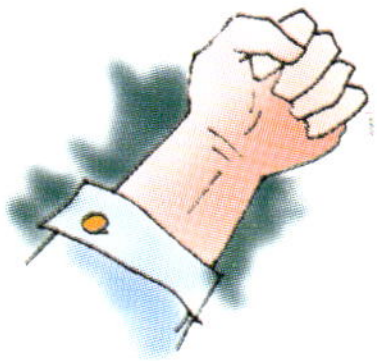

poing

point /pua^{n}/ le [اسم] نقطه

La phrase se termine par un point. جمله با نقطه تمام می‌شود.

آخر جمله نقطه می‌آید.

Le point de départ نقطهٔ آغاز، (نقطهٔ) شروع

pointe /pua^{n}t/ la [اسم] نوک، سر، تیزی

La pointe d'une aiguille

نوک سوزن

pointu , pointue

/pua^{n}tû/ [صفت] نوک‌تیز، تیز

Le couteau est pointu.

چاقو تیز است.

poire /puâr/ la [اسم] گلابی

La compote de poires

کمپوت گلابی

pois /puâ/ le

[اسم] (گیاه) نخود

petits pois نخودفرنگی

poison /puâzo^{n}/ le

[اسم] زهر، سم

On l'a tué par poison.

او را با زهر کشته‌اند. به او زهر داده‌اند.

poisson /puâso^{n}/ le

[اسم] ماهی

À midi, nous avons mangé du poisson. ظهر ماهی خوردیم.

poisson

poitrine /puâtrin/ la

[اسم] سینه

poivre /puâvr/ le [اسم] فلفل

Maman met du poivre dans la sauce. مامان به سس فلفل می‌زند.

pôle /pol/ le [اسم] قطب

Le pôle Nord قطب شمال

petits pois

poivres

a = آ	**é** = اِ	**e** = اُ (با دهان نیمه‌بسته)	**eu** = اُ ترکی درگُزل	**o** = اُ	**û** = او ترکی درگول
u = او	**i** = ای	**â^{n}** = آ تودماغی	**a^{n}** = اَ تودماغی	**o^{n}** = اُ تودماغی	**r** = غ عربی
y = ی	**n^{y}** = نْی	**j** = ژ	**g** = گ	**ch** = ش	**s** = س
z = ز					

poli , polie /poli/
[صفت] مؤدب، باادب
Pauline est très polie.
پولین خیلی مؤدب است.

police /polis/ la [اسم] پلیس
Le gardien a appelé la police.
نگهبان پلیس را خبر کرد.

policier /polisyé/ le , **policière** /polisyér/ la
[اسم] مأمور پلیس، پلیس
Les policiers ont arrêté le voleur.
پلیس‌ها دزد را دستگیر کردند.

policier مأمور پلیس، اعم از مأموران نیروی انتظامی، بازرس و کارآگاه است. اما ***agent de police*** صرفاً مأموری است که لباس مخصوص پلیس را به تن دارد.

poliment /polimâ^{n}/
[قید] مؤدبانه، باادب
Sophie s'est excusée poliment.
سوفی مؤدبانه معذرت خواست.

politesse /polités/ la
[اسم] ادب، تربیت

politique [1] /politik/ la
[اسم] سیاست
La politique extérieure d'un pays سیاست خارجی یک کشور

politique [2] /politik/
[صفت] سیاسی
Les opinions politiques
عقاید سیاسی

pommade /pomad/ la
[اسم] پماد
J'ai mis de la pommade sur ma plaie. به زخمم پماد زدم.

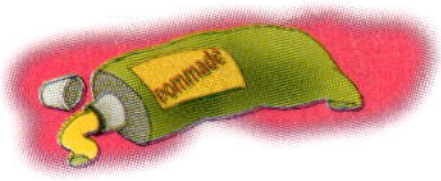
pommade

pomme /pom/ la [اسم] سیب
On mange les pommes crues ou cuites.
سیب را خام یا پخته می‌خورند.

pomme de terre
/pomdetér/ la [اسم] سیب‌زمینی

در ***pomme de terre*** جمع ***pommes de terre*** نوشته می‌شود.

pompe /po^{n}p/ la [اسم] تلمبه، پُمپ
Une pompe de bicyclette
تلمبهٔ دوچرخه

pompier /po^{n}pyé/ le
[اسم] مأمور آتش‌نشانی، آتش‌نشان
On doit prévenir les pompiers.
باید آتش‌نشان‌ها را خبر کرد.

pont /po^{n}/ le [اسم] پل
Un pont courbe یک پل منحنی
Vous devez franchir le pont.
باید از پل بگذرید.

pont

populaire /popûlér/
[صفت] ۱. عامیانه
Pierre emploie des expressions populaires.
پیِر اصطلاحات عامیانه به کار می‌برد.
۲. محبوب، پرطرفدار
Ce chanteur est très populaire.
این خواننده خیلی محبوب است.

porc /por/ le [اسم] خوک

Les musulmans ne mangent pas la viande du porc.
مسلمان‌ها گوشت خوک نمی‌خورند.

porcelaine /porselén/ la
[اسم] چینی
Des assiettes en porcelaine
بشقاب‌های چینی

port /por/ le [اسم] بندر
Les bateaux sont rentrés au port. کشتی‌ها به بندر برگشته‌اند.

port

portable /portabl/
[صفت] قابل حمل، دستی
Un téléviseur portable
یک تلویزیون قابل حمل

porte /port/ la [اسم] در
La porte du garage est fermée.
در پارکینگ بسته است.

portefeuille /portefeuy/ le
[اسم] کیف (بغلی)

portemanteau /portmâ^n^to/ le [اسم] جالباسی، جارختی
Nous accrochons nos vêtements aux portemanteaux.
لباس‌هایمان را به جالباسی آویزان می‌کنیم.

porte-monnaie /portmoné/ le [اسم] کیف پول، کیف
Marie a mis son argent dans son porte-monnaie.
ماری پولش را در کیفش گذاشت.

porte-monnaie

porter /porté/ [فعل] ۱. بردن، حمل کردن
Je ne peux pas porter cette caisse.
نمی‌توانم این صندوق را حمل کنم.
۲. به تن داشتن، پوشیدن
Simon porte un jean.
سیمون جین پوشیده.
porter des lunettes عینک زدن
se porter حال (کسی) ... بودن
Je me porte bien.
حالم خوب است.

portrait /portré/ le
[اسم] چهره، عکس صورت
Le photographe a fait mon portrait.
عکاس عکس صورتم را گرفت.

porte-monnaie در جمع تغییر نمی‌کند.

portemanteau با **x** جمع بسته می‌شود: ***portemanteaux***

a = آ	**é** = اِ	**e** = اُ (با دهان نیمه‌بسته)	**eu** = اُ ترکی درگُزل	**o** = اُ	**û** = او ترکی درگول	
u = او	**i** = ای	**â^n^** = آ تودماغی	**a^n^** = اَ تودماغی	**o^n^** = اُ تودماغی	**r** = غ عربی	
y = ی	**n^y^** = نْی	**j** = ژ	**g** = گ	**ch** = ش	**s** = س	**z** = ز

postal در جمع *postaux* می‌شود.

poser /pozé/ [فعل] گذاشتن، قرار دادن

J'ai posé les assiettes sur la table. بشقاب‌ها را روی میز گذاشتم.

poser une question سؤال کردن

Juliette m'a posé une question difficile.

ژولیت از من سؤال سختی کرد.

position /pozisyo^n/ la

[اسم] وضعیت، حالت

Dans quelle position dors-tu?

به کدام حالت می‌خوابی؟

posséder /posédé/

[فعل] داشتن، صاحب (چیزی) بودن

Mes parents possèdent une maison. پدر و مادرم یک خانه دارند.

possibilité /posibilité/ la

[اسم] امکان

J'ai la possibilité de venir.

امکان دارد بیایم.

possible /posibl/

[صفت] ممکن

Est-ce qu'il viendra? – C'est possible. آیا او می‌آید؟

ـ ممکن است (بیاید).

postal , postale /postal/

[صفت] پُستی، (مربوط به) پست

Camions postaux

کامیون‌های پست

carte postale کارت پستال

poste /post/ la [اسم] پست، پستخانه

La poste ouvre à huit heures.

پستخانه ساعت هشت باز می‌شود.

poster /posté/

[فعل] پست کردن

Joseph a posté sa lettre.

ژوزف نامه‌اش را پست کرد.

pot /po/ le [اسم] ظرف

Un pot de yaourt

یک ظرف ماست

pot

potage /potaj/ le [اسم] آش، سوپ

Un potage aux légumes

آش سبزیجات

poterie /potri/ la

[اسم] سفالگری، کوزه گری

Cathie fait de la poterie.

کَتی سفالگری می‌کند.

potier /potyé/ le , **potière** /potyér/ la

[اسم] سفالگر، کوزه گر

poubelle /pubél/ la

[اسم] سطل آشغال

poupée /pupé/ la

[اسم] عروسک

Flora joue à la poupée.

فلورا عروسک‌بازی می‌کند.

pour /pur/ [حرف اضافه] برایِ

Nous avons acheté des fleurs pour maman.

برای مامان گل خریدیم.

Je l'ai appelé pour qu'il vienne m'aider.

برای اینکه کمکم کند صدایش کردم.

pourquoi /purkuâ/

[قید] چرا

Pourquoi pleures-tu, Antoine?

آنتوان چرا گریه می‌کنی؟

pourra /pura/ : il pourra

صورت صرف‌شدهٔ فعلِ ***pouvoir***.

pourtant /purtân/

[قید] با این حال، با این همه

Marcel est malade, pourtant il est venu travailler.

مارسل بیمار است. با این حال آمده کار کند.

pousser /pusé/

[فعل] هُل دادن

La porte est lourde et je dois pousser pour l'ouvrir.

در سنگین است، باید آن را هُل بدهم تا باز شود.

Paul m'a poussé. پل هُلَم داد.

Les poubelles sont ramassées par les éboueurs.

رفتگران سطل‌های آشغال را جمع کردند.

pouce /pus/ le

[اسم] (انگشت) شست

poudre /pudr/ la

[اسم] پودر، گَرد

du sucre en poudre شکر

du lait en poudre شیر خشک

poulailler /pulayé/ le

[اسم] مرغدانی

Les poules sont dans le poulailler. مرغ‌ها در مرغدانی‌اند.

poule /pul/ la [اسم] مرغ

Cette poule a quatre poussins.

این مرغ چهار تا جوجه دارد.

poulet /pulé/ le

[اسم] ۱. مرغ

À midi, nous avons mangé du poulet. ظهر مرغ خوردیم.

۲. جوجه

poulets

poulet به جوجهٔ دو یا سه‌ماهه می‌گویند، اما ***poussin*** جوجه‌ای است که هنوز بدنش پوشیده از کُرک است. به مرغی که به مصرف خوراک می‌رسد نیز ***poulet*** می‌گویند.

a = آ	**é** = اِ	**e** = اُ (با دهان نیمه‌بسته)	**eu** = اُ ترکی درگُزل	**o** = اُ	**û** = او ترکی درگول	
u = او	**i** = ای	**â**n = آ تودماغی	**a**n = اَ تودماغی	**o**n = اُ تودماغی	**r** = غ عربی	
y = ی	**n**y = نْیْ	**j** = ژ	**g** = گ	**ch** = ش	**s** = س	**z** = ز

poussette *poussette* کوچکتر از **voiture d'enfant** است و معمولاً تا می‌شود.

poussette

poussette /pusét/ la

[اسم] کالسکه (بچه)

Luc promène sa petite sœur dans sa poussette.

لوک خواهر کوچکش را با کالسکه می‌گرداند.

poussière /pusyér/ la

[اسم] غبار، گرد و خاک

Les meubles sont couverts de poussière.

اثاثیه پوشیده از گرد و خاک است.

poussin /pusa^{n}/ le

[اسم] جوجه

La poule est suivie de ses poussins.

جوجه‌ها دنبال مرغ می‌روند.

نگاه کنید به توضیحِ **poulet**.

précipice به دره‌ای عمیق با دیواره یا شیب تند می‌گویند، اما **vallée** به معنی هر نوع درهٔ طبیعی است.

pouvoir[1] /puvuâr/

[فعل] ۱. توانستن

Je viendrai quand je pourrai.

هر وقت بتوانم می‌آیم.

۲. اجازه داشتن

Tu peux aller jouer dehors.

اجازه داری بروی بیرون بازی کنی.

۳. ممکن بودن، امکان داشتن

Prends un parapluie, il pourrait pleuvoir.

چتر بردار، ممکن است باران ببارد.

pouvoir[2] /puvuâr/ le

[اسم] توانایی، قدرت

Les animaux n'ont pas le pouvoir de parler.

حیوانات توانایی حرف زدن را ندارند.
حیوانات نمی‌توانند حرف بزنند.

précaution /prékosyo^{n}/ la

[اسم] احتیاط

Pascal a pris un parapluie par précaution.

پاسکال برای احتیاط چتر برداشته.

précédent /préséda^{n}/, **précédente** /présédâ^{n}t/

[صفت] قبل، پیش

L'année précédente سال قبل

précieux /présyeu/, **précieuse** /présyeuz/

[صفت] گران‌قیمت، گرانبها، قیمتی

L'or et l'argent sont des métaux précieux.

طلا و نقره فلزات قیمتی‌اند.

précipice /présipis/ le

[اسم] پرتگاه، دره

Une voiture est tombée dans le précipice. یک ماشین در دره افتاد.

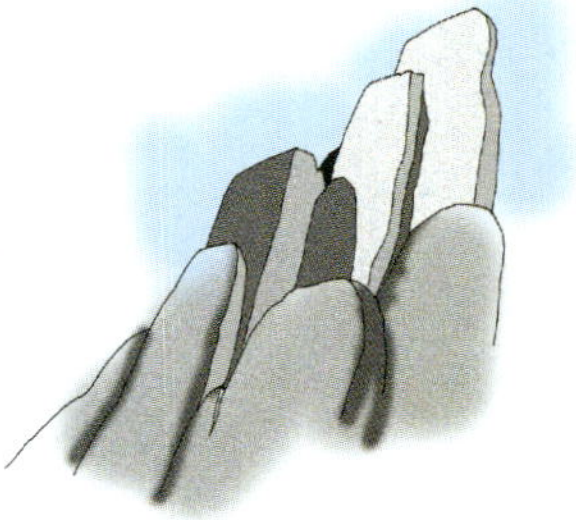

précipice

précis /prési/, **précise** /présiz/ [صفت] دقیق

J'ai besoin de renseignements précis.

احتیاج به اطلاعات دقیق دارم.

Le film commence à huit heures précises. فیلم درست سرِ ساعت هشت شروع می‌شود.

préciser /présizé/

[فعل] مشخص کردن

Peux-tu nous préciser l'heure de ton arrivée?

می‌توانی ساعت ورودت را مشخص کنی؟

prédire /prédir/

[فعل] پیش‌بینی‌کردن، پیشگویی کردن

On lui a prédit de grandes difficultés. مشکلات بزرگی را برای او پیش‌بینی کرده‌اند.

préféré , préférée

/préféré/ [صفت] مورد علاقه، محبوب

Clara écoute ses chansons préférées. کلارا آهنگ‌های مورد علاقه‌اش را گوش می‌دهد.

préférer /préféré/

[فعل] ترجیح دادن، بیشتر دوست داشتن

Josephe préfère le thé au café.

ژوزف چای را به قهوه ترجیح می‌دهد.

premier /premyé/ ,
première /premyér/

[صفت] اول، اولین، نخستین

Le 1er janvier est le premier jour de l'année.

اول ژانویه نخستین روز سال است.

Mon grand frère est premier en anglais. برادر بزرگم در زبانِ انگلیسی (نفرِ) اول است.

prendre /prâ^n^dr/

[فعل] ۱. برداشتن

Prends ton parapluie!

چترت را بردار!

۲. گرفتن

Le pêcheur a pris un poisson.

ماهیگیر یک ماهی گرفت.

۳. خوردن

Le matin, nous prenons un jus d'orange.

ما صبح‌ها آب پرتقال می‌خوریم.

۴. سوار شدن

Sophie prend l'autobus.

سوفی اتوبوس سوار می‌شود.

۵. اشغال کردن

Les élèves ont pris toutes les places. دانش‌آموزان همهٔ جاها را اشغال کرده‌اند.

prendre feu آتش گرفتن

prénom /préno^n^/ le

[اسم] نام، اسم

Son prénom est Julie.

اسم او ژولی است.

prénom اسم کوچک فرد و ***nom*** نام خانوادگی است.

préparation

/préparasyo^n^/ la [اسم] تهیه، آماده کردن

La préparation du repas n'a pas été longue.

تهیهٔ غذا خیلی طول نکشید.

préparer /préparé/

[فعل] آماده کردن، حاضر کردن، تدارک دیدن

Papa a préparé le petit déjeuner. بابا صبحانه را حاضر کرد.

préposition /prépozi-syoⁿ/ la

[اسم] حرف اضافه

«De» et «dans» sont des prépositions.

کلماتِ «de» و «dans» حرف اضافه‌اند.

près /pré/ [قید] ۱. نزدیک

L'école est près de notre maison.

مدرسه نزدیک خانه‌مان است.

۲. کنار، پهلو، پیش

L'infirmière reste près du malade. پرستار پهلوی بیمار می‌ماند.

à peu près تقریباً

Il est à peu près 10 heures.

ساعت تقریباً ده است.

présence /prézâⁿs/ la

[اسم] حضور

L'accusé ne parlera qu'en présence de son avocat.

متهم فقط در حضور وکیلش حرف می‌زند.

présent [1] /prézâⁿ/, **présente** /prézâⁿt/

[صفت] حاضر

Tous les élèves sont présents.

همهٔ بچه‌ها حاضرند.

présent [2] /prézâⁿ/ le

[اسم] زمان حال

à présent حالا، الان، اکنون

À présent, tu peux partir.

حالا می‌توانی بروی.

présenter /prézaⁿté/

[فعل] ۱. ارائه کردن، عرضه کردن

Le libraire présente ses nouveaux livres.

کتاب‌فروش کتاب‌های تازه‌اش را عرضه می‌کند.

۲. معرفی کردن

Le directeur nous a présenté le nouvel élève.

مدیر شاگرد تازه را به ما معرفی کرد.

président /prézidâⁿ/ le , **présidente** /prézidâⁿt/ la

[اسم] مدیر، رئیس

Le président de la République

رئیس‌جمهور

presque /présk/ [قید] تقریباً

اگر ***presque*** قبل از کلمه‌ای بیاید که با حرف صدادار شروع شود، به صورت ***presqu'*** نوشته می‌شود.

Ça fait presque une heure que je t'attends.

تقریباً یک ساعت است که منتظرت هستم.

pressé , pressée /présé/ ,

être pressé عجله داشتن

Paul est pressé. پل عجله دارد.

presser /présé/

[فعل] ۱. آب (میوه را) گرفتن

Maman presse les citrons.

مامان آب لیموترش‌ها را می‌گیرد.

۲. فشار دادن

Victor presse le bouton de la sonnette.

ویکتور دکمهٔ زنگ را فشار می‌دهد.

se presser عجله کردن

Nous allons être en retard si tu ne te presses pas.

اگر عجله نکنی، دیرمان می‌شود.

prêt /pré/ , **prête** /prét/

[صفت] حاضر، آماده

Le dîner est prêt.

شام حاضر است.

prêter /prété/

[فعل] قرض دادن

Rémi m'a prêté son livre.

رِمی کتابش را به من قرض داد.

prétexte /prétékst/ le

[اسم] بهانه

Alex n'est pas venu, sous prétexte qu'il était fatigué.

آلکس به بهانهٔ اینکه خسته است نیامده.

prévenir /prévnir/

[فعل] خبر دادن، اطلاع دادن

Julien m'a prévenu qu'il ne viendrait pas.

ژولیَن به من خبر داد که نمی‌آید.

prévoir /prévuâr/

[فعل] پیش‌بینی‌کردن

Elle peut prévoir l'avenir.

او می‌تواند آینده را پیش‌بینی کند.

prier /priyé/ [فعل] ۱. دعا کردن

Prions pour les morts!

برای مرده‌ها دعا کنیم!

۲. خواهش کردن

Je vous prie de rester tranquille.

خواهش می‌کنم آرام باشید.

Je vous en prie! خواهش می‌کنم!

prière /priyér/ la

[اسم] ۱. دعا

Yves dit ses prières avant de se coucher.

ایو قبل از خوابیدن دعا می‌خواند.

۲. خواهش، تمنا

Prière de ne pas fumer!

خواهشمند است سیگار نکشید! لطفاً از کشیدن سیگار خودداری نمائید!

primaire /primér/

[صفت] ابتدایی، نخستین، اولیه

Juliette entre à l'école primaire.

ژولیت وارد مدرسهٔ ابتدایی می‌شود.

prince /pra^{n}s/ le

[اسم] شاهزاده، پرنس

Il vit comme un prince.

مثل شاهزاده‌ها زندگی می‌کند.

princesse /pra^{n}sés/ la

[اسم] شاهزاده‌خانم، پرنسِس

Marie est habillée comme une princesse.

ماری مثل شاهزاده‌خانم‌ها لباس پوشیده.

principal , principale

/pra^{n}sipal/ [صفت] اصلی، عمده

Je n'ai pas vu la partie principale du film.

قسمت اصلی فیلم را ندیدم.

prince

princesse

کلمهٔ ***principal*** در جمع ***principaux*** می‌شود.

a = آ	**é** = اِ	**e** = اُ(با دهان نیمه‌بسته)	**eu** = اُ ترکی درگُزل	**o** = اُ	**û** = او ترکی درگول	
u = او	**i** = ای	**â^n** = آ تودماغی	**a^n** = اَ تودماغی	**o^n** = اُ تودماغی	**r** = غ عربی	
y = ی	**n^y** = نیْ	**j** = ژ	**g** = گ	**ch** = ش	**s** = س	**z** = ز

printemps /pra^{n}tâ^{n}/ le

[اسم] بهار

Les arbres fleurissent au printemps.

در بهار درختان شکوفه می‌دهند.

printemps

pris /pri/ , **prise** [1] /priz/

صورت مفعولی فعلِ ***prendre***.

prise [2] /priz/ la

[اسم] ۱. تصرف، فتح

La prise de la Bastille

فتح باستیل

۲. گرفتن

On m'a fait une prise de sang.

از من خون گرفتند.

۳. پریز (برق)

prison /prizo^{n}/ la [اسم] زندان

Les voleurs ont été mis en prison. دزدها را به زندان انداختند.

prisonnier

prisonnier /prizonyé/ le , **prisonnière** /prizonyér/ la

[اسم] زندانی

Le prisonnier va être bientôt en liberté. زندانی به زودی آزاد می‌شود.

privé , privée /privé/

[صفت] خصوصی، اختصاصی

Paul ne parle jamais de sa vie privée. پل هیچ‌وقت از زندگی خصوصی‌اش حرف نمی‌زند.

Un jardin privé

یک باغ اختصاصی

priver /privé/

[فعل] محروم کردن

Mes parents m'ont privé de dessert. پدر و مادرم مرا از (خوردنِ) دسر محروم کردند.

prix در جمع تغییر نمی‌کند.

prix /pri/ le [اسم] ۱. قیمت

Quel est le prix de ce jouet?

قیمت این اسباب‌بازی چند است؟

۲. جایزه

Tous les enfants ont eu un prix.

همهٔ بچه‌ها جایزه گرفتند.

probable /probabl/ ,

il est probable que

ممکن است (که)، احتمال دارد (که)

Il est probable qu'elle viendra avec nous.

او ممکن است با ما بیاید.

probablement /probablemâ^{n}/ [قید] احتمالاً، احتمال دارد، ممکن است

Il va probablement pleuvoir.

احتمال دارد باران بیاید. ممکن است باران ببارد.

problème /problém/ le

[اسم] ۱. مسئله

Un problème mathématique

یک مسئلهٔ ریاضی

۲. مشکل، گرفتاری

Mes parents ont des problèmes d'argent.

پدر و مادرم مشکل مالی دارند.

prochain /prochaⁿ/ , **prochaine** /prochén/

[صفت] بعد، بعدی

Nous nous verrons la semaine prochaine.

هفتهٔ بعد همدیگر را می‌بینیم.

proche /proch/ [صفت] نزدیک

La gare est proche de la maison. ایستگاه نزدیک خانه است.

Les vacances sont proches.

تعطیلات نزدیک است.

produire /prodûir/

[فعل] تولید کردن

Les abeilles produisent le miel.

زنبور عسل تولید می‌کند.

Cette usine produit des appareils électriques.

این کارخانه وسایل برقی تولید می‌کند.

se produire پیش آمدن، اتفاق افتادن

Comment l'accident s'est-il produit? حادثه چطور اتفاق افتاد؟

produit [1] /prodûi/ le

[اسم] فراورده، محصول، کالا

Le blé est un produit agricole.

گندم یک محصول کشاورزی است.

produit [2] /prodûi/ : il produit

صورت صرف‌شدهٔ فعلِ ***produire***.

professeur /proféseur/ le

[اسم] ۱. معلم

Monsieur Vilar est professeur de piano.

آقای ویلار معلم پیانو است.

۲. استاد

Professeur d'université

استاد دانشگاه

profession /profésyoⁿ/ la

[اسم] شغل، حرفه

Quelle est votre profession?

شغلتان چیست؟

profil /profil/ le

[اسم] نیمرخ

Juliette a un joli profil.

ژولیت نیمرخ زیبایی دارد.

profiter /profité/

[فعل] بهره بردن، استفاده کردن

Profite bien de tes vacances!

از تعطیلاتت خوب استفاده کن!

profond /profoⁿ/ , **profonde** /profoⁿd/

[صفت] عمیق، گود

Un puits très profond

یک چاه خیلی عمیق

profondeur /profoⁿdeur/ la

[اسم] عمق، گودی

Le lac a une grande profondeur.

دریاچه عمق زیادی دارد.

professeur معمولاً در دبیرستان یا دانشگاه درس می‌دهد، اما ***maître*** یا ***instituteur*** در دبستان. ***professeur*** برای مرد و زن به یکسان به کار می‌رود. گاهی به جای این کلمه، از کلمهٔ ***prof*** که صورت مخفف و خودمانی آن است، استفاده می‌شود.

programme /program/ le
[اسم] برنامه
Quel est ton programme pour aujourd'hui?
برنامهٔ امروزت چیست؟

progrès /progré/ le
[اسم] پیشرفت
Nous avons fait des progrès.
ما پیشرفت کرده‌ایم.

progresser /progrésé/
[فعل] پیشرفت کردن
Alex a progressé en français.
فرانسهٔ آلکس پیشرفت کرده.

proie

proie /pruâ/ la [اسم] طعمه، شکار
Le tigre se jette sur sa proie.
ببر روی شکارش می‌پرد.

projecteur /projékteur/ le
[اسم] ۱. نورافکن، پروژکتور
La scène du théâtre est éclairée par des projecteurs.
نورافکن‌ها صحنهٔ نمایش را روشن کرده‌اند.
۲. آپارات (= دستگاه نمایش فیلم یا اسلاید)

projet /projé/ le [اسم] طرح، برنامه
Ma sœur a des projets pour ses vacances.
خواهرم برای تعطیلاتش برنامه دارد.

prolonger /prolo^{n}jé/
[فعل] تمدید کردن، طولانی تر کردن
Pascal a prolongé son séjour d'une semaine.
پاسکال اقامتش را یک هفته تمدید کرد.

promenade /promnad/ la
[اسم] گردش
Nous partirons en promenade.
ما به گردش می‌رویم.

promener /promné/
[فعل] به گردش بردن، گرداندن
Simon promène son chien.
سیمون سگش را به گردش می‌برد.
se promener به گردش رفتن، گردش کردن، گشتن
Nous nous promenons dans la forêt. ما در جنگل گردش می‌کنیم.

promesse /promés/ la
[اسم] قول، عهد، وعده

promettre /prométr/
[فعل] قول دادن، عهد کردن
Il a promis à son fils de l'emmener au zoo. به پسرش قول داده که او را به باغ‌وحش ببرد.

promis /promi/, **promise** /promiz/
صورت مفعولی فعلِ ***promettre***.

pronom /prono^n/ le
[اسم] ضمیر
«*Je*» et «*tu*» sont des pronoms.
کلماتِ «*je*» و «*tu*» ضمیرند.

prononcer /prono^{n}sé/
[فعل] تلفظ کردن

On prononce le «s» de «bus».
حرفِ «*s*» در کلمهٔ «*bus*» تلفظ می‌شود.

prononciation
/prononsyasyon/ la [اسم] تلفظ
«Faim» et «fin» ont la même prononciation.
کلماتِ «*faim*» و «*fin*» مثل هم تلفظ می‌شوند.

proposer /propozé/
[فعل] پیشنهاد کردن، پیشنهاد دادن
Tes parents m'ont proposé de rester.
پدر و مادرت به من پیشنهاد کردند که بمانم.

proposition
/propozisyon/ la [اسم] پیشنهاد
J'accepte ta proposition.
پیشنهادت را قبول می‌کنم.

propre /propr/ [صفت] تمیز، پاک
Mes mains sont propres.
دست‌هایم تمیزند.

propriétaire
/propriyétér/ le, la
[اسم] صاحب، مالک
Qui est le propriétaire de ce chien? صاحب این سگ کیست؟

protéger /protéjé/
[فعل] ۱. حمایت کردن، پشتیبانی کردن
Yves protège sa sœur.
ایو از خواهرش حمایت می‌کند.
۲. محافظت کردن، حفظ کردن
Ton imperméable te protégera de la pluie.
بارانی‌ات تو را در برابر باران محافظت می‌کند.

protester /protésté/
[فعل] اعتراض کردن
Ils ont protesté contre cette injustice.
آنها به این بی‌عدالتی اعتراض کردند.

prouver /pruvé/
[فعل] ثابت کردن، نشان دادن
Marc a prouvé qu'il était courageux.
مارک شجاعتش را ثابت کرده.

proverbe /provérb/ le
[اسم] ضرب‌المثل، مَثَل
«Vouloir, c'est pouvoir» est un proverbe.
جملهٔ «خواستن توانستن است» یک ضرب‌المثل است.

province /provans/ la
[اسم] ۱. ایالت، استان
L'Alsace est une province de France.
آلزاس یکی از ایالت‌های فرانسه است.
۲. شهرستان
Mon oncle habite en province.
عمویم در شهرستان زندگی می‌کند.

prudence /prûdâ^{n}s/ la
[اسم] احتیاط
Un bon conducteur roule avec prudence.
یک رانندهٔ خوب با احتیاط می‌راند.

prudent /prûdâ^{n}/ , **prudente** /prûdâ^{n}t/
[صفت] محتاط، بااحتیاط
Un automobiliste prudent
یک رانندهٔ بااحتیاط

prune /prûn/ la [اسم] آلو، گوجه
Des prunes jaunes آلوزرد

pu /pû/
صورت مفعولی فعلِ ***pouvoir***.

public [1] , **publique** /pûblik/ [صفت] عمومی، همگانی
J'ai téléphoné d'une cabine publique.
از یک باجهٔ تلفن همگانی زنگ زدم.

public [2] /pûblik/ le
[اسم] ۱. مردم، عموم
Le musée est ouvert au public.
موزه به روی مردم باز است. موزه برای (بازدید) عموم باز است.
۲. حُضار، تماشاچیان
Le public applaudit.
تماشاچیان دست می‌زنند.

publicité /pûblisité/ la
[اسم] تبلیغات، تبلیغ، آگهی
Certaines publicités sont amusantes. بعضی از تبلیغات جالبند.

puis /pûi/ [قید] سپس، بعد
Paul a mangé une pomme, puis une orange.
پل یک سیب و بعد یک پرتقال خورد.

puisque /pûiske/
[حرف ربط] حالا که، چون
Puisque vous êtes ici, restez dîner. حالا که اینجایید، شام بمانید.

اگر ***puisque*** قبل از کلمه‌ای بیاید که با حرف صدادار شروع شود، به صورت ***puisqu'*** نوشته می‌شود.

puissance /pûisâ^{n}s/ la
[اسم] قدرت، توانایی، نیرو
La puissance d'une voiture
قدرت یک ماشین

puissant /pûisâ^{n}/ , **puissante** /pûisâ^{n}t/
[صفت] قوی، نیرومند، مقتدر، توانا
M. Dubois est un homme riche et puissant.
آقای دوبوآ مردی ثروتمند و تواناست.

puits /pûi/ le [اسم] چاه
Juliette va au puits tirer de l'eau.
ژولیت می‌رود از چاه آب بکشد.

puits

pull /pûl/ le [اسم] پولیوِر
Mets ton pull, il fait froid.
پلیورت را بپوش، هوا سرد است.

pull کلمهٔ انگلیسی و مخفف ***pull-over*** است. صورت جمعِ آن ***pulls*** است.

pull

punir /pûnir/
[فعل] تنبیه کردن، مجازات کردن

La maîtresse a puni Alex.

خانم معلم آلکس را تنبیه کرد.

punition /pûnisyo^{n}/ la

[اسم] تنبیه، مجازات

Pour ta punition, tu resteras dans ta chambre.

برای تنبیه، در اتاقت می‌مانی.

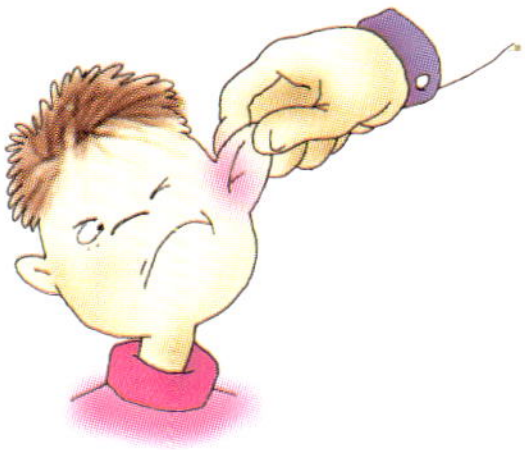

punition

pur , pure /pûr/

[صفت] ۱. خالص

Une veste en pure laine

یک کت از پشم خالص

۲. پاک

L'air pur de la montagne

هوای پاک کوهستان

puzzle /peuzl/ le [اسم] پازِل

Flora fait un puzzle.

فلورا پازل درست می‌کند.

pyjama /pijama/ le

[اسم] پیژامه، لباس خواب

Marie dort en pyjama.

ماری با پیژامه می‌خوابد.

pyramide /piramid/ la

[اسم] هِرم

Les pyramides d'Égypte

اَهرام مصر

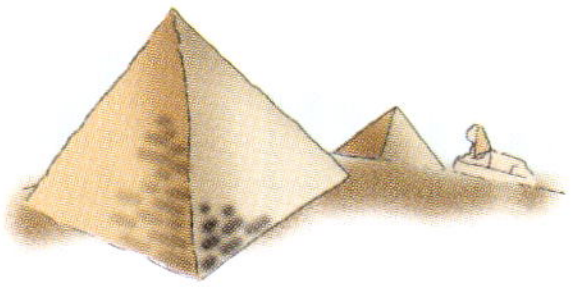

pyramide

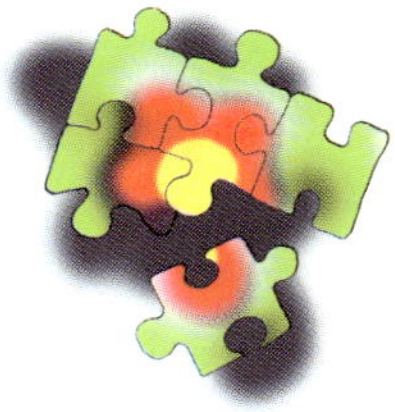

puzzle

puzzle یک کلمهٔ انگلیسی است. به تلفظ آن توجه کنید.

a = اَ **é** = اِ **e** = (با دهان نیمه‌بسته) اُ **eu** = اُ ترکی درگُزل **o** = اُ **û** = او ترکی درگول
u = او **i** = ای **â^{n}** = آ تودماغی **a^{n}** = اَ تودماغی **o^{n}** = اُ تودماغی **r** = غ عربی
y = ی **n^{y}** = نیَ **j** = ژ **g** = گ **ch** = ش **s** = س **z** = ز

Q,q

qu' /k/ نگاه کنید به توضیحِ ***que***.

qualité /kalité/ la

[اسم] کیفیت

La qualité des produits

کیفیت محصولات

quand /kâ^{n}/

۱. [قید] چه وقت، کِی

Quand viendras-tu me voir?

کِی به دیدنم می‌آیی؟

۲. [حرف ربط] وقتی‌که، هنگامی‌که

François est arrivé quand elle partait.

وقتی‌که او رفت فرانسوا آمد.

اگر ***quand*** قبل از کلمه‌ای بیاید، که با حرف صدادار شروع شود، /kâ^{n}t/ تلفظ می‌شود.

quand même /kâ^{n}mém/

[قید] با این وجود، با این حال

J'avais mal à la tête, mais je suis quand même allé à l'école.

سرم درد می‌کرد، ولی با این حال به مدرسه رفتم.

quantité /kâ^{n}tité/ la

[اسم] مقدار

Quelle quantité de sucre faut-il pour faire ce gâteau?

برای درست کردن این شیرینی چه مقدار شکر لازم است؟

quarante /karâ^{n}t/

[صفت] چهل

Ma mère a quarante ans.

مادرم چهل ساله است.

quart /kar/ le

[اسم] ۱. یک‌چهارم

Je mange un quart de gâteau.

من یک‌چهارم کیک را می‌خورم.

۲. ربع (ساعت)

Il est quatre heures et quart.

ساعت چهار و ربع است.

quartier /kartyé/ le

[اسم] محله

Joseph habite dans notre quartier.

ژوزف در محلهٔ ما زندگی می‌کند.

quatorze /katorz/ le

[صفت، اسم] چهارده

quatre /katr/ le

[صفت، اسم] چهار

Yves a mangé quatre chocolats.

ایو چهار تا شکلات خورده.

quatre-vingt-dix

/katreva^{n}dis/ [صفت] نود

در ***quatre-vingt-dix***، جزءِ ***dix*** به تنهایی یا در آخرِ جمله به صورتِ /dis/، قبل از حروف صدادار به صورتِ /diz/ و قبل از حروف بی‌صدا /di/ تلفظ می‌شود. برای شمارش اعدادِ ۹۱ تا ۹۹، به جایِ ***dix*** از ***onze*** و غیره استفاده می‌شود:

quatre-vingt-onze

نود و یک

quatre-vingt-dix-neuf

نود و نه

Tu me dois quatre-vingt-dix francs. نود فرانک به من بدهکاری.

quatre-vingts /katreva^{n}/
[صفت] هشتاد
Mon grand-père a quatre-vingts ans. پدربزرگم هشتادساله است.

quatrième /katryém/
[صفت] چهارم، چهارمین
Louis habite au quatrième étage.
لویی در طبقهٔ چهارم زندگی می‌کند.

que /ke/ ۱. [ضمیر] که
Faites ce que vous voulez!
هر کاری که می‌خواهید بکنید!
۲. [ضمیر] چه، چی
Que se passe-t-il?
چه اتفاقی افتاده؟ چی شده؟
۳. [قید] چقدر
Que c'est beau!
چقدر قشنگ است!
۴. [حرف ربط] که
Je sais qu'il est là.
می‌دانم که او اینجاست.
ne ... que فقط، تنها
Marie n'a que cinq ans.
ماری فقط پنج‌سالش است.

quel , quelle /kél/
[صفت] ۱. چه، کدام
Quels livres as-tu achetés?
کدام کتاب‌ها را خریدی؟ کتاب‌هایی که خریدی کدامند؟
Quelle heure est-il?
ساعت چند است؟
۲. چه، عجب
Quelle jolie robe!
چه پیراهن قشنگی!

quelque /kélke/
[صفت] ۱. یک، ـی، کمی
Sarah a l'air fatiguée depuis quelque temps. مدتی است که سارا خسته به نظر می‌رسد.
۲. [به صورت جمع] چند
Yann a quelques cassettes.
یان چند تا نوار (کاست) دارد.
J'ai invité quelques amis à dîner.
چند دوست را به شام دعوت کردم.

اگر ***que*** قبل از کلمه‌ای بیاید که با حرف صدادار شروع شود، به صورت ***qu'*** نوشته می‌شود.

quelque chose /kélkechoz/ [ضمیر] چیزی، یک چیز
Luc cache quelque chose.
لوک چیزی را پنهان می‌کند.

quelquefois /kélkefuâ/
[قید] گاهی، بعضی وقت‌ها
Cathie va quelquefois au cinéma.
کَتی گاهی به سینما می‌رود.

quelque part /kélkepar/
[قید] جایی، یک جا
Nous nous sommes déjà rencontrés quelque part.
ما قبلاً جایی همدیگر را دیده‌ام.

quelqu'un /kélkaⁿ/ , **quelqu'une** /kélkûn/
[ضمیر] کسی، یک نفر
Quelqu' un a téléphone.
یک نفر تلفن کرد.
J'ai entendu quelqu'un crier.
شنیدم کسی داد می‌زد. صدای فریاد شنیدم.

کلمه‌های ***quelqu'un*** و ***quelqu'une*** در جمع به صورتِ ***quelques-uns*** و ***quelques-unes*** نوشته می‌شوند.

quelques-uns /kélkezaⁿ/ , **quelques-unes** /kélkezûn/
[ضمیر، جمع] بعضی، تعدادی، عده‌ای، چند تا
Montre-moi quelques-unes de ces photos.
چند تا از این عکس‌ها را نشانم بده.
Quelques-uns des spectateurs sont partis avant la fin.
بعضی از تماشاچیان قبل از پایان (برنامه) رفتند.

querelle /kerél/ la
[اسم] دعوا، کشمکش
avoir une querelle (avec)
(با کسی) دعوا کردن
Pierre a eu une querelle avec Jean. پیِر با ژان دعوا کرد.

question /késtiyoⁿ/ la
[اسم] ۱. پرسش، سؤال
La maîtresse nous pose des questions.
خانم معلم از ما سؤال می‌کند.
۲. مسئله، موضوع
On a déjà parlé de cette question.
قبلاً دربارهٔ این موضوع صحبت شده.
در مورد این مسئله، قبلاً صحبت کردیم.

questionnaire
/késtyonér/ le [اسم] پرسشنامه، فُرم
Pour s'inscrire au judo, il faut remplir un questionnaire.
برای ثبت‌نام در (کلاسِ) جودو، باید فُرم پر کرد.

questionnaire

queue /keu/ la [اسم] دُم
Les chiens remuent la queue quand ils sont contents.
وقتی سگ‌ها خوشحالند، دمشان را تکان می‌دهند.
faire la queue صف بستن
On a fait la queue devant le cinéma.
جلوی سینما صف بسته‌اند.

faire la queue

qui /ki/ [ضمیر] ۱. چه کسی، کی
À qui parles-tu?
با کی حرف می‌زنی؟ با کی هستی؟

۲. که
L'homme qui est venu est M. Dubois.
مردی که آمد، آقای دوبوآست.

quinze /ka^{n}z/ [صفت] پانزده
Alex arrive dans quinze jours.
اَلکس تا پانزده روز دیگر می‌آید.

quitter /kité/ [فعل] ترک کردن، رفتن
Antoine quitte Paris ce matin.
آنتوان امروز صبح از پاریس می‌رود.

quoi /kuâ/ [ضمیر] چه، چی
Je ne sais pas quoi répondre.
نمی‌دانم چه جوابی بدهم.

quotidien /kotidya^n/ , **quotidienne** /kotidyén/ [صفت] روزانه، روزمره
La vie quotidienne زندگی روزمره

R,r

فعلِ ***raccourcir*** از صفتِ ***court*** گرفته شده است.

raccourcir /rakursir/

[فعل] ۱. کوتاه کردن

Ma jupe est trop longue, il faut la raccourcir.

دامنم خیلی دراز است. باید آن را کوتاه کنم.

۲. کوتاه شدن

En automne, les jours raccourcissent.

در پاییز، روزها کوتاه می‌شوند.

radar

raccrocher /rakroché/

[فعل] ۱. دوباره آویزان کردن

Raccroche ce manteau qui est tombé.

این پالتو را که افتاده، دوباره آویزان کن.

۲. (گوشی تلفن را) گذاشتن

Luc lui dit au revoir et raccroche.

لوک با او خداحافظی می‌کند و گوشی را می‌گذارد.

race /ras/ la — [اسم] نژاد

Les chinois sont de race jaune.

چینی‌ها از نژاد زردند.

racine /rasin/ la — [اسم] ریشه

La racine d'une dent

ریشهٔ دندان

Les carottes sont des racines.

هویج ریشه (گیاه) است.

raconter /rako^{n}té/

[فعل] حکایت کردن، تعریف کردن، نقل کردن

Papa m'a raconté une histoire.

بابا یک قصه برایم تعریف کرد.

radar /radar/ le — [اسم] رادار

Les radars de l'aéroport

رادارهای فرودگاه

radiateur /radyateur/ le

[اسم] رادیاتور (شوفاژ)

Un radiateur électrique

یک رادیاتور برقی

radio /radyo/ la — [اسم] رادیو

Marie écoute la radio.

ماری رادیو گوش می‌کند.

rafraîchir /rafréchir/

[فعل] خنک کردن

L'orage a rafraîchi l'air.

توفان هوا را خنک کرد.

se rafraîchir — خنک شدن

Le temps s'est rafraîchi.

هوا خنک شده.

rail /ray/ le [اسم] ریل
Les trains roulent sur les rails.
قطارها روی ریل حرکت می‌کنند.

raisin /réza^{n}/ le [اسم] انگور
On fait du vin avec le raisin.
با انگور شراب درست می‌کنند.

raison /rézo^{n}/ la
[اسم] ۱. عقل
L'âge de raison
سن عقل (= سن هفت سالگی)
Simon a perdu la raison.
سیمون عقلش را از دست داده.
۲. علت، دلیل
Quelle est la raison de son départ? علت رفتنش چیست؟
avoir raison حق (با کسی) بودن
Tu as raison. حق با توست.
راست میگی.

raisonnable /rézonabl/
[صفت] عاقل، معقول
Sois raisonnable, ne pleure plus! عاقل باش، دیگر گریه نکن!

rajeunir /rajeunir/
[فعل] ۱. جوان‌تر کردن
Sa nouvelle coiffure la rajeunit.
مدل موی جدیدش جوان‌ترش می‌کند.
۲. جوان‌تر شدن
Depuis que mon père fait du sport, il a rajeuni.
از وقتی پدرم ورزش می‌کند، جوان‌تر شده.

ralentir /ralâ^{n}tir/
[فعل] از سرعت خود کم کردن، یواش‌تر رفتن
Dans la descente, le conducteur ralentit.
راننده در سرازیری یواش‌تر می‌رود.

ramasser /ramasé/
[فعل] جمع کردن، جمع‌آوری کردن
La maîtresse a ramassé les devoirs.
خانم معلم تکالیف را جمع کرد.

ramener /ramné/
[فعل] برگرداندن
Le père de Paul m'a ramené chez moi.
پدر پُل مرا به خانه‌ام برگرداند.

ramener و ***rapporter***
هر دو هم‌معنی‌اند، با این تفاوت که ***ramener*** برای اشخاص به کار می‌رود و ***rapporter*** برای اشیاء.

rang /râ^{n}/ le [اسم] ردیف
Luc est assis au premier rang.
لوک در ردیف اول نشسته.

rangement /râ^{n}jmâ^{n}/ le
[اسم] (عمل) مرتب کردن
Alice fait du rangement dans sa chambre.
آلیس اتاقش را مرتب می‌کند.

ranger /râ^{n}jé/
[فعل] مرتب کردن، جمع کردن
Les enfants ont rangé leur jouets.
بچه‌ها اسباب‌بازی‌هایشان را مرتب کردند.

rapide /rapid/

[صفت] ۱. تند، سریع

Sa guérison a été rapide.

معالجه‌اش سریع بود. زود خوب شد.

۲. تندرو، پُرشتاب

Cette voiture est très rapide.

این ماشین خیلی پرشتاب است.

rapidement /rapidmâⁿ/

[قید] تند، زود

Marche plus rapidement!

تندتر راه برو!

rappeler /raplé/

[فعل] صدا زدن، صدا کردن

Luc rappelle son chien.

لوک سگش را صدا می‌زند.

se rappeler به یاد آوردن، یاد (کسی) بودن

Je me rappelle ce que tu m'as dit. چیزی را که گفتی یادم است.

rapport /rapor/ le

[اسم] رابطه، ارتباط

Je ne vois pas le rapport entre ces deux histoires.

میان این ماجراها رابطه‌ای نمی‌بینم.

par rapport à نسبت به، از

Natacha est petite par rapport à sa sœur.

ناتاشا از خواهرش کوچکتر است.

rapporter /raporté/

[فعل] ۱. پس دادن، برگرداندن

N'oublie pas de me rapporter ce livre!

یادت نرود این کتاب را به من برگردانی!

۲. (باخود) آوردن

Papa m'a rapporté du chocolat de Suisse.

بابا از سوئیس برایم شکلات آورد.

۳. بازگو کردن، نقل کردن

Des élèves ont rapporté à la maîtresse ce qu'on a fait.

دانش‌آموزان کارهایی را که کرده‌اند برای معلمشان بازگو کردند.

نگاه کنید به توضیحِ **ramener**.

rapprocher /raproché/

[فعل] نزدیک کردن، جلو بردن

Pour mieux voir le tableau, j'ai rapproché ma chaise.

صندلی‌ام را جلو بردم تا تخته را بهتر ببینم.

se rapprocher نزدیک شدن، جلو آمدن

Rapproche-toi de moi!

بیا نزدیک من! بیا جلو!

raquette /rakét/ la

[اسم] راکت

Une raquette de tennis

یک راکت تنیس

rare /rar/ [صفت] کمیاب، نادر، نایاب

Mon frère a des timbres rares.

برادرم تمبرهای نایاب دارد.

rarement /rarmâⁿ/

[قید] به ندرت، خیلی کم

Ils vont rarement au cinéma.

آنها خیلی کم به سینما می‌روند.

raser /razé/ [فعل] تراشیدن، زدن

raser

Mon père a rasé sa moustache.

پدرم سبیلش را زده.

se raser ریش خود را زدن

Papi se rase tous les matins.

بابابزرگ هر روز صبح ریشش را می‌زند.

rasoir /razuâr/ le

[اسم] ریش‌تراش، تیغ

Papa utilise un rasoir électrique.

بابا از ریش‌تراش برقی استفاده می‌کند.

rasoir

rassembler /rasâ^n^blé/

[فعل] (یک‌جا) جمع کردن

Il faut rassembler des élèves dans la cour.

باید بچه‌ها را در حیاط جمع کرد.

rassurer /rasûré/

[فعل] اطمینان دادن، مطمئن کردن

Le médecin nous a rassurés: Flora sera bientôt guérie.

دکتر به ما اطمینان داد که فلورا زود خوب می‌شود.

rat /ra/ le [اسم] موش

Il y a des rats dans la cave.

زیرزمین موش دارد.

ravissant /ravisâ^n^/, **ravissante** /ravisâ^n^t/

[صفت] دلربا، جذاب

Marie est très ravissante.

ماری خیلی جذاب است.

ravisseur /raviseur/ le, **ravisseuse** /raviseuz/ la

[اسم] آدم‌ربا، رباینده، دزد

Un ravisseur d'enfants بچه‌دزد

rayé, **rayée** /réyé/

[صفت] راه راه

Julie porte une jupe rayée.

ژولی دامن راه‌راه پوشیده.

rayer /réyé/ [فعل] خط زدن

Jean a rayé un mot dans sa lettre.

ژان یک کلمه را در نامه‌اش خط زد.

rayon /réyo^n^/ le

[اسم] ۱. پرتو، اشعه

Les rayons du soleil

اشعهٔ خورشید

۲. (در فروشگاه) قسمت، بخش

Simon regarde le rayon des jouets. سیمون قفسهٔ اسباب‌بازی‌ها را نگاه می‌کند.

réaction /réaksyo^n^/ la

[اسم] واکنش، عکس‌العمل

Jérard a souvent des réactions violentes.

ژرار اغلب واکنش‌های تندی دارد.

rat بزرگتر از ***souris*** است و معمولاً در دشت و صحرا یا فاضلاب شهرها زندگی می‌کند.

réagir /réajir/

[فعل] واکنش نشان دادن، عکس‌العمل داشتن

Comment a-t-il réagi à cette nouvelle?

با (شنیدنِ) این خبر، چه واکنشی نشان داد؟

réalité /réalité/ la

[اسم] واقعیت

en réalité در واقع

Victor a l'air joyeux, mais il ne l'est pas en réalité.

ویکتور خوشحال به نظر می‌رسد، ولی در واقع چنین نیست.

rebondir /rebo^{n}dir/

[فعل] (به هوا) جَستن، بالا و پایین پریدن

La balle a rebondi trois fois.

توپ سه بار بالا و پایین پرید.

récemment /résamâ^{n}/

[قید] اخیراً، به تازگی، چند وقت پیش

Pauline a vu Sophie récemment.

پولین چند وقت پیش سوفی را دید.

récent /résâ^{n}/ , **récente** /résâ^{n}t/

[صفت] اخیر، تازه

Une découverte récente

یک کشف تازه

recevoir /resvuâr/

[فعل] ۱. گرفتن، دریافت کردن

Marie reçoit un beau cadeau.

ماری هدیهٔ خوبی می‌گیرد.

۲. پذیرایی کردن

Nous recevons nos amis.

ما از دوستانمان پذیرایی می‌کنیم.

۳. (در امتحان) قبول کردن

Jean a été reçu à son examen.

ژان در امتحانش قبول شد.

recevoir

reçu , reçue /resû/

صورت مفعولی فعلِ ***recevoir***.

réchauffer /réchofé/

[فعل] (دوباره) گرم کردن

Maman va réchauffer la soupe.

مامان سوپ را (دوباره) گرم می‌کند.

se réchauffer خود را گرم کردن

Marie s'est réchauffée devant la cheminée.

ماری جلوی شومینه خودش را گرم کرد.

recherche /rechérch/ la

[اسم] ۱. جستجو، تجسس

être à la recherche de

چیزی را جستجو کردن، دنبال چیزی گشتن

Je suis à la recherche de mes lunettes. دنبال عینکم می‌گردم.

۲. تحقیق

Les recherches des savants

تحقیقات دانشمندان

rechercher /rechérché/

[فعل] جستجو کردن، در جستجویِ (چیزی یا کسی) بودن

La police recherche les coupables.

پلیس در جستجوی مجرمین است.

récipient /résipyâ^{n}/ le

[اسم] ظرف

Un panier, un bol, un seau sont des récipients.

سبد، کاسه و سطل ظرفند.

récit /rési/ le [اسم] حکایت، قصه

Marcel aime les récits d'aventures.

مارسل قصه‌های پرماجرا را دوست دارد.

réciter /résité/

[فعل] (با صدای بلند) خواندن

Jean récite un poème.

ژان یک شعر می‌خواند.

reçoit /resuâ/ : il reçoit

صورت صرف‌شدهٔ فعلِ ***recevoir***.

récolte /rékolt/ la

[اسم] ۱. درو، برداشت

Les agriculteurs font la récolte des pommes de terre.

کشاورزان سیب‌زمینی برداشت می‌کنند.

۲. محصول

La récolte du maïs a été bonne. محصول ذرت خوب بود.

récolter /rékolté/

[فعل] درو کردن، برداشت کردن

En été, on récolte les pêches.

هلو را در تابستان برداشت می‌کنند.

récolter

recommander /rekomâ^{n}dé/

[فعل] سفارش کردن، توصیه کردن

Je vous recommande d'être prudent.

به شما توصیه می‌کنم که محتاط باشید.

recommander از کلمهٔ ***commande*** گرفته شده است.

recommencer /rekomâ^{n}sé/

[فعل] ۱. دوباره شروع کردن، دوباره (کاری را) کردن

Ton chien recommence à aboyer.

سگت دوباره شروع کرد به پارس کردن.

۲. دوباره شروع شدن

Les cours recommencent en septembre.

در ماه سپتامبر کلاس‌ها دوباره شروع می‌شوند.

récompense

/réko^{n}pâ^{n}s/ la [اسم] پاداش، جایزه

La voisine m'a donné une récompense pour avoir retrouvé son chat. خانم همسایه برای پیدا کردن گربه‌اش به من پاداش داد.

recouvert /rekuver/ , **recouverte** /rekuvert/
صورت مفعولی فعلِ ***recouvrir***.

recouvrir /rekuvrir/
[فعل] پوشاندن
La neige a recouvert la voiture.
برف ماشین را پوشاند.

récréation /rékréasyo^{n}/ la
[اسم] زنگ تفریح
Pendant la récréation, nous jouons.
ما موقع زنگ تفریح بازی می‌کنیم.

به جایِ ***récréation***، گاه از صورت مخفف ***récré*** که خودمانی‌تر است استفاده می‌شود.

rectangle /réktâ^{n}gl/ le
[اسم] مستطیل
Dessinez un rectangle!
یک مستطیل بکشید!

rectangulaire /réktâ^{n}gûlér/ [صفت] مستطیل، مستطیل‌شکل
La piscine est rectangulaire.
استخر مستطیل‌شکل است.

reculer /rekûlé/
[فعل] ۱. عقب رفتن
Pour se garer, le conducteur a reculé.
راننده برای پارک کردن عقب رفت.
۲. عقب بردن، عقب کشیدن
André recule sa chaise.
آندره صندلی‌اش را عقب می‌کشد.
۳. عقب‌نشینی کردن

rédaction /rédaksyo^{n}/ la
[اسم] نگارش، انشاء

récompenser /réko^{n}pâ^{n}sé/ [فعل] پاداش دادن، جایزه دادن
Papa m'a bien récompensé.
بابا پاداش خوبی به من داد.

réconcilier /réko^{n}silyé/
[فعل] آشتی دادن
J'ai réconcilié Luc et Clara.
لوک و کلارا را با هم آشتی دادم.
se réconcilier (با هم) آشتی کردن
Luc et Clara se sont réconciliés.
لوک و کلارا با هم آشتی کردند.

reconnaître /rekonétr/
[فعل] شناختن، بجا آوردن
Je l'ai reconnu à sa voix.
او را از صدایش شناختم.

reconnu , **reconnue** /rekonû/
صورت مفعولی فعلِ ***reconnaître***.

record /rekor/ le
[اسم] رکورد
Cette cycliste a battu le record du monde. این دوچرخه‌سوار رکورد جهان را شکست.

recoudre /rekudr/
[فعل] دوباره دوختن
Maman a recousu le bouton de ma chemise.
مامان دکمهٔ پیراهنم را دوباره دوخت.

recousu , **recousue** /rekuzû/
صورت مفعولی فعلِ ***recoudre***.

Natacha est première en rédaction.
ناتاشا در انشاء (نفر) اول است.

rédiger /rédijé/ [فعل] نوشتن
Le journaliste rédige son article.
روزنامه‌نگار مقاله‌اش را می‌نویسد.

redire /redir/
[فعل] دوباره گفتن، تکرار کردن
Paul redit toujours la même chose.
پل همیشه همین را تکرار می‌کند.

réduction /rédûksyo^{n}/ la
[اسم] ۱. کاهش
La réduction des prix
کاهش قیمت‌ها
۲. تخفیف
Le vendeur nous a fait une réduction.
فروشنده به ما تخفیف داد.

réduire /rédûir/
[فعل] کم کردن، کاهش دادن
Le conducteur a réduit sa vitesse. راننده سرعتش را کم کرد.

réel , réelle /réél/
[صفت] واقعی
Cette histoire est réelle.
این داستان واقعی است.

réellement /réélmâ^{n}/
[قید] واقعاً، حقیقتاً
Ce héros a réellement existé.
این قهرمان واقعاً وجود داشته.

refaire /refér/
[فعل] دوباره کردن، دوباره انجام دادن
Je refais mes devoirs.
تکالیفم را دوباره انجام می‌دهم.

refait /refé/ , **refaite** /refét/ صورت مفعولی فعلِ ***refaire***.

refermer /refermé/
[فعل] دوباره بستن
Louis a refermé la porte.
لویی در را دوباره بست.

réfléchir /réfléchir/
[فعل] ۱. منعکس کردن
Le miroir réfléchit l'image des objets.
آینه تصویر اشیاء را منعکس می‌کند.
۲. فکر کردن، اندیشیدن
Réfléchis avant de me répondre!
قبل از اینکه جواب مرا بدهی، فکر کن!

reflet /reflé/ le [اسم] بازتاب، عکس
Je regarde le reflet des arbres dans l'eau.
عکس درختان را در آب تماشا می‌کنم.

refléter /reflété/
[فعل] منعکس کردن
Le miroir reflète la lumière.
آینه نور را منعکس می‌کند.

rédiger به معنی «نوشتن بنابر اسلوب و قواعد خاص» است، اما ***écrire*** مفهومی کلی دارد.

réfléchir و ***penser*** هر دو معنی «فکر کردن» می‌دهند، با این تفاوت که ***réfléchir*** «خوب فکر کردن» است.

réflexion /réfléksyoⁿ/ la

[اسم] ۱. انعکاس، بازتاب

La réflexion de la lumière

انعکاس نور

۲. تفکر، فکر

Laisse-moi un moment de réflexion! بگذار یک لحظه فکر کنم.

réfrigérateur /réfrijérateur/ le [اسم] یخچال

Maman met le beurre dans le réfrigérateur.

مامان کره را در یخچال می‌گذارد.

refroidir /refruâdir/

[فعل] سرد شدن

Mon lait a refroidi.

شیر من سرد شده.

refroidir از صفتِ ***froid*** گرفته شده است.

refuge /refûj/ le

[اسم] پناهگاه

Les alpinistes ont couché dans un refuge.

کوهنوردها در پناهگاه خوابیدند.

کلمهٔ ***régional*** در جمع ***régionaux*** می‌شود.

réfugier (se) /réfûjyé/

[فعل] پناه بردن

Pendant l'orage, nous nous sommes réfugiés dans une boutique.

موقع توفان، به یک مغازه پناه بردیم.

refuser /refûzé/

[فعل] نپذیرفتن، قبول نکردن، رد کردن

Paul a refusé mon invitation.

پل دعوتم را رد کرد.

regard /regar/ le [اسم] نگاه

J'ai jeté un regard sur ma montre. نگاهی به ساعتم انداختم.

regarder /regardé/

[فعل] نگاه کردن، تماشا کردن

Laura regarde la télévision.

لورا تلویزیون تماشا می‌کند.

régime /réjim/ le

[اسم] رژیم (غذایی)

Mamie fait un régime.

مامان‌بزرگ رژیم دارد.

région /réjyoⁿ/ la

[اسم] منطقه، ناحیه

Une région industrielle

یک منطقهٔ صنعتی

régional , régionale

/réjyonal/ [صفت] منطقه‌ای، محلی

Un plat régional یک غذای محلی

règle /régl/ la

[اسم] ۱. خط‌کش

Marie mesure le carré avec une règle.

ماری مربع را با خط‌کش اندازه می‌گیرد.

۲. قاعده، مقررات

La règle d'un jeu مقررات بازی

règlement /réglemâⁿ/ le

[اسم] مقررات، قوانین

Le règlement de l'école

مقررات مدرسه

régler /réglé/

[فعل] میزان کردن، تنظیم کردن

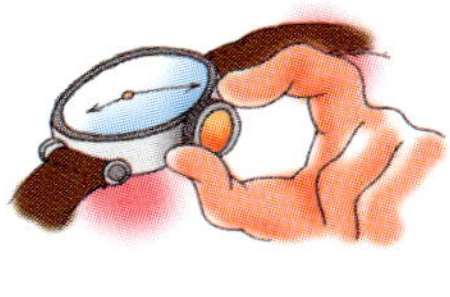

régler

Je dois régler ma montre.

باید ساعتم را تنظیم کنم.

règne /rén^{y}/ le [اسم] سلطنت، پادشاهی، حکومت

Le règne de Napoléon

سلطنت ناپلئون

régner /rén^{y}é/

[فعل] سلطنت کردن، حکومت کردن

Louis XIV a régné pendant 72 ans.

لویی چهاردهم مدت ۷۲ سال سلطنت کرد.

regret /regré/ le

[اسم] افسوس، تأسف

Marie quitte chaque fois son père avec regret.

ماری هر بار با افسوس پدرش را ترک می‌کند.

regretter /regrété/

[فعل] متأسف بودن، افسوس خوردن

Mamie regrette sa jeunesse.

مامان‌بزرگ افسوس جوانی‌اش را می‌خورد.

régulier /régûlyé/ , **régulière** /régûlyér/

[صفت] ۱. منظم، مرتب

Le train roule à une vitesse régulière.

قطار با سرعتی منظم حرکت می‌کند.

۲. باقاعده

Le mot «voiture» a un pluriel régulier. کلمهٔ «voiture» باقاعده جمع بسته می‌شود.

régulièrement

/régûlyérmâ^{n}/ [قید] به طور منظم، مرتباً

Simon fait régulièrement du sport. سیمون مرتباً ورزش می‌کند.

rein /ra^{n}/ le [اسم] کلیه، قلوه

reine /rén/ la [اسم] شهبانو، ملکه

La reine d'Angleterre

ملکهٔ انگلستان

reine

rejeter /rej(e)té/

[فعل] انداختن، برگرداندن

Le pêcheur a rejeté le poisson à la mer.

ماهیگیر ماهی را به دریا انداخت.

reine هم به معنی زنی است که بر یک کشور حکومت می‌کند و هم به معنی همسر پادشاه است.

a = اَ	**é** = اِ	**e** = اُ(با دهان نیمه‌بسته)	**eu** = اُ ترکی درگُزل	**o** = اُ	**û** = او ترکی درگول	
u = او	**i** = ای	**â^{n}** = آ تودماغی	**a^{n}** = اَ تودماغی	**o^{n}** = اُ تودماغی	**r** = غ عربی	
y = ی	**n^{y}** = نْیْ	**j** = ژ	**g** = گ	**ch** = ش	**s** = س	**z** = ز

religieuse

rejoindre /rejua^{n}dr/

[فعل] ملحق شدن، رسیدن

Je te rejoindrai devant le cinéma.

جلوی سینما بهت ملحق می‌شوم.

جلوی سینما می‌بینمت.

rejoint /rejua^{n}/ , **rejointe** /rejua^{n}t/

صورت مفعولی فعلِ ***rejoindre***.

relation /relasyo^{n}/ la

[اسم] رابطه، ارتباط

Nous avons de bonnes relations avec nos voisins.

ما با همسایه‌هایمان روابط خوبی داریم.

relever /relvé/

[فعل] ۱. بلند کردن

Alex a relevé Cathie qui était tombée.

آلکس کَتی را که افتاده بود بلند کرد.

۲. بالا زدن

Jean relève son col.

ژان یقه‌اش را بالا می‌زند.

religieux /relijyeu/ , **religieuse** /relijyeuz/

[صفت] ۱. مذهبی، دینی

Des fêtes religieuses اَعیاد مذهبی

۲. مؤمن

C'est une femme très religieuse.

این زن خیلی مؤمن است.

religion /relijyo^{n}/ la

[اسم] دین، مذهب

La religion musulmane

دین اسلام

relire /relir/

[فعل] دوباره خواندن

Sarah relit son conte préféré.

سارا قصهٔ مورد علاقه‌اش را دوباره می‌خواند.

relu , **relue** /relû/

صورت مفعولی فعلِ ***relire***.

remarquable /remarkabl/

[صفت] قابل توجه، قابل ملاحظه، چشمگیر

Une réussite remarquable

یک موفقیت چشمگیر

remarque /remark/ la

[اسم] تذکر

La maîtresse a fait des remarques sur notre tenue.

خانم معلم در مورد لباسمان به ما تذکر داد.

remarquer /remarké/

[فعل] ملاحظه کردن، متوجه شدن

Brigitte a tout de suite remarqué la nouvelle coiffure de sa sœur.

بریژیت زود متوجه مدل موی جدید خواهرش شد.

remède /reméd/ le

[اسم] دارو، دوا

Ce sirop est un remède contre la toux.

این شربت یک داروی ضدسرفه است.

remerciement /remérsimâ^{n}/ le [اسم] تشکر، سپاسگزاری

Une lettre de remerciment

یک نامهٔ تشکر

remercier /remérsyé/

[فعل] تشکر کردن

Je vous remercie de m'avoir aidé. متشکرم از اینکه کمکم کردید.

remettre /remétr/

[فعل] ۱. دوباره گذاشتن، دوباره قرار دادن

Maman a remis le beurre dans le réfrigérateur.

مامان کره را دوباره در یخچال گذاشت.

۲. دوباره پوشیدن، دوباره تن کردن

Remets ton manteau!

پالتویت را دوباره بپوش!

۳. تحویل دادن، دادن

Le gardien m'a remis un paquet.

دربان یک بسته به من داد.

remis /remi/ , **remise** /remiz/

صورت مفعولی فعلِ ***remettre***.

remplacer /râ^n^plasé/

[فعل] عوض کردن

Papa veut remplacer sa vieille voiture. بابا می‌خواهد ماشین قدیمی‌اش را عوض کند.

remplir /râ^n^plir/

[فعل] پر کردن

J'ai rempli mon verre.

لیوانم را پُر کردم.

remuer /remûé/

[فعل] ۱. حرکت دادن، تکان دادن

Le chien remue la queue.

سگ دمش را تکان می‌دهد.

۲. حرکت کردن، جُم خوردن

Luc remue tout le temps.

لوک مدام جُم می‌خورد.

۳. هم زدن

Marie remue la salade.

ماری سالاد را هم می‌زند.

renard /renar/ le , **renarde** /renard/ la

[اسم] روباه

Les renards chassent la nuit.

روباه شب‌ها شکار می‌کند.

rencontre /râ^n^ko^n^tr/ la

[اسم] ملاقات، برخورد، دیدار

faire une rencontre

کسی را دیدن، به کسی برخوردن

rencontrer /râ^n^ko^n^tré/

[فعل] برخوردن، دیدن

J'ai rencontré Paul à la piscine.

در استخر پُل را دیدم.

se rencontrer همدیگر را دیدن

Nous nous sommes rencontrés dans la rue.

در خیابان همدیگر را دیدیم.

rendez-vous /râ^n^dévu/ le

[اسم] قرار ملاقات، قرار

Nous avons rendez-vous à une heure. ساعت یک با هم قرار داریم.

remplir

renard

rencontre معمولاً ملاقات اتفاقی و کوتاه‌مدت است، اما ***visite*** با برنامهٔ قبلی است.

rendez-vous در جمع تغییر نمی‌کند. دقت کنید که این اسم را با صورت امری فعلِ ***se rendre*** اشتباه نگیرید:

Rendez-vous!

تسلیم شوید!

rendormir (se) /râ^{n}dormir/

[فعل] دوباره به خواب رفتن

Le bébé s'est rendormi.

بچه دوباره به خواب رفت.

rendre /râ^{n}dr/

[فعل] ۱. پس دادن، برگرداندن

Pierre m'a rendu mon jouet.

پیِر اسباب‌بازی‌ام را به من پس داد.

۲. کردن

Ton départ me rend triste.

رفتنت مرا غمگین می‌کند.

se rendre ۱. (به جایی) رفتن

Chaque matin, maman se rend au bureau.

مامان هر روز صبح به اداره می‌رود.

۲. تسلیم شدن، خود را تسلیم کردن

Les soldats se sont rendus.

سربازها تسلیم شدند.

rendu , rendue /ra^{n}dû/

صورت مفعولی فعلِ ***rendre***.

renoncer /reno^{n}sé/

[فعل] چشم پوشیدن، صرف‌نظر کردن

À cause de l'orage, nous renonçons à sortir.

به خاطر توفان، از بیرون رفتن صرف‌نظر کردیم.

renseignement /râ^{n}sén^{y}mâ^{n}/ le

[اسم] اطلاع، خبر

Paul m'a donné des renseignements utiles.

پل اطلاعات مفیدی به من داد.

renseigner /râ^{n}sén^{y}é/

[فعل] مطلع کردن، راهنمایی کردن

Pouvez-vous me renseigner?

می‌توانید مرا راهنمایی کنید؟

rentrée /râ^{n}tré/ la

[اسم] بازگشایی، باز شدن (دوباره)

La rentrée des classes

بازگشایی کلاس‌های درس

rentrer /râ^{n}tré/

[فعل] برگشتن، بازگشتن

Après l'école, nous rentrons à la maison.

ما بعد از مدرسه به خانه برمی‌گردیم.

نگاه کنید به توضیحِ ***retourner***.

renverser /râ^{n}vérsé/

[فعل] ۱. برگرداندن، واژگون کردن

Yves a renversé son verre.

ایو لیوانش را برگرداند.

۲. به زمین انداختن، زدن

L'automobiliste a renversé un piéton.

رانندهٔ اتومبیل زد به یک عابر.

renverser

renvoyer /râ^{n}vuâyé/

[فعل] ۱. برگرداندن

On m'a renvoyé chez moi.

مرا به خانه برگرداندند.

rendre به معنیِ «کردن» قبل از صفت می‌آید و نشان‌دهندهٔ تغییر و تحول است:

rendre fou دیوانه کردن

rendre heureux

۲. بیرون کردن، اخراج کردن

Le directeur a renvoyé un élève de l'école.

مدیر یک دانش‌آموز را از مدرسه اخراج کرد.

répandre /répâ^{n}dr/

[فعل] ریختن، پاشیدن

Il a répandu de la sauce sur ses vêtements.

سس را روی لباسش ریخت.

se répandre ریختن، پاشیدن

L'eau de la bouteille s'est répandue sur la terre.

آب بطری روی زمین ریخت.

réparation /réparasyo^n/ la

[اسم] تعمیر

La réparation de la voiture

تعمیر اتومبیل

réparation

réparer /réparé/

[فعل] تعمیر کردن، درست کردن

Luc répare son vélo.

لوک دوچرخه‌اش را تعمیر می‌کند.

repartir /repartir/

[فعل] دوباره رفتن، دوباره به راه افتادن

Le train repart.

قطار دوباره به راه می‌افتد.

Vous voulez repartir?

دوباره می‌خواهید بروید؟

répartir /répartir/

[فعل] تقسیم کردن

Papa a réparti le travail entre Flora et Jean.

بابا کار را بین فلورا و ژان تقسیم کرد.

répartition /répartisyo^n/ la

[اسم] تقسیم

Papa fait la répartition des bonbons.

بابا آب‌نبات‌ها را تقسیم می‌کند.

repas /repa/ le [اسم] غذا

Maman a fait un bon repas.

مامان غذای خوبی درست کرد.

repas به معنی وعده‌های غذایی (مثل ناهار یا شام) است، اما ***nourriture*** به طور کلی غذا یا خوراکی است. ***plat*** به یک نوع غذا گفته می‌شود.

repassage /repasaj/ le

[اسم] اتو (کردن)، اتوکشی

Antoine a fini le repassage.

آنتوان (کارِ) اتوکشی را تمام کرد.

repasser /repasé/

[فعل] ۱. دوباره گذشتن، دوباره آمدن

Je repasserai te voir dimanche.

یکشنبه دوباره به دیدنت می‌آیم.

۲. اتو کردن

Maman repasse sa robe.

مامان پیراهنش را اتو می‌کند.

répéter /répété/
[فعل] تکرار کردن، بازگو کردن
C'est un secret, ne le répète pas!
این یک راز است، آن را بازگو نکن!

répétition /répétisyoⁿ/ la
[اسم] تکرار
Essaie d'éviter les répétitions dans ta rédaction.
سعی کن در انشایت از تکرار خودداری کنی.

replier /repliyé/ [فعل] تا کردن
Aide-moi à replier le drap!
کمکم کن ملافه را تا کنم.

répondre /répoⁿdr/
[فعل] جواب دادن، پاسخ گفتن
La maîtresse a répondu à ma question.
خانم معلم جواب سؤالم را داد.
Je réponds à ta lettre.
جواب نامه‌ات را می‌دهم.

réponse /répoⁿs/ la
[اسم] جواب، پاسخ
Jacques ne m'a pas donné de réponse. ژاک جواب مرا نداد.

reportage /reportaj/ le
[اسم] گزارش، خبر
J'ai vu à la télévision un reportage sur l'Afrique.
در تلویزیون، یک گزارش دربارهٔ آفریقا دیدم.

reporter یک کلمهٔ انگلیسی است. به تلفظ آن توجه کنید.

reporter /reporteur/ le
[اسم] گزارشگر، خبرنگار
La télévision a envoyé des reporters en Afrique.
تلویزیون چند گزارشگر به آفریقا فرستاد.

repos /repo/ le
[اسم] استراحت
Tu as besoin de repos.
تو احتیاج به استراحت داری.

reposer (se) /repozé/
[فعل] استراحت کردن
Clara s'est reposée après le déjeuner.
کلارا بعد از ناهار استراحت کرد.

reprendre /reprâⁿdr/
[فعل] ۱. دوباره برداشتن
Alex a repris du gâteau.
آلکس دوباره شیرینی برداشت.
۲. از سر گرفتن
Papa a repris le travail mardi.
بابا سه‌شنبه کارش را از سر گرفت.

représentation
/repréźâⁿtasyoⁿ/ la [اسم] نمایش
La représentation commencera à 8 heures.
نمایش ساعت هشت شروع می‌شود.

représenter /repréźâⁿté/
[فعل] نشان دادن
Ce dessin représente un paysage de montagne. این تصویر یک منظرهٔ کوهستانی را نشان می‌دهد.

repris /repri/ , **reprise** /repriz/
صورت مفعولی فعلِ ***reprendre***.

reproche /reproch/ le

[اسم] سرزنش، دعوا

Maman m'a fait des reproches.

مامان مرا دعوا کرد.

reprocher /reproché/

[فعل] سرزنش کردن، (کسی را) دعوا کردن

La maîtresse m'a reproché d'être trop bavard.

خانم معلم مرا به خاطر پرحرفی زیاد سرزنش کرد.

république /répûblik/ la

[اسم] جمهوری

Le président de la République française رئیس‌جمهور فرانسه

requin /reka^{n}/ le [اسم] کوسه

réserver /rézérvé/

[فعل] ۱. کنار گذاشتن، نگه داشتن

Je t'ai réservé un morceau de gâteau.

یک تکه کیک برایت کنار گذاشتم.

۲. گرفتن، رزرو کردن

Maman a réservé une place de train.

مامان یک جا در قطار رزرو کرد.

résistant /rézistâ^{n}/ , **résistante** /rézistâ^{n}t/

[صفت] بادوام، مقاوم

Ce tissu est très résistant.

این پارچه خیلی بادوام است.

résister /rézisté/

[فعل] مقاومت کردن، مقاوم بودن

Cette plante résiste au froid.

این گیاه در برابر سرما مقاوم است.

résoudre /rézudr/

[فعل] حل کردن، جواب (چیزی را) پیدا کردن

Il faut résoudre le problème.

باید مسئله را حل کرد.

respect /réspé/ le

[اسم] احترام

Victor a beaucoup de respect pour son professeur.

ویکتور به معلمش خیلی احترام می‌گذارد.

respecter /réspékté/

[فعل] ۱. احترام گذاشتن

On doit respecter les personnes âgées.

باید به افراد مسن احترام گذاشت.

۲. رعایت کردن

Les élèves doivent respecter le règlement de l'école.

دانش‌آموزان باید مقررات مدرسه را رعایت کنند.

respiration /réspirasyo^{n}/ la

[اسم] تنفس

Le médecin écoute la respiration du malade.

پزشک به (صدای) تنفس بیمار گوش می‌دهد.

république به عنوان یکی از انواع حکومت، با حرف کوچک نوشته می‌شود. اما به معنای کشوری که با این نظام اداره می‌شود، با حرف بزرگ شروع می‌شود.

requin

a = اَ **é** = اِ **e** = اُ(با دهان نیمه‌بسته) **eu** = اُ ترکی درگُزل **o** = اُ **û** = او ترکی درگول

u = او **i** = ای **â^{n}** = آ تودماغی **a^{n}** = اَ تودماغی **o^{n}** = اُ تودماغی **r** = غ عربی

y = ی **n^{y}** = نْیْ **j** = ژ **g** = گ **ch** = ش **s** = س **z** = ز

respirer /réspiré/
[فعل] نفس کشیدن
On respire par le nez et par la bouche.
ما با بینی و دهان نفس می‌کشیم.

responsable /réspoⁿsabl/ le, la [اسم] مسئول
Je ne suis pas responsable de ses fautes.
من مسئول اشتباهات او نیستم.

ressemblance /resâⁿblâⁿs/ la [اسم] شباهت، تشابه
Vois-tu une ressemblance entre ces voitures?
بین این ماشین‌ها شباهتی می‌بینی؟

ressemblant /resâⁿblâⁿ/ , **ressemblante** /resâⁿblâⁿt/
[صفت] شبیه، همانند، مثل هم
Ce portrait de Jean est très ressemblant.
این تصویر ژان خیلی شبیه به اوست.

ressembler /resâⁿblé/
[فعل] شبیه بودن، شباهت داشتن، مثل (کسی یا چیزی) بودن
Jérard ressemble à son frère.
ژرار شبیه برادرش است. ژرار شکل برادرش است.
se ressembler به‌هم شبیه بودن، مثل هم بودن
Ces deux voitures se ressemblent.
این دو ماشین به هم شبیه‌اند. این دو ماشین مثل همند.

ressort /resor/ le [اسم] فنر
Un matelas à ressorts
یک تشک فنری

restaurant /réstorâⁿ/ le
[اسم] رستوران
Hier soir, nous avons dîné au restaurant.
دیشب در رستوران غذا خوردیم.

restaurant

reste /rést/ le [اسم] باقیمانده، بقیه
Veux-tu le reste du gâteau?
بقیهٔ شیرینی را می‌خواهی؟

rester /résté/ [فعل] ماندن، باقی ماندن
Hier, Pascal est resté à la maison.
پاسکال دیروز در خانه ماند.
Il reste un peu de café.
کمی قهوه مانده.

résultat /rézûlta/ le
[اسم] نتیجه، حاصل
Le résultat de mon addition est juste. حاصل جمعم درست است.
Quel est le résultat du match de football?
نتیجهٔ مسابقهٔ فوتبال چیست؟

résumé /rézûmé/ le

[اسم] خلاصه

J'ai lu le résumé du film.

خلاصهٔ فیلم را خواندم.

résumer /rézûmé/

[فعل] خلاصه کردن

Résumez ce texte en quatre lignes.

این متن را در چهار خط خلاصه کنید.

retard /retar/ le [اسم] تأخیر

être en retard دیر آمدن، تأخیر داشتن

Yves est souvent en retard.

ایو اغلب دیر می‌آید.

retarder /retardé/

[فعل] عقب انداختن

Nous avons retardé notre voyage. سفرمان را عقب انداختیم.

retour /retur/ le

[اسم] بازگشت

Je t'appellerai à mon retour.

وقتی برگشتم، به تو تلفن می‌کنم.

retourner /returné/

[فعل] ۱. برگشتن

À midi, je retourne chez moi.

ظهر به خانه برمی‌گردم.

۲. پشت و رو کردن

Maman retourne le matelas.

مامان تشک را پشت و رو می‌کند.

se retourner برگشتن

Quand je l'ai appelé, il s'est retourné.

وقتی صدایش زدم، برگشت.

Luc se retourne dans son lit.

لوک به تختخوابش برمی‌گردد.

retrouver /retruvé/

[فعل] پیدا کردن

Marcel a retrouvé son livre.

مارسل کتابش را پیدا کرد.

réunion /réûnyo^n/ la

[اسم] جلسه، گردهمایی

Papa a une réunion importante ce matin.

بابا امروز صبح یک جلسهٔ مهم دارد.

réunir /réûnir/

[فعل] جمع کردن، گرد آوردن

Jacques veut nous réunir chez soi.

ژاک می‌خواهد ما را در خانه‌اش (دور هم) جمع کند.

se réunir دور هم جمع شدن

Nous nous réunirons dimanche.

یکشنبه دور هم جمع می‌شویم.

réussir /réûsir/

[فعل] ۱. موفق شدن

Je suis sûr qu'il réussira.

مطمئنم که او موفق خواهد شد.

۲. قبول شدن

Isabelle a réussi à son examen.

ایزابل در امتحانش قبول شد.

متضاد ***être en retard*** عبارتِ ***être en avance*** (زود رسیدن) است.

retourner به معنی برگشتن، با کلمهٔ ***rentrer*** و ***revenir*** هم‌معناست.

a = اَ　**é** = اِ　**e** = (با دهان نیمه‌بسته) اُ　**eu** = اُ ترکی در گُزل　**o** = اُ　**û** = او ترکی در گول

u = او　**i** = ای　**â^n** = آ تودماغی　**a^n** = اَ تودماغی　**o^n** = اُ تودماغی　**r** = غ عربی

y = ی　**n^y** = نْیْ　**j** = ژ　**g** = گ　**ch** = ش　**s** = س　**z** = ز

réussite /réûsit/ la

[اسم] موفقیت

On a félicité mon frère pour sa réussite.

موفقیت برادرم را به او تبریک گفتند.

rêve /rév/ le [اسم] خواب، رؤیا

Juliette a fait un beau rêve.

ژولیت خواب خوبی دید.

réveil /révéy/ le

[اسم] ۱. بیداری، بیدار شدن

Jean est souvent de mauvaise humeur au réveil.

اغلب ژان موقع بیدار شدن بداخلاق است.

۲. ساعت (زنگ‌دار)

Mon réveil a sonné à sept heures.

ساعت (زنگ‌دارم) ساعت هفت زنگ زد.

réveil

réveiller /révéyé/

[فعل] بیدار کردن

Un bruit de moteur m'a réveillé.

صدای موتور (یک دستگاه یا ماشین) بیدارم کرد.

se réveiller بیدار شدن

فعلِ ***se réveiller*** صرفاً به معنیِ «بیدار شدن از خواب» و ***se lever*** به معنی «بلند شدن و بیرون آمدن از رختخواب» است.

Ce matin, je me suis réveillée tôt.

امروز صبح زود از خواب بیدار شدم.

revenir /revnir/

[فعل] ۱. برگشتن، بازگشتن

Il est en voyage et reviendra demain.

او مسافرت است و فردا برمی‌گردد.

۲. دوباره آمدن

Pierre reviendra la semaine prochaine.

پیِر هفتهٔ بعد دوباره می‌آید.

نگاه کنید به توضیحِ ***retourner***.

revenu , revenue /revenû/

صورت مفعولی فعلِ ***revenir***.

rêver /révé/

[فعل] ۱. خواب دیدن

J'ai rêvé que je partirai en voyage. خواب دیدم به سفر می‌روم.

۲. آرزو داشتن

Alex rêve d'être en vacances toute l'année.

آلکس آرزو دارد که تمام سال را در تعطیلات باشد.

revient /revyaⁿ/ : il revient!

صورت صرف‌شدهٔ فعلِ ***revenir***.

réviser /révizé/

[فعل] مرور کردن، دوره کردن

Brigitte révise ses leçons.

بریژیت درس‌هایش را دوره می‌کند.

révision /révizyoⁿ/ la

[اسم] مرور، دوره کردن

Marc fait des révisions avant son examen. مارک قبل از امتحان (درسش را) مرور می‌کند.

revoir [1] /revuâr/

[فعل] دوباره دیدن

J'aimerai revoir ce film.

دوست دارم این فیلم را دوباره ببینم.

revoir [2] /revuâr/ le , **au revoir!** خداحافظ، به امید دیدار

Au revoir, à demain!

خداحافظ تا فردا!

revu , revue /revû/

صورت مفعولی فعلِ ***revoir***.

rez-de-chaussée

/rédchosé/ le

[اسم] (طبقهٔ) همکف

M. Dubois habite au rez-de-chaussée.

آقای دوبوآ در طبقهٔ همکف زندگی می‌کند.

rhabiller (se) /rabiyé/

[فعل] دوباره لباس پوشیدن

rhinocéros /rinoséros/ le

[اسم] کرگدن

Le rhinocéros a une peau très épaisse.

کرگدن پوست خیلی ضخیمی دارد.

ri /ri/ صورت مفعولی فعلِ ***rire***.

riche /rich/ [صفت] پولدار، ثروتمند

richesse /richés/ la

[اسم] ثروت

Sa richesse est très grande.

ثروت او خیلی زیاد است.

ride /rid/ la

[اسم] چین و چروک

Mamie a des rides sur le front.

پیشانی مامان‌بزرگ چین و چروک دارد.

rideau /rido/ le [اسم] پرده

Le soir, maman ferme les rideaux.

مامان شب‌ها پرده‌ها را می‌کشد.

ridicule /ridikûl/

[صفت] خنده‌دار، مسخره

Quel chapeau ridicule!

چه کلاه مسخره‌ای!

rien /ryaⁿ/ [ضمیر] هیچ، هیچ چیز، چیزی

Allume la lumière, je ne vois rien! چراغ را روشن کن، من هیچ چیز نمی‌بینم.

Ça ne fait rien.

مهم نیست. اشکالی ندارد.

نگاه کنید به توضیح ***ne***.

rire [1] /rir/ [فعل] خندیدن

Nous avons beaucoup ri.

خیلی خندیدیم.

rideau با **x** جمع بسته می‌شود: ***rideaux***.

کلمهٔ ***rez-de-chaussée*** در جمع تغییر نمی‌کند.

s در آخر کلمهٔ ***rhinocéros*** تلفظ می‌شود.

rhinocéros

rire [2] /rir/ le [اسم] خنده
Un rire agréable خنده‌ای دلپذیر

risque /risk/ le
[اسم] خطر (احتمالی)، ریسک
Les risques d'une bataille
خطرات یک نبرد

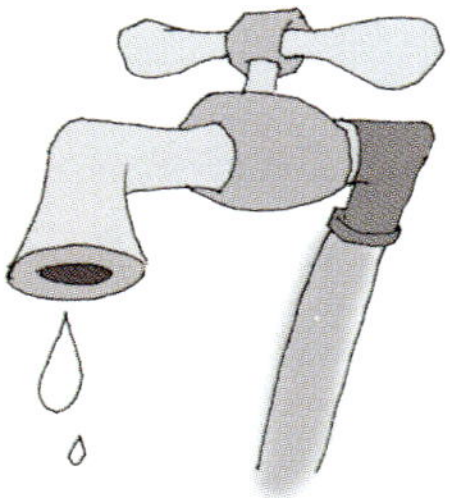

robinet

risquer /riské/
[فعل] به خطر انداختن، ریسک کردن
Les alpinistes risquent parfois leur vie.
گاهی کوهنوردها جان خود را به خطر می‌اندازند.

rivage به معنی «ساحل دریـاست»، امـا ***rive*** بـه «ساحل دریاچه، رود یا برکه» گفته می‌شود.

rivage /rivaj/ le [اسم] ساحل
Le bateau s'approche du rivage.
کشتی به ساحل نزدیک می‌شود.

rive /riv/ la [اسم] ساحل، کرانه
Les rives d'un fleuve
کرانه‌های رود

rivière /rivyér/ la [اسم] رود، رودخانه
Les enfants se sont baignés dans la rivière.
بچه‌ها در رودخانه شنا می‌کنند.

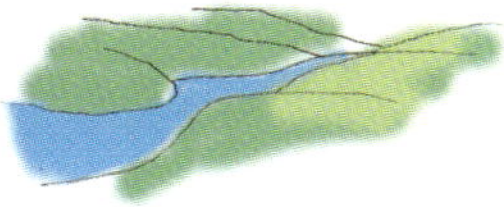

rivière

riz در جمع تغییر نمی‌کند.

riz /ri/ le [اسم] برنج، پلو
Nous avons mangé de la poule au riz. ما پلومرغ خوردیم.

robe /rob/ la
[اسم] پیراهن (زنانه)
Julie porte une robe courte.
ژولی یک پیراهن کوتاه پوشیده.
robe de chambre لباسِ خانه

robinet /robiné/ le
[اسم] شیر (آب)
Jules ouvre le robinet d'eau chaude.
ژول شیر آب گرم را باز می‌کند.

roche /roch/ la [اسم] سنگ
Le marbre est une roche très dure.
مرمر (نوعی) سنگ سخت است.

rocher /roché/ le
[اسم] تخته‌سنگ، صخره
Nous sommes montés sur un rocher. از یک صخره بالا رفتیم.

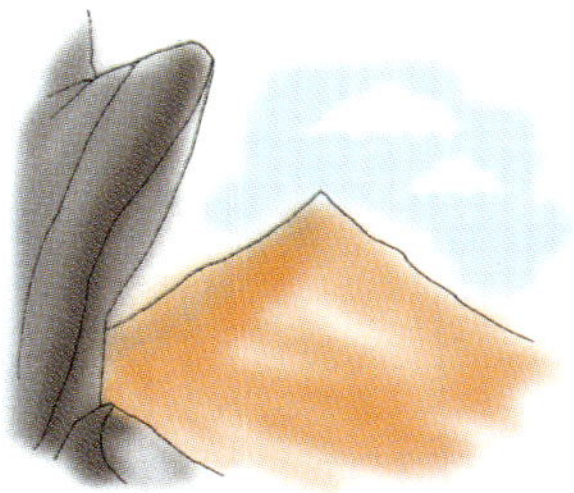

rocher

roi /ruâ/ le [اسم] شاه، پادشاه
Les rois de la France
پادشاهان فرانسه

rôle /rol/ le [اسم] نقش، رُل
L'acteur apprend son rôle.
بازیگر نقشش را یاد می‌گیرد.

Cette actrice joue le rôle d'une espionne.
این هنرپیشهٔ زن نقش یک جاسوس را بازی می‌کند.

roman /româⁿ/ le [اسم] رُمان، داستان (بلند)
"L'Île mystérieuse" est un roman de Jules Verne.
«جزیرهٔ اسرارآمیز» یکی از رُمان‌های ژول ورن است.

rond [1] /roⁿ/ , **ronde** /roⁿd/ [صفت] گِرد
Un ballon de football est rond.
توپ فوتبال گرد است.

rond [2] /roⁿ/ le [اسم] دایره
faire des ronds دایره کشیدن، دایره تشکیل دادن، حلقه زدن
Jean fait des ronds avec son compas.
ژان با پرگارش چند دایره می‌کشد.

ronger /roⁿjé/ [فعل] جویدن
Le chien ronge son os.
سگ استخوان می‌جود.

rongeur /roⁿjeur/ le [اسم] (حیوان) جونده
Le lapin est un rongeur.
خرگوش یک جونده است.

rose [1] /roz/ la [اسم] گل سرخ، (گل) رز
Émile a acheté un bouquet de roses. اِمیل یک دسته گل سرخ خرید.

rose

rose [2] /roz/ [صفت] صورتی
Françoise a des chaussettes roses. فرانسواز جوراب صورتی دارد.

rose [3] /roz/ le [اسم] رنگ صورتی، صورتی
Flora aime le rose.
فلورا رنگ صورتی را دوست دارد.

roseau /rozo/ le [اسم] نِی

rosier /rozyé/ le [اسم] بوتهٔ گل سرخ

rossignol /rosinʸol/ le [اسم] بلبل

rossignol

roseau در جمع ***x*** می‌گیرد: ***roseaux***.

rongeur

roue /ru/ la [اسم] چرخ

Les roues de l'avion

چرخ‌های هواپیما

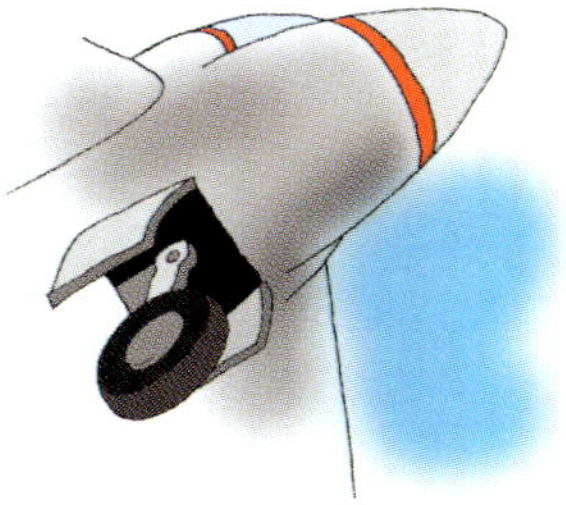

roue

rouge [1] /ruj/ [صفت] قرمز، سرخ

Le chat observe les poissons rouges.

گربه ماهی‌های قرمز را تماشا می‌کند.

rouge [2] /ruj/ le [اسم] رنگ قرمز، سرخی، قرمزی

J'aime le rouge.

من رنگ قرمز را دوست دارم.

rougir /rujir/ [فعل] سرخ شدن

Les personnes timides rougissent facilement.

آدم‌های خجالتی به آسانی سرخ می‌شوند.

rouler /rulé/ [فعل] ۱. غلتیدن، غل خوردن

Le ballon roule sur le sol.

توپ روی زمین غل می‌خورد.

۲. حرکت کردن، راندن

Les voitures de course roulent très vite.

ماشین‌های مسابقه خیلی سریع حرکت می‌کنند.

route /rut/ la [اسم] جاده، راه

La route est étroite.

جاده باریک است.

route

roux /ru/ , **rousse** /rus/ [صفت] حنایی

Luc a les cheveux roux.

موهای لوک حنایی‌رنگ است.

roux در جمع تغییر نمی‌کند.

royal /ruâyal/ , **royale** /ruâyal/ [صفت] پادشاهی، سلطنتی، (مربوط به) پادشاه

Le palais royal کاخ سلطنتی، قصر پادشاه

royal در جمع ***royaux*** می‌شود.

ruban /rûbâ^n/ le [اسم] نوار، روبان

Marie attache ses cheveux avec un ruban.

ماری موهایش را با روبان می‌بندد.

ruban

ruche /rûch/ la [اسم] کندو

On élève les abeilles dans des ruches.
زنبور را در کندو پرورش می‌دهند.

rude /rûd/ [صفت] ۱. زبر
Sa barbe est rude.
ریش او زبر است.
۲. سخت، طاقت‌فرسا
L'hiver a été rude cette année.
امسال زمستان سختی بود.

rue /rû/ la [اسم] خیابان، کوچه
Fais attention en traversant la rue.
هنگام عبور از خیابان، مواظب باش.

ruelle /rûél/ la [اسم] کوچه
Une ruelle obscure
یک کوچهٔ تاریک

ruine /rûin/ la [اسم] خرابه، ویرانه، مخروبه
Les ruines d'une ville
ویرانه‌های یک شهر

tomber en ruine
خراب شدن، در معرض ویرانی بودن

ruisseau /rûiso/ le
[اسم] جوی، نهر
Un ruisseau traverse le champ.
یک نهر از (میان) مزرعه می‌گذرد.

ruse /rûz/ la [اسم] حیله، حُقه، کلک
Paul a obtenu ce qu'il voulait par la ruse.
پل با حیله چیزی را که می‌خواست به دست آورد.

rusé , rusée /rûzé/
[صفت] حیله‌گر، مکار، حقه‌باز
Alice est très rusée.
آلیس خیلی حقه‌باز است.

rythme /ritme/ le
[اسم] ریتم، وزن، آهنگ
Le rythme de la phrase
آهنگ جمله

کلمهٔ ***ruisseau*** در جمع **x** می‌گیرد: ***ruisseaux***.

rue باریک‌تر و اغلب کوتاه‌تر از ***avenue*** است.

a = اَ **é** = اِ **e** = (با دهان نیمه‌بسته) اُ **eu** = اُ ترکی درگُزل **o** = اُ **û** = او ترکی درگول
u = او **i** = ای **â**ⁿ = آ تودماغی **a**ⁿ = اَ تودماغی **o**ⁿ = اُ تودماغی **r** = غ عربی
y = ی **n**ʸ = نْیْ **j** = ژ **g** = گ **ch** = ش **s** = س **z** = ز

S,s

s' /s/ نگاه کنید به توضیحاتِ ***se*** و ***si***.

sa /sa/ نگاه کنید به ***son, sa***.

sable /sabl/ le [اسم] شن، ماسه
Un plage de sable یک ساحل شنی

sac /sak/ le [اسم] کیف، ساک
Maman met ses clés dans son sac.
مامان کلیدهایش را در کیفش می‌گذارد.
sac à dos کوله‌پشتی
Mon sac à dos est solide.
کوله‌پشتی‌ام محکم است.

sage /saj/ [صفت] ۱. عاقل
M. Dubois est un homme sage.
آقای دوبوآ مرد عاقلی است.
۲. عاقلانه
Papa m'a donné un sage conseil.
بابا نصیحت عاقلانه‌ای به من کرد.
۳. سربراه، حرف‌شنو

sagesse /sajés/ la
[اسم] ۱. عقل
Cette décision est pleine de sagesse.
این تصمیم کاملاً از روی عقل است.
۲. حرف‌شنوی
Mon fils est d'une sagesse étonnant.
پسرم به طرز عجیبی حرف‌شنو است.

sain /sa^{n}/ , **saine** /sén/
[صفت] سالم
Yves a des dents saines.
ایو دندان‌های سالمی دارد.

saisir /sézir/ [فعل] گرفتن
Le gardien de but a saisi le ballon. دروازه‌بان توپ را گرفت.

saison /sézo^{n}/ la [اسم] فصل
Le printemps, l'été, l'automne, l'hiver sont les quatre saisons.
بهار، تابستان، پاییز و زمستان چهار فصل سالند.

sait /sé/ : il sait
صورت صرف‌شدهٔ فعلِ ***savoir***.

salade /salad/ la [اسم] سالاد
Nous avons mangé une salade de tomates.
ما سالاد گوجه‌فرنگی خوردیم.

salaire /salér/ le [اسم] حقوق

sac

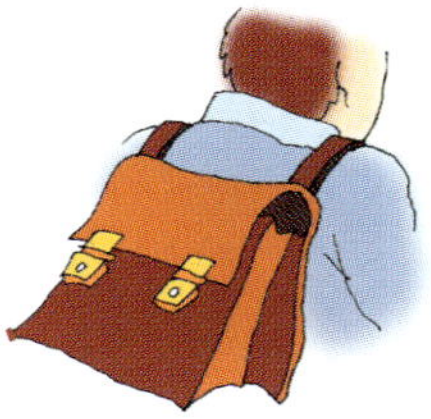
sac à dos

کلمهٔ **sac** از فرانسه وارد زبان فارسی شده است.

salade به گیاهانی مثل کاهو نیز گفته می‌شود که برگشان مصرف خوراکی دارد.

Paul a demandé une augmentation de salaire.

پل تقاضای اضافه‌حقوق کرد.

sale /sal/ [صفت] کثیف، چرک

J'ai les mains sales.

دست‌هایم کثیفند.

salé , salée /salé/

[صفت] نمک‌زده، شور

L'eau de mer est salée.

آب دریا شور است.

La soupe est trop salée.

سوپ خیلی شور است.

salir /salir/ [فعل] کثیف کردن، چرک کردن

Julie a sali son pantalon.

ژولی شلوارش را کثیف کرده.

se salir خود را کثیف کردن، کثیف شدن

Je me suis sali en jouant.

موقع بازی خودم را کثیف کردم.

se salir

salle /sal/ la [اسم] سالن، تالار

La salle de cinéma est pleine.

سالن سینما پُر است.

salle à manger اتاق غذاخوری، (اتاق) ناهارخوری

salle de bains حمام

salon /salo^{n}/ le

[اسم] ۱. اتاق پذیرایی

Passons au salon pour prendre le café. برای خوردن قهوه به اتاق پذیرایی برویم.

۲. سالن

Un salon de coiffure

سالن آرایش، آرایشگاه

saluer /salûé/ [فعل] سلام کردن

Quand j'ai rencontré Jean, il m'a salué.

وقتی ژان را دیدم، به من سلام کرد.

salut /salû/ le [اسم] سلام، خداحافظی

Paul m'a salué de la main.

پل (به نشانهٔ سلام یا خداحافظی) برایم دست تکان داد.

samedi /samdi/ le [اسم] شنبه

Nous irons au cinéma samedi après-midi.

شنبه بعد از ظهر به سینما می‌رویم.

sandale /sâ^{n}dal/ la

[اسم] صَندل (= نوعی کفش شامل یک تخت و چند بند که روی پا قرار می‌گیرد.)

Des sandales en cuir

صندل‌های چرمی

sallon و ***salle*** هر دو معنی سالن می‌دهند، اما ***salon*** کوچکتر از ***salle*** است.

sale

salut به سلام یا خداحافظی می‌گویند که گاه ممکن است بدون کلام و فقط به صورت تکان دادن سر یا دست باشد.

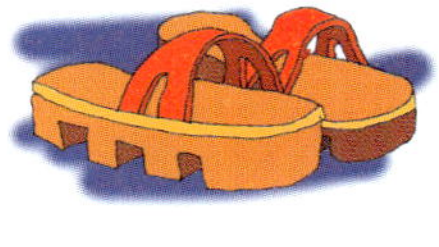

sandale

a = اَ	**é** = اِ	**e** = اُ (با دهان نیمه‌بسته)	**eu** = اُ ترکی درگُزل	**o** = اُ	**û** = او ترکی درگول	
u = او	**i** = ای	**â^{n}** = آ تودماغی	**a^{n}** = اَ تودماغی	**o^{n}** = اُ تودماغی	**r** = غ عربی	
y = ی	**n^{y}** = نی	**j** = ژ	**g** = گ	**ch** = ش	**s** = س	**z** = ز

صـــداى /tch/ در كـــلمۀ **sandwich**، تـقريباً هـمان صداى «چ» در فارسى است. اين كلمه را /sâⁿduich/ نيز تلفظ مى‌كنند.

sandwich /sâⁿduitch/ le
[اسم] ساندويچ
J'ai mangé deux sandwiches au jambon. دو ساندويچ ژامبون خوردم.

sandwich

sang /sâⁿ/ le [اسم] خون
Le blessé a perdu beaucoup de sang.
مجروح خون زيـادى را از دست داده. خون زيادى از مجروح رفته.

sanglier /sâⁿgliyé/ le
[اسم] گراز

sans /sâⁿ/ [حرف اضافه] بدونِ، بى -
Du pain sans sel نان بى‌نمک
Paul habite dans un immeuble sans ascenseur.
پل در يک سـاختمان بـدون آسـانسور زندگى مى‌كند.

santé /sâⁿté/ la
[اسم] تندرستى، سلامتى
Faire du sport, c'est excellent pour la santé.
ورزش (كردن) بـراى سـلامتى خـيلى خوب است.
en bonne santé سلامت، تندرست

براى عيد نوئل يا كريسمس از صنوبر (**sapin**) استفاده مى‌كنند، در حالى كه معمولاً ما به آن درخت كاج مى‌گوييم.

sapin

sapin /sapaⁿ/ le
[اسم] (درخت) صنوبر
Pour Noël, nous avons acheté un petit sapin.
براى كـريسمس، يک صـنوبر كـوچک خريديم.

satellite /satélit/ le
[اسم] ۱. قمر (= كرۀ آسمانى كـه بـه دور يک سياره مى‌گردد.)
La Lune est la satellite de la Terre. ماه قمر زمين است.
۲. ماهواره

satellite

satisfaction /satisfaksyoⁿ/ la
[اسم] خشنودى، رضايت
Son travail lui donne des satisfactions.
از كارش رضايت دارد. از كارش راضى است.

satisfaisant /satisfezâⁿ/ , **satisfaisante** /satisfezâⁿt/
[صفت] رضايت‌بخش
Ton travail est satisfaisant.
كارَت رضايت‌بخش است.

satisfait /satisfé/ , **satisfaite** /satisfét/
[صفت] خشنود، راضى

Antoine a franchi le ruisseau d'un saut.
آنتوان با یک پرش از جوب گذشت.
آنتوان از جوب پرید.
نگاه کنید به توضیحِ ***sot***.

sauter /soté/ [فعل] پریدن، جست زدن، جستن
Les kangourous sautent.
کانگوروها می‌جهند.

sauterelle /sotrél/ la
[اسم] ملخ

sautiller /sotiyé/
[فعل] جست و خیز کردن
Le moineau sautille sur la branche. گنجشک روی شاخه جست و خیز می‌کند.

sauvage /sovaj/
[صفت] ۱. وحشی
Les animaux sauvages
حیوانات وحشی
۲. خودرو، جنگلی
Une plante sauvage
یک گیاه خودرو

sauver /sové/ [فعل] نجات دادن
Il m'a sauvé de la misère.
مرا از بدبختی نجات داد.
se sauver پا به فرار گذاشتن، در رفتن
Quand le chat m'a vu, il s'est sauvé.
وقتی گربه مرا دید، پا به فرار گذاشت.

Notre institutrice est satisfaite de notre travail.
معلم ما از کارمان راضی است.

sauce /sos/ la [اسم] سُس
J'adore la pizza à la sauce tomate. پیتزا با سسِ گوجه‌فرنگی را خیلی دوست دارم.

saucière /sosyér/ la
[اسم] سُس‌خوری، ظرف سُس

saucisse /sosis/ la
[اسم] سوسیس
J'ai mangé une saucisse avec des frites. سوسیس با سیب‌زمینی سرخ‌کرده خوردم.

saucisson /sosisoⁿ/ le
[اسم] (نوعی) کالباس
Je voudrais un sandwich au saucisson.
یک ساندویچ کالباس می‌خواهم.

sauf /sof/ [حرف اضافه] بجز، به غیر از، به استثنایِ
Tout le monde est venu, sauf deux personnes.
به غیر از دو نفر، همه آمده‌اند.

saura /sora/ : il saura
صورت صرف‌شدهٔ فعلِ ***savoir***.

saut /so/ le [اسم] پرش، جهش، جست

savant /savâ^{n}/ le

[اسم] دانشمند، عالِم

Marie Curie était un grand savant.

ماری کوری دانشمند بزرگی بود.

savoir /savuâr/

[فعل] ۱. دانستن

Nous savons que tu es malade.

می‌دانیم که تو مریضی.

۲. بلد بودن

Luc sait sa leçon.

لوک درسش را بلد است.

savon /savo^{n}/ le [اسم] صابون

Du savon liquide صابون مایع

savonner /savoné/

[فعل] با صابون شستن، صابون زدن

Maman savonne le bébé.

مامان بچه را با صابون می‌شوید.

se savonner

(خود را) با صابون شستن

Je me savonne les mains.

دست‌هایم را با صابون می‌شویم.

scène /sén/ la

[اسم] صحنه (نمایش)

Tous les acteurs sont sur la scène. همهٔ بازیگران روی صحنه‌اند.

scie /si/ la [اسم] اره

scie à métaux ارهٔ آهن‌بُر

scie

science /syâ^{n}s/ la

[اسم] دانش، علم

Les sciences naturelles

علوم طبیعی

scientifique /syâ^{n}tifik/

[صفت] علمی

Expériences scientifiques

آزمایشات علمی

scier /syé/ [فعل] اره کردن

Le menuisier scie la planche.

نجار تخته را اره می‌کند.

scolaire /skolér/

[صفت] درسی، تحصیلی

L'année scolaire سال تحصیلی

score /skor/ le [اسم] امتیاز، نتیجه

Notre équipe a fait un bon score.

تیم ما نتیجهٔ خوبی به دست آورد.

scorpion /skorpyo^{n}/ le

[اسم] عقرب

Un scorpion l'a piqué.

عقرب او را زد.

scorpion

sculpteur /skûlteur/ le

[اسم] مجسمه‌ساز، پیکرتراش

توجه کنید که در کلمات ***sculpteur*** و ***sculpture***،
حرف ***p*** تلفظ نمی‌شود.

Michel-Ange est un grand sculpteur.

میکل آنژ مجسمه‌ساز بزرگی است.

sculpture /skûltûr/ la

[اسم] مجسمه

Ce musée contient de très anciennes sculptures.

این موزه دارای مجسمه‌های خیلی قدیمی است.

se /se/ [ضمیر] ۱. خود را، به خود

Pierre se regarde dans la glace.

پیِر خود را در آینه می‌بیند.

۲. همدیگر را، به هم

Pierre et Paul se regardent.

پیِر و پل همدیگر را نگاه می‌کنند.

۳. بخشی از فعل دوضمیره

Elle s'en va. او می‌رود.

seau /so/ le [اسم] سطل

Un seau en plastique

یک سطل پلاستیکی

نگاه کنید به توضیحِ ***sot***.

sec /sék/ , **sèche** /séch/

[صفت] خشک

Le linge sera bientôt sec.

رخت زود خشک خواهد شد.

sécher /séché/

[فعل] ۱. خشک کردن

Cette machine sèche le linge.

این دستگاه لباس را خشک می‌کند.

۲. خشک شدن

Mon maillot de bain sèche au soleil.

مایوی من جلوی آفتاب خشک می‌شود.

second /sego^n/ , **seconde** [1] /sego^{n}d/

[صفت] دوم، دومین

J'habite au second étage.

من در طبقهٔ دوم زندگی می‌کنم.

seconde [2] /sego^{n}d/ la

[اسم] ثانیه

Il y a soixante secondes dans une minute.

یک دقیقه شصت ثانیه است.

secouer /sekué/

[فعل] تکان دادن

Avant d'ouvrir cette bouteille, secoue-la bien! قبل از باز کردنِ این بطری، خوب تکانش بده.

secours /sekur/ le

[اسم] کمک، یاری

Ils sont venus à son secours.

آنها به کمکش آمدند.

premiers secours کمک‌های اولیه

secret [1] /sekré/ le [اسم] راز

C'est un secret, ne le répète pas.

این یک راز است، آن را بازگو نکن.

en secret پنهانی، مخفیانه، محرمانه

Jean est venu nous voir en secret. ژان پنهانی آمده ما را ببیند.

در کلمهٔ ***second***، حرف **c** به صورتِ /g/ تلفظ می‌شود.

اگر **se** قبل از حروف صدادار بیاید، به جای آن، صورت **s'** به کار می‌رود:
Elle **s'**en va.

seau با **x** جمع بسته می‌شود: ***seaux***.

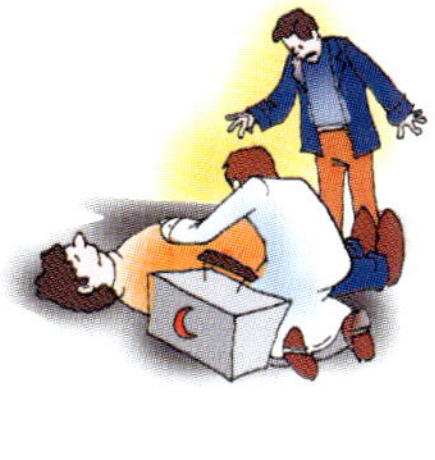

premiers secours

a = اَ	**é** = اِ	**e** = اُ(با دهان نیمه‌بسته)	**eu** = اُ ترکی درگُزل	**o** = اُ	**û** = او ترکی درگول	
u = او	**i** = ای	**â^n** = آ تودماغی	**a^n** = اَ تودماغی	**o^n** = اُ تودماغی	**r** = غ عربی	
y = ی	**n^y** = نْیْ	**j** = ژ	**g** = گ	**ch** = ش	**s** = س	**z** = ز

secret [2] /sekré/ , **secrète** /sekrét/
[صفت] ۱. پنهان، مخفی، سِرّی
Ils sont sortis du château par le passage secret.
آنها از راه مخفی از قلعه خارج شدند.
۲. محرمانه
Des informations secrètes
اطلاعات محرمانه

secrétaire /sekrétér/ le, la
[اسم] منشی، سکرتر
La directrice a donné une lettre à taper à sa secrétaire.
خانم مدیر نامه‌ای به منشی داد تا آن را تایپ کند.

sécurité /sékûrité/ la
[اسم] امنیت، ایمنی
Les règles de sécurité
مقررات ایمنی
être en sécurité در امان بودن

sein /sa^n/ le [اسم] پستان، سینه

seize /séz/ [صفت] شانزده
Juliette a seize ans.
ژولیت شانزده‌ساله است.

séjour /séjur/ le
[اسم] اقامت، ماندن
Notre séjour au Canada a duré une semaine.
اقامت ما در کانادا یک هفته طول کشید.
salle de séjour اتاق نشیمن

sel

sel /sél/ le [اسم] نمک
Luc met du sel sur sa viande.
لوک گوشتش را نمک می‌زند.

selon /selo^n/
[حرف اضافه] ۱. بنابر، با توجه به
Selon le temps, le bateau partira ou non.
کشتی با توجه به (وضعیتِ) هوا حرکت می‌کند. حرکت کشتی به وضعیت هوا بستگی دارد.
۲. به نظرِ، به قولِ
Selon moi, il va pleuvoir.
به نظر من، به زودی باران می‌بارد.

semaine /semén/ la
[اسم] هفته
Nous nous verrons en fin de semaine.
آخر هفته همدیگر را می‌بینیم.

semblable /sâ^nblabl/
[صفت] همانند، شبیه (به هم)، مثل هم، مشابه
Nos chemises sont semblables.
پیراهن‌های ما مثل همند.

semblant /sâ^nblâ^n/ le ,
faire semblant de وانمود کردن، تظاهر کردن
Ma sœur fait semblant de dormir.
خواهرم وانمود می‌کند که خواب است.
خواهرم خودش را به خواب زده.

sembler /sâ^nblé/
[فعل] به نظر رسیدن، به نظر آمدن
La maîtresse semble fâchée.
خانم معلم عصبانی به نظر می‌رسد.

semer /semé/ [فعل] کاشتن

Nos voisins sèment du gazon.

همسایه‌هایمان چمن می‌کارند.

sens [1] /sâⁿs/ le [اسم] ۱. حس

La vue, l'ouïe, l'odorat, le goût, le toucher sont les cinq sens.

پنج حس عبارتند از بینایی، شنوایی، بویایی، چشایی و لامسه.

۲. معنی، مفهوم

Quel est le sens de ce mot?

معنی این کلمه چیست؟

۳. جهت، طرف، سمت

Dans quel sens allez-vous?

کدام طرف می‌روید؟

sens [2] /sâⁿ/ : je sens, tu sens

صورت صرف‌شدهٔ فعلِ ***sentir***.

sensible /sâⁿsibl/

[صفت] حساس

André est un enfant sensible.

آندره بچهٔ حساسی است.

sentier /sâⁿtye/ le

[اسم] راه باریک

sentiment /sâⁿtimâⁿ/ le

[اسم] احساس

L'amour est un sentiment très fort.

عشق یک احساس خیلی قوی است.

sentir /sâⁿtir/

[فعل] ۱. احساس کردن، حس کردن

Je sens le froid.

احساس سرما می‌کنم. سردم است.

Luc a senti que Jean était triste.

لوک احساس کرد که ژان ناراحت است.

۲. بوی (چیزی را) حس کردن

Je sens une odeur de frites.

بوی سیب‌زمینی سرخ‌کرده را حس می‌کنم. بوی سیب‌زمینی سرخ‌کرده می‌آید.

۳. بو دادن

Les roses sentent bon.

گل سرخ بوی خوب می‌دهد.

séparation /séparasyoⁿ/ la

[اسم] جدایی

Ils ne se sont pas revus depuis leur séparation.

بعد از جدایی‌شان دیگر همدیگر را ندیده‌اند.

séparer /séparé/

[فعل] جدا کردن، مجزا کردن

J'ai séparé Yves et Luc qui se battaient.

ایو و لوک را که دعوا می‌کردند، از هم جدا کردم.

se séparer از هم جدا شدن

Les parents de Marie se sont séparés.

پدر و مادر ماری از هم جدا شده‌اند.

sept /sét/ le [صفت، اسم] هفت

Il y a sept jours dans la semaine. هفته هفت روز است.

sentier

توجه کنید که حرف **p** در کلمهٔ ***sept*** و ***septième*** تلفظ نمی‌شود.

septembre نهمین ماهِ سال میلادی است که سی روز دارد و مطابق است با ۱۰ شهریور تا ۸ مهر.

sérieux

septembre /septâⁿbr/ le
[اسم] سپتامبر
L'automne commence le 23 septembre.
پاییز ۲۳ سپتامبر شروع می‌شود.

septième /sétyém/
[صفت] هفتم، هفتمین
Le septième mois de l'année
هفتمین ماه سال

série /séri/ la [اسم] دسته، رشته، سِری
Une série d'accidents
یک رشته حوادث

sérieusement /séryeuzmâⁿ/ [قید] با جدیت، جداً
Marie travaille sérieusement.
ماری با جدیت کار می‌کند.

sérieux /séryeu/ , **sérieuse** /séryeuz/
[صفت] جدی
Jacques est sérieux dans son travail. ژاک در کارش جدی است.

serpent /sérpâⁿ/ le [اسم] مار
Serpent d'eau مار آبی
نگاه کنید به توضیحِ ***couleuvre***.

serpents

serrer /séré/ [فعل] فشردن، فشار دادن
Ne serrez pas si fort votre crayon, quand vous écrivez.
وقتی می‌نویسید، مدادتان را این‌قدر فشار ندهید.

serrure /sérûr/ la [اسم] قفل
La clé est dans la serrure.
کلید داخل قفل است.

sert /sér/ : il sert
صورت صرف‌شدهٔ فعلِ ***servir***.

service /sérvis/ le
[اسم] ۱. خدمت
Je suis à votre service.
من در خدمت شما هستم.
۲. خدمات، سرویس
Le service des transports
سرویس حمل و نقل
۳. سرویس (ظرف)، دست
Mamie a acheté un service à café.
مامان‌بزرگ یک سرویس قهوه‌خوری خرید.
Un service à café
یک دست قهوه‌خوری

serviette /sérvyét/ la
[اسم] ۱. حوله
Une serviette de bain
حولهٔ حمام
۲. کیف (دستی)
Une serviette en cuir کیف چرمی

servir /sérvir/
[فعل] ۱. پذیرایی کردن

Ma sœur sert les invités.

خواهرم از مهمان‌ها پذیرایی می‌کند.

۲. به درد (کسی یا کاری) خوردن

Ce livre m'a bien servi.

این کتاب خیلی به دردم خورد.

se servir به کار بردن، استفاده کردن

Je me sers souvent de ma règle.

اغلب از خط‌کشم استفاده می‌کنم.

ses /sé/ [صفت] (مال‌هایِ) او، ـ هایش

Ses jouets اسباب‌بازی‌های او، اسباب‌بازی‌هایش

ses صورت جمعِ **son, sa** است.

seul , seule /seul/

[صفت] تنـها

Depuis la mort de son mari, elle vit seule.

از وقتی شوهرش مرده، تنها زندگی می‌کند.

seul

seulement /seulmâⁿ/

[قید] فقط، تنها

Ils sont seulement trois.

آنها فقط سه نفرند.

sévère /sévér/ [صفت] سختگیر

Mon père est sévère.

پدرم سختگیر است.

sexe /seks/ le [اسم] جنس

Le sexe masculin جنس نر، مرد

shampooing /châⁿpuaⁿ/ le

[اسم] شامپو

Maman me fait un shampooing.

ماما‌ن سرم را شامپو می‌زند.

shampooing یک کلمهٔ انگلیسی است.

short /chort/ le

[اسم] شلوار کوتاه

Hugo a un short bleu.

هوگو یک شلوار کوتاه آبی دارد.

short یک کلمهٔ انگلیسی است.

short

si /si/ ۱. [حرف ربط] اگر، چنانچه

Tu trouveras la réponse si tu cherches.

اگر بگردی جواب را پیدا می‌کنی.

۲. [قید] آن‌قدر، خیلی

Alex a si mal aux dents qu'il ne peut pas parler.

دندان آلکس آن‌قدر درد می‌کند که نمی‌تواند حرف بزند.

۳. [قید] چرا

Tu ne viens pas avec nous? – Si!

با ما نمی‌آیی؟ ـ چرا (می‌آیم)!

اگر حرف ربط **si** قبل از حروف صدادار بیاید، به صورت **s'** به کار می‌رود:
s'il vous plaît

si به معنیِ «چرا» (= بله)، زمانی به کار می‌رود که بخواهیم به یک سؤال منفی جواب مثبت بدهیم.

a = اَ	**é** = اِ	**e** = (با دهان نیمه‌بسته) اُ	**eu** = اُ ترکی درگُزل	**o** = اُ	**û** = او ترکی درگول
u = او	**i** = ای	**âⁿ** = آ تودماغی	**aⁿ** = اَ تودماغی	**oⁿ** = اُ تودماغی	**r** = غ عربی
y = ی	**nʸ** = نْیْ	**j** = ژ	**g** = گ	**ch** = ش	**s** = س

siècle /syékl/ le [اسم] قرن

Le 21e siècle commence le 1er janvier 2001.

قرن بیست و یکم از اول ژانویهٔ ۲۰۰۱ شروع می‌شود.

sien /sya^{n}/ le , **sienne** /syén/ la [ضمیر] مال او، مال خودش

ضمایر ملکی مثلِ ***sien*** و ***sienne*** با حروف تعریف ***la*** و ***le*** به کار می‌روند:
le sien, la sienne

J'ai pris ma bicyclette et Pierre la sienne.

من سوار دوچرخهٔ خودم شدم و پیِر سوار مال خودش.

siffler /siflé/ [فعل] سوت زدن

L'arbitre siffle la fin du match.

داور سوت پایان مسابقه را زد.

Luc ne sait pas siffler.

لوک بلد نیست سوت بزند.

sifflet /siflé/ le [اسم] سوت

L'agent de police a un sifflet.

پلیس سوت دارد.

signal /sin^{y}al/ le [اسم] علامت

signal در جمع ***signaux*** می‌شود.

Les coureurs attendent le signal du départ.

دوندگان منتظر علامت حرکتند.

signature /sin^{y}atûr/ la [اسم] امضا

signature

Sa signature est illisible.

امضای او ناخواناست.

signe /sin^{y}/ le [اسم] نشانه، علامت

La virgule est un signe.

ویرگول یک نشانه است.

signer /sin^{y}é/ [فعل] امضا کردن

Paul a signé sa lettre.

پل نامه‌اش را امضا کرد.

silence /silâ^{n}s/ le [اسم] سکوت

Gardez le silence!

سکوت را حفظ کنید!

silencieusement /silâ^{n}syeuzmâ^{n}/ [قید] بی‌سر و صدا، آرام

Les chats marchent silencieusement.

گربه‌ها بی‌سر و صدا راه می‌روند.

silencieux /silâ^{n}syeu/ , **silencieuse** /silâ^{n}syeuz/ [صفت] ساکت، بی‌صدا

Pendant le repas, Élisa est restée silencieuse.

هنگام غذا اِلیزا ساکت ماند.

simple /sa^{n}pl/ [صفت] ۱. ساده

Une robe simple یک پیراهن ساده

۲. آسان، راحت

Une question simple

یک سؤال آسان

simplement /sa^{n}plemâ^{n}/ [قید] به سادگی، به طور ساده

La maîtresse nous a expliqué la leçon simplement.

خانم معلم درس را به طور ساده برایمان توضیح داد.

sincère /sa^{n}sér/ [صفت] راستگو، صادق

situation /sitûasyo^{n}/ la

[اسم] ۱. وضعیت، وضع

La situation financière de l'entreprise وضعیت مالی شرکت

۲. موقعیت

Son père a une belle situation.

پدرش موقعیت خوبی دارد.

six /sis/ le [صفت، اسم] شش

Son petit frère a six ans.

برادر کوچکش شش ساله است.

اگر **six** به تنهایی یا در آخر جمله به کار رود /sis/ خوانده می‌شود. اما قبل از حروف بی‌صدا /si/ و قبل از حروف صدادار /siz/ تلفظ می‌شود.

sixième /sizyém/

[صفت] ششم، ششمین

Le sixième étage طبقهٔ ششم

ski /ski/ le [اسم] اسکی

Jean fait du ski. ژان اسکی می‌کند.

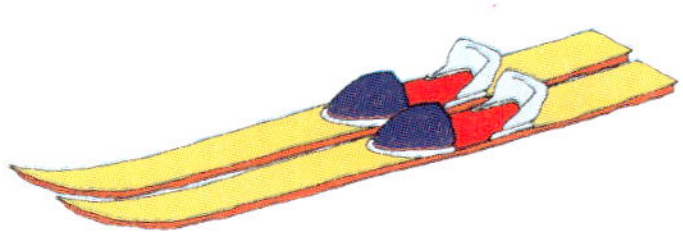

ski

skier /skyé/ [فعل] اسکی کردن

Luc aimerait apprendre à skier.

لوک دوست دارد اسکی کردن را یاد بگیرد.

skieur /skyeur/ le , **skieuse** /skyeuz/ la

[اسم] اسکی‌باز

Les skieurs descendent sur les pistes.

اسکی‌بازها از پیست پایین می‌آیند.

Luc est un garçon sincère.

لوک پسر راستگویی است.

sincérité /sa^{n}sérité/ la

[اسم] صداقت، درستی

Je te parle avec sincérité.

با صداقت با تو حرف می‌زنم.

singe /sa^{n}j/ le [اسم] میمون

singes

singulier /sâ^{n}gûlyé/ le

[اسم] (صورت) مفرد

Un mot singulier یک کلمهٔ مفرد

sinon /sino^{n}/

[حرف ربط] وگرنه، والاّ

Mets ton pull, sinon tu auras froid!

پولیورت را بپوش، وگرنه سردت می‌شود.

sirop /siro/ le

[اسم] شربت (نوشیدنی یا دارو)

Du sirop contre la toux

شربت ضدسرفه، شربت سینه

Julie boit du sirop de fraise.

ژولی شربت توت‌فرنگی می‌خورد.

soir /suâr/ le [اسم] شب، عصر
Je me couche à neuf heures du soir. من ساعت نُه شب می‌خوابم.

soirée /suâré/ la [اسم] شب
Maman a passé la soirée à lire.
مامان شب را به مطالعه گذراند.

soit /suâ/ , **soit ... soit**
[حرف ربط] یا ... یا، چه ... چه
Tu peux venir soit samedi, soit dimanche.
می‌توانی یا شنبه بیایی یا یکشنبه.

soixante /suâsâ^{n}t/
[صفت] شصت
Ouvrez votre livre page soixante.
صفحهٔ شصت کتابتان را باز کنید.

soixante-dix /suâsâ^{n}tdis/
[صفت] هفتاد
Mamie a soixante-dix ans.
مامان‌بزرگ هفتاد سالش است.

sol /sol/ le [اسم] ۱. زمین، کف
Paul est assis sur le sol de la chambre. پل کف اتاق نشسته.
۲. خاک
Le sol de cette région est fertil.
خاک این منطقه حاصلخیز است.

soldat /solda/ le [اسم] سرباز
Un simple soldat یک سرباز ساده

soleil /soléy/ le [اسم] آفتاب، خورشید
Il fait soleil aujourd'hui.
امروز هوا آفتابی است.

sœur /seur/ la [اسم] خواهر
Sarah est la sœur de Luc.
سارا خواهر لوک است.

soi /suâ/ [ضمیر] خود، خویش
Après la classe, chacun rentre chez soi. بعد از کلاس،
هر کس به خانهٔ خود می‌رود.

soif /suâf/ la [اسم] تشنگی، عطش
avoir soif تشنه بودن
J'ai soif. تشنه‌ام. تشنمه.

soigner /suân^{y}é/
[فعل] مواظبت کردن، مراقبت کردن
À l'hôpital, j'ai été bien soigné.
در بیمارستان، از من خوب مراقبت کردند.

soigneusement
/suân^{y}euzmâ^{n}/ [قید] به دقت، با دقت
Alex plie soigneusement son pantalon.
آلکس شلوارش را به دقت تا می‌کند.

soigneux /suân^{y}eu/ , **soigneuse** /suân^{y}euz/
[صفت] مراقب، دقیق
Flora est toujours soigneuse.
فلورا همیشه دقیق است. فلورا همیشه کارهایش را بادقت انجام می‌دهد.

soin /sua^{n}/ le [اسم] مراقبت، مواظبت، دقت
Luc fait son travail avec soin.
لوک کارش را با دقت انجام می‌دهد.

soir معمولاً زمان غروب آفتاب یا اوایل شب را می‌گویند. ***soirée*** به این فاصلهٔ زمانی (از غروب تا شب) گفته می‌شود.

در کلمهٔ ***soixante-dix***، جزءِ ***-dix*** به تنهایی یا در آخر جمله به صورتِ /dis/، قبل از حروف صدادار به صورتِ /diz/ و قبل از حروفِ بی‌صدا /di/ تلفظ می‌شود.
برای شمارش اعدادِ ۷۱ تا ۷۹، به جایِ ***dix*** از ***onze*** و غیره استفاده می‌شود:
soixante-onze
هفتاد و یک
soixante-dix-neuf
هفتاد و نه

soldat

soleil به معنیِ «سیارهٔ خورشید» با حرف بزرگ نوشته می‌شود:
La Terre tourne autour du ***Soleil.***
زمین دور خورشید می‌گردد.

solide /solid/ [صفت] محکم، بادوام
Mon sac à dos est solide.
کوله‌پشتی‌ام محکم است.

solidité /solidité/ la
[اسم] استحکام، دوام
La solidité des chaussures
دوام کفش

solitaire /solitér/
[صفت] گوشه گیر، تنها
Ma grand-mère est très solitaire.
مادربزرگ من خیلی تنهاست.

solitude /solitûd/ la
[اسم] تنهایی
Cathie a peur de la solitude.
کَتی از تنهایی می‌ترسد.

solution /solûsyo^n/ la
[اسم] راه حل، جواب
Jacques a trouvé la solution du problème.
ژاک جواب مسئله را پیدا کرد.

sombre /so^nbr/
[صفت] ۱. تاریک
Notre appartement est sombre.
آپارتمان ما تاریک است.
۲. تیره، سیر
Françoise porte une robe sombre.
فرانسواز پیراهن تیره پوشیده.

somme /som/ la
[اسم] ۱. جمع، حاصل جمع
12 est la somme de 7 et 5.
دوازده حاصل جمعِ هفت و پنج است.
۲. مبلغ
La somme de 200 francs
مبلغ دویست فرانک

sommeil /somèy/ le
[اسم] خواب
J'ai sommeil. خوابم می‌آید.

sommeil

sommes /som/ : nous sommes صورت صرف‌شدهٔ فعلِ **être**.

sommet /somé/ le [اسم] قُله
Le sommet d'une montagne
قلهٔ یک کوه

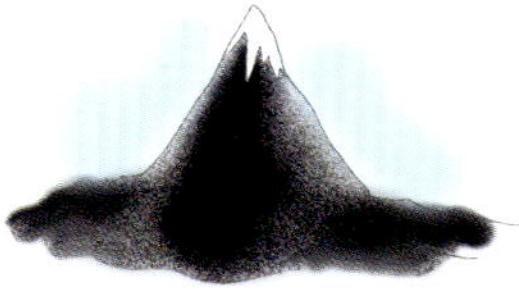
sommet

son [1] /so^n/ , **sa** /sa/
[صفت] (مالِ) او، ـَ ش
Son père پدر او، پدرش
Sa maison خانهٔ او، خانه‌اش

sa و **son** در جمع **ses** می‌شوند.

son [2] /so^n/ le [اسم] صوت، صدا
Marcel aime le son du violon.
مارسل صدای ویولن را دوست دارد.

sonner /soné/ [فعل] زنگ زدن

Le téléphone sonne.

تلفن زنگ می‌زند.

sonnette /sonét/ la

[اسم] زنگ

Mon vélo a une sonnette.

دوچرخه‌ام زنگ دارد.

sont /so^{n}/ : ils sont

صورت صرف‌شدهٔ فعلِ ***être***.

sorcier /sorsyé/ le ,
sorcière /sorsyér/ la

[اسم] جادوگر، افسونگر

Les sorcières sont souvent laides et méchantes.

جادوگران اغلب زشت و بدجنسند.

sorcier

sort /sor/ : il sort

صورت صرف‌شدهٔ فعلِ ***sortir***.

sorte /sort/ la [اسم] نوع، گونه، جور

Il existe de nombreuses sortes de fleurs. گل انواع زیادی دارد.

sortie /sorti/ la

[اسم] ۱. خروج، بیرون رفتن

Maman est arrivée juste à la sortie des classes. مامان درست موقع خروج (بچه‌ها) از کلاس رسید.

۲. خروجی، درِ خروج

La sortie du cinéma

خروجی سینما

sortie

sortir /sortir/

[فعل] ۱. بیرون رفتن، خارج شدن

À huit heures, je suis sorti de la maison.

ساعت هشت، از خانه بیرون رفتم.

۲. بیرون بردن

Yann sort son chien.

یان سگش را بیرون می‌برد.

sot /so/ , **sotte** /sot/

[صفت] احمق، نادان، نفهم

Alice est gentille, mais sotte.

آلیس مهربان ولی نادان است.

کلمه‌های ***sot*** و ***saut*** و نیز ***seau*** همه به یک شکل /so/ تلفظ می‌شوند.

soucoupe /sukup/ la

[اسم] نعلبکی

La tasse est posée sur la soucoupe.

فنجان روی نعلبکی است.

soudain /suda^{n}/

[قید] ناگهان، یکدفعه

Soudain, le ballon a éclaté.

بادکنک (یا توپ) یکدفعه ترکید.

souffert /sufér/ ,
soufferte /sufért/

صورت مفعولی فعلِ ***souffrir***.

souffler /suflé/

[فعل] ۱. فوت کردن

Isabelle souffle les bougies.

ایزابل شمع‌ها را فوت می‌کند.

۲. وزیدن

Le vent souffle. باد می‌وزد.

souffrance /sufrâⁿs/ la
[اسم] رنج، درد
Le médicament a calmé la souffrance du malade.
دارو درد بیمار را آرام کرد.

souffrir /sufrir/
[فعل] رنج بردن، درد کشیدن
Il a beaucoup souffert pendant sa maladie.
او در مدت بیماری‌اش خیلی رنج کشید.

souhaiter /suété/
[فعل] ۱. آرزو کردن
Je vous souhaite une bonne année.
سال خوبی را برایتان آرزو می‌کنم.
۲. خواستن، دل (کسی) خواستن
Jean souhaite avoir un petit frère.
ژان دلش می‌خواهد یک برادر کوچک داشته باشد.

soulever /sulvé/
[فعل] بلند کردن، برداشتن
Je ne peux pas te soulever.
نمی‌توانم تو را (از زمین) بلند کنم.

soulier /sulyé/ le [اسم] کفش
Elle a perdu un soulier.
او (یک لنگه) کفشش را گم کرد.
Il a mis des souliers noirs.
او کفش‌های سیاه پوشیده.

souligner /sulinʸé/
[فعل] زیر (چیزی را) خط کشیدن
Marie a souligné tous les verbes.
ماری زیر همهٔ فعل‌ها را خط کشید.

soupe /sup/ la [اسم] سوپ
Une soupe à l'oignon
سوپ پیاز

souple /supl/ [صفت] نرم، انعطاف‌پذیر
Une branche souple
یک شاخهٔ نرم

source /surs/ la
[اسم] چشمه
Marc boit de l'eau de source.
مارک از آب چشمه می‌نوشد.

sourcil /sursi/ le [اسم] ابرو

sourd /sur/ , **sourde** /surd/ [صفت] ناشنوا، کر
Mon grand-père est sourd.
پدربزرگم ناشنواست.

souri /suri/
صورت مفعولی فعلِ ***sourir***.

souriant /suryâⁿ/ , **souriante** /suryâⁿt/
[صفت] خندان، خنده‌رو
Laura est souriante.
لورا خنده‌روست.

sourcils
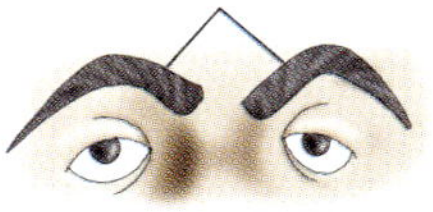

حرف ***l*** در ***sourcil*** تلفظ نمی‌شود، اما در ***cil*** تلفظ می‌شود.

soulier نوعی کفش ساده است، اما ***chaussure*** یک نام کلی است و به انواع کفش گفته می‌شود.

a = اَ　é = اِ　e = اُ(با دهان نیمه‌بسته)　eu = اُ ترکی درگُزل　o = اُ　û = او ترکی درگول
u = او　i = ای　âⁿ = آ تودماغی　aⁿ = اَ تودماغی　oⁿ = اُ تودماغی　r = غ عربی
y = ی　nʸ = نْیْ　j = ژ　g = گ　ch = ش　s = س　z = ز

sourire [1] /surir/
[فعل] لبخند زدن
Sur la photo, nous sourions.
در عکس، ما لبخند می‌زنیم.

sourire [2] /surir/ le
[اسم] لبخند
Victor m'a fait un sourire.
ویکتور به من لبخند زد.

souris /suri/ la [اسم] موش
Le chat chasse les souris.
گربه موش‌ها را شکار می‌کند.
نگاه کنید به توضیحِ ***rat***.

sous /su/ [حرف اضافه] زیرِ
Sous la table زیر میز

sous-marin /sumaraⁿ/ le
[اسم] زیردریایی

sous-marin

sous-sol /susol/ le
[اسم] زیرزمین
Les parkings sont au sous-sol.
پارکینگ‌ها در زیرزمینند.

soustraction
/sustraksyoⁿ/ la [اسم] تفریق
On utilise le signe moins «–» pour faire une soustraction.
علامتِ «–» برای تفریق به کار می‌رود.

soustraire /sustrér/
[فعل] کم کردن، کسر کردن
Si on soustrait 10 de 15, il reste 5.
(اگر) ده را از پانزده کم کنیم، می‌ماند پنج.

sous-vêtement
/suvétmâⁿ/ le [اسم] لباس زیر
Des sous-vêtements d'homme
لباس زیر مردانه

souterrain /sutéraⁿ/ ,
souterraine /sutérén/
[صفت] زیرزمینی
Un gouffre souterrain
یک غار زیرزمینی

souvenir [1] /suvnir/ le
[اسم] ۱. یاد، خاطره
Grand-père nous raconte ses souvenirs.
پدربزرگ خاطراتش را برایمان تعریف می‌کند.
۲. یادبود، یادگار
Cette bague est un souvenir de ma grand-mère.
این انگشتر یادگار مادربزرگم است.

souvenir [2] (se) /suvnir/
[فعل] به یاد آوردن، یاد (کسی) آمدن، به خاطر داشتن
Je me souviens de cette histoire.
این داستان را به یاد می‌آورم.

souvent /suvâⁿ/
[قید] اغلب، بیشتر وقت‌ها
Mon petit frère pleure souvent.
برادر کوچکم اغلب گریه می‌کند.

souvient (se) /suvya[n]/ : il se souvient

صورت صرف‌شدهٔ فعلِ ***se souvenir***.

spécial , spéciale

/spésyal/ [صفت] مخصوص، ویژه، خاص

Cet appareil a une forme spéciale.

این دستگاه شکل خاصی دارد.

کلمهٔ ***spécial*** در جمع ***spéciaux*** می‌شود.

spécialement

/spésyalmâ[n]/ [قید] مخصوصاً، به ویژه

Juliette aime les glaces et spécialement les glaces à la fraise.

ژولیت بستنی را دوست دارد، مخصوصاً بستنی توت‌فرنگی را.

spectacle /spektakl/ le

[اسم] نمایش

Mardi, nous avons vu un spectacle.

سه‌شنبه یک نمایش دیدیم.

spectateur /spéktateur/ le , **spectatrice** /spéktatris/ la

[اسم] تماشاچی، بیننده

Les spectateurs applaudissent les acteurs.

تماشاچی‌ها بازیگران را تشویق می‌کنند.

sphère /sfér/ la [اسم] کُره، گوی

La Terre a la forme d'une sphère. زمین به شکل یک کُره است.

sport /spor/ le [اسم] ورزش

Le football est un sport.

فوتبال یک ورزش است.

sportif /sportif/ le , **sportive** [1] /sportiv/ la

[اسم] ورزشکار

C'est un grand sportif.

او ورزشکار بزرگی است.

sportif

sportif /sportif/ , **sportive** [2] /sportiv/

[صفت] ورزشی

Une compétition sportive

یک مسابقهٔ ورزشی

squelette /skelét/ le

[اسم] اسکلت، استخوان‌بندی

Le squelette de l'homme

اسکلت انسان

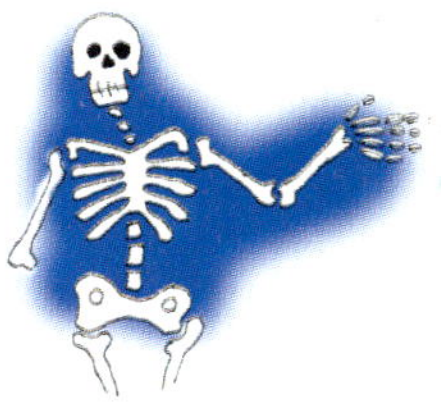

squelette

station /stasyo[n]/ la

[اسم] ایستگاه

Station de métro ایستگاه مترو

stationnement

/stasyonmâ[n]/ le

[اسم] توقف (اتومبیل)، ایستادن

Dans cette rue, le stationnement est interdit.

در این خیابان، توقف (اتومبیل) ممنوع است.

sphère

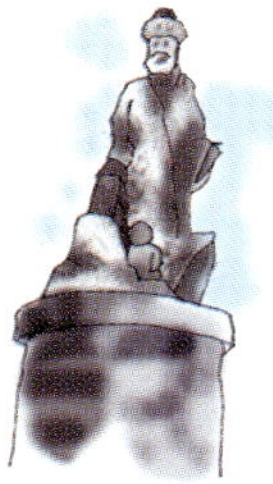

statue

stop یک کلمهٔ انگلیسی است.

sucette

stylo

stationner /stasyoné/

[فعل] توقف کردن (اتومبیل)، ایستادن

On ne peut pas stationner dans cette rue.

در این خیابان نمی‌توان توقف کرد.

statue /statû/ la

[اسم] مجسمه

Une statue de bois

یک مجسمهٔ چوبی

stop! /stop/

[عبارت تعجبی] ایست!

stupide /stûpid/

[صفت] ۱. احمق، کودن، خِنگ

Il est vraiment stupide!

واقعاً که احمق است!

۲. احمقانه

Une idée stupide

یک فکر احمقانه

style /stil/ le [اسم] سبک، شیوه

Cet écrivain a un style particulier.

این نویسنده سبک خاصی دارد.

stylo /stilo/ le

[اسم] خودنویس، قلم

stylo à bille خودکار

su , sue /sû/

صورت مفعولی فعلِ ***savoir***.

subitement /sûbitmâ^{n}/

[قید] ناگهان، یکدفعه

Jean est parti subitement.

ژان یکدفعه رفت.

succès /sûksé/ le

[اسم] موفقیت

Alex a passé son permis de conduire avec succès.

آلکس امتحان گواهی‌نامهٔ رانندگی‌اش را با موفقیت گذراند.

sucette /sûsét/ la

[اسم] آب‌نبات چوبی

sucre /sûkr/ le [اسم] قند، شکر

Jérard a mis deux morceaux de sucre dans son café.

ژِرار دو حبه قند در قهوه‌اش انداخت.

sucre en poudre شکر

sucre

sucré , sucrée /sûkré/

[صفت] شیرین

Un fruit sucré یک میوهٔ شیرین

sud /sûd/ le [اسم] جنوب

Le sud est opposé au nord.

جنوب (در جهتِ) مخالف شمال است.

suffi /sûfi/

صورت مفعولی فعلِ ***suffire***.

suffire /sûfir/

[فعل] بس بودن، کافی بودن

Ça suffit! بس است! کافی است!
Son salaire lui suffit pour vivre.
حقوق او برای زندگی‌اش کافی است.

suffisamment /sûfizamâ^n/
[قید] به اندازهٔ کافی
Alex a suffisamment de jouets.
آلکس به اندازهٔ کافی اسباب‌بازی دارد.

suffisant /sûfizâ^n/ ,
suffisante /sûfizâ^{n}t/
[صفت] بس، کافی
Cette quantité de fruits est suffisante.
این مقدار میوه کافی است.

suis /sûi/
je suis ۱. صورت صرف‌شدهٔ فعلِ ***être***:
۲. صورت صرف‌شدهٔ فعلِ ***suivre***:
je suis, tu suis

suite /sûit/ la [اسم] ۱. رشته، سلسله
Une suite d'évènements
یک رشته وقایع
۲. دنباله، بقیه
Connais-tu la suite de l'histoire? دنبالهٔ ماجرا را می‌دانی؟
tout de suite فوراً، بلافاصله، زود
Viens tout de suite! زود بیا!

suivant /sûivâ^n/ ,
suivante /sûivâ^{n}t/
[صفت] بعدی، بعد
Le mot que tu cherches est à la page suivante.
کلمه‌ای که دنبالش می‌گردی در صفحهٔ بعد آمده.

suivre /sûivr/
[فعل] ۱. پشت سر (کسی یا چیزی) رفتن، دنبال (کسی) رفتن
La moto suit le camion.
موتور پشت سر کامیون می‌رود.
۲. بعد از (کسی یا چیزی) آمدن
L'hiver suit l'automne.
زمستان بعد از پاییز می‌آید.

sujet /sûjé/ le [اسم] موضوع
Quel est le sujet de votre conversation?
موضوع صحبتتان چیست؟

supérieur , supérieure
/sûpéryeur/ [صفت] بالایی، بالا
Alice habite à l'étage supérieur.
آلیس در طبقهٔ بالا زندگی می‌کند.

supermarché
/sûpérmarché/ le
[اسم] فروشگاه، سوپرمارکت
Le samedi, nous allons au supermarché.
ما شنبه به فروشگاه می‌رویم.

supermarché فروشگاهی است که معمولاً ۴۰۰ تا ۲۵۰۰ مترمربع مساحت دارد.

supporter /sûporté/
[فعل] تحمل کردن
On ne peut pas supporter ce bruit. این صدا را نمی‌شود تحمل کرد.

supposer /sûpozé/

[فعل] تصور کردن، فکر کردن، فرض کردن

Je suppose que vous avez raison.

فکر می‌کنم که حق با شماست.

supprimer /sûprimé/

[فعل] حذف کردن

Flora a supprimé une phrase de sa rédaction.

فلورا یک جملهٔ انشایش را حذف کرد.

sur /sûr/ [حرف اضافه] رویِ

Le livre est sur la table.

کتاب روی میز است.

sûr , sûre /sûr/

[صفت] ۱. مطمئن

Marie était sûre d'avoir raison.

ماری مطمئن بود که حق با اوست.

۲. قابل اعتماد

Flora est une amie sûre.

فلورا دوست قابل اعتمادی است.

۳. امن

Ce quartier n'est pas très sûr la nuit.

شب‌ها این محله خیلی امن نیست.

sûrement /sûrmâⁿ/

[قید] مطمئناً، حتماً، مسلماً

Il va sûrement rentrer tard.

او مسلماً دیر برمی‌گردد.

surface /sûrfas/ la

[اسم] ۱. سطح، رو

La surface de la Terre.

سطح (کرهٔ) زمین

۲. مساحت

Paul calcule la surface de sa chambre.

پل مساحت اتاقش را حساب می‌کند.

surprendre /sûrprâⁿdr/

[فعل] ۱. غافلگیر کردن، مچ (کسی را) گرفتن

On l'a surpris en train de voler.

در حین دزدی مچش را گرفتند.

۲. متعجب کردن

Cette nouvelle m'a surpris.

این خبر مرا متعجب کرد.

surpris /sûrpri/ ,
surprise [1] /sûrpriz/

صورت مفعولی فعلِ ***surprendre***.

surprise [2] /sûrpriz/ la

[اسم] ۱. تعجب

Luc poussa un cri de surprise.

لوک از تعجب فریاد کشید.

۲. هدیه (یا خبر) غیرمنتظره، سورپریز

Nous voulons lui faire une surprise.

می‌خواهیم یک هدیهٔ غیرمنتظره به او بدهیم.

surtout /sûrtu/

[قید] مخصوصاً، به ویژه

Pauline aime les animaux et surtout les chats.

پولین حیوانات را دوست دارد، مخصوصاً گربه‌ها را.

surveillant /sûrvéyâⁿ/ le ,
surveillante /sûrvéyâⁿt/ la

[اسم] ناظم (مدرسه)

Le surveillant du lycée

ناظم دبیرستان

surveiller /sûrvéyé/

[فعل] مراقب (کسی) بودن، مواظبت کردن

La maman surveille ses enfants.

مامان مراقب بچه‌هایش است.

survoler /sûrvolé/

[فعل] از روی (چیزی) گذشتن

L'avion survole la mer.

هواپیما از روی دریا می‌گذرد.

suspendre /sûspâⁿdr/

[فعل] آویزان کردن، زدن

Je suspends mon pull au portemanteau.

پلیورم را به جارختی آویزان می‌کنم.

suspendu , suspendue /sûspâⁿdû/

صورت مفعولی فعلِ ***suspendre***.

sympathie /saⁿpati/ la

[اسم] علاقه

Paul a de la sympathie pour Luc. پل به لوک علاقه دارد.

sympathique /saⁿpatik/

[صفت] دوست‌داشتنی

Sa tante est une femme sympathique.

عمهٔ (یا خالهٔ) او زنی دوست‌داشتنی است.

système /sistém/ le

[اسم] نظام، دستگاه، سیستم

Le système nerveux

دستگاه عصبی

T,t

t' /t/ نگاه کنید به توضیحِ *te*.

ta /ta/ نگاه کنید به *ton, ta*.

table /tabl/ la [اسم] ۱. میز
La table de la salle à manger est ronde.
میز اتاق ناهارخوری گِرد است.
۲. فهرست
Table des matières
فهرست مطالب (کتاب)
۳. جدول
La table de multiplication
جدول ضرب
se mettre à table
سر میز غذا نشستن

tableau /tablo/ le
[اسم] ۱. تابلوی نقاشی
Jean a vu des tableaux de Picasso.
ژان تابلوهای پیکاسو را دید.
۲. تخته (سیاه)
Marie a écrit la date au tableau.
ماری تاریخ را روی تخته نوشت.

tache /tach/ la [اسم] لکه، لک
Une tache d'encre
یک لکهٔ جوهر

tâche /tach/ la [اسم] کار، وظیفه
Pour préparer la fête, nous avons chacun une tâche.
بـرای تـدارک جشـن، هـر یک از مـا وظیفه‌ای داریم.

tâcher /taché/
[فعل] سعی کردن، کوشیدن
Tâchez de venir vers dix heures!
سعی کنید حدود ساعت ده بیایید!

taille /tay/ la [اسم] قد
Alice et Pierre ont la même taille. آلیس و پیِر هم‌قدند.
de haute taille قدبلند

taille-crayon /taykréyo^n/ le
[اسم] مدادتراش، تراش
Prête-moi ton taille-crayon, s'il te plaît!
لطفاً مدادتراشت را به من قرض بده!

tailleur /tayeur/ le
[اسم] خیاط (مردانه)

taire (se) /tér/
[فعل] سکوت کردن، حرف نزدن
Tais-toi! ساکت باش! حرف نزن!

de haute taille

tableau بـا **x** جـمع بسـته می‌شود: ***tableaux***.

taille-crayon در جمع بـه صـــورتِ ***taille-crayons*** نوشته می‌شود.

tailleur خـیاطی است کـه برای مردها لباس می‌دوزد و ***couturière*** برای خانم‌ها.

tait (se) /té/ : il se tait

صورت صرف‌شدهٔ فعلِ ***se taire***.

tambour /tâ^{n}bur/ le

[اسم] طبل

Les soldats jouent du tambour.

سربازها طبل می‌زنند.

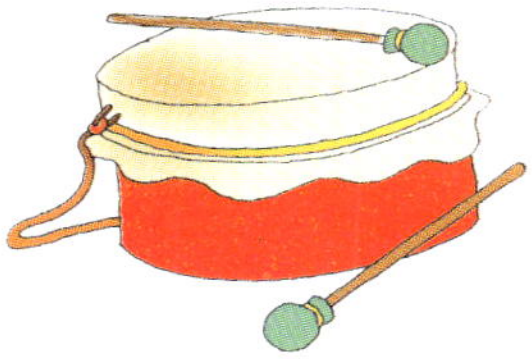

tambour

tandis que /tâ^{n}dike/

[حرف ربط] در حالی که، وقتی که

Tu joues, tandis que je lis.

تو بازی می‌کنی، در حالی که من کتاب می‌خوانم.

tank /tâ^{n}k/ le [اسم] تانک

Les tanks ont attaqué.

تانک‌ها حمله کردند.

tant /tâ^n/ [قید] آن‌قدر، این‌قدر

Ne mange pas tant de bonbons! این‌قدر آب‌نبات نخور!

tant mieux! چه خوب! چه بهتر!

tant pis! عیبی ندارد! مهم نیست!

tante /tâ^{n}t/ la [اسم] عمه، خاله

Tante Brigitte est la sœur de ma mère.

خاله بریژیت خواهرِ مادرم است.

tant que /tâ^{n}ke/

[حرف ربط] تا وقتی که

Je viendrai te voir tant que tu seras malade.

تا وقتی که مریضی به دیدنت می‌آیم.

taper /tapé/ [فعل] ۱. زدن

Il ne faut pas taper les animaux. حیوانات را نباید زد.

۲. تایپ کردن

La secrétaire a tapé trois lettres.

خانم منشی سه نامه را تایپ کرد.

tapis /tapi/ le [اسم] فرش، قالی

Le tapis du salon

فرش اتاق پذیرایی، قالی سالن

tard /tar/ [قید] دیر

Marie aime se lever tard.

ماری دوست دارد دیر از خواب بلند شود.

tarif /tarif/ le [اسم] نرخ، قیمت

Les tarifs ont augmenté.

نرخ‌ها افزایش یافته‌اند.

tas /ta/ le [اسم] توده، کُپه

Un tas de paille یک کپه کاه

tasse /tas/ la [اسم] فنجان

Paul range les tasses à café.

پل فنجان‌های قهوه را مرتب می‌کند.

tapis

a = اَ	**é** = اِ	**e** = (با دهان نیمه‌بسته) اُ	**eu** = اُ ترکی درگُزل	**o** = اُ	**û** = او ترکی درگول	
u = او	**i** = ای	**â^n** = آ تودماغی	**a^n** = اَ تودماغی	**o^n** = اُ تودماغی	**r** = غ عربی	
y = ی	**n^y** = نْیْ	**j** = ژ	**g** = گ	**ch** = ش	**s** = س	**z** = ز

téléphone /téléfon/ le

[اسم] تلفن

Donne-moi ton numéro de téléphone!

شماره تلفنت را به من بده!

téléphoner /téléfoné/

[فعل] تلفن کردن، تلفن زدن

Je te téléphonerai ce soir.

امشب بهت تلفن می‌کنم.

téléphonique /téléfonik/

[صفت] تلفنی، (مربوط به) تلفن

Une cabine téléphonique

باجهٔ تلفن

télescope /téléskop/ le

[اسم] تلسکوپ، دوربین نجومی

Les astronomes observent les astres au télescope.

ستاره‌شناسان با تلسکوپ ستاره‌ها را مشاهده می‌کنند.

télescope

téléspectateur /téléspék-tateur/ le , **téléspectatrice** /téléspék-tatris/ la [اسم] بینندهٔ تلویزیون

taureau /toro/ le [اسم] گاو نر

Une course de taureaux

مسابقهٔ گاوبازی

taureau

taxi /taksi/ le [اسم] تاکسی

Marc est chauffeur de taxi

مارک رانندهٔ تاکسی است.

te /te/ [ضمیر] به تو، تو را، با تو

Je te donne un livre.

یک کتاب به تو می‌دهم.

technique [1] /téknik/ la

[اسم] فن، تکنیک

Les progrès de la technique

پیشرفت‌های تکنیک

technique [2] /téknik/

[صفت] فنی، تکنیکی

Une expression technique

یک اصطلاح فنی

teinte /taⁿt/ la

[اسم] رنگ‌آمیزی، رنگ

Cette robe existe dans différentes teintes.

این پیراهن در رنگ‌های مختلف موجود است.

télé /télé/ la

نگاه کنید به توضیحِ ***télévision***.

taureau با **x** جمع بسته می‌شود: ***taureaux***.

اگر ***te*** قبل از حرف صدادار بیاید، به صورتِ ***t'*** نوشته می‌شود:

Je ***t'***accompagne.

من همراهت می‌آیم.

témoin /témuaⁿ/ le

[اسم] گواه، شاهد

Témoin de l'accident شاهد حادثه

température /tâⁿpératûr/ la

[اسم] دما، درجه حرارت

Le médecin a pris ma température.

دکتر دمای بدنم را گرفت.

tempête /tâⁿpét/ la

[اسم] توفان

temps /tâⁿ/ le

[اسم] ۱. زمان، وقت

Le temps a passé vite.

زمان زود گذشت.

Je n'ai pas eu le temps de t'écrire.

وقت نداشتم برایت (نامه) بنویسم.

۲. هوا

Quel temps fait-il?

هوا چطور است؟

de temps en temps گاهی، بعضی وقت‌ها

Il va au cinéma de temps en temps. او گاهی به سینما می‌رود.

en même temps هم‌زمان، با هم

Luc et Yves ont trouvé la réponse en même temps.

لوک و ایو هم‌زمان جواب را پیدا کردند.

tout le temps مدام، یکریز

Flora parle tout le temps.

فلورا مدام حرف می‌زند.

Plusieurs millions de téléspectateurs ont regardé le match.

چند میلیون بینندهٔ تلویزیون مسابقه را تماشا کردند.

téléviseur /télévizeur/ le

[اسم] تلویزیون

Ils ont deux téléviseurs.

آنها دو تا تلویزیون دارند.

téléviseur

télévision /télévizyoⁿ/ la

[اسم] تلویزیون

Marie regarde la télévision.

ماری تلویزیون تماشا می‌کند.

tellement /télmâⁿ/

[قید] به قدری، آن‌قدر

Il fait tellement froid qu'il ne sort pas.

هوا آن‌قدر سرد است که او (از خانه) بیرون نمی‌رود.

téléviseur به دستگاه تلویزیون گفته می‌شود، در حالی که ***télévision*** معمولاً به معنی برنامهٔ تلویزیونی است، ولی گاهی به دستگاه تلویزیون هم گفته می‌شود:

La ***télévision*** est cassée. تلویزیون شکسته.

گاهی به جایِ ***télévision***، صورت مخفف آن (***télé***) که خودمانی‌تر است به کار می‌رود.

tendre [1] /tâ^{n}dr/

[صفت] ۱. بامحبت، مهربان

Mamie est tendre avec ses petits-enfants.

مامان‌بزرگ با نوه‌هایش مهربان است.

۲. تُرد، نرم

Cette viande est très tendre.

این گوشت خیلی تُرد است.

tendre [2] /tâ^{n}dr/

[فعل] ۱. کشیدن

Yves tend la corde.

ایو طناب را می‌کشد.

۲. دراز کردن، پیش آوردن

Paul m'a tendu la main.

پل دستش را به طرف من دراز کرد.

tendrement /tâ^{n}dremâ^{n}/

[قید] با مهربانی، با علاقه

Alex aime ses enfants tendrement.

آلکس به بچه‌هایش خیلی علاقه دارد.

tendresse /tâ^{n}drés/ la

[اسم] محبت، علاقه

tenir /tenir/

[فعل] ۱. در دست گرفتن

Tiens bien le marteau!

چکش را خوب در دست بگیر!

۲. گرفتن، نگه داشتن

Tu peux me tenir mon sac?

می‌توانی کیفم را نگه داری؟

se tenir (چیزی را) گرفتن

Philippe se tient à une branche pour ne pas tomber.

فیلیپ دستش را به شاخه می‌گیرد تا نیفتد.

Tenez-vous par la main!

دست هم را بگیرید!

tennis /ténis/ le [اسم] تنیس

Marie joue au tennis.

ماری تنیس بازی می‌کند.

tennis de table تنیس روی میز، پینگ‌پنگ

Les enfants jouent au tennis de table. بچه‌ها پینگ‌پنگ بازی می‌کنند.

tennis

tentative /tâ^{n}tativ/ la

[اسم] اقدام، کوشش

Je fais encore une tentative.

باز هم تلاش می‌کنم.

tente /tâ^{n}t/ la [اسم] خیمه، چادر

monter une tente چادر زدن

tente

tenter /tâ^{n}té/

[فعل] اقدام کردن، سعی کردن

Un prisonnier a tenté de s'évader.

یک زندانی اقدام به فرار کرد.

tenu , tenue [1] /tenû/

صورت مفعولی فعلِ ***tenir***.

tenue [2] /tenû/ la

[اسم] ۱. رفتار

Yves a une mauvaise tenue en classe. ایو در کلاس رفتار بدی دارد.

۲. لباس

Une tenue de sport

یک لباس ورزشی

terminer /términé/

[فعل] تمام کردن، به پایان رساندن

Jean a terminé son exercice.

ژان تمرینش را تمام کرد.

se terminer تمام شدن، به پایان رسیدن

La fête d'anniversaire s'est terminée tard.

جشن تولد دیر تمام شد.

terne /térn/ [صفت] مات، کدر

terrain /téra^n/ le [اسم] زمین

Le terrain de sport

زمین ورزش

terre /tér/ la [اسم] ۱. زمین

Simon est tombé par terre.

سیمون زمین خورد.

۲. خاک

Maman plante un rosier dans la terre.

مامان یک بوتهٔ گل‌سرخ در خاک می‌کارد.

terrestre /téréstr/

[صفت] زمینی، (مربوط به) زمین

Le globe terrestre کرهٔ زمین

terrible /téribl/

[صفت] ۱. وحشتناک، هولناک

La bombe atomique est une arme terrible.

بمب اتمی سلاح هولناکی است.

۲. خیلی شدید

Il y a un vent terrible.

باد خیلی شدیدی می‌آید.

enfant terrible بچهٔ شرور

terrier /téryé/ le

[اسم] لانه (زیرزمینی)، سوراخ

Le renard sort de son terrier.

روباه از لانه‌اش خارج می‌شود.

نگاه کنید به توضیحِ ***nid***.

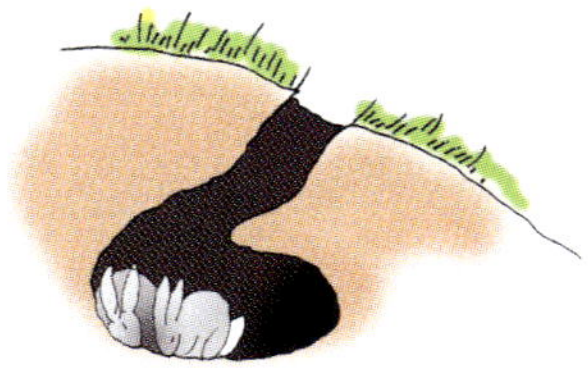

terrier

territoire /térituâr/ le

[اسم] سرزمین، قلمرو

La défense du territoire

دفاع از سرزمین

terre به معنیِ سیارهٔ زمین با حرف بزرگ نوشته می‌شود:

La ***Terre*** tourne autour du Soleil.

زمین دور خورشید می‌گردد.

a = اَ	**é** = اِ	**e** = اُ(با دهان نیمه‌بسته)	**eu** = اُ ترکی درگُزل	**o** = اُ	**û** = او ترکی درگول	
u = او	**i** = ای	**â**^{n} = آ تودماغی	**a**^{n} = اَ تودماغی	**o**^{n} = اُ تودماغی	**r** = غ عربی	
y = ی	**n**^{y} = نْی	**j** = ژ	**g** = گ	**ch** = ش	**s** = س	**z** = ز

tes /té/ [صفت] (مال‌های) تو، ـ هایت
Tes jouets اسباب‌بازی‌های تو، اسباب‌بازی‌هایت

tes صورت جمعِ ***ton, ta*** است.

tête /tét/ la [اسم] ۱. سر، کله
Papa met son chapeau sur sa tête. بابا کلاهش را سرش می‌گذارد.
۲. نوک، سر
La tête d'un clou سرِ میخ

texte /tékst/ le [اسم] متن
Le texte d'une rédaction متن انشاء

thé /té/ le [اسم] چای
Nous buvons du thé le matin. ما صبح‌ها چای می‌خوریم.

théâtre /téatr/ le [اسم] تئاتر، نمایش
Ce soir, nous allons au théâtre. امشب به تئاتر می‌رویم.

théâtre

théière /téyér/ la [اسم] قوری

théière

thermomètre le /térmométr/ [اسم] دماسنج
Le thermomètre indique 25 degrés. دماسنج (دمایِ) ۲۵ درجه را نشان می‌دهد.

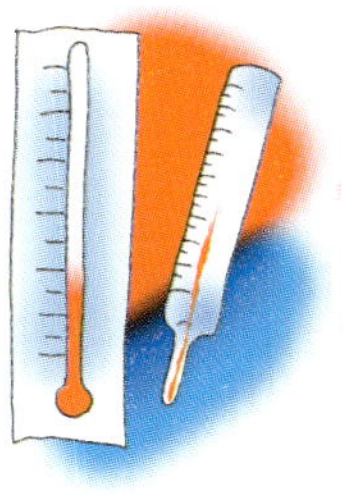

thermomètres

ticket /tiké/ le [اسم] بلیت
Natacha a un ticket de bus. ناتاشا یک بلیت اتوبوس دارد.

tiède /tyéd/ [صفت] وِلرم
L'eau de la douche est tiède. آبِ دوش ولرم است.

tien /tya^{n}/ le , **tienne** /tyén/ la [ضمیر] (مالِ) تو
Ce n'est pas mon livre, c'est le tien. این کتاب من نیست، مال توست.

ضمایر ملکی مثلِ ***tien*** و ***tienne*** با حروف تعریف ***le*** و ***la*** به کار می‌روند:
le tien, la tienne

tiens! ^{1} /tya^{n}/ [عبارت تعجبی] عجب! وا!
Tiens! Il neige! عجب! برف می‌آید!

tiens ^{2} /tya^{n}/ : je tiens, tu tiens صورت صرف‌شدهٔ فعلِ ***tenir***.

tige /tij/ la [اسم] ساقه

Les tulipes ont une longue tige.
گل لاله ساقهٔ بلندی دارد.

tigre /tigr/ le [اسم] ببر
Le tigre est un animal dangereux.
ببر جانور خطرناکی است.

tigre

timbre /taⁿbr/ le [اسم] تمبر
Luc collectionne les timbres.
لوک تمبر جمع می‌کند.

timbre

timide /timid/ [صفت] کم‌رو، خجالتی
Mon grand frère est très timide.
برادر بزرگم خیلی خجالتی است.

tir /tir/ le [اسم] تیراندازی
Exercices de tir تمرین تیراندازی
Tir à l'arc تیراندازی با کمان

tire-bouchon /tirbuchoⁿ/ le [اسم] در بازکن

tirer /tiré/ [فعل] ۱. کشیدن
Pour entrer dans ce magasin, il faut tirer la porte.
برای ورود به این مغازه، باید در را بکشید.
On tire l'eau du puits.
آب چاه را می‌کشند.
Marie a tiré les rideaux.
ماری پرده‌ها را کشید.
۲. شلیک کردن، تیراندازی کردن
Le chasseur a tiré sur un lièvre.
شکارچی به یک خرگوش شلیک کرد.

tiroir /tiruâr/ le [اسم] کشو
Les couverts sont dans le tiroir.
لوازم سفره داخل کشو است.

tissu /tisû/ le [اسم] پارچه
La soie est un tissu doux et brillant.
ابریشم پارچه‌ای لطیف و براق است.

titre /titr/ le [اسم] عنوان، اسم
Quel est le titre de ce roman?
اسم این رُمان چیست؟

toboggan /tobogâⁿ/ le [اسم] سرسره
Dans le parc, il y a un toboggan.
در پارک یک سرسره است.

toi /tuâ/ [ضمیر] تو
Marie est plus petite que toi.
ماری کوچکتر از توست.
toi-même خودت

tire-bouchon در جمع به صورتِ ***tire-bouchons*** نوشته می‌شود.

a = اَ	**é** = اِ	**e** = (با دهان نیمه‌بسته) اُ	**eu** = اُ ترکی درگُزل	**o** = اُ	**û** = او ترکی درگول
u = او	**i** = ای	**âⁿ** = آ تودماغی	**aⁿ** = اَ تودماغی	**oⁿ** = اُ تودماغی	**r** = غ عربی
y = ی	**nʸ** = نْی	**j** = ژ	**g** = گ	**ch** = ش	**s** = س	**z** = ز

toilette /tuâlét/ la

[اسم] ۱. آرایش

Table de toilette میز آرایش، میز توالت

۲. [به‌صورت جمع] توالت، دستشویی

Les toilettes du café sont au sous-sol.

توالت‌های کافه در زیرزمین است.

faire sa toilette

دست و روی خود را شستن

Alex fait sa toilette avant d'aller se coucher.

آلکس قبل از خوابیدن دست و رویش را می‌شوید.

نگاه کنید به توضیحِ *W. -C.*.

toit /tuâ/ le [اسم] سقف، پشت‌بام، تاق

L'antenne de télévision est sur le toit.

آنتن تلویزیون روی پشت‌بام است.

tomate /tomat/ la

[اسم] گوجه‌فرنگی

Marie adore la salade de tomate. ماری سالادِ گوجه‌فرنگی را خیلی دوست دارد.

tombe /to^{n}b/ la [اسم] گور، قبر

Cathie met des fleurs sur la tombe de sa mère.

کَتی روی قبر مادرش گل می‌گذارد.

tombeau /to^{n}bo/ le

[اسم] آرامگاه، مقبره

Le tombeau de Napoléon

آرامگاه ناپلئون

tombeau

tombeau با **x** جمع بسته می‌شود: *tombeaux*.

tomber /to^{n}bé/

[فعل] ۱. افتادن

André est tombé par terre.

آندره افتاد زمین. آندره خورد زمین.

Attention! le verre va tomber.

مواظب باش! لیوان دارد می‌افتد.

۲. باریدن، آمدن

La neige tombe. برف می‌بارد.

tomber malade مریض شدن

Alex est tombé malade.

آلکس مریض شده.

ton /to^{n}/ , **ta** /ta/

[صفت] (مالِ) تو، ـَـت

Ta chambre اتاقت

Ton livre کتاب تو، کتابت

کلماتِ *ton, ta* در جمع *tes* می‌شوند.

tonne /ton/ la

[اسم] تُن (= هزار کیلو)

Ce camion pèse trois tonnes.

این کامیون سه تُن وزن دارد.

tonneau /tono/ le [اسم] بشکه

On a mis le vin dans des tonneaux.

شراب را در بشکه ریختند.

tonneau با **x** جمع بسته می‌شود: *tonneaux*.

tonneau

tonnerre /tonér/ le

[اسم] رعد، تُندر

torche /torch/ la [اسم] مشعل

torche électrique چراغ‌قوه

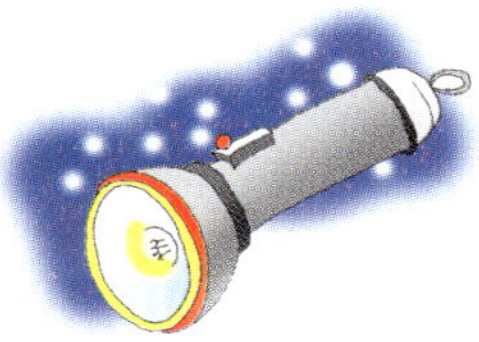

torche électrique

torrent /torâ^n/ le [اسم] سیل

tort /tor/ le [اسم] خطا، اشتباه

Ce serait un tort de ne pas venir avec nous.

این اشتباه است که با ما نیایی. اشتباه می‌کنی اگر با ما نیایی.

avoir tort اشتباه کردن

tortue /tortû/ la

[اسم] لاک‌پشت

tortue

tôt /to/ [قید] زود، به زودی

Ce matin, je me suis levé tôt.

امروز صبح، زود (از خواب) پا شدم.

total [1] **, totale** /total/

[صفت] ۱. کامل

J'ai une totale confiance en lui.

من به او اعتماد کامل دارم.

۲. کُل

Le poids total وزن کل

total [2] /total/ le

[اسم] مجموع، کُل

Ça fait un total de 100 francs.

کُل آن می‌شود صد فرانک.

کلمهٔ **total** در جمع **totaux** می‌شود.

totalement /totalmâ^n/

[قید] کاملاً، به کلی

C'est totalement faux.

کاملاً اشتباه است.

toucher [1] /tuché/

[فعل] ۱. دست زدن

Ne touche pas à ces fils électriques!

به سیم‌های برق دست نزن!

۲. (پول) درآوردن، گرفتن

J'ai touché 100 francs pour faire ce travail.

برای انجام این کار، ده هزار فرانک گرفتم.

toucher [2] /tuché/ le

[اسم] لمس، (حس) لامسه

Le toucher est l'un des cinq sens de l'homme.

حس لامسه یکی از پنج حواس انسان است.

toujours /tujur/

[قید] همیشه، دائماً، مُدام

Marie est toujours en retard.

ماری همیشه دیر می‌آید.

tour [1] /tur/ la [اسم] بُرج

André habite dans une tour, au vingtième étage. آندره در طبقهٔ بیستم یک برج زندگی می‌کند.

tournesol

tout در جمع **tous** می‌شود. اگر **tous** صفت باشد، به صورتِ /tu/ و اگر ضمیر باشد، /tus/ تلفظ می‌شود.

tour [2] /tur/ le

[اسم] ۱. چرخش، چرخ

Marie fait un tour sur soi-même.

ماری دور خودش چرخ می‌زند.

۲. دور، گشت

Nous irons faire un tour à la campagne.

می‌رویم بیرون شهر گشتی بزنیم.

۳. نوبت

Attendez votre tour!

منتظر شوید تا نوبتتان برسد!

tour à tour به نوبت، یکی‌یکی

tourbillon /turbiyoⁿ/ le

[اسم] گردباد

touriste /turist/ le, la

[اسم] جهانگرد، توریست

Il y a beaucoup de touristes dans notre ville.

در شهر ما جهانگرد زیاد است.

tournant /turnâⁿ/ le

[اسم] پیچ، پیچ و خم

Les routes de montagne ont de nombreux tournants.

جاده‌های کوهستانی پیچ و خم‌های زیادی دارند.

tourner /turné/

[فعل] ۱. چرخیدن، گشتن

La Terre tourne autour du Soleil.

زمین به دور خورشید می‌گردد.

۲. پیچیدن

Tournez à droite!

بپیچید به راست!

۳. چرخاندن، گرداندن

Tourne la tête vers moi!

سرت را به طرف من بگردان! رویت را به من بکن!

tourner la page ورق زدن

tournesol /turnesol/ le

[اسم] (گل) آفتابگردان

Des champs de tournesols

مزارع آفتابگردان

tous /tu(s)/

نگاه کنید به توضیحِ **tout**.

tousser /tusé/

[فعل] سرفه کردن

Émile tousse sans arrêt.

اِمیل مدام سرفه می‌کند.

tout [1] /tu/ , **toute** /tut/

۱. [صفت] همه، تمام

Tous les amis de Julie étaient là. همهٔ دوستان ژولی آنجا بودند.

Brigitte a mangé tout le chocolat.

بریژیت همهٔ شکلات را خورد.

Toute la famille est réunie.

همهٔ خانواده دور هم جمع شده‌اند.

۲. [ضمیر] همه، همه چیز

Tout est prêt. همه چیز آماده است.

Ils sont tous venus.

همهٔ آنها آمده‌اند.

tout [2] /tu/ [قید] خیلی، کاملاً

Il est tout content.

او خیلی خوشحال است.

tout à coup /tutaku/

[قید] ناگهان، یکدفعه

Il s'est mis à pleuvoir tout à coup. باران یکدفعه شروع شد.

tout à fait /tutafé/

[قید] کاملاً

Papi est tout à fait guéri.

بابابزرگ کاملاً خوب شده.

tout à l'heure /tutaleur/

[قید] به‌زودی، همین الان

Je reviendrai tout à l'heure.

همین الان برمی‌گردم.

tout de suite /tudsûit/

[قید] فوراً، بلافاصله

Venez ici, tout de suite!

فوراً بیایید اینجا!

tout le temps /tultâⁿ/

[قید] مدام، یکریز

Flora parle tout le temps.

فلورا یکریز حرف می‌زند.

toux /tu/ la [اسم] سُرفه

Du sirop contre la toux

شربت ضد سرفه، شربت سینه

toxique /toksik/

[صفت] سمّی

Ce champignon est toxique.

این قارچ سمّی است.

trace /tras/ la [اسم] اثر، رد

Il y a des traces de pas sur le sable. روی شن رد پاست.

tracer /trasé/

[فعل] رسم کردن، کشیدن

Paul trace un cercle.

پل یک دایره می‌کشد.

tracteur /trakteur/ le

[اسم] تراکتور

tracteur

traduire /tradûir/

[فعل] ترجمه کردن

Peux-tu me traduire cette lettre?

می‌توانی این نامه را برایم ترجمه کنی؟

tragédie /trajédi/ la

[اسم] مصیبت، فاجعه

Le tremblement de terre est une tragédie. زلزله یک فاجعه است.

tragique /trajik/

[صفت] مصیبت‌بار، ناگوار

Un tragique accident a fait dix morts.

یک حادثهٔ ناگوار ده کشته به جا گذاشت.

در یک حادثهٔ ناگوار ده نفر کشته شدند.

trahir /trair/

[فعل] خیانت کردن

Tu m'as trahi.

تو به من خیانت کردی.

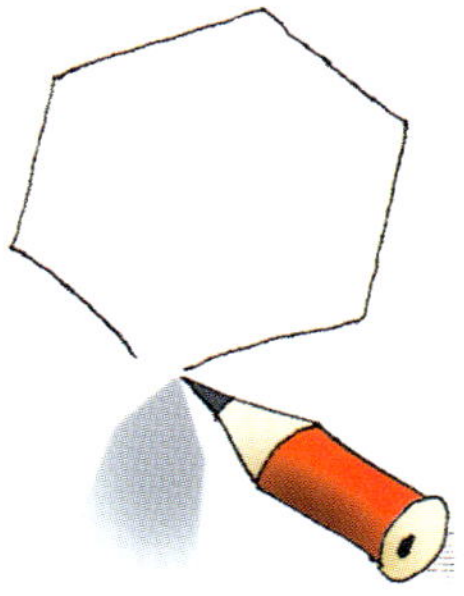

tracer

toux در جمع تغییر نمی‌کند.

train /traⁿ/ le [اسم] قطار، ترَن
Le train entre en gare.
قطار وارد ایستگاه می‌شود.
être en train de ...
در حال (انجام کاری) بودن
Quand tu as téléphoné, j'étais en train de dîner.
وقتی تلفن زدی، داشتم شام می‌خوردم.

traîneau /tréno/ le
[اسم] سورتمه
Le traîneau du père Noël
سورتمهٔ بابانوئل

traîneau با **x** جمع بسته می‌شود: ***traîneaux***.

traîneau

traîner /tréné/ [فعل] کشیدن
Pascal traîne son camion derrière lui.
پاسکال کامیونش را دنبال خودش می‌کشد.

trait /tré/ le [اسم] خط
Luc tire un trait avec sa règle.
لوک با خط‌کشش یک خط می‌کشد.

traiter /trété/ [فعل] رفتار کردن
Mes parents me traitent bien.
پدر و مادرم با من خوب رفتار می‌کنند.

traître /trétr/ le ,
traîtresse /trétrés/ la
[اسم] خائن، خیانتکار
Il y a un traître parmi nous.
یک خائن بین ماست.

trajet /trajé/ le [اسم] مسیر، راه
Il y a dix minutes de trajet entre l'école et la maison.
از مدرسه تا خانه ده دقیقه راه است.

tranchant /trâⁿchâⁿ/ ,
tranchante /trâⁿchâⁿt/
[صفت] تیز، برّنده
Les ciseaux sont un instrument tranchant.
قیچی یک وسیلهٔ برّنده است.

tranquille /trâⁿkil/
[صفت] آرام، آسوده
Nous habitons dans un village tranquille.
ما در یک روستای آرام زندگی می‌کنیم.
Reste tranquille! آرام باش!

tranquillement
/trâⁿkilmâⁿ/ [قید] آرام، بی‌سر و صدا
Luc et Alice jouent tranquillement.
لوک و آلیس بی‌سر و صدا بازی می‌کنند.

tranquillité /trâⁿkilité/ la
[اسم] آرامش، آسودگی
Quelle tranquillité dans ce parc! در این پارک چه آرامشی است!
این پارک چقدر آرام است!

transformation
/trâⁿsformasyoⁿ/ la [اسم] تغییر
Marcel a fait des transformations dans la maison.
مارسل در خانه تغییراتی داد.

transformer /trâ[n]sformé/
[فعل] تغییر شکل دادن، تبدیل کردن
Le froid transforme l'eau en glace.
سرما آب را به یخ تبدیل می‌کند.

transmettre /trâ[n]smétr/
[فعل] انتقال دادن، رساندن
Je lui transmettrai le message.
پیغام را به او می‌رسانم.

transparent /trâ[n]sparâ[n]/ ,
transparente /trâ[n]sparâ[n]t/
[صفت] شفاف
Le verre est transparent.
شیشه شفاف است.

transport /trâ[n]spor/ le
[اسم] حمل، حمل و نقل
La voiture, l'avion, le bateau sont des moyens de transport.
اتومبیل، هواپیما و کشتی وسایل نقلیه‌اند.

transporter /trâ[n]sporté/
[فعل] حمل کردن، بردن
On a transporté le malade à l'hôpital.
بیمار را به بیمارستان بردند.

travail /travay/ le [اسم] کار
Mon frère a retrouvé du travail.
برادرم کار پیدا کرد.
Ma mère a beaucoup de travail.
مادرم خیلی کار دارد.

travailler /travayé/
[فعل] کار کردن
Mon père travaille dans une usine
پدرم در یک کارخانه کار می‌کند.

travailleur /travayeur/ le ,
travailleuse /travayeuz/ la
[اسم] کارگر
Les travailleurs de l'usine sont répartis en équipes. کارگرانِ کارخانه به گروه‌هایی تقسیم شده‌اند.

travers /travér/,
à travers [حرف اضافه] از میانِ، از
Le clou est passé à travers la planche. میخ از تخته گذشت.
de travers [قید] کج، یک‌وَری
Antoine a mis de travers son chapeau.
آنتوان کلاهش را یک‌وری گذاشته.

traverser /travérsé/
[فعل] گذشتن، عبور کردن
Le clou traverse la planche.
میخ از تخته می‌گذرد.

treize /tréz/ le
[صفت، اسم] سیزده
Clara a treize ans.
کلارا سیزده‌ساله است.

tréma /tréma/ le [اسم] تِرما
Dans "Noël", il y a un tréma.
(کلمهٔ) «نوئل» یک تِرما دارد.

travaux در جمع ***travail*** می‌شود.

tréma علامتی است به شکل دو نقطه که روی بعضی از حروف صدادار می‌آید، مثلاً روی حرفِ ***i*** به صورتِ ***ï***. این علامت روی تلفظ تأثیر می‌گذارد:
mais /mé/
maïs /mais/

tremblement
/trâ^{n}blemâ^n/ le   [اسم] لرزش
Mamie a des tremblements dans les jambes.
پاهای مامان‌بزرگ می‌لرزد.
tremblement de terre
زمین‌لرزه، زلزله

trembler /trâ^{n}blé/
[فعل] لرزیدن
Cathie tremble de froid.
کَتی از سرما می‌لرزد.

tremper /trâ^{n}pé/
[فعل] خیس کردن، تر کردن
La pluie a trempé les fauteuils de jardin.
باران صندلی‌های باغ را خیس کرد.

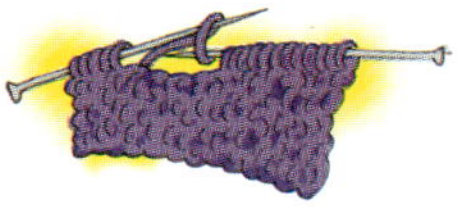
tricoter

trente /trâ^{n}t/   [صفت] سی
Vingt et dix font trente.
بیست و ده می‌شود سی.

très /tré/   [قید] خیلی، بسیار
Marie est très contente.
ماری خیلی خوشحال است.

trésor /trézor/ le   [اسم] گنج
Les enfants ont trouvé un trésor.   بچه‌ها یک گنج پیدا کردند.

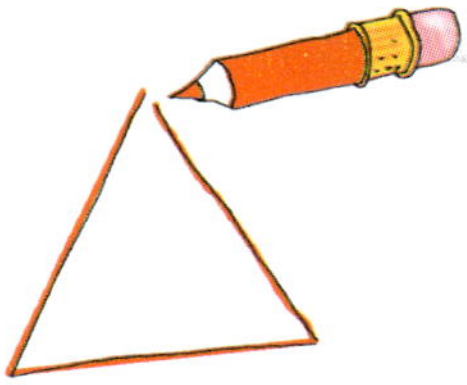
triangle

triangle /triyâ^{n}gl/ le
[اسم] مثلث، سه گوش
Un triangle est une figure géométrique.
مثلث یک شکل هندسی است.

tribu /tribû/ la   [اسم] قبیله
Un tribu indien
یک قبیلهٔ سرخ‌پوست

tricher /triché/
[فعل] تقلب کردن
Personne ne jouera avec toi si tu triches.
اگر تقلب کنی، کسی با تو بازی نمی‌کند.

tricheur /tricheur/ le ,
tricheuse /tricheuz/ la
[اسم] (آدم) متقلب
Jean n'aime pas jouer avec des tricheurs.
ژان دوست ندارد با آدم‌های متقلب بازی کند.

tricot /triko/ le   [اسم] بافتنی
Il fait froid, mets un tricot.
هوا سرد است، بافتنی بپوش.

tricoter /trikoté/   [فعل] بافتن
Mamie tricote un pull.
مامان‌بزرگ پلیور می‌بافد.

tricycle /trisikl/ le
[اسم] سه‌چرخه
Quand j'étais petit, je faisais du tricycle.
وقتی بچه بودم، سه‌چرخه سوار می‌شدم.

tricycle

triomphe /triyo^{n}f/ le

[اسم] پیروزی، موفقیت بزرگ

Ce film a fait un triomphe.

این فیلم موفقیت بزرگی را به‌دست آورد. این فیلم خیلی موفق بود.

triple /tripl/ le [اسم] سه برابر

Six est le triple de deux.

شش سه برابر دو است.

triste /trist/

[صفت] ۱. غمگین، ناراحت

Julie est triste d'avoir perdu son chat.

ژولی از گم شدن گربه‌اش ناراحت است.

۲. غم‌انگیز

La fin de l'histoire est triste.

آخر داستان غم‌انگیز است.

tristement /tristemâ^n/

[قید] با ناراحتی

Simon baissait tristement la tête.

سیمون با ناراحتی سرش را پایین انداخت.

tristesse /tristés/ la

[اسم] غم، غصه، ناراحتی

Sur son visage, on voit sa tristesse.

غم در چهره‌اش دیده می‌شود. ناراحتی از چهره‌اش پیداست.

trois /truâ/ le [صفت، اسم] سه

Pierre revient dans trois jours.

پیِر تا سه روز دیگر می‌آید.

troisième /truâzyém/

[صفت] سُوم، سومین

L'ascenseur s'est arrêté au troisième étage.

آسانسور در طبقهٔ سوم ایستاد.

trompe /tro^{n}p/ la

[اسم] خرطوم

Les éléphants se servent de leur trompe pour boire.

فیل از خرطومش برای نوشیدن استفاده می‌کند.

tromper /tro^{n}pé/

[فعل] گول زدن، کلاه (سرِ کسی) گذاشتن

Luc trompe les autres.

لوک دیگران را گول می‌زند.

se tromper اشتباه کردن

Je me suis trompé dans mon addition. در جمع اشتباه کردم.

trop /tro/ [قید] بیش از اندازه، زیادی

Jean a mangé trop de chocolat.

ژان زیادی شکلات خورده.

trottoir /trotuâr/ le

[اسم] پیاده‌رو

Les piétons marchent sur le trottoir.

عابرها در پیاده‌رو راه می‌روند.

triomphe و ***victoire*** هر دو هم‌معنی‌اند، با این تفاوت که ***triomphe*** شدت بیشتری دارد و به معنی **پیروزی درخشان** است.

trou /tru/ le [اسم] سوراخ

Alice regarde par le trou de la serrure.

آلیس از سوراخ قفل نگاه می‌کند.

trouble /trubl/

[صفت] ۱. تار

La photo est trouble.

عکس تار است.

۲. گل‌آلود

Cette eau est trouble.

این آب گل‌آلود است.

trouer /trué/

[فعل] سوراخ کردن

Antoine a troué son pull.

آنتوان پلیورش را سوراخ کرده.

troupe /trup/ la [اسم] گروه، دسته، عده

Natacha est venue avec une troupe d'amis.

ناتاشا با عده‌ای از دوستانش آمد.

troupeau /trupo/ le

[اسم] گَله

Un troupeau de vaches

یک گله گاو

troupeau

trousse /trus/ la

[اسم] جامدادی

Alex met son crayon et sa gomme dans sa trousse.

آلکس مداد و پاک‌کنش را در جامدادی‌اش می‌گذارد.

trouver /truvé/

[فعل] پیدا کردن، یافتن

As-tu trouvé la solution du problème?

جواب مسئله را پیدا کردی؟

se trouver بودن، قرار داشتن

Montréal se trouve au Canada.

مونرآل در کاناداست.

tu [1] /tû/ [ضمیر] تو

Tu chantes bien.

تو خوب (آواز) می‌خوانی.

tu [2] **, tue** /tû/

صورت مفعولی فعلِ ***taire***.

tuer /tûé/ [فعل] کشتن

Le chasseur a tué un ours.

شکارچی یک خرس را کشت.

se tuer ۱. خودکشی کردن

Il s'est tué en se jetant par la fenêtre. او خود را از پنجره بیرون انداخت و خودکشی کرد.

۲. کشته شدن

Il s'est tué dans un accident.

او در یک حادثه کشته شد.

tulipe /tûlip/ la

[اسم] (گُل) لاله

Les tulipes ont une longue tige.

گل لاله ساقهٔ بلندی دارد.

tunnel /tûnél/ le [اسم] تونل

se trouver مانندِ ***être*** به معنیِ بودن است، با این تفاوت که ***se trouver*** صرفاً به موقعیت یا مکان اشاره می‌کند.

tulipe

troupeau با **x** جمع بسته می‌شود: ***troupeaux***.

tuyau با x جمع بسته می‌شود: tuyaux.

tuyau /tûiyo/ le [اسم] لوله
Le plombier joint les tuyaux.
لوله‌کش لوله‌ها را به هم وصل می‌کند.

type /tip/ le [اسم] نمونه، مُدل
Il existe plusieurs types de voitures.
چند مدلِ ماشین وجود دارد.

Le train passe sous un tunnel.
قطار از تونل عبور می‌کند.

turbulent /tûrbûlâ^{n}/ , **turbulente** /tûrbûlâ^{n}t/ [صفت] شیطان، شلوغ
Paul est très turbulent à l'école.
پل در مدرسه خیلی شیطان است.

U,u

un [1] /a^{n}/ , **une** /ûn/

۱. [صفت] یک

Il est une heure.

ساعت یک است.

Un litre d'eau یک لیتر آب

۲. [حرف تعریف] یک، ـی

Il y a un homme dehors.

مردی بیرون (خانه) است.

un à un یکی‌یکی، به نوبت

حروف تعریفِ ***un, une*** زمانی به کار می‌روند که فرد یا چیزی که دربارهٔ آن صحبت می‌کنیم نامشخص باشد. در غیر این‌صورت، از حروف تعریفِ ***le, la*** استفاده می‌کنیم. ***des*** صورت جمعِ ***un, une*** است.

un [2] /a^{n}/ le [اسم] (عدد) یک

Un et un font deux.

یک و یک می‌شود دو.

uni , unie /ûni/

صورت مفعولی فعلِ ***unir***.

uniforme /ûniform/ le

[اسم] اونیفورم (= لباس یک شکل و یک رنگ)

Les pompiers ont un uniforme.

مأموران آتش‌نشانی اونیفورم (به تن) دارند.

union /ûnyo^{n}/ la

[اسم] وحدت، اتحاد، یگانگی

unique /ûnik/

[صفت] ۱. یگانه، تنها، تک

C'est mon unique chapeau.

این تنها کلاه من است.

۲. بی‌نظیر، بی‌همتا

Cette œuvre est unique en son genre.

این اثر در نوع خود بی‌همتاست.

uniquement /ûnikmâ^{n}/

[قید] فقط، تنها

Ma sœur crie uniquement pour m'énerver. خواهرم فقط برای عصبانی کردن من داد می‌زند.

unir /ûnir/ [فعل] یکی کردن، به هم پیوند دادن

Une grande amitié les unit.

دوستی عمیقی آنها را به هم پیوند می‌دهد.

s'unir متحد شدن، یکی شدن

Les deux pays se sont unis.

دو کشور با هم متحد شدند.

unité /ûnité/ la [اسم] واحد

Le mètre est une unité de mesure.

متر واحد اندازه‌گیری است.

univers /ûnivér/ le

[اسم] عالَم، جهان، کیهان

univers بیشتر به معنیِ کلِ عالم است و ***monde*** معمولاً به معنی جهانی است که در آن زندگی می‌کنیم، ولی گاه این دو کلمه به جای هم به کار می‌روند.

Autrefois, on croyait que la Terre était au centre de l'univers.
در قدیم تصور می‌کردند که زمین مرکز جهان است.

urgent /ûrjâ^{n}/ , **urgente** /ûrjâ^{n}t/ [صفت] فوری، اضطراری
Laura a un travail urgent à faire. لورا یک کار ضروری دارد که باید انجام دهد.

usage /ûzaj/ le [اسم] کاربرد، استفاده، مصرف
Cet outil a plusieurs usages.
این ابزار کاربردهای گوناگون دارد.

usé , usée /ûzé/
[صفت] فرسوده، کهنه
Mon pull est usé.
پلیورم کهنه است.

user /ûzé/
[فعل] ۱. مصرف کردن
Sa voiture use beaucoup d'huile.
اتومبیل او خیلی روغن مصرف می‌کند.
۲. خراب کردن
Victor use vite ses chaussures.
ویکتور کفش‌هایش را زود خراب می‌کند.

usine /ûzin/ la [اسم] کارخانه
Mon père travaille dans une usine.
پدرم در یک کارخانه کار می‌کند.

usine

utile /ûtil/ [صفت] سودمند، مفید
Cet outil est très utile.
این ابزار خیلی مفید است.

utilisation /ûtilizasyo^{n}/ la
[اسم] استفاده
La mode d'utilisation
طرز استفاده

utiliser /ûtilizé/
[فعل] استفاده کردن، به کار بردن
Jean utilise sa voiture pour aller à son travail.
ژان برای رفتن به سرِ کار از اتومبیلش استفاده می‌کند.

V,v

vacances /vakâ^{n}s/ la
[اسم، جمع] تعطیلات
Ils passent leurs vacances à la montagne. آنها تعطیلاتشان را در کوهستان می‌گذرانند.

کلمهٔ ***vacances*** به معنی «تعطیلات» همیشه به صورت جمع به کار می‌رود.

vaccin /vaksa^{n}/ le
[اسم] واکسن
Le vaccin contre la grippe واکسن آنفلوانزا

vacciner /vaksiné/
[فعل] واکسن زدن
On m'a vacciné contre la grippe.
به من واکسن آنفلوانزا زدند.

vache /vach/ la
[اسم] گاو (ماده)
Lait de vache شیر گاو

vaisselle

vague [1] /vag/ la [اسم] موج
Julie écoute le bruit des vagues.
ژولی به صدای امواج گوش می‌دهد.

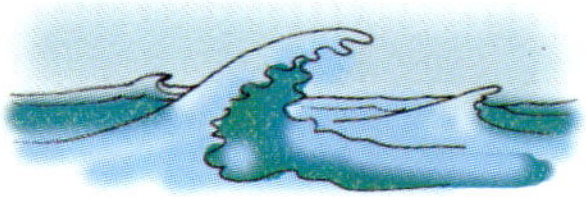

vague

vague [2] /vag/ [صفت] مبهم
Tu m'as donné des renseignements trop vagues.
به من اطلاعات خیلی مبهمی دادی.

vaincre /va^{n}kr/
[فعل] پیروز شدن، بردن
Notre armée a vaincu l'ennemi.
ارتش ما بر دشمن پیروز شد.

vaincu , vaincue /va^{n}kû/
صورت مفعولی فعلِ ***vaincre***.

vainqueur /va^{n}keur/ le
[اسم] پیروز، برنده
Les vainqueurs de la Coupe du monde برندگان جام جهانی

vaisselle /vésél/ la
[اسم] ظروف (غذاخوری)
Une vaisselle de porcelaine
ظروف چینی

valable /valabl/ [صفت] معتبر
Votre billet est encore valable.
بلیت شما هنوز معتبر است.

valeur /valeur/ la
[اسم] ارزش، بها

Ce timbre n'a aucune valeur.

این تمبر هیچ ارزشی ندارد.

valise /valiz/ la [اسم] چمدان

Brigitte a fait sa valise.

بریژیت چمدانش را بست.

vallée /valé/ la [اسم] دره

La rivière coule au fond de la vallée.

رودخانه در ته دره جاری است.

نگاه کنید به توضیحِ ***précipice***.

valoir /valuâr/

[فعل] قیمت داشتن

Combien vaut ce vélo?

(قیمت) این دوچرخه چند است؟

Il vaut mieux بهتر است

Il vaut mieux partir demain que ce soir.

بهتر است فردا برویم تا امشب.

valu , value /valû/

صورت مفعولی فعلِ ***valoir***.

vapeur /vapeur/ la [اسم] بخار

varié , variée /varyé/

[صفت] گوناگون، متنوع، مختلف

Les tulipes ont des couleurs variées.

گل لاله رنگ‌های متنوعی دارد.

varier /varyé/

[فعل] متغیر بودن، متفاوت بودن

Le temps varie d'heure en heure.

هوا ساعت به ساعت تغییر می‌کند.

vase /vaz/ le [اسم] گلدان

Un vase en cristal

یک گلدان کریستال

vase

vaste /vast/ [صفت] پهناور، وسیع، بزرگ

Notre classe est vaste.

کلاس ما بزرگ است.

vaut /vo/ : il vaut

صورت صرف‌شدهٔ فعلِ ***valoir***.

vauture /votûr/ le

[اسم] لاشخور، کرکس

vauture

a = اَ **é** = اِ **e** = اُ(با دهان نیمه‌بسته) **eu** = اُ ترکی درگُزل **o** = اُ **û** = او ترکی درگول

u = او **i** = ای **â**ⁿ = آ تودماغی **a**ⁿ = اَ تودماغی **o**ⁿ = اُ تودماغی **r** = غ عربی

y = ی **n**ʸ = نْیْ **j** = ژ **g** = گ **ch** = ش **s** = س **z** = ز

veau /vo/ le [اسم] گوساله
La vache avait un veau.
گاو (ماده) یک گوساله داشت.

veau با **x** جمع بسته می‌شود: ***veaux***.

vécu , vécue /vékû/
صورت مفعولی فعلِ ***vivre***.

végétal /véjétal/ le
[اسم] گیاه
Les végétaux ont besoin d'eau.
گیاهان به آب احتیاج دارند.

کلمهٔ ***végétal*** در جمع ***végétaux*** می‌شود.

véhicule /véikûl/ le
[اسم] وسیلهٔ نقلیه
Un avion est une véhicule.
هواپیما یک وسیلهٔ نقلیه است.

veille /véy/ la [اسم] شب قبل
La veille de Noël
شب قبل از کریسمس، شب کریسمس
Cette lettre est arrivée la veille de mon départ.
این نامه شب قبل از حرکتم رسید.

vélo /vélo/ le [اسم] دوچرخه
Julie fait du vélo.
ژولی دوچرخه‌سواری می‌کند.
نگاه کنید به توضیحِ ***bicyclette***.

vend /vâ^n/ : il vend
صورت صرف‌شدهٔ فعلِ ***vendre***.

vendeur /vâ^{n}deur/ le , **vendeuse** /vâ^{n}deuz/ la
[اسم] فروشنده، ـــ فروش
Cathie est vendeuse dans un magasin.
کَتی در یک مغازه فروشنده است.

vendre /vâ^{n}dr/ [فعل] فروختن
Le boucher vend de la viande.
قصاب گوشت می‌فروشد.

vendredi /vâ^{n}dredi/ le
[اسم] جمعه
Simon va au club de judo tous les vendredis.
سیمون هر جمعه به باشگاه جودو می‌رود.

vendu , vendue /vâ^{n}dû/
صورت مفعولی فعلِ ***vendre***.

venir /venir/ [فعل] آمدن
Demain, je viendrai te voir.
فردا به دیدنت می‌آیم.
Le train vient de Paris.
(این) قطار از پاریس می‌آید.

عبارتِ ***venir de*** برای ساختن زمانِ گذشتهٔ نزدیک به کار می‌رود:
Il ***vient de*** sortir.
الان رفت بیرون.

vent /vâ^n/ le [اسم] باد
Il y a du vent aujourd'hui.
امروز باد می‌آید.

vente /vâ^{n}t/ la [اسم] فروش
Le prix de vente قیمت فروش، قیمت

ventre /vâ^{n}tr/ le [اسم] شکم، دل
Marie a mal au ventre.
ماری دل‌درد دارد.

venu , venue /venû/
صورت مفعولی فعلِ ***venir***.

ver /vér/ le [اسم] کِرم
Un ver de terre یک کرم خاکی

ver

ver, verre, vers, vert همه به یک صورت /vér/ تلفظ می‌شوند.

verbe /vérb/ le [اسم] فِعل
«Jouer» est un verbe.
کلمهٔ «*jouer*» یک فعل است.

véritable /véritabl/
[صفت] واقعی، راست
Cette histoire est véritable.
این داستان واقعی است.

vérité /vérité/ la [اسم] حقیقت
Dis-moi la vérité!
حقیقت را به من بگو!
en vérité در حقیقت، در واقع
En vérité, Julie n'avait rien vu.
در واقع، ژولی چیزی ندیده.

verra /véra/ : il verra
صورت صرف‌شدهٔ فعلِ ***voir***.

verre /vér/ le [اسم] ۱. شیشه
Une bouteille en verre
یک بطری شیشه‌ای
۲. لیوان
Luc boit un verre d'eau.
لوک یک لیوان آب می‌خورد.
نگاه کنید به توضیحِ ***vitre***.

vers /vér/
[حرف اضافه] ۱. به طرفِ، به سویِ، به
Nous allons vers la gare.
ما به (طرفِ) ایستگاه می‌رویم.
۲. در حدودِ، حدودِ
Vers 11 heures حدود ساعت یازده

verser /vérsé/ [فعل] ریختن
Pierre verse du lait dans sa tasse. پییر در فنجانش شیر می‌ریزد.

vert [1] /vér/ , **verte** /vért/
[صفت] سبز
Alex a un pantalon vert.
آلکس یک شلوار سبز دارد.

vert [2] /vér/ le [اسم] رنگ سبز، سبز
Alice aime le vert.
آلیس رنگ سبز را دوست دارد.

vertical , verticale
/vértikal/ [صفت] عمودی، قائم
Les murs sont verticaux.
دیوارها عمودی‌اند.

کلمهٔ ***vertical*** در جمع ***verticaux*** می‌شود.

veste /vést/ la [اسم] کُت، ژاکت
Jules a mis sa veste brune.
ژول کُت قهوه‌ای‌اش را پوشیده.

verre

vestiaire /véstyér/ le
[اسم] رختکن
Vous pouvez laisser votre manteau au vestiaire.
می‌توانید پالتویتان را در رختکن بگذارید.

vêtement /vétmâ[n]/ le
[اسم] لباس، پوشاک، رخت
Mettez des vêtements chauds!
لباس گرم بپوشید!
نگاه کنید به توضیحِ ***costume***.

a = آ **é** = اِ **e** = اُ(با دهان نیمه‌بسته) **eu** = اُ ترکی درگُزل **o** = اُ **û** = او ترکی درگول
u = او **i** = ای **â**[n] = آ تودماغی **a**[n] = اَ تودماغی **o**[n] = اُ تودماغی **r** = غ عربی
y = ی **n**[y] = نْیْ **j** = ژ **g** = گ **ch** = ش **s** = س **z** = ز

Les pompiers lui ont sauvé la vie. مأموران آتش‌نشانی جانش را نجات دادند.

vieil /vyéy/
نگاه کنید به توضیحِ ***vieux***.

vieillard /vyéyar/ le
[اسم] پیرمرد

vieille /vyéy/
نگاه کنید به ***vieux, vieille***.

vieillesse /vyéyés/ la
[اسم] پیری
M. Dubois est mort de vieillesse.
آقای دوبوآ از پیری مرده است.

vieillir /vyéyir/ [فعل] پیر شدن
Il a beaucoup vieilli cette année. امسال او خیلی پیر شده.

vient /vyaⁿ/ : il vient
صورت صرف‌شدهٔ فعلِ ***venir***.

vieux /vyeu/ , **vieille** /vyéy/
[صفت] ۱. پیر
Notre voisin est vieux.
همسایهٔ ما پیر است.
۲. مُسن، بزرگ
Sarah est plus vieille que moi.
سارا بزرگتر از من است.
۳. قدیمی، کهنه
Une vieille maison
یک خانهٔ قدیمی

vif /vif/ , **vive** /viv/
[صفت] سرزنده، بانشاط

veuillez /veuyé/
صورت امری فعلِ ***vouloir***.

veut /veu/ : il veut
صورت صرف‌شدهٔ فعلِ ***vouloir***.

veux /veu/ : je veux, tu veux
صورت صرف‌شدهٔ فعلِ ***vouloir***.

viande /vyâⁿd/ la
[اسم] گوشت

victime /viktim/ la
[اسم] قربانی
L'accident a fait deux victimes.
حادثه دو قربانی داشت.

victoire /viktuâr/ la
[اسم] پیروزی، فتح
نگاه کنید به توضیحِ ***triomphe***.

vide /vid/ [صفت] خالی
Ma valise est vide.
چمدانم خالی است.

vidéo /vidéo/ [صفت] ویدئویی
Luc a des jeux vidéo.
لوک بازی‌های ویدئویی دارد.

vider /vidé/ [فعل] خالی کردن
Jean a vidé la baignoire.
ژان وان حمام را خالی کرد.

vie /vi/ la [اسم] ۱. زندگی، عمر
Grand-père a passé toute sa vie à Paris. پدربزرگ همهٔ عمرش را در پاریس گذرانده.
۲. جان

veuillez برای بیان خواهش به کار می‌رود:
Veuillez fermer la porte en sortant.
لطفاً موقعِ رفتن در را ببندید.

اگر ***vieux*** قبل از کلمه‌ای بیاید که با حرف صدادار شروع شود، به جای آن از کلمهٔ ***vieil*** استفاده می‌شود:
un ***vieil*** homme
یک مردِ پیر

صفتِ ***vidéo*** صورت مذکر و مؤنث ندارد و جمع بسته نمی‌شود.

Cette petite fille est vive.

این دختر کوچولو بانشاط است.

couleur vive رنگ تند

vigne /vin^{y}/ la

[اسم] مو (= درخت انگور)

vigne

vilain /vila^{n}/ , **vilaine** /vilén/

[صفت] ۱. زننده، زشت

N'emploie pas de vilains mots.

کلمات زشت به کار نبر.

Marie a de vilaines dents.

ماری دندان‌های زشتی دارد.

۲. بدجنس، بدذات

Quelle vilaine fille!

چه دختر بدجنسی!

villa /vila/ la [اسم] ویلا

Nous avons loué une villa pour les vacances.

برای تعطیلات یک ویلا اجاره کردیم.

village /vilaj/ le [اسم] ده، روستا، دهکده

Ils habitent un village de montagne.

آنها در یک دهکدهٔ کوهستانی زندگی می‌کنند.

village

ville /vil/ la [اسم] شهر

J'aime les vieux quartiers de notre ville.

محله‌های قدیمی شهرمان را دوست دارم.

vin /va^{n}/ le [اسم] شراب

vinaigre /vinégr/ le

[اسم] سرکه

Tu as mis trop de vinaigre dans la salade.

توی سالاد زیاد سرکه ریختی.

vingt /va^{n}/ [صفت] بیست

Dix et dix font vingt.

ده و ده می‌شود بیست.

اگر ***vingt*** قبل از کلمه‌ای بیاید که با حرف صدادار شروع شود، /va^{n}t/ تلفظ می‌شود.

violemment /vyolamâ^{n}/

[قید] به شدت

Jacques m'a frappé violemment. ژاک مرا به شدت زد.

violon

violence /vyolâ^{n}s/ la
[اسم] ۱. شدت
La violence de la tempête a encore augmenté.
شدت توفان باز هم بیشتر شد.
۲. خشونت
Je n'aime pas la violence.
من خشونت را دوست ندارم.

violent /vyolâ^{n}/ , **violente** /vyolâ^{n}t/
[صفت] ۱. خشن
Son mari est très violent.
شوهرش خیلی خشن است.
۲. شدید
Un vent violent یک باد شدید

virgule در فرانسه به شکلِ «,» و در فارسی به شکلِ «،» نوشته می‌شود.

violet [1] /vyolé/ , **violette** /vyolét/
[صفت] بنفش
Yves a des chaussettes violettes.
ایو جوراب‌های بنفش دارد.

violet [2] /vyolé/ le
[اسم] رنگ بنفش، بنفش
Luc a peint les fleurs en violet.
لوک گل‌ها را (به رنگِ) بنفش کرد.

violette /vyolét/ la
[اسم] (گل) بنفشه
Marie a cueilli des violettes.
ماری چند گل بنفشه چید.

violette

violon /vyolo^{n}/ le
[اسم] ویولُن
Paul joue du violon.
پُل ویولُن می‌زند.

vipère /vipér/ la
[اسم] افعی (= نوعی مار سمی)
Il y a des vipères dans ce champ. این مزرعه افعی دارد.

virage /viraj/ le
[اسم] پیچ (جاده)
Un virage dangereux
یک پیچ خطرناک

virgule /virgûl/ la
[اسم] ویرگول

vis /vi/ : je vis, tu vis
صورت صرف‌شدهٔ فعلِ ***vivre***.

visage /vizaj/ le [اسم] صورت
Julie a un visage rond.
صورت ژولی گِرد است.

visible /vizibl/
[صفت] قابل مشاهده، معلوم، پیدا
Le bateau n'est plus visible.
کشتی دیگر پیدا نیست.

visiblement /viziblemâ^{n}/
[قید] آشکارا، این‌طور که پیداست
Visiblement, Jean n'a pas envie de venir. این‌طور که پیداست، ژان دلش نمی‌خواهد بیاید.

vision /vizyo^{n}/ la
[اسم] بینایی، دید

Certaines lunettes servent à améliorer la vision.
بعضی عینک‌ها برای بهتر کردن دید به کار می‌روند.

visite /vizit/ la
[اسم] ۱. دیدار، ملاقات، دیدن
Marie nous a rendu visite.
ماری به دیدن ما آمد.
۲. بازدید
La visite du château est gratuite. بازدید از کاخ رایگان است.
نگاه کنید به توضیحِ ***rencontre***.

visiter /vizité/ [فعل] دیدن، بازدید کردن
Nous avons visité le château.
ما از کاخ بازدید کردیم.

visiteur /viziteur/ le , **visiteuse** /viziteuz/ la
[اسم] بازدیدکننده
Le château est ouvert aux visiteurs.
کاخ به روی بازدیدکنندگان باز است.

visiteurs

vit /vi/ : il vit
صورت صرف‌شدهٔ فعلِ ***vivre***.

vitamine /vitamin/ la
[اسم] ویتامین

vite /vit/ [قید] تند، زود، سریع
Marchons plus vite!
تندتر راه برویم!

vitesse /vités/ la
[اسم] سرعت
La voiture roulait à la vitesse de 100 kilomètres à l'heure.
اتومبیل با سرعت صد کیلومتر در ساعت حرکت می‌کرد.

vitre /vitr/ la
[اسم] شیشه (پنجره)
Marie regarde le jardin à travers la vitre.
ماری از شیشهٔ پنجره باغ را نگاه می‌کند.

vitre فقط به معنی «شیشهٔ در یا پنجره» است، اما ***verre*** کلاً به معنی «شیشه» است:
Les ***vitres*** de la fenêtre sont en ***verre***.

vitrine /vitrin/ la
[اسم] ویترین
J'aime regarder les vitrines des magasins.
دوست دارم ویترین مغازه‌ها را تماشا کنم.

vivant /vivâ^{n}/ , **vivante** /vivâ^{n}t/ [صفت] زنده
Le blessé est vivant.
(مردِ) مجروح زنده است.

vive! [1] /viv/
[عبارت تعجبی] ۱. زنده باد!
Vive le Président!
زنده باد رئیس جمهور!
۲. جانمی! آخ جون!
Vive les vacances!
آخ جون، تعطیلات!

a = آ	**é** = اِ	**e** = اُ (با دهان نیمه‌بسته)	**eu** = اُ ترکی درگُزل	**o** = اُ	**û** = او ترکی درگول
u = او	**i** = ای	**â^{n}** = آ تودماغی	**a^{n}** = آ تودماغی	**o^{n}** = اُ تودماغی	**r** = غ عربی
y = ی	**n^{y}** = نی	**j** = ژ	**g** = گ	**ch** = ش	**s** = س
z = ز					

vive[2] /viv/ نگاه کنید به ***vif, vive***.

vivre /vivr/
[فعل] ۱. زندگی کردن
Sarah vit seule.
سارا تنها زندگی می‌کند.
۲. زنده بودن
Le blessé vit encore.
(مرد) مجروح هنوز زنده است.

vocabulaire /vokabûlér/ le
[اسم] واژه‌نامه
Un vocabulaire de la géographie واژه‌نامهٔ جغرافی

vœu /veu/ le [اسم] آرزو، خواسته
faire un vœu آرزو کردن

vœu با **x** جمع بسته می‌شود: ***vœux***.

voici /vuâsi/
[حرف اضافه] این ... است، این هم
Voici mon frère!
این برادرم است!

vol

voie /vuâ/ la [اسم] راه
Une voie étroite یک راه باریک

voilà /vuâla/
[حرف اضافه] آن ... است، آن هم
Voilà Cathie! آن هم کَتی!
کَتی هم آمد!

voile

voile /vuâl/ la [اسم] بادبان
bateau à voiles کشتی بادبانی

voir /vuâr/ [فعل] دیدن
J'ai vu un beau film.
یک فیلم قشنگ دیدم.

voisin /vuâza^{n}/ ,
voisine[1] /vuâzin/
[صفت] بغلی، مجاور
Il y a quelqu'un dans la pièce voisine. یک نفر در اتاق بغلی است.

voisin /vuâza^{n}/ le ,
voisine[2] /vuâzin/ la
[اسم] همسایه
Nous ne connaissons pas nos voisins.
ما همسایه‌هایمان را نمی‌شناسیم.

voit /vuâ/ : il voit
صورت صرف‌شدهٔ فعلِ ***voir***.

voiture /vuâtûr/ la
[اسم] ۱. ماشین، اتومبیل
Luc a garé sa voiture devant l'école.
لوک ماشینش را جلوی مدرسه پارک کرد.
۲. درشکه
voiture d'enfant کالسکهٔ بچه
نگاه کنید به توضیحِ ***poussette***.

voix /vuâ/ la
[اسم] صدای انسان، صدا
Clara a une voix douce.
کلارا صدای ملایمی دارد.

vol /vol/ le [اسم] ۱. دزدی
Cet homme a été condamné pour le vol d'une voiture.
این مرد به خاطر سرقت ماشین محکوم شد.
۲. پرواز
Laura observe le vol des oiseaux.
لورا پرواز پرندگان را تماشا می‌کند.

volaille /volay/ la

[اسم] مرغ، طیور (= پـرندگانی کـه برای تخم‌گذاری یا مصرف گوشتشان آنها را پرورش می‌دهند.)

Élevage de la volaille

پرورش طیور

volcan /volkâⁿ/ le

[اسم] آتش‌فشان

volcan

voler /volé/ [فعل] ۱. دزدیدن

Quelqu'un a volé mon vélo.

یک نفر دوچرخه‌ام را دزدید.

۲. پرواز کردن

Les oiseaux volent.

پرندگان پرواز می‌کنند.

نگاه کنید به توضیحِ *enlever*.

voleur /voleur/ le ,
voleuse /voleuz/ la

[اسم] دزد

On a arrêté un voleur au supermarché.

یک دزد را در فروشگاه دستگیر کردند.

volley-ball /volébol/ le

[اسم] والیبال

Un match de volley-ball

یک مسابقهٔ والیبال

volontaire [1] /voloⁿtér/

[صفت] ۱. اختیاری، عمدی

Ce n'était pas volontaire.

عمدی نبود.

۲. داوطلب

Qui est volontaire pour effacer le tableau? چه کسی داوطلب می‌شود تخته را پاک کند؟

volontaire [2]

/voloⁿtér/ le, la [اسم] داوطلب

Il cherche des volontaires pour ranger la bibliothèque.

او بـرای مـرتب کـردن کـتابخانه دنـبال داوطلب می‌گردد.

volontairement

/voloⁿtérmâⁿ/ [قید] عمداً، از قصد

Pierre nous a mal renseignés volontairement.

پیِر عمداً به ما اطلاعات غلط داد.

volonté /voloⁿté/ la

[اسم] اراده

Sarah a beaucoup de volonté.

سارا خیلی بااراده است.

volontiers /voloⁿtiyé/

[قید] البته، با کمال میل

Voulez-vous dîner avec nous?
– Volontiers.

مایلید با ما شام بخورید؟ ــ البته.

volume /volûm/ le
[اسم] ۱. حجم، جا
Cette armoire occupe un grand volume dans ma chambre.
این قفسه جای زیادی را در اتاق می‌گیرد.
۲. جلد
C'est un dictionnaire en deux volumes.
این (کتاب) یک فرهنگ دوجلدی است.

vos /vo/ [صفت] (مال‌هایِ) شما، ــ هایتان
Vos livres کتاب‌های شما، کتاب‌هایتان

vos صورت جمعِ ***votre*** است.

votre /votr/
[صفت] (مالِ) شما، ــ تان
Votre père پدر شما، پدرتان

vôtre /votr/ le, la
[ضمیر] مال شما، مال خودتان
Rendez-moi mes chaussures et reprenez les vôtres.
کفش‌هایم را به من پس بدهید و مال خودتان را بگیرید.

ضمایر ملکی مثلِ ***vôtre*** با حروف تعریف ***le*** و ***la*** به کار می‌روند:
le vôtre, la vôtre

vouloir /vuluâr/
[فعل] خواستن
Yann veut aller au cinéma.
یان می‌خواهد به سینما برود.

حروف صدادار یا مصوت‌ها ***(voyelles)*** عبارتند از:
a, e, i, o, u, y

voulu , voulue /vulû/
صورت مفعولی فعلِ ***vouloir***.

vous /vu/ [ضمیر] ۱. شما
Vous êtes très gentil.
شما خیلی مهربانید.
۲. به شما، شما را، از شما
Je vous donne 50 francs.
من به شما پنجاه فرانک می‌دهم.
Je vous remercie, monsieur.
از شما متشکرم، آقا.

voyage /vuâyaj/ le
[اسم] سفر، مسافرت
Ils ont fait un voyage en Italie.
آنها به ایتالیا سفر کردند.

voyager /vuâyajé/
[فعل] سفر کردن
Mamie voyage en train.
مامان‌بزرگ با قطار سفر می‌کند.

voyageur /vuâyajeur/ le ,
voyageuse /vuâyajeuz/ la
[اسم] مسافر
Les voyageurs pour Paris
مسافران پاریس

voyelle /vuâyél/ la
[اسم] حرف صدادار، مصوت

vrai [1] **, vraie** /vré/
[صفت] واقعی، راست
Cette histoire est vraie.
این داستان واقعی است.

vrai [2] /vré/ le [اسم] حقیقت
Luc peut distinguer le vrai du faux.
لوک می‌تواند راست را از دروغ تشخیص دهد.

vraiment /vrémâ^{n}/
[قید] واقعاً، حقیقتاً

vu , vue [1] /vû/
صورت مفعولی فعلِ ***voir***.

vue [2] /vû/ la [اسم] ۱. بینایی، دید

Jean a une bonne vue.
ژان دید خوبی دارد.

۲. منظره، چشم‌انداز

Une belle vue یک منظرهٔ زیبا

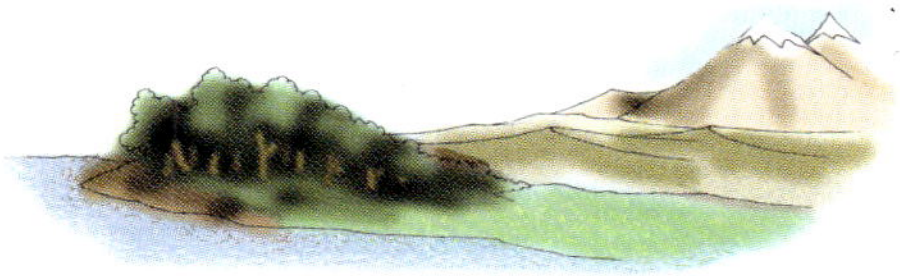

vue

W,w

W. -C. /dûblevésé; vésé/
[اسم، جمع] توالت، دستشویی
Luc est aux W. -C.
لوک در دستشویی است.

week-end /uikénd/ le
[اسم] تعطیلات آخر هفته
J'ai passé le week-end à la campagne. تعطیلات آخر هفته را در بیرون شهر گذراندم.

wagon /vago^n/ le [اسم] واگن
Les wagons d'un train
واگن‌های یک قطار

wagon

به جای کلمهٔ ***W.-C.***، بیشتر از کلمهٔ ***toilettes*** استفاده می‌شود، اما بچه‌ها بیشتر کلمهٔ ***cabinets*** را به کار می‌برند.

X,x

xylophone /gzilofon; ksilofon/ le [اسم] گزیلوفون، زایلوفون (= نوعی ساز)
Paul joue du xylophone.
پُل زایلوفون می‌زند.

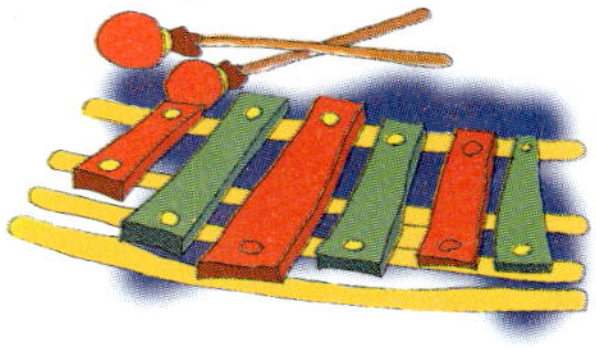

xylophone

X /iks/ le [اسم] ایکس، فلان
Monsieur X آقای فلان، آقای ایکس
Rayons X اشعهٔ ایکس

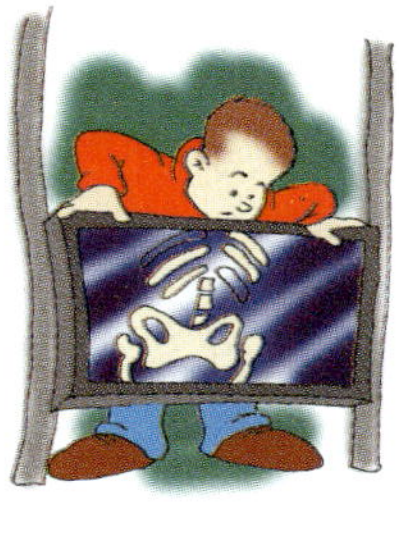

rayons X

Y,y

y /i/ [قید] آنجا، در آنجا، به آنجا
J'y vais. من به آنجا می‌روم.
Il y a وجود دارد، هست
Il y a encore des fruits.
هنوز میوه هست. باز هم میوه داریم.

yaourt /yaourt/ le [اسم] ماست
Pour le dessert, je prends un yaourt. برای دسر ماست می‌خورم.

yeux /yeu/ le
[اسم، جمع] چشم‌ها، چشمان
Ferme tes yeux! چشم‌هایت را ببند!
Yves a les yeux bleus.
چشمان ایو آبی است.

yeux صورت جمعِ کلمهٔ ***œil*** است.

yo-yo /yoyo/ le [اسم] یویو
Alex joue au yo-yo.
آلکس یویو بازی می‌کند.

کلمهٔ ***yo-yo*** در جمع تغییر نمی‌کند.

Z,z

zèbre /zébr/ le [اسم] گورخر

zéro /zéro/ le [اسم] صفر
Ma sœur a eu zéro à sa dictée.
خواهرم دیکته‌اش را صفر شد.

zone /zon/ la [اسم] منطقه
Jean habite près de la zone industrielle.
ژان نزدیک منطقهٔ صنعتی زندگی می‌کند.

zoo /zo/ le [اسم] باغ‌وحش
Le dimanche, nous allons au zoo. یکشنبه ما به باغ‌وحش می‌رویم.

zèbre

---

a = اَ　**é** = اِ　**e** = اُ(با دهان نیمه‌بسته)　**eu** = اُ ترکی درگُزل　**o** = اُ　**û** = او ترکی درگول
u = او　**i** = ای　**â^n** = آ تودماغی　**a^n** = اَ تودماغی　**o^n** = اُ تودماغی　**r** = غ عربی
y = ی　**n^y** = نیَ　**j** = ژ　**g** = گ　**ch** = ش　**s** = س　**z** = ز

Annexes

پیوستها

La Conjugasion des verbes

صرف افعال

aimer

حال		آینده		گذشتهٔ استمراری		گذشتهٔ نقلی			امری	صورت مفعولی	صورت فاعلی
j'	aime	j'	aimerai	j'	aimais	j'	ai	aimé	aime	aimé, aimée	aimant
tu	aimes	tu	aimeras	tu	aimais	tu	as	aimé	aimons		
il	aime	il	aimera	il	aimait	il	a	aimé	aimez		
nous	aimons	nous	aimerons	nous	aimions	nous	avons	aimé			
vous	aimez	vous	aimerez	vous	aimiez	vous	avez	aimé			
ils	aiment	ils	aimeront	ils	aimaient	ils	ont	aimé			

aller

حال		آینده		گذشتهٔ استمراری		گذشتهٔ نقلی			امری	صورت مفعولی	صورت فاعلی
je	vais	j'	irai	j'	allais	je	suis	allé(e)	va	allé, allée	allant
tu	vas	tu	iras	tu	allais	tu	es	allé(e)	allons		
il	va	il	ira	il	allait	il	est	allé	allez		
nous	allons	nous	irons	nous	allions	nous	sommes	allé(e)s			
vous	allez	vous	irez	vous	alliez	vous	êtes	allé(e)s			
ils	vont	ils	iront	ils	allaient	ils	sont	allés			

avancer

حال	آینده	گذشتهٔ استمراری	گذشتهٔ نقلی	امری	صورت مفعولی	صورت فاعلی
j' avance	j' avancerai	j' avançais	j' ai avancé	avance	avancé, avancée	avançant
tu avances	tu avanceras	tu avançais	tu as avancé	avançons		
il avance	il avancera	il avançait	il a avancé	avancez		
nous avançons	nous avancerons	nous avancions	nous avons avancé			
vous avancez	vous avancerez	vous avanciez	vous avez avancé			
ils avancent	ils avanceront	ils avançaient	ils ont avancé			

avoir

حال	آینده	گذشتهٔ استمراری	گذشتهٔ نقلی	امری	صورت مفعولی	صورت فاعلی
j' ai	j' aurai	j' avais	j' ai eu	aie	eu, eue	ayant
tu as	tu auras	tu avais	tu as eu	ayons		
il a	il aura	il avait	il a eu	ayez		
nous avons	nous aurons	nous avions	nous avons eu			
vous avez	vous aurez	vous aviez	vous avez eu			
ils ont	ils auront	ils avaient	ils ont eu			

battre

حال	آینده	گذشتهٔ استمراری	گذشتهٔ نقلی	امری	صورت مفعولی	صورت فاعلی
je bats	je battrai	je battais	j' ai battu	bats	battu, battue	battant
tu bats	tu battras	tu battais	tu as battu	battons		
il bat	il battra	il battait	il a battu	battez		
nous battons	nous battrons	nous battions	nous avons battu			
vous battez	vous battrez	vous battiez	vous avez battu			
ils battent	ils battront	ils battaient	ils ont battu			

boire

حال	آینده	گذشتهٔ استمراری	گذشتهٔ نقلی	امری	صورت مفعولی	صورت فاعلی
je bois	je boirai	je buvais	j' ai bu	bois	bu, bue	buvant
tu bois	tu boiras	tu buvais	tu as bu	buvons		
il boit	il boira	il buvait	il a bu	buvez		
nous buvons	nous boirons	nous buvions	nous avons bu			
vous buvez	vous boirez	vous buviez	vous avez bu			
ils boivent	ils boiront	ils buvaient	ils ont bu			

connaître

حال		آینده		گذشتهٔ استمراری		گذشتهٔ نقلی			امری	صورت مفعولی	صورت فاعلی
je	connais	je	connaîtrai	je	connaissais	j'	ai	connu	connais	connu, connue	connaissant
tu	connais	tu	connaîtras	tu	connaissais	tu	as	connu	connaissons		
il	connaît	il	connaîtra	il	connaissait	il	a	connu	connaissez		
nous	connaissons	nous	connaîtrons	nous	connaissions	nous	avons	connu			
vous	connaissez	vous	connaîtrez	vous	connaissiez	vous	avez	connu			
ils	connaissent	ils	connaîtront	ils	connaissaient	ils	ont	connu			

courir

حال		آینده		گذشتهٔ استمراری		گذشتهٔ نقلی			امری	صورت مفعولی	صورت فاعلی
je	cours	je	courrai	je	courais	j'	ai	couru	cours	couru, courue	courant
tu	cours	tu	courras	tu	courais	tu	as	couru	courons		
il	court	il	courra	il	courait	il	a	couru	courez		
nous	courons	nous	courrons	nous	courions	nous	avons	couru			
vous	courez	vous	courrez	vous	couriez	vous	avez	couru			
ils	courent	ils	courront	ils	couraient	ils	ont	couru			

croire

حال	آینده	گذشتهٔ استمراری	گذشتهٔ نقلی	امری	صورت مفعولی	صورت فاعلی
je crois	je croirai	je croyais	j' ai cru	crois	cru, crue	croyant
tu crois	tu croiras	tu croyais	tu as cru	croyons		
il croit	il croira	il croyait	il a cru	croyez		
nous croyons	nous croirons	nous croyions	nous avons cru			
vous croyez	vous croirez	vous croyiez	vous avez cru			
ils croient	ils croiront	ils croyaient	ils ont cru			

dire

حال	آینده	گذشتهٔ استمراری	گذشتهٔ نقلی	امری	صورت مفعولی	صورت فاعلی
je dis	je dirai	je disais	j' ai dit	dis	dit, dite	disant
tu dis	tu diras	tu disais	tu as dit	disons		
il dit	il dira	il disait	il a dit	dites		
nous disons	nous dirons	nous disions	nous avons dit			
vous dites	vous direz	vous disiez	vous avez dit			
ils disent	ils diront	ils disaient	ils ont dit			

écrire

حال	آینده	گذشتهٔ استمراری	گذشتهٔ نقلی	امری	صورت مفعولی	صورت فاعلی
j' écris	j' écrirai	j' écrivais	j' ai écrit	écris	écrit, écrite	écrivant
tu écris	tu écriras	tu écrivais	tu as écrit	écrivons		
il écrit	il écrira	il écrivait	il a écrit	écrivez		
nous écrivons	nous écrirons	nous écrivions	nous avons écrit			
vous écrivez	vous écrirez	vous écriviez	vous avez écrit			
ils écrivent	ils écriront	ils écrivaient	ils ont écrit			

être

حال	آینده	گذشتهٔ استمراری	گذشتهٔ نقلی	امری	صورت مفعولی	صورت فاعلی
je suis	je serai	j' étais	j' ai été	sois	été	étant
tu es	tu seras	tu étais	tu as été	soyons		
il est	il sera	il était	il a été	soyez		
nous sommes	nous serons	nous étions	nous avons été			
vous êtes	vous serez	vous étiez	vous avez été			
ils sont	ils seront	ils étaient	ils ont été			

faire

حال	آینده	گذشتهٔ استمراری	گذشتهٔ نقلی	امری	صورت مفعولی	صورت فاعلی
je fais	je ferai	je faisais	j' ai fait	fais	fait, faite	faisant
tu fais	tu feras	tu faisais	tu as fait	faisons		
il fait	il fera	il faisait	il a fait	faites		
nous faisons	nous ferons	nous faisions	nous avons fait			
vous faites	vous ferez	vous faisiez	vous avez fait			
ils font	ils feront	ils faisaient	ils ont fait			

falloir

حال	آینده	گذشتهٔ استمراری	گذشتهٔ نقلی	امری	صورت مفعولی	صورت فاعلی
il faut	il faudra	il fallait	il a fallu	—	fallu	—

finir

حال	آینده	گذشتهٔ استمراری	گذشتهٔ نقلی	امری	صورت مفعولی	صورت فاعلی
je finis	je finirai	je finissais	j' ai fini	finis	fini, finie	finissant
tu finis	tu finiras	tu finissais	tu as fini	finissons		
il finit	il finira	il finissait	il a fini	finissez		
nous finissons	nous finirons	nous finissions	nous avons fini			
vous finissez	vous finirez	vous finissiez	vous avez fini			
ils finissent	ils finiront	ils finissaient	ils ont fini			

fuir

حال	آینده	گذشتهٔ استمراری	گذشتهٔ نقلی	امری	صورت مفعولی	صورت فاعلی
je fuis	je fuirai	je fuyais	j' ai fui	fuis	fui, fuie	fuyant
tu fuis	tu fuiras	tu fuyais	tu as fui	fuyons		
il fuit	il fuira	il fuyait	il a fui	fuyez		
nous fuyons	nous fuirons	nous fuyions	nous avons fui			
vous fuyez	vous fuirez	vous fuyiez	vous avez fui			
ils fuient	ils fuiront	ils fuyaient	ils ont fui			

lire

حال	آینده	گذشتهٔ استمراری	گذشتهٔ نقلی	امری	صورت مفعولی	صورت فاعلی
je lis	je lirai	je lisais	j' ai lu	lis	lu, lue	lisant
tu lis	tu liras	tu lisais	tu as lu	lisons		
il lit	il lira	il lisait	il a lu	lisez		
nous lisons	nous lirons	nous lisions	nous avons lu			
vous lisez	vous lirez	vous lisiez	vous avez lu			
ils lisent	ils liront	ils lisaient	ils ont lu			

manger

حال	آینده	گذشتهٔ استمراری	گذشتهٔ نقلی	امری	صورت مفعولی	صورت فاعلی
je mange	je mangerai	je mangeais	j' ai mangé	mange	mangé, mangée	mangeant
tu manges	tu mangeras	tu mangeais	tu as mangé	mangeons		
il mange	il mangera	il mangeait	il a mangé	mangez		
nous mangeons	nous mangerons	nous mangions	nous avons mangé			
vous mangez	vous mangerez	vous mangiez	vous avez mangé			
ils mangent	ils mangeront	ils mangeaient	ils ont mangé			

mettre

حال	آینده	گذشتهٔ استمراری	گذشتهٔ نقلی	امری	صورت مفعولی	صورت فاعلی
je mets	je mettrai	je mettais	j' ai mis	mets	mis, mise	mettant
tu mets	tu mettras	tu mettais	tu as mis	mettons		
il met	il mettra	il mettait	il a mis	mettez		
nous mettons	nous mettrons	nous mettions	nous avons mis			
vous mettez	vous mettrez	vous mettiez	vous avez mis			
ils mettent	ils mettront	ils mettaient	ils ont mis			

mourir

حال	آینده	گذشتهٔ استمراری	گذشتهٔ نقلی	امری	صورت مفعولی	صورت فاعلی
je meurs	je mourrai	je mourais	je suis mort(e)	meurs	mort, morte	mourant
tu meurs	tu mourras	tu mourais	tu es mort(e)	mourons		
il meurt	il mourra	il mourait	il est mort	mourez		
nous mourons	nous mourrons	nous mourions	nous sommes mort(e)s			
vous mourez	vous mourrez	vous mouriez	vous êtes mort(e)s			
ils meurent	ils mourront	ils mouraient	ils sont morts			

naître

حال	آینده	گذشتهٔ استمراری	گذشتهٔ نقلی	امری	صورت مفعولی	صورت فاعلی
je nais	je naîtrai	je naissais	je suis né(e)	nais	né, née	naissant
tu nais	tu naîtras	tu naissais	tu es né(e)	naissons		
il naît	il naîtra	il naissait	il est né	naissez		
nous naissons	nous naîtrons	nous naissions	nous sommes né(e)s			
vous naissez	vous naîtrez	vous naissiez	vous êtes né(e)s			
ils naissent	ils naîtront	ils naissaient	ils sont nés			

partir

حال	آینده	گذشتهٔ استمراری	گذشتهٔ نقلی	امری	صورت مفعولی	صورت فاعلی
je pars	je partirai	je partais	je suis parti(e)	pars	parti, partie	partant
tu pars	tu partiras	tu partais	tu es parti(e)	partons		
il part	il partira	il partait	il est parti	partez		
nous partons	nous partirons	nous partions	nous sommes parti(e)s			
vous partez	vous partirez	vous partiez	vous êtes parti(e)s			
ils partent	ils partiront	ils partaient	ils sont partis			

plaire

حال	آینده	گذشتهٔ استمراری	گذشتهٔ نقلی	امری	صورت مفعولی	صورت فاعلی
je plais	je plairai	je plaisais	j' ai plu	plu	plu, plue	plaisant
tu plais	tu plairas	tu plaisais	tu as plu			
il plaît	il plaira	il plaisait	il a plu			
nous plaisons	nous plairons	nous plaisions	nous avons plu			
vous plaisez	vous plairez	vous plaisiez	vous avez plu			
ils plaisent	ils plairont	ils plaisaient	ils ont plu			

pleuvoir

حال	آینده	گذشتهٔ استمراری	گذشتهٔ نقلی	امری	صورت مفعولی	صورت فاعلی
il pleut	il pleuvra	il pleuvait	il a plu	—	plu	pleuvant

pouvoir

حال	آینده	گذشتهٔ استمراری	گذشتهٔ نقلی	امری	صورت مفعولی	صورت فاعلی
je peux	je pourrai	je pouvais	j' ai pu	—	pu	pouvant
tu peux	tu pourras	tu pouvais	tu as pu			
il peut	il pourra	il pouvait	il a pu			
nous pouvons	nous pourrons	nous pouvions	nous avons pu			
vous pouvez	vous pourrez	vous pouviez	vous avez pu			
ils peuvent	ils pourront	ils pouvaient	ils ont pu			

prendre

حال	آینده	گذشتهٔ استمراری	گذشتهٔ نقلی	امری	صورت مفعولی	صورت فاعلی
je prends	je prendrai	je prenais	j' ai pris	prends	pris, prise	prenant
tu prends	tu prendras	tu prenais	tu as pris	prenons		
il prend	il prendra	il prenait	il a pris	prenez		
nous prenons	nous prendrons	nous prenions	nous avons pris			
vous prenez	vous prendrez	vous preniez	vous avez pris			
ils prennent	ils prendront	ils prenaient	ils ont pris			

recevoir

حال	آینده	گذشتهٔ استمراری	گذشتهٔ نقلی	امری	صورت مفعولی	صورت فاعلی
je reçois	je recevrai	je recevais	j' ai reçu	reçois	reçu, reçue	recevant
tu reçois	tu recevras	tu recevais	tu as reçu	recevons		
il reçoit	il recevra	il recevait	il a reçu	recevez		
nous recevons	nous recevrons	nous recevions	nous avons reçu			
vous recevez	vous recevrez	vous receviez	vous avez reçu			
ils reçoivent	ils recevront	ils recevaient	ils ont reçu			

rire

حال	آینده	گذشتهٔ استمراری	گذشتهٔ نقلی	امری	صورت مفعولی	صورت فاعلی
je ris	je rirai	je riais	j' ai ri	ris	ri	riant
tu ris	tu riras	tu riais	tu as ri	rions		
il rit	il rira	il riait	il a ri	riez		
nous rions	nous rirons	nous riions	nous avons ri			
vous riez	vous rirez	vous riiez	vous avez ri			
ils rient	ils riront	ils riaient	ils ont ri			

savoir

حال	آینده	گذشتهٔ استمراری	گذشتهٔ نقلی	امری	صورت مفعولی	صورت فاعلی
je sais	je saurai	je savais	j' ai su	sache	su, sue	sachant
tu sais	tu sauras	tu savais	tu as su	sachons		
il sait	il saura	il savait	il a su	sachez		
nous savons	nous saurons	nous savions	nous avons su			
vous savez	vous saurez	vous saviez	vous avez su			
ils savent	ils sauront	ils savaient	ils ont su			

sentir

حال	آینده	گذشتهٔ استمراری	گذشتهٔ نقلی	امری	صورت مفعولی	صورت فاعلی
je sens	je sentirai	je sentais	j' ai senti	sens	senti, sentie	sentant
tu sens	tu sentiras	tu sentais	tu as senti	sentons		
il sent	il sentira	il sentait	il a senti	sentez		
nous sentons	nous sentirons	nous sentions	nous avons senti			
vous sentez	vous sentirez	vous sentiez	vous avez senti			
ils sentent	ils sentiront	ils sentaient	ils ont senti			

servir

حال	آینده	گذشتهٔ استمراری	گذشتهٔ نقلی	امری	صورت مفعولی	صورت فاعلی
je sers	je servirai	je servais	j' ai servi	sers	servi, servie	servant
tu sers	tu serviras	tu servais	tu as servi	servons		
il sert	il servira	il servait	il a servi	servez		
nous servons	nous servirons	nous servions	nous avons servi			
vous servez	vous servirez	vous serviez	vous avez servi			
ils servent	ils serviront	ils servaient	ils ont servi			

suivre

حال	آینده	گذشتهٔ استمراری	گذشتهٔ نقلی	امری	صورت مفعولی	صورت فاعلی
je suis	je suivrai	je suivais	j' ai suivi	suis	suivi, suivie	suivant
tu suis	tu suivras	tu suivais	tu as suivi	suivons		
il suit	il suivra	il suivait	il a suivi	suivez		
nous suivons	nous suivrons	nous suivions	nous avons suivi			
vous suivez	vous suivrez	vous suiviez	vous avez suivi			
ils suivent	ils suivront	ils suivaient	ils ont suivi			

se taire

حال		آینده		گذشتهٔ استمراری		گذشتهٔ نقلی		امری	صورت مفعولی	صورت فاعلی
je	me tais	je	me tairai	je	me taisais	je	me suis tu(e)	tais-toi	tu, tue	se taisant
tu	te tais	tu	te tairas	tu	te taisais	tu	t'es tu(e)	taisons-nous		
il	se tait	il	se taira	il	se taisait	il	s'est tu	taisez-vous		
nous	nous taisons	nous	nous tairons	nous	nous taisions	nous	nous sommes tu(e)s			
vous	vous taisez	vous	vous tairez	vous	vous taisiez	vous	vous êtes tu(e)s			
ils	se taisent	ils	se tairont	ils	se taisaient	ils	se sont tus			

valoir

حال		آینده		گذشتهٔ استمراری		گذشتهٔ نقلی			امری	صورت مفعولی	صورت فاعلی
je	vaux	je	vaudrai	je	valais	j'	ai	valu	vaux	valu, value	valant
tu	vaux	tu	vaudras	tu	valais	tu	as	valu	valons		
il	vaut	il	vaudra	il	valait	il	a	valu	valez		
nous	valons	nous	vaudrons	nous	valions	nous	avons	valu			
vous	valez	vous	vaudrez	vous	valiez	vous	avez	valu			
ils	valent	ils	vaudront	ils	valaient	ils	ont	valu			

venir

حال	آینده	گذشتهٔ استمراری	گذشتهٔ نقلی	امری	صورت مفعولی	صورت فاعلی
je viens	je viendrai	je venais	je suis venu(e)	viens	venu, venue	venant
tu viens	tu viendras	tu venais	tu es venu(e)	venons		
il vient	il viendra	il venait	il est venu	venez		
nous venons	nous viendrons	nous venions	nous sommes venu(e)s			
vous venez	vous viendrez	vous veniez	vous êtes venu(e)s			
ils viennent	ils viendront	ils venaient	ils sont venus			

vivre

حال	آینده	گذشتهٔ استمراری	گذشتهٔ نقلی	امری	صورت مفعولی	صورت فاعلی
je vis	je vivrai	je vivais	j' ai vécu	vis	vécu, vécue	vivant
tu vis	tu vivras	tu vivais	tu as vécu	vivons		
il vit	il vivra	il vivait	il a vécu	vivez		
nous vivons	nous vivrons	nous vivions	nous avons vécu			
vous vivez	vous vivrez	vous viviez	vous avez vécu			
ils vivent	ils vivront	ils vivaient	ils ont vécu			

voir

حال	آینده	گذشتهٔ استمراری	گذشتهٔ نقلی	امری	صورت مفعولی	صورت فاعلی
je vois	je verrai	je voyais	j' ai vu	vois	vu, vue	voyant
tu vois	tu verras	tu voyais	tu as vu	voyons		
il voit	il verra	il voyait	il a vu	voyez		
nous voyons	nous verrons	nous voyions	nous avons vu			
vous voyez	vous verrez	vous voyiez	vous avez vu			
ils voient	ils verront	ils voyaient	ils ont vu			

vouloir

حال	آینده	گذشتهٔ استمراری	گذشتهٔ نقلی	امری	صورت مفعولی	صورت فاعلی
je veux	je voudrai	je voulais	j' ai voulu	veuille	voulu, voulue	voulant
tu veux	tu voudras	tu voulais	tu as voulu	veuillons		
il veut	il voudra	il voulait	il a voulu	veuillez		
nous voulons	nous voudrons	nous voulions	nous avons voulu			
vous voulez	vous voudrez	vous vouliez	vous avez voulu			
ils veulent	ils voudront	ils voulaient	ils ont voulu			

Les Nombres

اعداد

0	**zéro** /zéro/	صفر
1	**un** /a^{n}/ , **une** /ûn/	یک
2	**deux** /deu/	دو
3	**trois** /truâ/	سه
4	**quatre** /katr/	چهار
5	**cinq** /sa^{n}k/	پنج
6	**six** /sis/	شش
7	**sept** /sét/	هفت
8	**huit** /ûi(t)/	هشت
9	**neuf** /neuf/	نُه
10	**dix** /dis/	ده
11	**onze** /o^{n}z/	یازده
12	**douze** /duz/	دوازده
13	**treize** /tréz/	سیزده
14	**quatorze** /katorz/	چهارده
15	**quinze** /ka^{n}z/	پانزده
16	**seize** /séz/	شانزده
17	**dix-sept** /dissét/	هفده
18	**dix-huit** /dizuit/	هیجده
19	**dix-neuf** /dizneuf/	نوزده
20	**vingt** /va^{n}/	بیست
21	**vingt et un** /va^{n}téa^{n}/	بیست و یک
22	**vingt-deux** /va^{n}tdeu/	بیست و دو

30	**trente** /trâ^{n}t/	سی
40	**quarante** /karâ^{n}t/	چهل
50	**cinquante** /sa^{n}kâ^{n}t/	پنجاه
60	**soixante** /suâsâ^{n}t/	شصت
70	**soixante-dix** /suâsâ^{n}tdis/	هفتاد
71	**soixante et onze** /suâsâ^{n}téo^{n}z/	هفتاد و یک
72	**soixante-douze** /suâsâ^{n}tduz/	هفتاد و دو
80	**quatre-vingts** /katreva^n/	هشتاد
81	**quatre-vingt-un** /katreva^{n}a^n/	هشتاد و یک
90	**quatre-vingt-dix** /katreva^{n}dis/	نود
91	**quatre-vingt-onze** /katreva^{n}o^{n}z/	نود و یک
100	**cent** /sâ^n/	صد
101	**cent un** /sâ^{n}a^n/	صد و یک
200	**deux cents** /deusâ^n/	دویست
300	**trois cents** /truâsâ^n/	سیصد
400	**quatre cents** /katsâ^n/	چهارصد
500	**cinq cents** /sa^{n}sâ^n/	پانصد
600	**six cents** /sisâ^n/	ششصد
700	**sept cents** /sétsâ^n/	هفتصد
800	**huit cents** /uisâ^n/	هشتصد
900	**neuf cents** /neufsâ^n/	نهصد
1000	**mille** /mil/	هزار

1er, 1ère	**premier** /premyé/ , **première** /premyér/	اوّل، اوّلین، یکم، یکمین
2ème	**deuxième** /deuzyém/ , **second(e)** /sego^n(d)/	دوم، دومین
3ème	**troisième** /truâzyém/	سوم، سومین
4ème	**quatrième** /katryém/	چهارم، چهارمین
5ème	**cinquième** /sa^{n}kyém/	پنجم، پنجمین
6ème	**sixième** /sizyém/	ششم، ششمین
7ème	**septième** /sétyém/	هفتم، هفتمین

8ème	**huitième** /uityém/	هشتم، هشتمین
9ème	**neuvième** /neuvyém/	نهم، نهمین
10ème	**dixième** /dizyém/	دهم، دهمین
11ème	**onzième** /o^{n}zyém/	یازدهم، یازدهمین
12ème	**douzième** /duzyém/	دوازدهم، دوازدهمین
13ème	**treizième** /trézyém/	سیزدهم، سیزدهمین
14ème	**quatorzième** /katorzyém/	چهاردهم، چهاردهمین
15ème	**quinzième** /ka^{n}zyém/	پانزدهم، پانزدهمین
16ème	**seizième** /sézyém/	شانزدهم، شانزدهمین
17ème	**dix-septième** /dissétyém/	هفدهم، هفدهمین
18ème	**dix-huitième** /dizuityém/	هجدهم، هجدهمین
19ème	**dix-neuvième** /dizneuvyém/	نوزدهم، نوزدهمین
20ème	**vingtième** /va^{n}tyém/	بیستم، بیستمین
21ème	**vingt et unième** /va^{n}téûnyém/	بیست و یکم، بیست و یکمین
30ème	**trentième** /trâ^{n}tyém/	سی‌ام، سی‌اُمین
40ème	**quarantième** /karâ^{n}tyém/	چهلم، چهلمین
50ème	**cinquantième** /sa^{n}kâ^{n}tyém/	پنجاهم، پنجاهمین
60ème	**soixantième** /suâsâ^{n}tyém/	شصتم، شصتمین
70ème	**soixante-dixième** /suâsâ^{n}tdizyém/	هفتادم، هفتادمین
71ème	**soixante-onzième** /suâsâ^{n}to^{n}zyém/	هفتاد و یکم، هفتاد و یکمین
80ème	**quatre-vingtième** /katreva^{n}tyém/	هشتادم، هشتادمین
81ème	**quatre-vingt-unième** /katreva^{n}ûnyém/	هشتاد و یکم، هشتاد و یکمین
90ème	**quatre-vingt-dixième** /katreva^{n}dizyém/	نودم، نودمین
91ème	**quatre-vingt-onzième** /katreva^{n}o^{n}zyém/	نود و یکم، نود و یکمین
100ème	**centième** /sâ^{n}tyém/	صدم، صدمین
1000ème	**millième** /milyém/	هزارم، هزارمین

Les Noms des pays

اسامی کشورها

Afghânistân /afgânistâ^n/ le	افغانستان
Algérie /aljéri/ la	الجزایر
Allemagne /alman^y/ la	آلمان
Amérique /amérik/ la	امریکا
Angleterre /â^{n}gletér/ la	انگلستان
Arabie /arabi/ la	عربستان
Argentine /arjâ^{n}tin/ la	آرژانتین
Australie /ostrali/ la	استرالیا
Autriche /otrich/ la	اتریش
Belgique /béljik/ la	بلژیک
Brésil /brézil/ le	برزیل
Bulgarie /bûlgari/ la	بلغارستان
Canada /kanada/ le	کانادا
Chine /chin/ la	چین
Corée /koré/ la	کره
Cuba /kûba/ la	کوبا
Danemark /danmark/ le	دانمارک
Écosse /ékos/ la	اسکاتلند
Égypte /éjipt/ la	مصر
Espagne /éspan^y/ la	اسپانیا
Finlande /fa^{n}lâ^{n}d/ la	فنلاند
France /frâ^{n}s/ la	فرانسه
Germanie /jérmani/ la	آلمان
Grèce /grék/ la	یونان
Hollande /olâ^{n}d/ la	هلند
Hongrie /o^{n}gri/ la	مجارستان
Inde /a^{n}d/ la	هند، هندوستان
Iran /irâ^n/ le	ایران
Iraq; Irak /irak/ le	عراق
Irlande /irla^{n}d/ la	ایرلند
Italie /itali/ la	ایتالیا
Japon /japon/ le	ژاپن
Jordanie /jordani/ la	اُردن
Liban /libâ^n/ le	لبنان
Libye /libi/ la	لیبی
Maroc /marok/ le	مراکش
Mexique /mékzik/ le	مکزیک
Norvège /norvéj/ la	نروژ
Pakistan /pakistâ^n/ le	پاکستان
Paléstine /paléstin/ la	فلسطین
Pologne /polon^y/ la	لهستان
Portugal /portûgal/ le	پرتغال
Russie /rûsi/ la	روسیه
Suède /sûéd/ la	سوئد
Suisse /sûis/ la	سوئیس
Syrie /siri/ la	سوریه
Tunisie /tûnizi/ la	تونس
Turquie /tûrki/ la	ترکیه

Le Temps

زمان

Quelle heure est-il? / ساعت چند است؟

1: 00	Il est une heure.	ساعت یک است.
1: 10	Il est une heure dix.	ساعت یک و ده دقیقه است.
1: 15	Il est une heure et quart.	ساعت یک و پانزده دقیقه است.
1: 30	Il est une heure et demie.	ساعت یک و نیم است.
1: 40	Il est deux heures moins vingt.	ساعت بیست دقیقه به دو است.
1: 45	Il est deux heures moins le quart.	ساعت یک ربع به دو است.

A quelle heure? / چه وقت؟

12: 00	A minuit.	نصفه شب
12: 00	A midi.	ظهر
1: 00	A une heure (de l'après-midi).	یک (بعد از ظهر)
8: 00	A huit heures (du soir).	هشت (شب)
11: 15	A onze heures quinze.	یازده و پانزده دقیقه
20: 45	A vingt heures quarante-cinq.	بیست و چهل و پنج دقیقه

Les Jours de la semaine / روزهای هفته

lundi /la^{n}di/	دوشنبه	vendredi /vâ^{n}dredi/	جمعه
mardi /mardi/	سه‌شنبه	samedi /samdi/	شنبه
mercredi /mérkredi/	چهارشنبه	dimanche /dimâ^{n}ch/	یکشنبه
jeudi /jeudi/	پنج‌شنبه		

Les Mois de l'année / ماههای سال

janvier /jâ^{n}viyé/	ژانویه	juillet /jûiyé/	ژوئیه
février /févriyé/	فوریه	août /u(t)/	اوت
mars /mars/	مارس	septembre /séptâ^{n}br/	سپتامبر
avril /avril/	آوریل	octobre /oktobr/	اکتبر
mai /mé/	مه	novembre /novâ^{n}br/	نوامبر
juin /jûa^{n}/	ژوئن	décembre /désâ^{n}br/	دسامبر

Les Signes

نشانه‌ها

les accents / آکسان‌ها

در خط فرانسه سه نوع آکسان وجود دارد:

آکسان تگو (accent aigu) روی حرفِ "**e**" می‌آید.

مثلِ l'**é**criture

آکسان گراو (accent grave) روی حروفِ "**a, e, u**" می‌آید.

مثلِ **à** midi, une l**è**vre, o**ù** vas-tu?

آکسان سیرکُن‌فلِکس (accent circonflexe) روی حروفِ "**a, e, i, o, u**" می‌آید.

مثلِ

des p**â**tes, une t**ê**te, une **î**le, un fant**ô**me, une b**û**che

le tréma / ترِما

علامت ترِما به صورت دو نقطه روی حروفِ "**e, i**" می‌آید.

مثلِ No**ë**l, du ma**ï**s

la cédille / سِدّی

علامت سدّی زیر حرفِ "**c**" قبل از "**a, o, u**" می‌آید و باعث می‌شود که این حرف به جای /k/ صدایِ /s/ بدهد.

مثلِ j'avan**ç**ais, un gar**ç**on, je l'ai aper**ç**u

خط پیوند / le trait d'union

خط پیوند دو یا چند کلمه را به هم وصل می‌کند و یک کلمهٔ مرکب می‌سازد.

مثلِ au-dessus, un porc-épic, un arc-en-ciel

آپُستروف / l'apostrophe

علامتِ آپستروف نشانهٔ حذف یک حرف صدادار (قبل از یک حرف صدادار دیگر) است.

مثلِ

le éléphant → l'éléphant, je arrive → j'arrive,

jusque ici → jusqu'ici

L'Alphabet

الفبا

حروفِ کتابی

les minuscules / حروف کوچک

a b c d e f g h i j k l m n
o p q r s t u v w x y z

les majuscules / حروف بزرگ

A B C D E F G H I J K L M N
O P Q R S T U V W X Y Z

حروف سرِهم

les minuscules / حروف کوچک

a b c d e f g h i j k l m n
o p q r s t u v w x y z

les majuscules / حروف بزرگ

A B C D E F G H I J K L M N
O P Q R S T U V W X Y Z

فرهنگ معاصر
شماره ۴۵، خیابان دانشگاه، تهران ۱۳۱۴۷
تلفن: ۶۴۶۵۵۲۰ ـ ۶۴۶۵۵۳۰ فکس: ۶۴۱۷۰۱۸
E-mail: farhangmo@neda.net
Website: www.farhangmoaser.com

فرهنگ معاصر مدرسه فرانسه ـ فارسی

محمدرضا پارسایار

حروف‌نگاری و طراحی:

واحد کامپیوتر فرهنگ معاصر

چاپ و صحافی:

سازمان چاپ و انتشارات وزارت فرهنگ و ارشاد اسلامی

تیراژ: **۴۰۰۰** / چاپ اول: **۱۳۸۴**

فرهنگ معاصر

مدرسه

فرانسه ـ فارسی

تدوین واحد پژوهش
محمدرضا پارسایار

فرهنگ معاصر
تهران ۱۳۸۴